서방 세계는 타자를 어떻게 재구성했는가

정복자의 시선

국립중앙도서관 출판시도서목록(CIP)

정복자의 시선 / 에드위 플레넬 지음 ; 김병욱 옮김.
-- 서울 : 마음산책, 2005
p. : 삽도 ;   cm

관제: 서방 세계는 타자를 어떻게 재구성했는가
원서명: La découverte du monde
원저자명: Plenel, Edwy
참고문헌과 색인수록
ISBN 89-89351-70-7 03330 : ₩22000

940-KDC4
970.01-DDC21   CIP2005000916

서방 세계는 타자를 어떻게 재구성했는가

정복자의 시선

에드위 플레넬

마음산책

옮긴이 김병욱

1960년 경북 영일 출생. 성균관대학교 및 동 대학원 프랑스어문학과를 졸업하고
프랑스로 유학, 사부아Savoie대학에서 현대시 연구로 문학박사 학위를 받았다.
밀란 쿤데라의『불멸』,『느림』등 20여 편의 역서가 있으며,
현재 성균관대학교 프랑스어문학과에서 문학을 강의하고 있다.

정복자의 시선

1판 1쇄 인쇄 2005년 5월 5일
1판 1쇄 발행 2005년 5월 10일

지은이 | 에드위 플레넬
옮긴이 | 김병욱
펴낸이 | 정은숙
펴낸곳 | 마음산책

편집 | 고은희 · 마정숙 · 박지영   디자인 | 이지윤
영업 | 공태훈   관리 | 전현희

등록 | 2000년 7월 28일(제13 - 653호)
주소 | 서울시 서대문구 충정로 3가 270 (우 120 - 840)
전화 | 362 - 1452 ~ 4   팩스 | 362 - 1455
홈페이지 | http://www.maumsan.com
전자우편 | maum@maumsan.com

종이 | 화인페이퍼
인쇄 | 한영문화사
제본 | 정민제본

ⓒ 2002, 에드위 플레넬

ISBN 89 - 89351 - 70 - 7 03330

* 책값은 뒤표지에 있습니다.

* 2부에 실린 자료 사진 중 허락을 받지 못한 사진에 대해서는
연락을 주시면 사용료를 지불하겠습니다.

우리에게 문제가 되는 것은
세계가 아니라, 세계에 대한 분별력이다.

차례

그림자가 앞서나가고 있는 지금,

빛의 길은 어쩌면 바로 여기, 서양을 동양화하는 데 있는지도 모른다.

동양을 서양으로 버무리고, 서양을 동양으로 버무리는 것.

국경들을, 할당된 장소들과 지명된 소속들을 휘저어버리는 것.

모든 것을 전혀 다른 방향에서 다시 생각해보는 것.

일러두기

- 1부에서 각주는 번호를 붙여서 표기하였고, 역주는 '역'으로 표시하였다. 2부에 실린 주註는 모두 역주다.

- 이 책은 10년의 간격을 두고 집필되었으며, 시간상 역순으로 구성되었다. 2부 「콜럼버스와의 여행」은 1991년 《르몽드》에 실린 후, 같은 제목의 책으로 출간되었었다. 1부 「혼합인」은 2001년 9.11 테러 발생 후, 10년 전의 여정을 떠올리며 쓴 글이다.

오리엔트의 꿈들

세계들간에 전쟁이 시작되었고, 콜럼버스의 여행이 다시 시삿거리가 되고 있다. 서방西方으로 항해하여 동양東洋을 찾고자 한 이 항해가가 아메리카를 만들었고, 또한 이를 통해 서양西洋을 다시 만들었다는 것을 우리는 알고 있다. 그후 5세기가 지난 지금도 인류는 여전히 우리의 상상세계와 두려움과 희망이 양극화되는, 이 동양-서양이라는 이항二項대립의 함정에서 빠져나오지 못하고 있다.

서양의 힘이 집약되는 미국, 역사상 처음으로 자국 내에서 공격을 받은 이 강대국은 현재의 가장 저주스런 적인 '알-카에다' 테러 조직이 동양을 자신들의 성지로 여기고 있음을 발견한 것 같다. 그후, 자신들이 너무도 취약하다는 데 놀란 그들은 문득 자신들의 동맹국을 선별하고—우리와 한편이 아닌 자는 우리의 적이다—아프가니스탄 출정을 승리로 이끌고, 끈질기게 이라크를 물고 늘어지면서 세계 일부와의 전쟁을 선포했다. 광신적 에스프리와 전체주의적 본질이 빚어낸 끔찍한 테러에 대한 보복으로서, 지금 우리는 말도 안되는 "악의 축"(이라크, 이란, 북한)에 대한 전방위 전쟁 속으로 이끌려들고 있다. 철저히 이데올로기적인 논리가 비상식적인 이성과 대결하는 양상을 보이는 그 끝없이 되풀이되는 후렴에 따라, 이미 써먹은 적들과 회귀성 표적들이 기울었다가는 또 재활용되기를 되풀이하는 전쟁 속으로 말이다.

근동, 중동, 중앙아시아, 그리고 아시아. 그 소속과 외양은 실로 다양하지만 사우디의 오사마 빈 라덴이라는 인물로만 대표되는 불특정의 동양이, 말세末世가 되면 어김없이 나타나는 불행의 설교자들인 서양의 새로운 십자군들에 의해 위협적 존재로 지목되었다. 어쩌면 이슬람 병[1] 때문에 종교 전쟁이 되돌아왔다고까지 말할 수 있을 것이다. 2001년의 9.11테러 책임자들이 그렇게 외치고 있듯이 말이다. 물론 아직은 전염 초기 단계에 있으나, 이것이 퍼져나간다면 희생자와 가해자들을 혼동과 상사相似의 끔찍한 소용돌이 속으로 휘몰아넣을 것이다. "이슬람이 이슈다", 즉 "문제는 이슬람이다"라는 알리바바의 주문呪文, 이항대립의 세계를 지지하는 이들[2]이 소망처럼 외치는 이 문화 충격과 문명 충돌의 주문은 대서양 건너편에서만 들리는 소리가 아니다.

프랑스에서도 역시, 퇴보가 위협하고 공포가 일하고 증오가 어슬렁거리고 있기 때문이다. 오래 전, 아주 오래 전부터 말이다. 2002년 대통령 선거의 그 놀라운 결과는 우리가 독선과 외국인 혐오와 인종차별적 태도에 익숙해져 안일한 무관심에 젖어 있었음을 문득 폭로해주지 않았던가.[3] 지중해의 영향들에 개방되어 있고 무한한 대서양을 향해 트인 이 나라가 언제나 여러 도정과 행로들의 교차점이었음을 생각해보자. 예나 지금이나 안과 밖이 끊임없이 뒤섞이고 있는 혼합과 혼혈

1 "광신이 그리스도교 병이요 나치즘이 독일 병이라면, 진통주의는 분명 이슬람 병이다." (압델와하브 메데브, 『이슬람 병 La Maladie de l'islam』, 쇠이유, '관념들의 색깔 La couleur des Idées' 총서, 2002, 12쪽)

2 올리비에 루아, 『9.11의 환상들 Les Illusions du 11 septembre』(쇠이유, '관념들의 공화국 La République des Idées' 총서, 2002). 특히 72~77쪽 참고.

3 내가 『르펜 효과 L'Effet Le Pen』를 동료인 알랭 롤라와 공저로 출간한 것은 지금으로부터 18년 전(1984)이다. 2002년 대통령 선거 때 거리 시위에 나섰던 그 젊은이들 대다수가 갓 태어났을 때의 일이다. 최근에 다시 읽어보니, 이젠 없애버려야 할 내용이기는커녕 여전히 극도의 시사성을 간직하고 있는 것 같다.

의 프랑스. '교회'의 장녀이자 사회주의 그리스도교의 온상이자 낭트 칙령[4]의 상속자인 동시에, '사막지역' 프로테스탄트들의 유증遺贈 수혜자로 대학살 이후 유럽에서 가장 큰 유대인 공동체의 은신처요, 마그렙[5] 공동체의 그 막강한 비중 덕택에 러시아를 제외한다면 서양 제1의 회교국이기도 한 프랑스는 콜럼버스 이전의 스페인처럼 세 종교가 뒤섞여 있는 서방 세계 유일의 나라인 것이다.[6] 아마 독자들은 뒤이어질 책의 내용이 뭔가 사람을 불안하게 하리라는 것을 알아차렸을 것이다.

문득 우리는 십자군과 종교 전쟁의 시대를 살고 있다. 이제는 자유로운 심판을 위한 자리도 자유로운 사유를 위한 자리도 거의 없어져버렸기에, 개개인이 출신과 태생과 소속에 따라 곧바로 분류당하거나 징용당하는 시대, 회의적이고 불확실한 태도나 이도저도 아닌 어정쩡한 태도가 추방당해버린 그런 시대를 살고 있다. 이런 시대에 새삼 다시 콜럼버스라는 발견자의 발자취를 좇는다는 것, 그것은 이미 경표警標가 세워진 도정들을 피하고자 하는 시도요, 옛 길들을 지우고 새로운 길들을 열고자 하는 시도며, 진정으로 제시간에 도착하기 위해 스스로 지각하고자 하는 것, 한마디로 스스로를 재발견하기 위해 방황하고자 하는 것이다. 사람들이 좀더 쉽게 우리를 이미 계획된 역사의 길로 이끌고 가기 위해 주지시키는 것과는 달리, 우리의 미래는 아직 씌어지지 않았고 우리의 과거는 현재로 가득하며 우리의 현재는 다수의 시간성들로 짜여져 있다. 우리의 표상들은 오직 시간의 순간성에 의해서만 정당성을 부여받는 그런 동시대적인 것이 결코 아니라, 서로 나란히 함께 가는 문명과 야만 사이에서 현대성이 공작한 모든 것을 실어 나르고 있다. 그리고 르네상스라는 그 엄청난 진동에서부터 빛의 세기를

4 역│1598년 프랑스 국왕 앙리 4세가 신교파인 위그노에게 신앙의 자유를 인정한 칙령.

5 역│모로코, 튀니지, 알제리를 포함하는 북아프리카 지방.

6 통계에 의하면 현재 프랑스에는 4~5백만 명의 회교도들이 있으며, 개중 3분의 1은 종교를 실천하고 있다. 이는 유럽의 다른 어느 나라보다도 많은 수이며, 전체 인구 비율로 볼 때 미국보다 훨씬 높다.

거쳐 현대의 여러 재앙들—진보와 시장과 기술의 재앙들—에 이르기까지, 사유의 보편성과 종種의 인류성이 정립되는 그 현대성의 개막 무대가 바로 콜럼버스의 여행이다. 두 세계가 서로를 발견하고 대립하고 교차한 이 사건은 내일의 어느 우주비행사가 미지의 행성의 주민들을 만났을 때보다도 더 놀랍고 당혹스러운 일이었을 게 분명하다.

우리의 전투는 가상에서 빚어지기도 한다. 표상들로 만들어진 분쟁들. 꿈과 악몽으로 짜인 다툼들. "감정적 울림이 개입하는 순간부터 현실적인 것과 비현실적인 것 사이에 그어진 한계는 반드시 시간 간격의 산술적 측도 위에서만 조절되지는 않는다"라고, 마르크 블로크는 처형으로 인해 미완성으로 남긴 원고 『역사를 위한 변명』에서 쓴 바 있다.[7]

1944년 6월 16일 나치들에게 처형당한 이 순교 역사가의 이러한 경계 태도는 야만의 시대를 산 또 다른 한 인물의 태도에 메아리친다. 프랑스와 스페인의 국경 지역인 포르-부에서 1940년 9월 25일에 자살한 발터 벤야민은 수수께끼 같으면서도 예언적인 텍스트 『역사의 개념에 관하여』라는 주해서를 우리에게 남겼다.[8] "과거를 역사적으로 말한다는 것은 '그것이 실제로 전개된 대로' 인식함을 의미하는 것이 아니라, 어떤 위기의 순간에 문득 환히 나타나는 대로 어떤 추억을 인식한다는 것"을 의미한다고 쓰면서, 벤야민은 이 글의 마지막 행들에서 '율법'이 유대인들에게 미래에 대한 예언을 금지시키고 회상을 의무화했음을 상기시킨다.

과거 회상은 역사라는 것이 간책奸策도 함정도 없고 우회도 왕복도 없는 층계와 같은 것이라고 사설을 푸는 미래 예언가들을 치료할 해독제 같은 것이다. 내일의 희망을 구하기 위해 과거의 절망들을 회상하

7 마르크 블로크, 『역사를 위한 변명 혹은 역사가라는 직업 Apologie pour l'histoire ou Métier d'historien』(에티엔느 블로흐의 수정본, 아르망 콜랭, 1993, 91쪽)

8 미셸 로위, 『발터 벤야민 : 화재 경고. '역사의 개념에 관하여'에 대한 한 강독 Walter Benjamin : Avertissement d'incendie. Une lecture des thèses, 'Sur le concept d'histoire'』(PUF, '이론적 실천pratiues théoriques' 총서, 2001)

는 것이요, 역사를 현대의 불가피한 기차로 여기라는 강요를 순순히 따르지 않는 것이다. 뜻밖의 풍경들이 튀어나오고, 다른 가능성들이 끼어들고, 다른 출로들이 문득문득 환히 모습을 드러내는, 과거와 현재가 서로 교차하는 그런 샛길들을 타는 것이다. 뜻밖의 일들, 있음직하지 않은 일들, 패러독스, 모순, 의혹, 모호성 등으로 짜인 역逆의 시간을 가공된 역사의 그 공허한 균질의 시간—시장과 그 보이지 않는 손에 아첨하는 이들, 그리고 계급과 그 무의식적 움직임을 신봉하는 이들이 동일한 경제주의를 공유하면서 차례로 나서 우리의 발걸음 앞에 대칭적인 방식으로 펼쳐보이고자 한 시간—에 대립시키는 것이다.

이상이 바로 블로크의 "울림"과 벤야민의 "회상" 사이에서 전개될 이 책의 내용이다. 요컨대, 본질적인 패배들이 그들의 일시적인 승리들로 포장되어 있음을 모르는 오랜 정복자 계보의 상속자들, 그 오늘의 승자들의 덧없는 확신들을 날려버리는 것. 발터 벤야민은 "역사를 거꾸로 솔질할 것"을 요청한다. 블로크는 "역사를 거꾸로 읽어보라"고 권한다. 기원을 캐는 이들과 눈앞에 주어진 것만 숭배하는 이들에 맞서, 과거의 인식과 현재의 지식을 집요하게 포개나가는 것. 바로 그런 생각에서 나는 1991년, 콜럼버스가 열어젖힌 세계들을 방문하고 그가 정박한 땅들을 더듬으며 시간과 공간 속으로 이 항해가의 발자취를 좇고자 했었다. 그 10년 후, 9.11테러의 충격 아래, 나로 하여금 그때의 여행을 되살리게 하고, 당시에 내게 열린 듯이 보이던 그 자취들을 다시금 좇게 하는 이유도 바로 그것이다. 당시에 내가 쓴 이야기와 대화를 나누면서 말이다.

당시 나로 하여금 그런 장거리 여행을 떠나게 한 동기와 지금 다시 그 여행으로 되돌아가게 하는 동기는 쌍둥이다. 1991년 초 "사막의 폭풍" 작전이 사담 후세인의 군대를 굴복시켰을 때, 나는 《르몽드 *Le Monde*》의 여름 연재물 형태로 비중 있는 탐방 기사를 구상했었다. 이 기획에서 나는 〈아라비아의 꿈들〉이라는 제목으로, 포성 울리는 "이 정열과 상투화와 이단배척의 시대에, 평화의 길과 경청의 침묵을, 그리고 유혹과 대화와 쾌락의 목소리를 되찾을 것"을 제의할 생각이었다. 그리하여 나는 "놓친 기회들, 잡친 면담들, 미완성 제스처들과 숨어 있는 생각들과 그림자 지대에 대한 탐색들의 연대기, 말하자면 아랍인들과 서양인들이 맺은 일종의 감정 고고학"의 틀을 짜나가기 시작했다. 매혹과 홀림 사이를 오가는 천부의 양면성을 지닌 오리엔탈리즘이 주역을 맡는 일종의 문학 산책 형식으로 이 여행을 구성하면서, 나는 마그렙에서 마슈렉까지, 탄자에서 이스탄불까지, 알렉산드리아에서 아덴까지, 즉 리야드에서 예루살렘을 거쳐 바그다드에 이르기까지, 나를 지중해 주변 지역들에 대한 지상 순회 항해로 이끌고 갈 그런 불가능한 도정을 그려나가기 시작했다. 각 단계마다 오늘의 한 인물에 대한 인터뷰 하나와 어제의 인물에 대한 회고 하나, 그리고 목전의 현실에 입각하여 다시 방문해보는 역사적 에피소드 하나를 함께 엮어볼 생각이었다. 아마도 그 여행은 파리에서, 분명 로렌스와 더불어—나는 1919년의 파리 회담[9]의 냉철한 증인이었던 T. E. 로렌스[10]를 곧바로 나의 배에 태울 생각이었다. 파리 회담의 실패는 현재 우리가 겪고 있는 혼란과 무관하지 않다—시작되어 마르세유에서, 틀림없이 랭보와 더불어 끝이 났을 것이다. 아라비아의 로렌스를 여행 동반자로 대동한 나는 동양의 입장에서, 이중의 죄를 범한 서양을 심문할 참이었다. 동

양이 찬란한 문명을 구가할 때는 무시하다가 쇠퇴했을 때는 온갖 호의
를 베푼 죄 말이다.[11]

이 〈아라비아의 꿈들〉은 물론 꿈으로 끝나고 말았다. 1991년 8월부
터 5주에 걸친 신문 연재 예정에 맞춰 두 달 만에 그런 장거리 여행을
기획하고 실행에 옮긴다는 것은 불가능한 일이었다. 그러기엔 국경과
불신과 몰이해가 너무 많았다. 그리하여 나는 방법은 그대로 보존하면
서 뱃머리를 다른쪽으로 돌렸다. 방향은 바꾸었으나 에스프리는 원래
그대로 유지했다. 그리하여 콜럼버스의 네 차례에 걸친 대서양 횡단
여행을, 그의 삶과 그의 시대, 그가 찾은 장소 등을 과거와 현재를 오가
며 쓰게 된 것이다. 마침 아메리카 대륙 발견 500주년 기념이라는 구실
을 내세워서 말이다. 그러므로 이 책의 2부인 「콜럼버스와의 여행」은
말소된 또 다른 여행 계획을 뒤덮은 팔렝프세스트[12] 같은 것이라 할 수
있다. 따라서 그 글은 콜럼버스의 방식, 즉 서양에 의한 동양 탐색이라
는 시각에서 읽어야 한다.

물론 이 같은 비교에 위험이 따르지 않는 것은 아니다. 아닌게아니
라 학교에서는 콜럼버스가 시종 길을 잃고 방황했으며, 자신의 발견을
전혀 이해하지 못했고, 죽는 날까지 아메리카 대륙에서 아시아 땅을
밟은 줄 알았다는 전설 같은 얘기를 하고 있지 않은가. 그가 쓴 글들,
특히 그가 애독한 책들 가장자리에 적어둔 주석들의 완간본은 그런 식
의 집요한 비난을 가볍게 여기게 한다. 사실, 대양의 위대한 제독이 되
기 위해서 콜럼버스는 당시의 편견들을 따돌리려 끊임없이 술수를 써
야 했으며, 해가 지는 쪽에 있으리라고 확신한 '미지의 땅' 발견이라는
자신의 진짜 계획을 숨겼던 것 같다.[13]

하지만 그야 어쨌건 중요하지 않다. 실수에서 빚어진 일이건 어떻건 콜럼버스는 본질적인 것, 즉 동인도건 서인도건 인도가 동일한 인류에 속한다는 것을 가볍게 보지 않았다. 그가 직접 한 말만 언급하자면, "만인의 신"을 중심으로 마침내 하나로 결합한 인류 말이다. 물론 그가 말하는 신은 그리스도교 신이지만 총체적 개종 운동에 의한 신의 범우주적 강림은 세계의 단일성을 의미하고 선언하는 것일 터이다. 그렇게 볼 때 이 발견자는 사람들이 감히 세계를 사유하게 된 시대, 즉 자기와 자기 편, 이웃과 동류를 초월하여 세계를 사유하게 된 시대에 속하는 인물이다. 1503년에 콜럼버스가 자신의 만년의 텍스트들 가운데 하나인 「진귀한 편지」에서 "세계는 작다"라고 대담하게 적고 있듯이, 1492년부터 세계는 작아진 것이다.

우리의 근대에 시작이라는 것이 필요하다면 그것은 바로 여기, "지금까지 전체 없이 일부를 형성하고 있던 사람들이 자신들이 속한 그 전체를 발견한"[14] 바로 그 순간에 있다. 이때부터 서구 사상은 현기증에 사로잡혀 오늘날까지 빠져나오지 못하고 있다. 어떻게 전체와 부분들을 동시에 파악할 것인가, 어떻게 동일한 움직임 속에서 자기인 동시에 타자일 수 있는가, 분할과 단일성의 기를 꺾어버리는 무한한 잡종교배의 복잡성을 어떻게 이해할 것인가?[15] 이것이 바로 콜럼버스의 시대가 우리에게 끊임없이 말하고 있는 바다. 개방성과 폐쇄성이 복잡하게 얽히고설킨 단절과 위기와 모순의 시대이자 발견의 해인 1492년은 스페인에 살던 유대인들이 추방당한 해이기도 하다. 발견의 매혹 다음 곧바로 정복의 환멸이 이어진다. 진보와 퇴행이 떼어낼 수 없게 서로 뒤얽혀 있다. 거대 문명들이 소멸하고 더불어 무수한 인간들이

[14] 츠베탕 토도로프, 『아메리카 정복 : 타자의 문제 La Conquête de l'Amérique. La question de l'autre』(쇠이유, 1982, 14쪽)

[15] 파스칼, 『팡세 Pensées』, 「제2항. 신 없는 인간의 불행 Misère de l'homme sans Dieu」 참조. "따라서 만물은 서로 인과관계로 얽혀 있고, 서로 도움을 주고받고, 직·간접적으로 관계를 맺고 있으며, 가장 소원한 것들과 가장 상이한 것들을 맺어주는 지각할 수 없는 어떤 자연스런 관계에 의해 유지되고 있는 만큼, 나는 전체에 대한 인식 없이 부분들을 인식할 수 없고 특히 부분들에 대한 인식 없이 전체를 인식하는 일 또한 불가능하다고 본다."

사라지는 사이, 휴머니즘이 그 발견의 충격으로부터 탄생하게 된다. 지금까지도 여전히 우리에게 호소하고 있는 말들을 통해 "타자 문제"에 대한 원칙을 정립하면서 말이다.

개방과 폐쇄, 희망과 불운, 발견과 지배, 호기심과 무관심, 통일과 분단, 단일성과 다양성⋯⋯. 후세에 이르기까지, 콜럼버스라는 인물 자체가 그의 작품(대발견)을 특징짓는 그 이중성과 분리되지 않는다. 그에 대한 추억은 16세기 초에 지워졌으나, 끝내 그가 망각 속에 묻혀버리지 않은 것은 무엇보다도 그의 사후에 이루어진 라스 카사스[16]의 충성 덕분이다. 하지만 나중에 카사스는 서양의 탐욕스런 야만인들에 의해 인도가 얼마나 신속하게 파괴되었는지를 고발하는, 그의 유산 일부에 대한 가차 없는 검찰관이 되지 않는가.[17] 돌이킬 수 없는 독특한 한 사건의 그 무한한 다의성 안에서, 대발견의 모험은 문제들에 대한 다원적 고고학을 가능케 한다고 할 수 있으며 그 문제들은 바로 우리의 것이기도 하다. 왜냐하면 분명 대발견의 모험은 우리와 세계의 관계가 걸린 원초적 무대이기 때문이요, 오늘날에는 특히나 바로 그 관계가 다른 무엇보다 문젯거리가 되는 듯이 보이기 때문이다. "세계화"라는 말이 곧 우리를 짓누르는 심한 정신적 충격들을 무차별적으로 가리키는 말에 다름아닐 만큼 말이다.

그래서 그 반향들도 불확실하다. 콜럼버스는 지복천년설과 메시아 신앙 사이에서, 여러 역사적 시기들이 뒤집어지는 변화의 한순간 속을 항해했다.[18] 그리고 그가 지금의 우리에게 끊임없이 뭔가를 얘기하고 있다면, 지금의 우리 역시 바로 그런 순간 속에 있기 때문이다. 어느 경건한 연대기가 바라는 것과는 달리, 이는 2001년 9월 11일 이후부터의

16 역 | 1474~1566. 스페인의 성직자, 역사가.

17 바르톨로메 데 라스 카사스, 『인도 파괴에 대한 아주 짧은 보고서 *Très brève relation de la destruction des Indes* (1552)』 (라 데쿠베르트, 1991)

18 당시 콜럼버스가 젖어든 지적 풍토에 관해서는, 콜럼버스의 『예언의 서 *Livre des prophéties*』(제롬 밀리옹, 1992)에 실린 미셸 르켄의 서문 참조.

일이 아니다. 그런 연대기는 텔레비전으로 방영된 반反인류 범죄의 세계적 충격의 순간만을 신성시하면서 사건의 인과관계와 계보에 대한 탐문을 거부한다. 범죄가 저질러졌고 그 이후부터 아메리카가 전쟁을 개시했다는 사실로만 만족하려는 것이다.[19] 쌍방의 힘겨루기를 담은 1990~1991년의 시퀀스와 2001~2002년의 시퀀스를 연관짓는 명백한 관계들이 있는데도 말이다. 아프가니스탄에 개입한 이슬람교도들에게 격퇴당한 소련 제국의 잔해 위에서, 10년 전 아버지 조지 부시가 선언한 "새로운 세계 질서"는 사우디아라비아의 직접적 이득에 등을 기댄 전쟁으로 개시되었다. 탈레반 무리가 카불의 권좌를 차지한 것은 일정 부분 사우디아라비아 왕국과의 연대 덕택이며, 알-카에다 조직의 재정과 이념 역시 사우디아라비아와 연계되어 있다. 또한 조직의 우두머리를 비롯해 신분이 밝혀진 9.11테러의 자살 특공대 19명 중 15명이 사우디 왕국 출신이다. 간략하긴 하지만 이는 오랜 세월에 걸쳐 뒤엉킨 상황을 나타내고 있으며, 그 실마리를 풀기 위해서는 참을성 있고 끈기 있는 노력을 기울여야 할 것이다. 하지만 아들 조지 W. 부시와 그를 둘러싸고 있는 그리스도교 근본주의자들은 그런 길을 선택하지 않았다. 불간섭주의보다는 세계에 대한 이데올로기적인 해석—타자의 얼굴과 바깥 세계에 대한 두려움이 자라나는 대륙적 섬나라 근성에 기인하는—에 사로잡혀 있는 그들은 기존의 비망록으로 되돌아가는 편을 택했다. "악의 축"의 한 고리, 클린턴이 말한 작은 "깡패 국가", 로널드 레이건이 "악의 제국"이라며 소련과 대립하던 1980년대에 이미 상연된 극작품의 리메이크에 등장하는 악당 엑스트라, 이라크로 돌아가기로 말이다. 그래서 나도 10년 전 콜럼버스의 자취를 더듬어 나를

19 올리비에 루아, 『9.11의 환상들』 9~12쪽 참조. "(9.11의) 새로움은 분명 테러 위협이라는 사태에 있는 것이 아니다. (…) 또한 그 테러 유형에 있는 것도 아니다. (…) 그것의 새로움은 위험의 지각에 있는 것이지, 그 구체적 실행에 있는 것이 아니다. (…) 그것을 중동의 언어로 분석하길 거부하고서, 워싱턴은 동기 불문하고 테러리즘을 공격하기로 선택했다."

떠나게 한 바로 그 동인에게로 되돌아가는 것이다.

1492~1992년, 1991~2001년, 1492~2002년. 5세기, 10년, 5세기 더하기 10년. 5세기가 가득 차 울리는 10년이다. 불확실한 길을 따라, 오늘의 기항지들과 어제의 도정들 사이에서, 서로 화답하는 두 목소리라 해도 좋을 두 권의 책으로 이루어진 이 책은 그 세월을 더듬어보고자 한다. 콜럼버스의 대서양 횡단 항해들에서 세계무역센터 테러까지, 이 책이 독자들을 끌어넣고자 하는 그 날짜들과 시기들의 소용돌이는 생각의 자리바꿈을 위한 초대다. 다른 곳들을 생각하면서 이 세계를 사유하는 행위로의 초대. 정체성의 울타리들과 문화들의 뒤섞임 사이에서 우리들 자신의 열림과 닫힘의 시간들을 측면에서 그리고 멀리서, 비스듬히 바라보는 행위로의 초대. 출신에 대한 강박관념을, 식민지 억압을, 타자에 대한 두려움을 쳐부수는 행위로의 초대. 한마디로, 새로운 사해동포주의 휴머니즘이 만들어지는 혼혈의 자취를 좇는 행위로의 초대인 것이다.

이 세계의 오랜 지속 안에서 우리의 질문들과 모순들의 메아리를 찾는 한편, 세계화가 야기하는 무미건조한 한탄보다는 약자와 강자의 전략이 펼쳐지는 그 자극적인 저항들을 살펴볼 것이다. 우리를 일의적인 동기들의 치명적인 '거대한 하나' 속으로 편입시키려 하거나 획일적인 외양들의 독기 품은 '거대한 동일자' 속에 가두고자 하는 이들의 혼돈에 맞서, 다양성과 복수성을 고집하는 복잡성을 대립시킬 것이다. 나아가 세계들의 전쟁에 맞서 세계의 맛을, 그 상상세계와 약속을 되찾고자 고집할 것이다.

이는 나아가야 할 길을 제시하는 것이 아니라 방향을 암시하는 불확실한 발자취들만 가득한 가파른 오솔길이다. 이미 몽테뉴가『수상록』에서 지적한 바 있는 "구상도 약속도 없는" 어떤 단순한 자취. 그는 그런 자취를 따라 문체와 정신이 이끄는 대로 떠돌며 "껑충껑충" 나아갔다. "나는 존재를 그리지 않는다. 나는 길passage을 그린다"[20]라고 그는 말했다. 그러면서 그는 이제 여행을 시작하고자 하는 우리가 길 안내판으로 삼아도 좋을 명제, 즉 "정직한 인간이란 바로 혼합된 인간이라고 말하는 것은 참이다"[21]를 부단히 제시하고자 했다.

20 몽테뉴, 「회개에 대하여 Du repentir」, 『수상록 Essais』(갈리마르, '플레이야드 Pléiade 총서, 1962, 782쪽)

21 몽테뉴, 「허영에 대하여 De la vanité」, 위의 책 964쪽.

1
혼합인

세계의 망각

언제나 우리는 절대 씌어지지 않을 책들을 꿈꾼다. 1975년 어느 날, 롤랑 바르트는 "계획중인 책들"의 목록을 작성한 바 있다. 개중에 『시각적 상투화들 모음집*Un recueil de stéréotypes visuels*』이라는 책이 있는데, 이 책의 의도에 관해 그는 "어느 카페에 앉아 있는 금발머리 아가씨를 끈질기게 공략하는, 겨드랑이에 《르몽드》를 낀 어두운 색 옷차림의 어느 마그렙인을 염두에 둔 것"이라고 익살맞게 설명했다. 타자에 대한 두려움과 외국인 혐오증과 인종차별 등이 똬리를 틀고, 나란히 함께 가고, 때로는 서로 엉겨붙기도 하는, 프랑스인 상상세계의 이 파충류 같은 부분에 아직도 밝은 미래가 있다고 그는 생각한 것일까? 화석화할 것이 너무도 명백하기에 그가 메두사라 명명한 지배적 여론, "마치 전혀 존재하지 않았다는 듯이" 되풀이되는 그 의미와 끊임없이 싸우며 바르트는 '태생'이라는 것, 이 "'자연'의 위험한 형상"을 기만하기를 즐겼다. 아직도 그가 우리들 속에 있다면 아마도 그는 소재를 놓치지 않았을 것이고, 그가 계획했던 또 다른 책이 빛을 보았을 것이다. 『우리들의 프랑스』(오늘날 프랑스의 새로운 신화들, 혹은 나는 프랑스인이라는 사실에 행복한가/불행한가?)[1]라는 책 말이다.

2002년에 프랑스 공화국 총리가 된 장-피에르 라파렝은 행복해보인다. 그는 걷기를 좋아하며, 그런 의미에서, 모험을 떠나는 것을 좋아한다고 할 수 있다. 신중한 그는 장비를 갖추고 있다. 자기만의 좌표와 나침반과 동서남북을 말이다. 나의 '북쪽', 그것은 바로 질서 회복이라고 그는 말했다. 그것을 발견하기 위해서는 기다려야 할 것이다. 이 '북쪽'은 장거리 횡단을 허용하지 않는다. 가까운 곳으로의 걷기요, 익히 아는 땅으로의 모험이다. 더욱이 지척이라든가, 아주 가까운 곳, 아주 근사한 것 등, 근접성은 이 시대의 유행어이기도 하다. 하지만 그렇다고 해서 이 나들이가 아주 평온한 것만은 아니다. 기복이 있고, 고도가 있고, 높은 곳들과 낮은 곳들이 있고, 정상들과 평원들이 있고, 특히 "하위 프랑스"—그 열등한 상태에 대한 단순한 선언이 상위 프랑스가 그에게 가져야 할 새로운 배려를 강조하는 것으로 간주되는—가 있다. 이 여행에 마지막으로 필요한 것은 지도다. 프레시외즈[2]들은 '애정'의 지도를 가졌으나, 우리는 양식良識의 지도로 만족할 것이다. 우리의 새 정부 인사들은 양식에 따른다, 양식을 갖는다, 양식이 요청한다 등등, 이 양식을 "열려라 참깨!" 같은 마법의 주문으로 쓰고 있다.[3] 방향성과 의도성, 행진의 방향과 행진을 이끄는 이들의 자질이 서로를 축하하고 있는 이 표현보다 더 동어반복적인 표현을 꿈꿀 수도 없을 것이다. 이런 리토르넬로(후렴구)가 절로 떠오른다. '방향은 좋다, 좋은 것은 의미를 갖는다, 양식에는 좋은 것이 있다, 좋은 것은 양식을 따른다…….' 이 양식, 그것을 바르트는 이미 오래 전에 결정적으로 설명한 바 있다. 1956년에 그는 『신화들』에서, "부르주아 조서調書의 토대는 바로 양식, 즉 진실을 말하는 자의 임의적인 이치理致에서 멈추는 진실이다"[4]라고 적었었다.

그것이 의미만 가지면 무슨 소용인가.—이 경우, 사회적 퇴행과 이데올로기적 보수주의가 걸치고 있는 그 표면적인 친절을 조심하자—그것은 우리를 먼 곳으로 인도하지 않는다. 오히려 우리를 아주 가까운 곳으로 인도한다. 다시 말해, 이 세계로부터 먼 곳으로, 외떨어진 곳으로, 무관심 쪽으로, 망각 속으로. 하위 프랑스, 근접, 양식, 이는 곧 은퇴와 웅크림과 퇴행을 가리키는 프로그램이다. 하지만 아무리 그런들 무슨 소용인가. 세계는 여기, 바로 여기에 있다. 그것은 우리가 원했건 원하지 않았건 우리에게 부과된다. 그것으로부터 벗어날 수는 없다. 우리의 텔레비전 화면 위에, 우리의 접시들 속에, 거리에, 집에, 직장에, 우리의 가족, 우리의 여행, 우리의 결합, 우리의 우정 속에, 우리의 의복들, 우리의 신발들, 우리의 취미들, 우리의 냄새, 우리의 맛, 우리의 음정들, 우리의 소식, 우리의 말들, 우리의 색깔들과 더불어 있다. 이는 누구나 아는 자명한 사실이다. 프랑스와 세계가 있는 것이 아니라, 프랑스 속에 세계가, 그리고 세계 속에 프랑스가 있다. 세계는 우리에게, 우리 속에, 우리와 더불어 있다. 이제 더이상 그것과는 이국적 혹은 일화逸話적 거리 두기가 불가능하며, 지배와 예속의 관계 속에 그것을 가둘 수도 없다. 그것은 전체와 부분들이 뗄 수 없는 한 덩어리가 되어 여기에 있다. 그것은 여기에 있으며, 우리들 중 어떤 이들은 이를 두려워하고, 불편해하고, 불안해하고, 경각심을 갖고, 더이상 이해를 하지 못한다.

누가 그들을 비난할 것인가? 상품이 지배하고, 기술이 강요되고, 공간이 단일화되고, 시간이 수축한다. 사람들은 최소한 새로운 사용설명서를 요구할 것이다. 요컨대, 이 세계에서 평화롭게 공동으로 생활해나가기 위한 새로운 상상세계를 세워야 한다는 것은 분명하다. 하지만 우리가 이 세계와 거리를 둘 수 있다고 믿게 하려 한다면 그것은 거짓이다. 세계의 모든 것이 바로 우리의 부분 속에 있다는 단순한 이유 때문이다. 그렇다면 어떻게 선별할 것인가? 어떻게 우리 자신으로부터 자신을 보호할 것인가? 문화적으로, 역사적으로, 물질적으로 우리를 만든 이 세계로부터 어떻게 자신을 분리시킬 것인가? 그런 일은 어려운 게 아니라 불가능하다. 그렇지 않으면 인간을, 인간들을, 인류를 쪼개야 한다. 휴머니스트적 희망을 저버리거나, 인간과 전쟁을 해야 한다.

거짓에는 대가가 따르는 법이며, 그리고 그것은 지금도 여전히 좌우할 것 없이 여러 가지 폐해를 끼치고 있다. 이 세계 자체를 경계한다는 것은 자기를 경계하기 시작하는 것이다. 인륜성 속의 세계를 추격하는 것이요, 인간 속의 사해동포주의를 학대하는 것이요, 자기와 더없이 가까운 곳에 있는 타자의 형상을 몰아세우는 것이다……. 우리는 솔직해야 할 것이다. 위대한 문화와 위대한 문명을 지닌 우리 유럽인들의 과실은 이미 온 세계에 알려졌다. 그 이후, 사람들은 그것을 적절하게도 반反인륜성 범죄라 부른다.

실패한 인터내셔널

말들의 신비, 언어들의 수수께끼. 이 세계의 현재 상황, 즉 소련 붕괴 이후 동일한 경제 모델 중심으로의 통합과, 인공지능 혁명에 의해 야기된 통합의 가속화 등을, 모든 나라들은 한결같이 영어의 "지구화 globalization"라는 말로 지칭하고 있다. 한데, 유독 프랑스만은 이에 해당하는 말—globalisation—을 쓰지 않고 다른 선택을 한다. 보편적으로 통용되는 이 표현 대신 "세계화 mondialisation"를 쓰는 것이다. 이는 프랑스만의 독특한 선택이다.[1]

이 말은 문젯거리 혹은 새로운 것이 바로 세계인 것처럼 들리게 한다. 오늘날의 우리가 그 여러 장章들 가운데 한 장을 살고 있는, 이미 5세기 전에 시작된 세계화에 적용된 하나의 정치 유형이 아니라, 그 자체로서의 세계가 지금 우리 눈앞에서 비로소 세계가 되는 것처럼 들리게 한다. '지구화'라는 말을 쓰는 것은, 현재 논쟁과 의문거리가 되고 있는 세계의 한 구성 양식, 본질적으로 경제적인 하나의 과정을 상기

1 독일 사람들은 '글로발리지에룽 Globalisierung'을 고집하고 있으며, 이탈리아 사람들은 '몬디알리짜지오네 mondializzazione' 보다는 '글로발리짜지오네 globalizzazione'라고 하며, 마찬가지로 스페인 사람들이나 라틴 아메리카 사람들, 포르투갈, 브라질 사람들 역시 '문디알리자지온 mundialisazion'이나 '문디알리자사오 mundializaçâo' 보다는 '글로발리자지온 globalisazion'과 '글로발리자사오 globalizaçâo'를 상용한다.

시키는 것이다. 이 말보다 '세계화'를 선호한다는 것은, 지금 이 순간이 바로 불운과 운명 사이에서 우리가 세계를 만나는 순간, 우리가 세계를 대면—세계에 우리가 먹히거나 길을 잃게 될 위험을 무릅쓰고—하는 순간으로 들리게 함으로써, 이 현실에 무거운 의미를 부과하는 것이다. 이 언어적 왜곡이, '제국'과 '공화국'에 의해 만들어진, 그러나 이제 그 권력과 긍지를 잃어버린 '위대한 국가'가 세계와 맺고 있는 불안한 관계를 얼마나 잘 증언하고 있는가 하는 것은 아마도 미래가 말해줄 것이다.[2] 하지만 미래가 공포와 두려움의 시간을 통해 사태를 해결해주지 않으리라는 것은 분명하다. 어떻든, 이 "세계화"가 우리의 사전 속으로 들어오기 훨씬 전부터 극우파들은 "세계주의mondialisme"와 "세계주의자들mondialistes"을 자신들의 주된 표적으로 삼았으며, 이 표현을 통해 세계주의자들cosmopolites과 세계주의cosmopolitisme에 대한 과거의 폐기 통고를 재활용했는데, 그것이 유대인 배척주의 수사와 얼마나 깊이 연관되어 있었는지는 지금도 기억에 선명하다.

언어를 전쟁과 위기에 빠트리고 히스테리와 혼란 사이, 환상과 상상 사이에 둔다는 것. 전체주의 담론은 언제나 언어를 전략적 쟁점으로 삼았다.[3] 그런 관점에서 볼 때, 국제주의 사상이 패배한 것은 언제나 그것이 세계를 내세우고 국경 없는 연대와 보편적 인류를 내세웠기 때문이라 할 수 있다. 그것뿐만이 아니다. 최근에 극우파가 만들어낸 표현 하나가 좌파와 우파 사이에, 위에, 그리고 내부에 있다고 자처하는 소위 공화국의 상용어 속으로 슬그머니 미끄러져 들어왔다. 바로 "인간주의의 권리"와 "인간주의자의 권리"라는 표현들로서, 이 표현들은 인간의 권리와 그것의 옹호와 보편성이라는 근본적인 문제를 여러 선택

---

2 혁명기를 중심으로 프랑스와 세계가 맺고 있는 관계들에 관한 대표적인 참고서로는 아직도 자크 고드쇼의 『위대한 국가 La Grande Nation』(오비에, 1983)를 꼽아야 한다.

3 독일 보수주의 혁명의 이념적 담론에 관한 장-피에르 파여의 선구적 작업 『전체주의 언어들 Langages totalitaires』(헤르만, 1972)과, 뒤늦게 프랑스에서 간행된 빅토르 클렘페르의 대작 『LTI : 제3국가의 언어 LTI. La langue du Ⅲᵉ Reich』(알벵 미셸, 1996)와 『일기 Journal 1933~1945』(전2권, 쇠이유, 2000) 참조.

사항들 가운데 하나에 불과한 어떤 편향적 이본異本으로 탈바꿈시킨다. 겉보기에 좀더 사실적인 것이므로 한결 중립적이라 할 수 있겠지만 이 "세계화"라는 용어 역시 애매성이 그에 못지않다. 이 말이 언어 속에 거처를 마련한 뒤부터 프랑스의 진보적 좌파는, 암암리에 패권주의와 국수주의에 편안한 거처를 마련해주고 있을 뿐 아니라 보다 무의식적으로는 외국인 혐오증, 이방인에 대한 두려움과 거부의 빌미가 되고도 있는 이 말을 무거운 쇠공처럼 끌고 다닌다.

2002년, 다수의 좌파에게 치명적인 결과를 안겨준[4] 이러한 에스프리의 점증하는 혼동을 보고 뒤늦게야 사태를 자각한 뒤부터는, 형용사를 하나 덧붙인다거나(이를테면 "자유주의 세계화" 같은), 그 경멸적 차원을 없앤다거나(자신은 "다른 세계화"에 우호적이라고 한다거나), 전체적으로 뉘앙스를 준다거나(문제는 세계가 아니라 우리가 세계에 가하는 운명이라는) 하는 습관이 붙었다. 하지만 이미 엎질러진 물이다. 〈노벨경제학상〉 수상자 조셉 E. 스티글리츠가 국제통화기금을 비난하는 책 『거대한 환멸』의 프랑스어 판을 출간할 때, 편집자는 책에 이런 띠를 두른다. "오늘날, 세계화는 잘 진행되지 않고 있다."[5] 이 책의 원제는 『Globalizations and Its Discontents』. 직역하면 "지구화와 그 불만들"이요, 달리 표현하면 "지구화의 실망들"이다. 분명 스티글리츠가 하고자 하는 말은 세계화가 잘 진행되지 않으므로 세계화를 거부해야 된다는 것이 아니라, 오늘날의 세계를 지배하고 있는 그 경제적 환상, 즉 시장 사회가 정치적인 것과 사회적인 것과 문화의 열쇠를 쥐고 있다는 믿음을 거부해야 한다는 것이다. 길게 볼 때 세계는 분명 앞으로 나아가고 있기 때문이다.

4 2002년의 대통령 선거와 국회의원 선거에서 좌파가 패한 여러 이유들 중, 산술적으로 분명하게 드러나는 그 하나는 이것이다. 즉, 과거의 좌파 구성 요소들 중의 하나인 장-피에르 슈베느망 파가 '좌도 우도 아닌' 명분에 도박을 걸어 자기들끼리만 떨어져 있고자 한 것.

5 조셉 E. 스티글리츠, 『거대한 환멸 *La Grande Désillusion*』 (파야르, 2002)

세계는 진보와 퇴행 사이에서 불평등과 부, 새로운 호기심들과 망각된 다수라는 자신의 모순적인 몫을 지닌 채 앞으로 나아가고 있다. 특히, 세계는 앞으로 나아가면서 자신을 만들어가고 있다. 아직 자신들의 패러다임과 개념들을 기다리고 있는, 예견되지 않았고 예견될 수도 없는 새로운 변증법적 현실들을 창조하면서 말이다. 우리에게 문제가 되는 것은 세계가 아니라 세계에 대한 분별력이다. 우리는 세계에 대한 이해와 독법을 의심한다. 과연 그것들이 세계 통제의 길을 엿보게 해줄 것인지를 의심하는 것이다. 요컨대 이 "세계화"란 말의 선택, 이 언어적 비틀거림은 지적 위기와 사유의 불안, 비판의 혼란을 나타내는 징후다. 사실, 그리 멀지 않은 과거에도 역시 불평등과 불행과 전쟁이 있었고, 지금의 우리 시대보다 결코 더 화려할 게 없는 한 시대가 있었다. 그러나 당시 우리는 세계를 이해한다고 생각했을 뿐만 아니라, 세계가 우리의 논리적 희망들을 지니고 있다는 믿음을 가졌었다.

마르크스의 기본 저작에서 시작된 근대적 사회 비판은 언제나 세계화를 자신의 장식이자 동력이자 활력소로 삼았다. 1848년『공산당 선언』의 출간으로 세계화가 근대적 사회 비판의 출발점이 된다. 두 차례에 걸쳐 마르크스와 엥겔스는, 그 첫 구절에서부터 "아메리카 발견"을 부르주아 계급의 역사적 운명이 걸린 전환점으로 인용한다.[6] 나아가서는, 국소적이고 개별적인 것에서 해방되어 보편적인 것에 잠정적으로 열려 있는 인류의 운명이 걸린 전환점이라고 생각한다. 그들은 이렇게 적고 있다. "아메리카 발견, 아프리카 일주항해는 탄생하는 부르주아 계급에 새로운 활동의 장을 마련해주었다. (…) 거대 산업은 아메리카 발견이 마련해준 세계시장을 탄생시켰다. (…) 이 세계시장을 이용하

---

6 칼 마르크스는 『공산당 선언 *Manifeste communiste*』 결정판의 단독 저자이지만, 프리드리히 엥겔스와 연대 서명된 까닭은 엥겔스의 텍스트『공산주의의 원리들 *Principes du communisme*』이 이 글의 초안으로 쓰였기 때문이다. 칼 마르크스, 『경제』(전집 제1권, 갈리마르, '플레이야드' 총서, 1965, 157~195쪽) 참조.

여, 부르주아 계급은 모든 나라의 생산과 소비에 범세계적 형태를 부
여했다. 반동주의자들에게는 참으로 유감스런 일이겠지만, 그것은 국
토를 산업의 발 아래로 감추어버렸다.” 이에 그치지 않고 그들은 오늘
날의 우리로 하여금 그들을 장밋빛 세계화의 기수로 여기게 할 만한
내용 전개 속으로 뛰어든다. “과거의 고립과 국부적이고 국수주의적인
자급자족은 이제 여러 국가들의 범세계적인 상호의존, 범세계적인 무
역에 자리를 내주고 있다. 이는 물질적 생산의 측면에서만 참이 아니
라 정신의 산물들에게도 마찬가지다. 여러 나라들의 정신적 작품들은
공동의 재산이 되고 있다. 국가적 특수성과 한계들이 점점 더 불가능
해지고 있으며, 많은 국소 민족 문학들이 하나의 범세계적 문학을 탄
생시키고 있다.” 자신들의 논리에 취한 그들은, 당시의 것이자 서구의
것이요, 믿음을 바탕으로 한 것이자 이성을 바탕으로 한 역사적 낙관
론에 맞장구치며 이렇게 강조한다. “부르주아지는 더없이 야만적인 민
족들까지도 문명 속으로 떼밀어 넣는다. 상품들의 낮은 가격은 강력한
대포에 다름아니며, 이 대포로써 부르주아지는 중국의 만리장성을 함
몰시키고 지극히 고집스레 외국인을 혐오하는 야만인들의 항복까지도
얻어낸다. 부르주아지는 모든 국가들에게 죽기 살기로 부르주아 생산
양식을 택하도록 속박한다. 소위 문명이라 불리는 것을 그들 나라에
받아들이도록 속박하는 것이다. 달리 말해서, 그 국가들을 부르주아
국가로 만든다. 요컨대 부르주아지는 세계를 자신의 이미지에 맞게 창
조하고 있다.”

한 세기 반이 흐른 지금 우리가 있는 곳이 바로 여기다. 마르크스주
의의 진단은 적절한 것으로, 전세계를 무대로 하는 경제적 체계의 원

동력과, 법칙으로서의 자본 축적, 그리고 공동생활 양식과 그 가치들과 원동력에 대한 기준들의 팽창 등을 내부에서—19세기 중엽의 영국이라는 강대국 중의 강대국 안에서—분석한 것이다. 세계화, 돈과 재정, 순응주의와 동의, 자본과 사람과 이념의 유동성 등이 결국 국가경제의 틀을 벗어나는 고유의 논리를 세계경제에 부여한 이 움직임의 핵심부에 있다. 그것은 불의와 밀고를, 불평등과 미지의 틈들을, 요구사항들과 새로운 의식들을, 끔찍한 정복과 해방 투쟁을, 식민지화와 해방을, 파괴와 재생을 다 함께 창조하는, 불평등하고 조합된, 연결되고 나뉜 그런 하나의 모순적인 과정이다. 콜럼버스와 더불어, 그리고 바스코 다 가마와 더불어, 유럽이 발견과 정복 사이에서, 인식과 탐욕 사이에서, 오리엔트의 얼굴을 가진 한 세계를 만나러 바다로 뛰어들면서 시작된 이 과정은[7] 지난 5세기 동안, 우리로 하여금 여러 경제 세계들에서 단 하나의 경제 세계로 넘어가게 했다. 유럽의 경제 세계를 전지구의 표면에 투영함으로써 말이다.

그런 의미에서는, 세계화라든가 지구화라고 하기보다는 서구화라고 말해야 할 것이다. 지금 우리는 아메리카의 발견으로 시작된 "지구촌 대개발"[8] 사이클의 완결과 그에 따른 위기를 겪고 있는 것이며, 이 사이클이란 곧 세계의 서구화, 즉 서구 세계의 정신적 물질적 기준들이 전지구로 침투되는 과정을 나타내는 사이클에 다름아니다. 우리는 유럽의 도시문명을 본거지로 하는 자본주의의 무한한 팽창 역학과 뒤얽혀 있는, 서구의 엄청난 세계적 팽창의 일시적 종결의 증인이자 그 당사자들이다. 16세기 초 르네상스기의 유럽에서, 이탈리아와 스페인과 포르투갈의 인구는 오늘날의 국경을 기준으로 할 때 유럽 인구의 10퍼

7 크리스토퍼 콜럼버스는 1492년 10월 14일 바하마 군도의 한 해변에 이르며, 바스코 다 가마는 1498년 5월 27일 인도 남서부의 한 항구에 이른다. 서편 길과 동편 길, 서인도와 동인도……

8 이제는 고전적 표현이 된 이 용어를 만든 이는 역사가 피에르 샤뉘다.

센트에 지나지 않았지만, 도시인은 유럽 도시인의 41퍼센트에 달했다.[9] 1천여 년 전 지중해의 상업 도시들이 발명한 경제 체제에 의해 활력과 추진력을 얻은 그 유럽 도시들은 인류를 서구의 소용돌이 속으로 끌고 들어갔으며, 이 서구는 머지않아 귀환 불가능한 지점에 이르게 되거나, 아니면 적어도 통계상의 큰 변화를 겪게 될 것이다. 유엔의 보고에 의하면, 2005년에는 세계 인구의 대다수가 도시인이 될 거라고 한다. 세계의 서구화와 도시화, 차후로는 바로 이들 두 상보적 동력 안에서 시대와 種種에 대한 모든 주요 쟁점들이 정치와 생태학, 권력과 상호의존성 사이에서 교차하게 될 것이다. 1505년에서 2005년까지의 5세기는 그 세기들을 요약하고 집약하는 한 단어의 상징적 지배하에 놓여 있었다. 그것은 '아메리카'라는 단어로서, 아메리고 베스푸치—신대륙의 명칭은 그의 이름을 따서 만들어지게 된다—가 콜럼버스의 발견을 경영할 목적으로 1493년 세비아에 창설된 '카사 데 콘트라타시온'의 수장으로 임명된 것이 바로 1505년이기 때문이다.

역사에 어떤 유일한 시작이나 종말이 없는 것과 마찬가지로, 오늘날 우리가 세계화의 끝이나 시작을 겪고 있는 것은 아니다. 그렇지만 우리는 그것으로부터 지적이자 정치적인 위기, 사유와 행동상의 위기를 겪고 있다. 그래서 마르크스는 적절한 분석을 통해 한 가지 답을, 즉 '빛'의 딸, '빛의 세기'의 그 보편주의와 휴머니즘의 딸을 추론해냈으며, 이 딸은 당시 태동 중이던 사회주의 운동 강령의 몸체가 되었다. 그것이 바로 '인터내셔널'이었고, 『공산당 선언』을 마감하는 문장 "만국의 프롤레타리아들이여, 단결하라!"였고, 국제 노동자 연합의 창설과 활성화였다. 요컨대 착취당하는 자들과 억압받는 자들, 희생자들과 패

9 폴 벨로슈,『성공과 실패 II : 16세기부터 오늘날까지의 세계 사회경제사 *Victoires et déboires Ⅱ. Histoire économique et sociale du monde du XVIe siècle à nos jours*』(갈리마르, '폴리오 역사 Folio-Histoire' 총서, 1997, 513쪽)

배자들의 국경 없는 연대를 바탕으로 해서 옛 기준들의 상실에 대한 치유책이요 새로운 안정에 대한 약속으로서 세계를 쉽게 이해할 수 있는 방도를 발명해낸 것이다. 그것은 마르크스와 엥겔스의 붓 아래에서, 특히 미국 일간지 《뉴욕 데일리 트리뷴》의 통신원으로서의 마르크스의 붓을 통해, 식민지 현황에 대한 끊임없는 백과사전적 관심으로 나타나게 된다.[10] 그리하여 그들 이후부터, "제국주의"에 대한 응수로서의 이 "국제주의"가 사회주의자들의 전략적 성찰의 핵심에 놓이게 된다. 두 사람이 세운 강령의 이 핵을 중심으로 그들을 두 캠프로 나누는 선들이 그려지고, 이는 러시아 혁명과 더불어 우리가 아는 바의 그 사회주의자들과 공산주의자들의 분리를 야기하며 표면으로 떠오르게 된다.

한데 이 국제주의적 희망이 그후에 이루어진 국수주의로의 잦은 회귀로 인해 종종 저지당하곤 했다는 사실은 새삼 언급할 필요가 없을 것이다. 내부에서 썩히고 외부에서 침식해 들어가면서 국수주의는 끊임없이 그 희망을 허위라고 비난하며 사기를 꺾어버리려 했다. "문명을 향한 운동"의 구체화인 "적극적 식민지 정책" 옹호(1907, 제2차 인터내셔널의 스투트가르트 대회), 국가에 충성하기 위해 사회주의적 연대를 후퇴시킨 일(1914~1918, 식민지 문제가 발단이 된 제1차 세계대전), 위성 공화국들과 국민들에 대한 소련과 그 "유일 국가 사회주의"의 위대한 러시아 제국주의 정책(1979, 소련의 "우호적" 아프가니스탄 침공이 그 궁극적이고도 치명적 예증일 것이다),[11] 제3세계 국가들의 독립으로 인해 오늘날까지 이어지고 있는 자기 정체성과 민족 문제로 인한 긴장 등. 하지만 인터내셔널의 실패를 그리고 있는 이 같은 한탄스

10 그것은 특히 인도 식민지와 아일랜드 식민지에 대한 관심이었다. 이 문제와 관련하여 마르크스는 결국 자신의 시대에 비해서나 20세기 좌파 무정부주의자들의 원칙적인 입장들을 예시하는 자기 자신의 시간에 비해서도 매우 앞서 나가는 입장을 채택하게 된다. "오랫동안 나는 영국의 노동자운동이 아일랜드 체제를 전복시킬 것으로 믿었습니다. 그러나 보다 성실한 한 연구가 내게 정반대 사실을 납득시켜주었습니다. 영국 노동자 계급은 아일랜드 문제를 털어버리기 전에는 꼼짝도 하지 않을 것입니다. 아일랜드 내부에서 지렛대가 작동되어야 합니다."(「엥겔스에게 보내는 편지」 1869년 12월 10일)

11 그후, 이미 마르크스가 언급한 바 있는 체첸 문제에 대한 모스크바의 태도는 줄곧 이러한 제국적 정신을 보여주었다.

런 열거가 설명해주는 것은 아무것도 없다. 고정된 사유들의 일반적 논거들—정체성이라는 숙명, 문화의 본질, 민족들의 에스프리—로 되돌아가는 것일 뿐, 그것은 자본주의에 의해 형성된 공동 세계를 마주하고서 마르크스가 기록한 그 범세계적 약속이 왜 실패했는지를 우리에게 해명해주지 못한다.

그것을 해명해줄 열쇠, 우리는 그것 역시 말들 아래에서, 말들의 양면성 아래에서 찾는다. 1853년에 마르크스는 《뉴욕 데일리 트리뷴》에 기고한 글에서 이렇게 적고 있다. "영국은 인도에서 두 가지 사명을 수행해야 한다. 하나는 파괴적인 것이요 다른 하나는 재생적인 것인바, 바로 케케묵은 아시아 사회를 폐기하고 아시아에 서구적 사회의 물질적 기반을 마련하는 것이다."[12] 이는 달리 말하자면, 아무리 많은 폭력과 파괴와 야만행위를 일삼았다 할지라도, 영국인들은 그들을 초월하여 존재하는, 이미 서술된 역사라는 극작품의 주역이라는 얘기다. 그들은 열등한 세계를 파괴하면서 그 생존자들을 "우월한 문명"—이는 마르크스의 표현으로, 그는 "역사의 영원한 법칙"을 상기시키기까지 한다—속으로 이끌고 간다. 이 경우, 열등한 측은 다른 사람들과 마찬가지로 마르크스에게도 불분명한 외양을 하고 있는바, 그것을 그는 "오리엔탈"이란 어휘로 덮어버린다. 분명 그의 작품에서 가장 튼튼하지 않은 개념들 중의 하나인 "동양의 전제군주제"를 그는, 중세 때만 해도 문화적으로나 기술적으로 훨씬 더 무장이 잘되어 있는 듯하던 동양을 서구가 돌연 앞지르게 된 그 수수께끼와 이론의 여지없는 서구의 활력을 설명하기 위한 부정적 대위항으로 쓰고 있다.

자신이 살고 있는 시대와 세계를 벗어날 수는 없기에 마르크스 역시

12 칼 마르크스, 〈영국의 인도 지배의 잠정적 결과들 *Les résultats éventuels de la domination britannique en Inde*〉, 《뉴욕 데일리 트리뷴 *The New York Daily Tribune*》 1853년 8월 8일자.

서양인의 시각으로 동양을 바라보고 있으나, 그에게는 정복자들이 패자들에게 안겨준 그 빛들이 결국에는 정복자들을 배반하게 될 것이며 나아가서는 그것들이 인류의 범세계적인 해방과 더불어 역사의 전일적인 종말을 수반하게 될 거라는 휴머니스트적인 확신이 있었다. 그가 완전히 틀렸다고는 할 수 없다. 식민지들의 민족주의 운동이 그들 고유의 가치들을 본국들에 대립시킴으로써 그 프로그램의 일부가 실현될 터이기 때문이다. 문제가 되는 것은 부적절한 그의 다음 말이다. 그 논리적 연속의 불가피한 전개를 마르크스는 1853년의 한 논문에서 이렇게 요약하고 있다. "영국이 힌두스탄에 사회 혁명을 일으키면서 지극히 비열한 이득에 끌렸으며 목표 달성을 위해 어리석게 행동한 것은 사실이다. 하지만 문제는 그런 것이 아니다. 문제는 인류가 아시아의 사회 상태에서 근본적인 혁명 없이 과연 자신의 숙명적인 과업을 성취할 수 있는가 하는 것이다. 그 어떤 범죄들을 저질렀건 간에 영국은 그러한 혁명을 일으킨 '역사의 무의식적 도구'였다."[13]

역사의 이 숨은 신은 말할 것도 없이 진보다. 동맹인 동시에 적이요 공모자인 동시에 상대인 자본이라는 여행 동반자를 본떠, 누가적인 방식으로 한 단계 한 단계씩, 이미 정해진 길을 따라 앞으로 나아가고 있는 듯이 보이던 진보. 한쪽에겐 역사의 무의식적 운동이 있고, 다른 한쪽에겐 시장의 보이지 않는 손이 있다. 전도되었으면서도 나란한, 동일하거나 아니면 적어도 쌍둥이인 두 믿음. 우상처럼 숭배받던 두 믿음. 1940년의 논문들에서 발터 벤야민이 재앙이 닥치기 전에 사력을 다해 뒤엎고자 한 것이 바로 이 믿음들이었다. 이 신들은 악마들을 숨기고 있었기 때문이었다. 식민지 정복의 땅들로부터 유럽의 심장부까

13 칼 마르크스, 〈영국의 인도 지배 *La domination britannique en Inde*〉, 《뉴욕 데일리 트리뷴》 1853년 6월 25일자. 이 다음에는 괴테의 『서동西東 시집』에서 인용한—물론 이는 우연이 아니다—문구가 이어진다. 우리는 이에 관한 에드워드 사이드의 논평을 흥미롭게 읽을 수 있을 것이다. "인간의 동정은 어디로 가버렸는가? 그것은 그 어느 사유 세계 속으로 사라져버리고 동양관 vision orientaliste이 그 자리를 대신 차지하고 있는가?"(『오리엔탈리즘, 서양이 만든 동양 *L'Orientalisme. L'Orient créé par l'Occident*』, 쇠이유, 1997, 180쪽)

지 누적되어 되돌아온 그 현대적 야만들은 인류와 문화와 문명을 뒤흔들어놓았다. 해방되어 식민지 상태에서 벗어난 그 국민들은 여전히 예속되어 있으며, 불평등과 부채와 독재와 전쟁과 비참한 생활의 멍에 아래 휘청거리고 있다. 소련 제국의 붕괴로 주어진 뜻밖의 호기를 맞아 억지로 역전을 시도하고는 있으나, 세계의 위협에 대한 자연스런 해결책인 자율조정 시장의 자유주의 유토피아는 오래 지속되지 않을 것이다. 19세기 문명의 전체주의에 일어난 붕괴의 원인들을 다룬, 1944년에 미국에서 간행된 칼 폴라니[14]의 중요한 저작을 읽노라면 우리 시대의 메아리와 또 그것이 요청하는 통찰력의 메아리를 들을 수 있다.[15] 세계 경제의 해방과 신장과 통일이라는 이 3중 움직임 속에서 어떻게 시장이 실재로서가 아니라 사회 전체를 경제로 이끄는 이데올로기로 부과되었는지를 묘사하면서, 폴라니는 시장 경제(경제가 사회 관계들의 틀 속에 들어와 있는 사회)와 시장 사회(개인적 이득만을 바탕으로 성립된 경제가 사회생활을 지배하는 사회)를 구분하는 길을 열었다. 그는 이렇게 결론짓는다. "19세기 사회의 태생적 약점은 그것이 산업 사회였다는 데 있는 것이 아니라, 시장 사회였다는 데 있다. 산업 문명은 자율조정 시장의 유토피아적 체험이 더이상 하나의 추억에 지나지 않게 되더라도 계속 존속할 것이다." 그렇게 되길 바라자.

하지만 지금 이 순간 우리는 믿음을 잃었고, 이제 더이상 어떤 성자에게 우리의 희망을 말해야 할지 모르고 있다. 한데 환속한 수도사의 열성이나 개종자들의 열성보다 더 해로운 것도 없다. 지금은 이 세계 앞에서의, 이 세계의 도전과 유혹—에스프리에 대한 도전, 정체성에 대한 유혹—앞에서의 퇴행이 위협을 가하고 있는 상황이다. 도덕적 위

14 역 | 1886~1964. 오스트리아 출신의 경제인류학자이자 과학철학자.

15 칼 폴라니, 『거대한 변화 : 우리 시대의 정치 및 경제적 기원들에서 La Grande Transformation. Aux origines politiques et économiques de notre temps』(갈리마르, 1983)

계에서 잠시 벗어나 본다면, 이슬람의 서구화에서 탄생한 종교적 광신과, 서구에 복귀하고 있는 국가 패권주의와, 2001년 9월 11일 이후 미국의 일방적 반응들이 증언하는 두려움들을 하나로 연결하는 끈을 어찌 분간하지 못하겠는가. 이슬람 근본주의 투사들은 과거에는 좌파 혹은 극좌파 반反제국주의자들이었을 것이요, 공산당이나 민족주의 운동의 투사들이었을 것이다. 민족 공화주의자들 대부분은 역사의 종말을 믿었던 진보 우파 혹은 좌파의 실망한 아이들이다. 미국은 황제 같은 일관된 태도를 좇기는커녕 불간섭주의적인 동시에 간섭주의적인 태도를 취하는, 이제 더이상 이 세계를 통제할 수 없어 불안해하는, 그것을 두려워하기에 위험하기까지 한, 어떤 섬나라처럼 행동하고 있다.

그리하여 우리는 대서양 저 너머에서, 소련의 실패 뒤에서 역사의 종말을 보리라 믿었던 이들의 붓 아래에서, 국가 이기주의와 시장 사회가 사이좋게 어울린 어떤 자유 패권주의, 강력한 새로운 패권주의가 부상하는 것을 보고 있다. 프랜시스 후쿠야마[16]는 이렇게 적고 있다. "미국인들은 입헌 민주주의 국가-국민의 상위에 있는 민주주의적 정당성은 없다고 생각하는 경향이 있다. 그들이 보기에 국제기구들이 어떤 정당성을 갖는 것은, 정식으로 구성된 대다수 회원국들이 협의된 계약 과정에 따라 정당성을 그 기구들에게 양도했기 때문이다. 이 정당성은 계약당사자들에 의해 언제라도 거둬들여질 수 있다. 최고 권한을 갖는 여러 국가-국민들 사이에 결의된 그 합의를 떠나서도 존속할 수 있는 국제적 수준의 기구나 법은 없다는 것이다. 한데 이와는 달리, 유럽인들은 민주주의적 정당성이 어떤 국가-국민 공동체보다 훨씬 더 넓은 어느 국제적 공동체의 의지에 달려 있다고 생각하는 경향이 있다."*17* 실로 놀라운 반전이다. 약해지고 소심해진 초강대국이 새로운 세계 질서에 관해 자신이 한 말을 거부하고서, 이제는 세계 정치질서의 혼란 속에서 자신의 이득을 케이스별로 구하는 데만 책임을 느끼고 있는 것이다.

이러한 가정하에서는 가짜 신들과 진짜 악마들이 생존만이 아니라 원칙 자체가 문제가 되는 재앙 속으로 인류를 몰아넣으면서 또다시 승리를 거둘 것이다. 어쩌면 우리는 체념하고 그것을 받아들일 수도 있으나 거기에는 반드시 유산을 거부한다는 조건이 따라야 한다. 세계 대전의 굉음이 우리에게 물려준 바로 그 유산 말이다. 우리에겐 선택의 여지가 없다. 지상의 구원을 외치는 모든 종교에서 벗어나 계몽주의 시대를 재건하는 것, 이는 우리로 하여금 결국 길을 잃고 만 마르크스의 유산이 걸었던 길을 다시 좇아 다른 희망의 도정들을 발명할 것을 요구한다. 어떤 면에서 그것은 지배적 담론의 전권에 예속되지 않은, 세계의 어떤 자유로운 약속을 되찾는 일이다. 『공산당 선언』이 나오기 5년 전인 1843년, 국제적 에스프리를 지닌 최초의 노동자 선언임에 분명한 선구적 텍스트 하나가 이 수수께끼, 즉 "민주적 세계주의"를 이루어 "인류의 연대"*18*를 실현하는 일에 관해 언급한 바 있다. 이는 우연일까? 그 텍스트의 저자는 여성이었다. 세계적인 페미니스트였고, 아메리카와 유럽의 아나키스트였고, 게다가 페루인 아버지와 프랑스인 어머니에 안데스 산맥 인디언의 피도 약간은 섞인 혼혈이었다. 그녀의 이름은 플로라 트리스탕. 그녀의 손자 폴 고갱은 어쩌면 앞으로 도래할 세계의 색깔들을 발명했는지도 모른다. 우리가 사라지게 해버린 그 세계들을 만나러 가서 말이다.

17 프랜시스 후쿠야마, 〈서구 세계 내부의 불협화음 *Craquements dans le monde occidental*〉. 2002년 8월 16일자 《르몽드》에 게재된 글로, 2002년 8월 8일 멜버른(오스트레일리아)에서 행한 강연에서 발췌한 것이다. 미국 주 정부의 옛 고위 관료 로버트 케이건 역시, 홉스의 딸 아메리카와 칸트의 딸 유럽 사이에 10년 전부터 패이고 있는 골과, 그들 상호의 점증하는 몰이해—후자가 '문제들'을 상기시킬 때 전자는 '위협'의 말들로 추론한다—의 관건으로서 계몽주의 시대의 시사성을 강조하면서 동일한 사실 확인을 하고 있다.(로버트 케이건, 〈강함과 허약함 *Puissance et faiblesse*〉, 《코망테르Commentaire》 99호, 2002년 가을)

18 아르망 마텔라르, 『전지구 유토피아의 역사 : 예언적 도시에서 총체적 사회로 *Histoire de l' utopie planétaire. De la cité prophétique à la société globale*』 (라데쿠베르트/포슈, 2000)

가족 정신

그러므로 세계를 두려워할 것이 아니라 양식良識을 경계해야 한다. 정치에서는 양식이 자명함이라는 허울 아래 무시무시한 전쟁 기계들을 운반하기 때문이다. 그것이 바로 일부 언어학자들이 상투어cliche라 부르는 것, 즉 진실처럼 표현되는 여론, 진실의 힘을 갖는 여론이다. 1984년 5월 13일, 제목에서 애정 선언의 형태—"프랑스의 신사 숙녀 여러분, 나는 여러분을 사랑합니다"—를 취한 어느 연설이 그 기막힌 예를 하나 제공한 바 있다. 그날, 프랑스 극우파의 수뇌 장-마리 르펜은 거드름을 피우며 이렇게 말했다. "신사 숙녀 여러분, 파리의 선남선녀들은 우리가 펴는 정치가 외국인을 혐오하는 정치요 이기적이고 인종 차별적인 정치라고 주장합니다만, 전혀 그렇지 않습니다. 우리는 다만 양식의 기본 규칙을 정치에 적용할 뿐입니다. 또한 먼저 자기 자신과 자신의 가족들에 대한 고유한 의무들을 적용하는 것에서부터 출발합니다. 나는 여러 차례 거듭 말한 바 있습니다. 내가 나의 질녀들보다는 나의 딸들을 더 사랑하고, 나의 여사촌들보다는 나의 질녀들을 더 사랑하며, 나의 여자 이웃들보다는 나의 여사촌들을 더 사랑한다고 말입니다. 정치에서도 마찬가지입니다. 나는 프랑스인들을 더 사랑합니다.”

공적 공간이 사적 공간에서 추론되고 투사되는, 정치의 이 같은 가족적 비전은 타인의 배척을 당연시한다.[1] 이런 비전 안에서는 그 원칙의 추상화로 인해 이웃을 위한 자리가 없어진다. 그 이웃이 존재나 실존적 측면, 생김새나 소속적인 면에서 거리가 먼 사람이라면 더더욱 그렇다. 오직 혈족만이 판에 낄 수 있고, 게임 멤버로 선택되며, 참여가 허용된다. 더욱이, 아무 혈족이나 말하는 게 아니다. 담론과 그 수용의 무의식적 작용을 통해, 르펜 식의 가족 논리는 사회적인 것에 생물학적 설명을 가한다. 즉, 그것은 딸들, 질녀들, 여사촌들, 여자 이웃들, 요컨대 여성들의 일이지 남자들의 일이 아니라는 것이다. 게다가 이 여성들 중에 아내는 빠져 있다. 결혼에 좌우되는 아내는 가부장적 계승의 외부에 있고, 다만 그러한 계승의 도구에 지나지 않기 때문이다. 그리고 그 근친近親의 테두리 역시 남성 자손을 낳음과 동시에 계승하는 여성들, 생명을 주고 피를 전하는―생물학적 인종주의의 상상 속에서―여성들로 규정되어 있다. “국민적 선호”를 통속화시키는 이 근친이란 놈은 독사 둥지를 감추고 있다. 여기서 양식은 마취제로 작용한다. 딸보다 이웃의 여자를 더 좋아하는 자가 있다면 어디 한번 일어나보라며 사람들의 입을 막아버리는 것이다! 여기에 정치가 설 땅은 없다. 정치는 부인되고 무력화되어 있으며, 실은 바로 그것이 전체주의적 계획의 본질이다. 나의 가족에 대한 사랑이 우선적인 것일 뿐 아니라 도덕

1 이자벨 퀴미날, 마리즈 슈샤르, 스테판 와니슈, 비르지니 와티에 공저, 『르펜, 말들 : 극우파 담론 분석 Le Pen, les mots, Analyse d'un discours d'extrême droite』 (라 데쿠베르트, 1988, 22~25쪽)

적으로도 우월한 것이라면, 개별적이고 사적인 이득보다 우위에 있는 공동의 부가 들어설 여지는 더이상 없는 것이다.

다행히도 철학자들이 우리를 구하러 온다. 어떻든 '도시'에 대한 사유는 오래 전부터 그들의 소관이었다. 프랑수아 미테랑 정권 때 우리가 군주의 고문들로 알고 있던 그들이 지금 자크 시라크 정권에서는 장관들로 승진해 있다. "68 사상"[2]의 정평 있는 옹호자요 공인된 휴머니스트로서, 청년 및 교육부 장관이 된 뤼크 페리의 경우가 그렇다. 4년 전, 그는 자신의 동료 앙드레 콩트-스퐁빌과 함께 철학적 대화 형식의 두꺼운 책 한 권을 『현대인들의 지혜』라는 야심만만한 제목으로 출간한 바 있다. 이 책은 '우리 시대에 대한 열 가지 질문'이라는 구미 당기는 부제를 달고 있는데, 그 아홉번째가 바로 "철학과 정치"다.[3] 여기서 우리는 태생과 마찬가지로 철학 또한 그 무엇으로부터도 보호되지 않는다는 것을, 특히 현대의 그 진부한 통념들로부터 보호되지 않는다는 것을 알게 된다. 양식도 상투어로부터도 말이다.

대화를 시작하면서, 앙드레 콩트-스퐁빌은 정치를 "여러 이기주의들의 조절" 같은 것으로, "사회화한 지적인 이기주의, 갈등을 일으키면서도 평화적인, 잘 구성되고 절제된 이기주의"로 정의한다. 그의 주장은 이렇다. "우리가 정치를 이기주의에 대립시키면, 이기는 쪽은 이기주의입니다. 그러므로 그 둘을 대립시킬 게 아니라 화해시켜야 하며, 그것이 바로 우리가 프랑스에서 공화국이라 부르는 것입니다." 이렇듯 정치를 이기주의에 국한시키는 것이 뭘 의미하는지를 우리가 잘 이해하지 못하는 경우를 생각해서 그는 좀더 명확하게 설명한다. "프랑스의 정치가 우선 프랑스인들의 유익을 옹호하지 않는다면 그것이 무엇

2 뤼크 페리, 알랭 르노 공저, 『68 사상 La Pensée 68』(갈리마르, 1985)

3 앙드레 콩트-스퐁빌, 뤼크 페리 공저, 『현대인들의 지혜 : 우리 시대에 대한 열 가지 질문 La Sagesse des Modernes. Dix questions pour notre temps』(로베르 라퐁, 1998, 455~501쪽)

이겠습니까? 그렇다면 국가적 이익을 옹호하기 위해서는 파시스트여야만 하는 걸까요? 어느 정치가가 '먼저 프랑스인들을' 하고 말한다고 해서 그것이 곧 망언은 아니며 극우파에 대한 호의를 표하는 것도 아닙니다. 그것은 다만, 가끔씩은 상기시킬 필요가 있는—특히 '국민전선'[4]에 맞서서—한 가지 평범한 사실, 자명한 사실을 말할 뿐입니다."

국민적 선호 대對 국민적 이기주의. 아무리 좋은 뜻으로 살펴보아도 이 둘을 가르는 선은 분명히 드러나지 않는다. 이렇듯 공동 취득 재산으로 축소되고 만 '공화국'은 '국가'에 대한 본질주의적 비전 뒤로 모습을 감춰버린다. 문제는 프랑스와 세계의 관계가 걸린, 바로 국적의 문제요 그 규정과 취득의 문제인 터에, 위의 철학자가 상기시키는 "먼저 프랑스인들"이란 대체 누구란 말인가?[5] 문제는 프랑스 공화국과 세계의 관계가 걸린, 바로 외국인들의 시민권과 그들의 투표권, 그리고 공적인 일에 대한 그들의 참여인 터에, "프랑스인들의 이득"이란 대체 무엇이란 말인가?[6] 한데도 이러한 질문들을 제기하기는커녕, 곧 철학자 겸 정치가가 될 뤼크 페리는 자신의 동료를 예찬—"그 핵심적인 내용에서 나는 당신이 옳다고 생각합니다"—하고, "아무도, 그 열렬한 지지자들조차도 좋은 결과를 크게 기대하지 않는 세계화"에 대한 자신의 곤혹스러움을 토로하며, "보다 공통적이고 보다 대중적인 열정들을 바탕으로 하여 정치에 다시 신바람을 불어넣을 것"을 제의한다. "분명, 적절히 잘 파악하기만 한다면 어쩌면 잠재 상태로, 훌륭한 정치적 차원"을 지니고 있을 "사적인 영역으로의 후퇴"를 원동력으로 하는 "감성의 정치"를 그는 강조한다. 그러고는 편견과 진부한 생각을 의도적으로 결합시킨 예단을 덧붙인다. "자녀들과 부모들에 대한 사랑, 한마

4 역 | 르펜의 극우파 정당.

5 파트릭 벨, 『프랑스인이란 무엇인가? : 대혁명 이후 프랑스 국민성의 역사 *Qu'est-ce qu'un français? Histoire de la nationalité française depuis la Révolution*』(그라세, 2002)

6 소피 와니슈, 『불가능한 시민: 프랑스 대혁명 담론에 있어서의 외국인 *L'Impossible Citoyen. L'Etranger dans le discours de la Révolution française*』(알벵 미셸, 1997)

디로 가족사랑은 어떤 의미에서는 우리로 하여금 '타인들의 불행'을 이해하게 하고, 보다 구체적이고 보다 실제적이며 따라서 보다 큰 동기를 유발하는 방식으로 그것에 참여하게 합니다."

여러분의 자녀를 사랑하라, 그러면 여러분의 이웃을 사랑하게 될 것이다. 우선 여러분의 친족을 보살펴라, 그러면 세계와 화해하는 법을 알게 될 것이다. 즉, 가족이라는 이 직접적 근친의 동아리가 공적 정신의 예비교육장인 셈이다. 한데, 장-마리 르펜의 수사법에서도 공과 사는 끊임없이 서로를 정당화하고, 서로 차별을 두지 않으며, 그리하여 진실을, 진정한 자명성을 갖는 집단적 도덕을 가족 도덕으로부터 만들어낸다. 이때부터 정치는 자연의 실행이요, 문화와 사회 계급은 자연스런 동일한 자명성의 사슬에 따라 연역된다.[7] 1991년 9월, '국민전선'의 수뇌는 이렇게 말하고 있다. "우리는 가정, 면面, 직업, 도道, 국가 등의 자연적이고 생동하는 범주들 안에서 인간을 존중하는 자연적 질서를 요구한다." 이 같은 달콤한 자연 논법에서 우리는 매복중인 양식의 악마들을 다시 또 보게 된다. 타자의 문제가 생물학적, 동물적, 생태적 공간의 문제로 되어버리는 것이다. 1991년 10월, 장-마리 르펜은 현대적인 생물학적 인종주의가 잠겨 있는 사회적 진화론의 충실한 도제로서 이렇게 말한다. "우리는 자연의 한 부분이기 때문에 자연의 법칙들을 따릅니다. 종種의 위대한 법칙들은, 지성을 지녔지만 때로 허영을 부리기도 하는 우리 인간들을 지배합니다. 만약 우리가 이 자연법칙을 어긴다면, 지체 없이 자연은 우리에게 복수를 할 것입니다. 우리는 안전을 필요로 합니다. 그리고 이를 위해서는 동물들과 마찬가지로 우리에게도 안전을 보장해주는 영역이 필요합니다."

물론 위에서 언급한 두 철학자에게는 아무런 책임도 없다. 틀림없이 그들은 지금 내가 그렇게 하고 있듯이 사람들이 그들의 생각을 표현한 말들과 극우파의 거듭되는 담론들 사이에 공명하는 점들을 찾아낼 수 있다는 사실에 어이없어하고 화를 낼 게 분명하다. 뤼크 페리와 앙드레 콩트-스퐁빌은 진지하게 '국민전선'과 싸우려는 사람들이다. 그들은 휴머니스트요, 민주주의자며, 공화주의자다. 바로 여기에 우리 시대의 불안을 드러내주는 문제점이 있다. 이제 더이상 그들은 자신들이 무슨 말을 하고 있는지, 무슨 생각을 하고 있는지 제대로 알지 못하고 있으며, 또한 결코 그들만 그런 게 아니라는 것이다. 실망한, 갈피를 못 잡고 있는 재사들이 혼돈과 안이함 사이에서 우물쭈물하고 있다. 그리고 적은 바로 그 점을 이용하고 있다.

여기서 내가 선험적으로 서로 동떨어진 두 세계에 가까이 다가가 제시하고자 한 것은, 결국에는 극우파의 상상계가 득세하고 유포되고 통속화한다는 사실이다. 이에 대한 저항은 표상과 지평과 세계의 문제다. 바로 이 영역에서의 첫 전투는 패했다. 최근 20년 동안 '국민전선'의 이념적 성공은 물질적 현실 못지않게 그들이 선거에서 꾸준한 성취를 이뤄낼 수 있었던 열쇠였다. 극우파는 항상 전진해왔다. 자신들에게 불리한 증거를 거꾸로 뒤집어 역공을 가하면서 말이다. 타자 일반, 특히 이주자, 유대인, 아랍인, 회교도, 외국인 등을 속죄양으로 만들어, 그들에게 경제 위기와 실업과 불평등과 불의 등, 이 세상의 온갖 불행을 해명하도록 명령하면서 말이다. 그들을 지목하는 것만으로 모든 것이 설명되고 해명된다. 그것은 그들의 잘못이며 따라서 그들은 처벌받아 마땅하고, 그것은 그들 때문이니 따라서 그들을 추방해야 한다는 것이다. 사회에 대한 이 같은 환상적 비전 안에서는 더이상 이성을 위한 자리는 없다. 이것은 조금씩 주입되어 자연스럽게 확산되며 만들어진 공포다. 정치가들과 지식인들 역시 이 공포에 굴복한다. 위기가 닥쳤을 때 그들이 스스로에게 타자에 대한 두려움을 허용하고, 어떤 표현 형태로든 근친과 동족에 대한 선호를 부추길 때 말이다.[8]

위대한 철학자 칸트의 명저로서, 상호환대를 정치에서의 정언적 명령의 지위로 끌어올린 『영구평화론』에서 우리는 "세계주의의 권리는 보편적 상호환대의 조건들에 국한되어야 한다"라는 글을 읽을 수 있다. 철학자들에게는 관대해야 한다. 칸트는 논리학과 형이상학 외에도, 1756년에서 1796년까지 자연지리도 강의한 적이 있는데, 그의 강의에는 '빛의 세기'의 그늘진 부분을 드러내주는 대목이 있다. 착각이 있고("마다가스카르에 가면 크기가 황소만하고 악어의 발을 가진 커다란 바다 괴물을 만나볼 수 있다"), 헛소리가 있고("감비아의 야생 동물들은 니그로만 잡아먹지 유럽인은 먹지 않는다"), 특히 저속한 인종주의적 발언이 있다("인류는 백인 종족과 더불어 최고도의 완벽성에 도달한다—인도인들만 해도 벌써 재능이 훨씬 떨어진다—니그로들은 최하위에 있다").[9]

인류를 사랑하면서도 인간들에게는 무심할 수 있음을 우리는 알고 있다.

중국어 수업

인류와 사람들, 전체와 부분들. 그들의 관계, 그들의 긴장, 그들의 자유. 어떻게 하면 이것들을 분할과 선별과 분류와 서열화와 특히 무차별의 악마들에 굴하는 일 없이 다시 사유할 수 있을까? 어쩌면, '쉬셴메 동시?'라는 이 단순한 질문에 입각하면 가능할지도 모른다. 이는 초급자들을 위한 중국어 수업에서 가장 먼저 배우게 되는 문장들 가운데 하나로, '이게 뭐지요? 이것은 무엇인가요?'를 뜻한다. 한데 우리가 이 문장을 자구대로 번역하면, '이 동-서東西란 무엇인가요?'가 되어버린다.

'이것'이 바로 '동-서'다! 철학자이자 중국학 학자인 프랑수아 쥘리앙은 처음 이 표현을 접했을 때의 충격을 이렇게 회고한다. "'사물'에 대한 우리의 개념—개별화하고 고립화하고 원자화하는 경향이 강한—이 어떤 양극화 관계에 의해 전혀 다르게 파악될 수 있다는 것, 그것은 결정적으로 사유를 뒤흔드는 것이었다."[1] 그런 혼란을 겪는다는 것

1 프랑수아 쥘리앙, 티에리 마르셰즈, 『바깥(중국)에서 사유하기: 《극동-동양》 인터뷰*Penser d'un dehors (La Chine). Entretiens d'Extrême-Occident*』(쇠이유, 2000, 60~61쪽)

은 "어떤 거대한 사유 가능성"을 발견하는 것이라고 그는 우리에게 말한다. 더이상 상태, 고립체, 부동으로서가 아닌, 관계와 긴장과 복합성으로서의 사물에 대한, 상호작용에 대한 사유. 이렇듯 고전 중국어에서는 시작과 끝이 왕복도 샛길도 없는 단선적 진행으로 기록되어 있지 않다. "끝-시작"을 의미하는 '종-시'라는 표현이 종종 불어 번역에서 "시작과 끝"으로 잘못 번역되었음을 프랑수아 쥘리앙은 상기시킨다. 그것은 원문의 표현을 완전히 논리에 맞게 올곧게 바로세우는 한 방식이다. 하지만 원문이 언어와 시선의 간극을 통해 우리에게 뜻하고자 한 바는 그것이 아니다. 그것은 모든 끝은 하나의 시작이요, '모든 완성은 동시에 하나의 새로운 출발이라는 것, 모든 순간은 하나의 이행과정이요, 세계는 지속적인 하나의 변화체'라는 것을 뜻한다.

'동양'의 철학자요 '서양'의 중국학 학자이자, 그러한 긴장과 자리바꿈 안에서 작업하는 '극동-서양'의 문인인 프랑수아 쥘리앙은 엉뚱하고 불안정하고 새로운 입장에서 "바깥(그의 경우는 중국이지만 다른 많은 나라들이 있을 수 있을 것이다)에서 사유하기"의 필요성을 이론화한다. 우리의 지적 위기가 요청하고 있는 중대한 필요성이다. 바깥에서, 측면에서, 멀리 물러나서 사유하기. 사유를 이동시키고, 시선을 다른 데로 돌리고, 질문과 대답을 흐트러뜨리기. "'서양'이란 개념을 정당한 유일의 방식으로, 즉 바깥에서 작용시키고", 사유의 비약을 자극하기 위해 자기 고유의 세계에서 빠져나와 여러 세계들의 틈새와 문화들 사이에서 물음을 제기하고 고심하기. 그들은 대개 역사가 · 인류학자 · 사회학자 · 민속학자들로 이루어진 작은 사상가 집단으로, 전망이 밝은 어떤 재생의 자취, 즉 혼혈 사상의 자취를 좇을 것을 우리에게 청하고 있다. 그리고 그들의 그런 첫걸음은 자명한 사실이 갖는 힘을 지니고 있다. 아닌게아니라, 세계를 사유하지 않고 어떻게 자신을 사유할 수 있으며, 세계의 여러 사유들과 대면시키지 않고 어떻게 우리의 사유를 다시 정립할 수 있으며, 여러 세계들이 우리 안에서 자기 이야기를 떠들고 있는 터에 어찌 순수하고 유일한 한 이야기에 대한 환상만 품고 살 수 있겠는가?

요약하면, 동양에서 서양을 사유하자는 것이다. 여기서 우리는 롤랑 바르트를 다시 만나게 된다. 이는 결코 우연이 아니다. 그는 자신이 일본이라고 부르는 '저기'와 대면하여 하나의 낯선 언어를 인식할 것—이해하고자 하는 것이 아니라—을 꿈꾼다. 이를 그는 "그 언어 안에서 차이를 지각하되, 결코 그 차이가 언어의 피상적 사회성에 의해 희수되어버리는 일이 없게 하는 것"이라고 요약했다. "우리 안의 서양 자체가 뒤흔들릴 지경까지, 그리고 부계언어, 즉 우리의 아버지들로부터 우리에게 대물림되어 우리를 또 아버지로 만들고 역사가 '자연'으로 탈바꿈시키는 한 문화의 소유자들로 만드는 그 부계 언어의 권리들이 뒤흔들릴 지경까지, 다른 단절들과 통사법들의 효과 아래 우리의 '실재'를 해체"[2]한다는 계획을 품고서 말이다. 우리는 여기서, 의사이자 후세에 시인으로 알려진 또 한 사람의 선구적 중국학 학자 빅토르 세갈랑과도 만나게 된다. 그의 다양성의 미학—"타자 이해"를 통해 보편적인 것에 대한 사유가 이루어지는—과, "뭔가는 자기 자체가 아니"라 자기 안에 있는 그 "자기 자체의 바깥"[3]을 절멸시키려는 완강한 거부로 이중화되어 있다는 첨예한 인식을 다시 만나게 된다. 또한 우리는, 당연한 논리적 귀결로서, 일본의 어느 선사禪寺에 체류했던 미셸 푸코 역시 만

2 롤랑 바르트, 『기호들의 제국 *L'Empire des signes*』(전집 제2권, 1966~1973, 쇠이유, 1994, 748쪽)

3 빅토르 세갈랑, 『이국취미에 관한 시론 : 다양성의 미학 *Essai sur l'exotisme. Une esthétique du divers*』(파타 모르가나, 1978)

나게 된다. 일본에서 그는 어느 승려에게, "유럽은 보편성이 탄생한 곳"이므로 유럽 사상의 위기는 "전세계와 관련"되며, "세계의 사상 일반"에 영향을 미친다고 설명한다.[4]

사유가 위험에 처하고 위기에 빠져드는 것은 유사한 것이나 가까운 것과의 대면을 통해서가 아니다. 그보다는 먼 것과 가까운 것의 변증법을 통해서다. 일반적 논거—유감스럽게도 이는 법칙의 힘을 갖는다—에서와는 달리, "비교할 수 없는 것의 비교"에 매달려야 한다고 마르셀 데티엔은 주장한다. 인류학자가 된 역사학자이자 고대 그리스 전문가인 그는 역사가 없는 곳으로 간주되어온 사회들에 고대 그리스를 대면시키고 있다.[5] 더욱이 칼 폴라니가 오늘날의 시장市場사회 비판에 대한 직관을 얻은 것도 인류학적 소양들, 특히 멜라네시아 부족 경제에 있어서의 물물교환의 원시적 형태들에 대한 연구를 통해서였다. 지평을 넓히고, 경계들을 밀어내고, 페르낭 브로델이 생의 만년에 남긴 기이한 가르침, 즉 "유사한 것들에 대한 탐구의 역사는 모든 사회과학의 참에 이르는 조건이다"[6]가 거짓임을 드러내보여야 한다. 사실, 브로델은 지중해 세계 경제의 유동적 흐름들은 제쳐둔 채 "프랑스의 정체성"을 이루는 지속적이고 안정된 풍경들에만 틀어박혀 있었다. 역사적 지식들 역시 자신들의 명백한 양식의 속지屬地들, "소위 민족의 역사라는 사각의 목초지라든가 아니면 읍의 역사라는 토끼굴"을 갖고 있다고 마르셀 데티엔은 촌평하면서, "시간과 공간 속에 있는 인간 사회 전체를 향해 열려 있는 역사를 선호하는 이들의 진영"을 그들과 대립시킨다.

물론 이는 실천적 부분, 다시 말해 정치적 의미가 담긴 선택이다. 비

4 미셸 푸코, 『말과 글 *Dits et écrits*, 1954~1988』(제3권, 1976~1979, 갈리마르, 1994, 622~623쪽)

5 마르셀 데티엔, 『비교할 수 없는 것을 비교하기 *Comparer l'incomparable*』(쇠이유, '20세기의 책방 La librairie du XX*' 총서, 2000)

6 페르낭 브로델, 『프랑스의 정체성 *L'Identité de la France*』(플라마리옹, 1986, 16쪽)

교할 수 없는 것을 비교한다는 것은 자아로부터의 분리를 훈련하는 것, 즉 "가장 동물적인 자아와 거리를 두고, 자기 고유의 전통에 대해 비판적 시선을 가져가며, 그것이 다른 여러 선택들 가운데 하나의 선택일 뿐이라는 사실을 보는, 혹은 엿보는 법"을 배우는 것이다. 이는 현기증이 나는 시도다. 이탈과 분리라는 이중의 작용 안에서 사유는 자신의 계보를 망각하고 자신의 기준들을 잃고 자신을 해체시킬 위험을 맞게 되기 때문이다. 마르셀 데티엔은 "그리스에, 그것도 단 하나의 도시, 페리클레스 시대의 아테네에, 하늘에서 뚝 떨어졌다"는 민주주의에 대한 우리의 평화로운 확신들을 이런 식으로 기꺼이 뒤흔들어버린다. 그는 이렇게 말한다. "인류학자들은 자신들을 지배하는 '질서'의 제약들에서 자유로운 역사가들을 통해, 아프리카와 슬라브 세계의 여러 문화들이 과거에는 물론 지금도 집단의 '공동 사안들'을 논의하기 위해 모인 회합에서 민주주의의 형태들을 실천했음을 알게 되었다. 그리스나 코자크 기적에 비해 오촐로[7] 기적이 더 기적적인 것은 아닌 것이다."[8]

　비교한다는 것은 상대화하는 것이 아니다. 그것은 배우고, 질문을 던지고, 발명하는 것이다. 계시와 비탄 사이에서, 르네상스기의 최고 지성들은 갖가지 발견들의 충격 아래 그런 작업들에 노력을 쏟았다. 오늘날까지도 상연되고 있는 이 극작품의 제1막은 바로 희망의 장소를 없애는 것이었다. 유토피아, '유-토피아', '아무 데도 없는 나라', 이것이 바로 토머스 모어가 1516년에 그 선원 이야기에서 만들어낸 섬의 이름이며, 이 이야기에서 그는 감히 '국가의 이상적 조건'이라는 꿈에 도전한다. 오늘날에는 아마도 이 신화의 연장선상에서, 그 섬을 군

9 미셸 푸코, 『말과 사물 *Les Mots et les Choses*』(갈리마르 출판사, 1966) 참조.

10 콜럼버스는 토머스 모어의 책이 출간되기 10년 전인 1506년에 사망했다.

11 15세기 초에 만들어진 대형 범선. 먼 바다를 항해하기 위해 크기와 무게를 줄이고 역풍에도 나아갈 수 있도록 성능을 향상시킨 배로 신대륙 탐험에 크게 기여했다.

12 에른스트 블로흐, 『희망의 원리 2 : 보다 나은 세계의 설계도 *Le Principe Espérance Ⅱ. Les épures d'un monde meilleur*』(갈리마르, 1982, 393쪽)

도群島로 바꾸고, 특히 미셸 푸코가 제의한 '헤테로토피아', 다른-장소, 다른 곳, '이타성이 필요한 곳'을 덧붙여야 할 것이다.[9] 불과 20년 만에[10] 유럽 사상을 '신대륙'에서 '유토피아'로, 다른 곳에서 추상으로, 타자에서 보편적인 것으로 말 그대로 상상할 수 없는 세계들과의 대면이라는 충격에서 아무 데도 없는 곳으로서의 정치에 대한 상상으로 전환시킨 이 약속의 막대한 중요성은 아무리 강조해도 지나침이 없다. 변화의 인물이자, 나름대로 변화에 대한 이론가이기도 했던 콜럼버스는 결국 그 약속이 흘러드는 길을 개척한 셈이었다. 유대교의 메시아주의에 깊이 물든 그리스도교—당시의 이들 두 사유 세계 자체는 이슬람과의 오랜 접촉을 통해 형성되었다—의 지복천년설의 세계관을 지녔던 이 항해가는 실제로 자신의 유토피아를, 어디에도 없는 곳을 찾고자 했던 것이다. 시간, 희망과 대속, 행복과 기쁨이 끝나는 곳. 이 지상낙원의 실재성을 당시의 사람들은 진실로 믿었고, 결국 그는 네번째 여행 때 오리노코 강의 수원을 그곳이라고 정하게 된다. 그러므로 에른스트 블로흐가 험악했던 시대인 1938~1947년 사이, "보다 나은 세계의 설계도"를 찾다가 콜럼버스에 귀착하여 잠시 머무르게 되는 것은 결코 놀라운 일이 아니다. 블로흐는 이렇게 설명한다. "그는 자신의 유토피아에 끌린 종교적 몽상가다. 제독에게 필요한 용기를 준 것은 바로 그의 유토피아다. 무시무시한 대서양 위에서 그의 캐러벨선船[11]들을 그의 믿음 속의 에덴 방향으로 나아가게 한 바람은 단지 유토피아 쪽으로 불고 있었던 것만은 아니었다. 그것은 그쪽으로 빨아들여지고 있었다.[12]

유-토피아. 뿌리와 근친 관계를 떠나서, 출신과 장소를 떠나서, 민주적이고 휴머니스트적인 보편성의 원리를 발명하고, 재발명하고, 정립하고 재정립하는 것. 여러 세계의 충돌에서 탄생한 민주주의의 희망을 떠맡는다는 것은 국부적인 것과 가까운 것으로부터 자신을 해방시키기 위한 엄청난 자기 노력이요, 소속에서 벗어나기 위한 수업 같은 것이다. 그리하여 매우 합리적이었던 몽테스키외는 결코 이 사유의 끈을 빛의 세기까지 늦추는 법 없이 이렇게 말했다. "나의 가정에는 유익하지만 나의 조국에는 유익하지 않은 뭔가를 내가 알고 있다면, 나는 그것을 잊어버리려고 할 것이다. 나의 조국에는 유익하지만 유럽에는 해로운 뭔가를, 혹은 유럽에는 유익하지만 인류에게는 해로운 뭔가를 내가 알고 있다면, 나는 그것을 범죄와 같은 것으로 바라볼 것이다."[13] 19세기의 이기주의적 확신들과 그것들이 20세기 초반에 드리운 그늘로 인해 자칫 끊어질 듯했던 이 끈을 우리는 부단히 이어나가야 한다. 이 끈을 맨 처음 짠 사람은 몽테뉴다. "우리 모두는 자신의 관행이 아닌 것을 야만이라 부른다."『수상록』을 읽다 보면 당시 대중적 활동에 매우 활발했던 몽테뉴의 표면적인 은둔이 지적 저항의 한 형태였음을, 지배적인 성서 정치에 사상으로 저항하는 한 형태였음을 때때로 망각하게 된다. 그에게 자신의 원고『자발적 예속에 대하여 혹은 '하나'를 반대함』을 읽게 하여 길을 일러준 사람은 그의 둘도 없는 친구 라 보에티다. "하나를 반대함"이란 하나의 원칙 혹은 하나의 명분에 대한 치명적인 추구를 반대함이요, 다양성과 다수성의 부분들을 보지 못하게 하는, 하나이자 동일한 위대한 전체—신, 왕, 국가, 국민, 계급 등—에 현혹되는 것을 반대한다는 뜻이다. 라 보에티는 이렇게 쓰고 있다. "자연은 우리가 모든 사람들을 동료나 형제로 알아보도록 우리 모두를 같

13 몽테스키외, 『사색 *Pensées*』 (로베르 라퐁, '부켕 Bouquins' 총서, 1991, 341쪽)

14 에티엔 데 라 보에티, 『자발적 예속에 대하여 혹은 '하나'를 반대함 *De la servitude volontaire ou Contr'un*』(갈리마르, 1993, 89~90쪽)

은 틀에서, 같은 형태로 만들었다."**14** 유사類似라기보다는 우애요, 닮음이라기보다는 평등이다.

몽테뉴의 지진, 라스 카사스의 천둥. 우리 시대의 북소리 아래에서 그들이 터뜨리는 분노의 메아리가 울리게 해야 한다. 아득히 먼 어느 화산의 빛 같은 그들의 지성, 그 섬광을 되찾아야 한다. 한 사람은 야만에 대한 편견을 마치 장갑 뒤집듯 뒤집고, 다른 한 사람은 토착민들을 위한 십자군 원정에 나선다. "누가 상업과 무역 일에 그토록 엄청난 가격을 매겼는가? 많은 도시들이 황폐화하고, 많은 나라들과 민족들이 몰살하고, 수백만 국민들이 칼날에 쓰러졌으며, 세상에서 가장 부유하고 아름다운 이 세계 일부가 후추와 진주 협상 때문에 전복되었다! 기계적인 승리들이다. 그 어떤 대중적 증오도, 그 어떤 야망도 사람들을 그토록 무시무시한 적의와 끔찍한 재앙으로 서로 대립하게 한 적은 없었다."**15** 몽테뉴가 말하는 이 기계적인 승리들이 라스 카사스의 눈에는 되돌아올 끔찍한 보복들을 내포한 승리들로 비친다. 1550년, 세풀베다 박사와 인도인들을 옹호하는 라스 카사스가 대립한 그 유명한 발라돌리드 논쟁은 유감스럽게도 오늘날의 우리에게 시사하는 바가 너무나 많다. 정당한 전쟁이란 무엇인가? 전쟁은 어떤 조건에서 정당한가? 한 치의 물러섬도 없이 상대의 주장을 공격하는 라스 카사스는 "인도 발견 이후부터 오늘날까지 행해진 모든 정복과 전쟁은 언제나 부당했고 잔혹했으며 끔찍했다"는 사실을 제시하는 것으로 만족하지 않는다. 가차 없이 그는 더 멀리까지 나아간다. 변론에서 그는 세풀베다가 스페인 사람들을 옹호하기 위해 상기시킨 그 원칙들의 혜택을 인도 사람들도 보게 한다. "우상숭배자들이 자신들이 경배하는 신들이 진짜라는

15 몽테뉴, 『수상록 *Essais*』 Ⅲ권, Ⅵ, 889쪽.

16 바르톨로메 데 라스 카사스,
『복음과 힘L'Évangile et la force』
(세르프, 1991, 192쪽)

그릇된 확신을 품고 있는 이상, 그들은 자신들의 종교를 옹호해야 할 권리가 있다. 뿐만 아니라 자연법이 그들로 하여금 그렇게 하도록 강요한다. 만약 그들이 목숨 걸고 자신들의 우상들과 신들을 옹호하지 않는다면 치명적인 원죄를 범하는 것이다. (…) 그리고 이 의무에 관한 한, 진짜 신을 아는 이들, 즉 그리스도교인들과, 진짜 신을 모르고 다른 어떤 신을 진짜 신이라 여기는 이들 사이에는 어떤 차이도 없다. (…) 그릇된 의식 역시 올바른 의식과 마찬가지로 결속시키고 속박하기 때문이다."**16**

승자들이 저지른 범죄의 부당함은 필연적으로 패자들의 정당한 전쟁을 낳는다. 전쟁이라는 탈脫이성이 자라나는 이성의 고리를 봉쇄함으로써, 라스 카사스는 우리 시대가 숱한 방황 끝에 하나의 국제법을 세우기에 이른 그 길을 이미 오래 전에 개척했던 것이다. 이 법이 강자와 약자, 정복자와 희생자 모두에게 유효한 것임을 그는 말하고 있다. 우리의 전쟁이 정당하다고 여러분이 주장한다면 그들의 전쟁 역시 정당하다는 것을 말이다. 지하드와 십자군 사이에서, 우리 시대는 묘하게도 같은 지점으로 되돌아와 있다. "예방 전쟁"이란 무엇인가? 이쪽에서 보면 그렇지만 저쪽에서 보면 "침략 전쟁"이 아니란 말인가? "위협"을 선언하는 것만으로 당신들의 전쟁을 정당화할 수 있다면, 어느 날 당신들의 "위협"에 맞서 국민을 동원하는 이들을 어떻게 반대할 수 있단 말인가? 당신들은 일방적으로 그들의 우상과 우두머리를 전복시킬 결심을 하면서, 그들 역시 고통을 당하다 못해 당신들에게 똑같이 해주고 싶은 마음을 갖게 되는 것은 어찌 이해하지 못한단 말인가? 가해자와 피해자, 승자와 패자, 희생자와 사형 집행인이 결국 서로 닮고

서로 경쟁하게 되는 이 악순환에서 어떻게 빠져나갈 것인가? 때로는 '연대착오'라는 역사가의 적이 명철한 판단의 동맹군이 된다. 라스 카사스의 저서를 읽어보면 펜타곤의 수첩과 이라크 우선 처리 방침이 바로 국제법의 원칙을 위태롭게 하고 있다는 사실을 깨닫게 될 것이다.

그러므로 인간의 척도를 되찾기 위해 세계와 다시 관계를 맺는 것이 바로 계획일 수 있을 것이다. 지평선 같은 것. 우리로 하여금 이 동-서라는 것을 다른 시각으로 보게 해줄 계획. 우리가 위협의 근원으로 여기는 동양이 우리의 서양이기도 하다는 것을, 그것이 세계의 서구화와 대면하여 그로 인해 전복되면서 만들어졌다는 사실에 대한 이해를 통해, 끝도 시작도 없이, 이 양극성을 해체하고 재정립해야 한다. 헌옷을 벗어버리듯, 서양에 의해 만들어진 동양, 이 동양화된 동양을 버려야 한다. 여러 주변부에서 광신적이고 반계몽적인 급진성을 낳고 있는 위기의 이슬람은 역설적이게도 세계화한 이슬람, 서양의 이슬람, 유럽적이고 미국적인 이슬람이요, 그 자신 역시 출신과 장소와 근친을 떠나 스스로를 발명하고자 하는, 우리 세계의 이슬람이기 때문이다. "이슬람이 서방 문화를 거치면서 갖게 된 새로운 점은 종교로서의 이슬람이 구체적인 문화와 절연되었다는 것이다. 이는 당사자들에게 이제 더이상 사회적 자명성으로 유지되지 않는 종교를 그들 스스로 다시 공식화할 것을 요구하고 있다"[17]라고 올리비에 루아는 적고 있다. 문명의 충돌에 대해 떠들어대는 무의미한 말들과는 달리, 이 새로운 사실은 여러 문명의 만남과 교차가 상실과 풍요화의 혼합, 버려지는 것과 새로 생겨나는 것이 뒤섞이는 가운데서 이루어지고 있음을 우리에게 확인시켜주는 것이라 하겠다.

중국어 수업은 우리에게 사물만이 아닌 관계를 보는 법을 가르쳐준다. 1년 중 절반은 히말라야에서 생활하는 이탈리아 저널리스트이자 아시아의 피렌체인—30여 년 전부터 아시아의 여러 나라를 속속들이 재고 있기에 하는 말이다—이라 할 수 있을 티지아노 테르자니는 히말라야에서, 전쟁 그 이후를 내다보지 않는 전쟁에 대한 경각심을 우리에게 일깨워주고자 했다.[18] 특히 그는 아래와 같은 티베트의 옛 시구를 전쟁에 대비시켰는데, 아마 몽테뉴도 이 시구를 마음에 들어했을 것이다.

자기애를 조국과 연관짓는 이들이 나는 불쌍하다.
조국이란 돌사막 속의 텐트촌에 불과한 것을……

18 티지아노 테르자니, 『반전反戰 서한*Lettres contre la guerre*』(리아나 레비, 2002년)

개미들의 위협

말들은 아무리 주의해도 지나침이 없다. 특히 거창하고, 요란하고, 무겁고, 힘차고, 심각한 말들. 1989년 11월, 결코 비중이 가볍지 않은 다섯 명의 프랑스 지식인들이 어떤 '항복'과 '배반'과 '파괴' 행위를 규탄하고자 했다. 세 개의 거창한 단어. 그런 단어들에서 우리는 곧바로 전쟁과 평화를, 인류의 운명을, 구해야 할 사람들의 생명, 막아야 할 정부의 범죄 행위를 상상하게 된다. 아닌게아니라 그들이 가리키고자 한 것은 바로 전쟁이었다. 나치즘에 대한 세계 대전. 이 나치즘 앞에서 당시의 정부 당국자들은 뮌헨에서 비굴하게 굴복한 바 있다. 그래서 뮌헨이다. "장관님, 훗날 사람들은 200주년을 기념하는 해에 뮌헨을 프랑스 공화국 학교에서 보았다고 말하게 될 것입니다."

당시의 교육부 장관 리오넬 조스팽 앞으로 보내진 공개서한은 이렇게 시작된다.[1] 몽둥이질에 다름아닌 질책이 뒤를 잇는다. "지금 당신이 그렇게 하듯, 양보할 것을 예고하면서 하는 그런 협상에는 이름 하나

1 엘리자베스 바텡테, 레지 드브레, 알랭 핑키엘크로, 엘리자베스 드 퐁트네, 카트린 킹츨러 공저, 《선생님들이여, 항복하지 맙시다! *Profs, ne capitulons pas!*》, 《르 누벨 옵세르바퇴르 *Le Nouvel Observateur*》, 1989년 11월 2~8일자.

가 따로 있습니다. 바로 '항복'이지요. 그런 '외교'는 좋은 말로 타이르려고 하는 자들을 더욱 더 대담하게 만들 뿐입니다. (…) 당신은 학교의 사명을 배반하고 있습니다. (…) 공화국의 토대는 학교입니다. 그렇기 때문에 학교 파괴는 공화국의 파괴를 재촉할 것입니다." 빌어먹을! 어투가 참으로 야단스럽지 않은가. 몹시도 중대한 말들('규율, 생존, 전투, 용기, 희생…….' 이외에도 많지만 이만 생략한다)을 나열하고 있는 이 전쟁 호소문은 실로 공포의 비명에 다름아니었다. 여기, 우리의 탄원자들을 겁에 질리게 한 것은 바로 스카프, 단지 스카프 한 장이다. 어느 회교 가정의 종교 교육—체제유지를 꾀해서가 아니라 전통을 지키기 위한—이 한 여학생에게 두르게 한 스카프 한 장이다. 이 스카프 한 장이 학교 교문을 넘어설 수 있느냐 넘지 못하느냐가 사태의 핵심이었다. 조스펭 장관은 실용적 입장을 옹호하는 것으로 만족했다. 종교적 표지를 착용하지 말도록 학부모와 자녀들을 설득시키기 위해 논의하고, 무엇보다 학교생활이 우선이므로 비록 아이가 생각을 바꾸지 않을지라도 아이를 받아들이며, 차후의 일은 선생들의 교육과 학교에서 이루어지는 사회화 과정 운용에 맡기자는 것이다.

스카프 한 장은 생쥐나 개미 한 마리와 마찬가지로 위협이 될 수도 없고, 위험이나 침공이나 패배 등을 구성할 수도 없다. 문화적 상대주의가 통용되지 않는 점에 대해서나 딸들에 대한 자유로운 교육이 보편적 쟁점이라는 사실 등에 대해서는 논의가 없다. 자신들의 가정에 틀어박혀 있지만도 않고 『코란』을 가르치는 학교에 맡겨지지도 않은 회교 가정 여자아이들의 '공공' 학교 취학이라는 문제. 이 경우, 공격받는 쪽은 과연 누구인가? 우리와 같은 자격을 지닌 한 여자아이가 자신의 소속을 나타내는 표지를 달고 등교하고 있는 우리 세계인가? 아니면 그 여자아이의 부모들(그러한 극렬한 반응은 결국, 그들은 이 땅에서 정체성의 모든 차이, 특히 복장상의 차이를 포기하는 조건으로서만 시민권을 가질 수 있다고 말하는 것에 다름아니다)이 태어난 세계인가? 그 스카프는 무엇을 나타내는 징후인가? 개혁을 반대하는 극단적 보수주의 이슬람의 유입을 나타내는 징후인가, 아니면 정반대로, 만남과 변화의 충격에 결부된 저들 나름의 정신적 외상들과 몰이해와 갈등과 긴장을 안고 있는 이슬람의 서구화를 나타내는 징후인가? 학교는 물론 사회 전체에 파급된 이 사태에 대한 극적 과장은 바로 이슬람에 대한 서양의 겁에 질린 거부는 아닌가?

세계의 대혼란에 직면한 사상 위기의 시대를 맞이하여 스승들은 겁에 질려 있다. 그들만 그런 것도 아니다. 어떤 면에서는 스승과 같은 존재라 할 정치가들 역시 마찬가지다. 사회적으로 존경받는 이들, 공화주의자들도 마찬가지다. 그들의 그런 처지조차 타인 혹은 이방인에게서 연대감과 우애 어린 얼굴을 없애버리지 못하게 하지는 않았다. 그가 멸시할 만한 존재요 뭔가 다르고 불안스럽고 방해가 되는 존재, 낯설고 이상한 이방인이라고 선언하는 것을 가로막지는 않았다. 그를 토착민 특유의 두려움 속에 가둬버리지 못하게 하지는 않았다. "여러분 정신차리시오. 저 푸른 제복 속에 있는 이는 노동자가 아니라 모슬렘이오!"라고 그들은 외친다. 그뿐인가. "저 일본인들 속에는 개미들이 있소!"라고도 외친다.

1982년에서 1983년에 걸쳐, 주로 외국 이주민들이 많이 일하는 자동차업계에 파업이 일어났을 때, 이 사회적 갈등은 여러 공식적 담론들을 거치면서 결국 이슬람 체제 유지를 위한 소요로 탈바꿈되었다. 모로코인이 대부분인 파업 가담 노동자들은 공식적으로 이슬람주의자들과 동일시되었다. 당시 수상으로 일하던 사회당의 피에르 모루아는 이렇게 선언했다. "숙제로 남은 중대한 난제들이 이주민 노동자들에 의해 제기되었다. 본인도 그들의 문제를 모르는 바 아니나, 분명히 짚고 넘어가야 할 것은, 그들이 프랑스의 사회 현실과는 무관한 기준들에 따라 의사 결정을 하는 정치집단 및 종교집단들에 의해 소요를 일으켰다는 점이다."[2]

1991년, 일제 자동차들의 유럽 수입에 대한 협상이 한창 진행중일 때, 프랑스는 역시 사회당 출신 수상이던 에디트 크레송의 "직언"으로 물의를 빚은 바 있다. 그녀는 일본인들을 졸지에 개미집으로 되돌려보냈었다. "나는 그들이 개미처럼 일한다고 했습니다. 개미들은 정말 일을 많이 합니다. 우리는 그렇게는 살 수 없습니다. 조막만한 아파트에 살면서, 두 시간이나 들여 직장으로 출근을 합니다. 그곳에서 일하고, 일하고, 또 일하지요. 그리고 아이들을 낳고, 그 아이들 역시 짐승처럼 일해야 할 것입니다. 하지만 우리는 사회적으로 보장된 것들, 우리의 바캉스를 계속 보존하고자 합니다. 지금까지 그렇게 살아왔듯이, 우리는 인간답게 살고자 합니다."[3]

불과 10~15년 전의 일이다. 당시만 해도 르펜의 '국민전선'은 대통령 선거 1차 투표에서 사회당 후보를 앞지르겠다는 주장은 감히 할 수가 없었다. 2002년 대선에서 극우파의 강세에 깜짝 놀란 이들은 우리가 그동안 얼마나 줄곧 그들에게 길을 제시해왔던가를 망각했을 뿐이다. 물론 위의 얘기들은 당시에는 많은 구설에 오르내렸지만 금방 잊

2 이방 가스토, 『이민과 제5공화국 때의 프랑스 여론 L' Immigration et l'opinion en France sous la Vᵉ République』(쇠이유, 2000, 495~498쪽). 당시의 지배적인 여론은 유머 작가 티에리 르 뤼롱의 다음과 같은 익살로 집약된다. "탈보 자동차 회사에서 일하는 아랍인들은 하루를 이렇게 3등분한다. 8시간의 파업과 8시간의 조합 활동, 그리고 8시간의 기도."

3 1991년 7월 4일에 녹화되어 1991년 7월 18일에 방영된 에디트 크레송의 미국 ABC 방송 인터뷰.

혀진 정계의 일화들일 뿐이다. 하지만 그것들의 의미는 심장深長하다. 사회적인 문제에 민족적 성격이 부여되고, 상업 문제에 동물적 성격이 부여되고, 계층 갈등이 종교 전쟁으로 인식되고, 상업적 경쟁이 동물계 차원에서 거론됨으로써, 정치가 송두리째 배제되어버렸던 것이다.

이는 우리가 이미 오래 전부터 패했음을 말해준다. 정치가들이 이 세계에 대한 교수법을 일체 단념하고서, 체념하듯 그저 통속적인 열정들로 만족하고 일상적인 두려움들에 휩쓸려버린 것이다. 1992년 9월, 프랑수아 미테랑은 유럽연합의 토대가 될 마스트리히트 조약을 옹호하면서, 그 효율적인 논거로 다음과 같은 서정적 문구를 남겼다. "유럽연합, 그것은 곧 보호입니다. 공동의 위협들에는 공동의 대응이 필요합니다." 그는 마피아에서부터 마약까지, 전쟁에서부터 무역까지, '구대륙'을 살해하는 그 모든 "다양한 형태의 위협"들을 남김없이 열거했다. "살인자들 이상으로 국경 없이" 번지는 바이러스들까지.[4] 보호막을 두른 유럽 내에서의 자유시장. 보다 넓고 보다 견고하고 보다 방대해진 국경. 콜럼버스의 첫 항해로부터 정확히 5세기 후의 일이다. 열림과 닫힘……. 이제 유럽은 넓은 세계로부터 우리를 보호해준다는 조건하에서의 유럽일 뿐이다.

1990년 5월, 미셸 로카르 정부 때, 사회당은 다시 한번 지방 선거에서의 외국인들의 투표권 주장을 단념했으며, 국가인권자문위원회는 매년 "인종차별주의에 대한 프랑스인들의 태도"를 묻는 여론조사 실시를 결정했는데, 그 질문들은 현실과 환상을 제멋대로 뒤섞고 있다. 여론조사라는 것은 결국 말의 문제다. 언어를 통해 옮겨지고 고착되는, 타자의 표상들에 관한 문제요 세계의 이미지들에 관한 문제다. 한데 그 말들이 점점 더 수다스러워져가고 있다. 1981년에 합법화가 이루어진 이민에 대한 좌파의 태도는 그후 빠른 속도로 변해왔으나, 책임자들이 그것을 표현하는 방식에 있어서는 점진적으로 조금씩 이루어졌다. 1983년에 사회당 소속 장관 조르지나 뒤푸아가 '프랑스는 이제 더이상 새로운 이주자들에게 국경을 열지 않겠다'고 주장—우파의 샤를 파스쿠아는 1993년에 "이민 제로"정책을 주장함으로써 이에 응하게 된다—했을 때는 그래도 편입과 폐쇄가 결합된 "균형의 정치"를 떠올리게 했다. 그 6년 후, 1989년 말, 당시 수상 미셸 로카르는 이제 더이상 프랑스는 "세계의 모든 불행을 수용"할 수 없다고 주장하면서 자신의 발언에 별로 주의를 기울이는 모습을 보이지 않았다. 그의 후임 에디트 크레송은 1991년에 "전세비행기들"이 그러한 불행을 추방하는 유효한 수단임을 분명히 밝힌다.

　불행과 전세비행기, 그리고 중간 세계. 불행으로 규정되고, 전세비행기로 추방되는 세계. 개미들의 세계, 이교도들의 세계. 거지들의 세계, 불행한 자들의 세계. 달갑지 않은 자들의 세계. 1990년대 초에야 감지된 담론의 이러한 전복은 구체적인 정치 행위의 상징적인 효과를 뒤늦게 번역한 것과 같다. 거부가 버림이 되었다. 이민의 기여와 필요성의 수용 거부에서 이민 동향에 대한 환상적 비전으로 넘어간 것이다. 하지만 사회학적 혹은 통계학적 현장 연구들은 하나같이 다음과 같은 사실을 확인해준다. 본질적으로 우리의 문을 두드리는 것이 꼭 세계의 불행만은 아니라는 것, 오히려 그것은 독특한 여러 사회들의 역동적 요소들이요, 그러한 지리적 이동은 곧 사회적 자리바꿈이기도 하다는 것이다.[5] 이민자라고 해서 반드시 불쌍한 놈인 것만은 아니다.

5 미셸 트리발라, 『프랑스 만들기 : 이민자들과 그들의 자녀들에 대한 앙케이트 *Faire France. Une enquête sur les immigrés et leurs enfants*』(라 데쿠베르트, 1995)

그들은 지적이고 물질적인 이득을 꾀하는, 종種들과 문화와 세계 등을 추구하는 발견자요 모험가이기도 하다. 그들은 세계화의 인간, 즉 지배적인 경제주의에 의해 마치 진보의 저주받은 몫(자본의 흐름과 공장들의 지역 편중 해소가 진보의 영예로운 앞면이라면)이기라도 하듯 억압당하는 이들의 그 지속적이고 불가피한 유동성을 구현한다. 폭이 넓고 수가 많은 이러한 이주가 꼭 서양에 국한되는 것은 아니지만, 어떻든 이주는 세계의 서구화를 수반하는 것인 만큼 당연히 서양은 사람들을 끌어당기는 주된 극점 가운데 하나다. 그런 의미에서 서양은 그들의 운명에 대해 책임이 있다.

이주에 대한 논쟁은 우리들의 온갖 가상의 전쟁들이 민족 소설의 반복과 세계 시詩의 창작 사이에서 펼쳐지는 최초의 전장이다. 신종 "이방인 당"의 이상향이라 할 이곳에서는 국제주의가 정치를 재건하고, 주민증 없는 이들의 명분이 인류애나 감정의 연대를 앞서 나간다. 이 명분은 이주민 세계의 척도와 규모에 맞는 국제적 시민권의 합법화라는 세계적 차원의 시민권 문제를 안고 있다.[6] 이에 대적하지 않으려는 것은 이제 압력이 견딜 수 없을 지경에 이른 그 이주 움직임들을 전혀 제지하지 않겠다는 것이다. 반면, 이민자에게 그 어떤 시민권도, 소속도, 시민 자격도 거부한다는 것은 무의식적으로 이방인을 인간 이하로 취급하는 쪽으로 기울게 되며, 이로써 이방인을 파리아[7]로 만들게 된다. 파리아족은 한나 아렌트의 대표작 중심인물이다. 제국주의에서 전체주의로 가는 유럽 문명의 그 제지 불가능한 추락을 서술하면서 그녀는 이렇게 적고 있다. "점점 더 많은 수의 사람들에게 인정사정없이 덮쳐든 것은 특별한 권리들의 상실이 아니라, 그 어떤 권리가 됐건 그것

6 요안나 시메앙, 『불법체류자들의 명분La Cause des sans-papiers』(프레스 드 시앙스-포, 1998)/ 모니크 슈밀리에-장드로, 『정당화될 수 없는 것 : 프랑스의 이민 정책들 L' Injustifiable. Les politiques françaises de l' immigration』(바야르, 1998)/ 에티엔 발리바르, 모니크 슈밀리에-장드로, 자클린 코스타-라스코, 엠마뉘엘 테레, 『불법체류자들 : 운명적 의고주의Sanspapiers. l' archaïsme fatal』(라 데쿠베르트, 1999) 참조.

7역 | 불가촉 천민.

들을 보장할 능력이 있는 바람직한 공동체의 상실이다. 우리가 알다시
피 인간은 인간으로서의 존엄성과 인간으로서의 본질적 특질을 단념
하지 않고도 그 모든 권리들을 상실할 수 있다. 정치적 구조만 상실해
도 그는 인류로부터 배제당한다.[8]

파리아족, 아직은 완전히 그런 상태라 할 수 없지만, 1998년 슈베느
망 법안—외국인의 프랑스 입국과 체류 조건에 관해 1945년에 내려
진 행정명령의 스물일곱번째 개혁안으로, 결국 사안은 2년에 한번 꼴
로 개혁된 셈이다—에 의해 만들어진 형상은 거의 그런 모습이다. 추
방되지도 합법화되지도 못하는 이방인은 비밀리에 살 수밖에 없고 따
라서 이 세계에서의 그들의 존재는 용해되고 만다. 사실 프랑스 공화
국의 상징적 존재인 전前내무부 장관 슈베느망은 머릿속에 여러 가지
다른 근심거리들을 가지고 있었다. "세계화한 엘리트들"에 대한 투쟁,
"중상주의적 무정부주의"에 대한 저항, 불법체류자 옹호자들인 "영국
트로츠키주의자들"에 대한 규탄 등이 그것들이다. 말들, 언제나 말들
이다.

"당대의 불행들"이니, "수축의 욕망들"이니 하는 말들. 안 트리스탕
은 '국민전선'의 내부로 파고들어가 그런 말들이 어디서 길러지는지를
보여준 바 있다. 그녀는 그것들이 거짓임을 보여주기 위해 1992년에
밀입국을 감행하여 소니아 누네스 피네다라는 이름으로 신선한 바람
을 갈망하는 도미니카 공화국의 노동자가 되어 새로운 지평과 보다 많
은 자유를 추구하고자 했다.[9] 신대륙 발견이 있은 지 5세기 뒤, 구속 없
는 지대에서 속박받는 지대로, 그녀는 콜럼버스의 여행을 거꾸로 실행
에 옮겼다. 일종의 발송인을 향한 반송 같은 것이다. 그녀가 들려주는

8 한나 아렌트, 『전체주의의 기원
Les Origines du totalitarisme』
(갈리마르, '카르토Quarto총서',
2002, 600쪽)

9 안 트리스탕, 『밀입국자 Clan-
destine』(스톡, '급소 Au vif' 총
서, 1993)/ 동 저자의 다른 책 『전
선에서 Au Front』(갈리마르, '주
제의 급소Au vif du sujet' 총서,
1987)

10 에드워드 사이드, 『문화와 제국주의Culture et impérialisme』(파야르/르몽드 디플로마티크, 2000, 463~464쪽) 참조. '제국, 국가, 지방의 협소함을 넘어설 것을 청하면서 에드워드 사이드는 이렇게 덧붙이고 있다. "오늘날에는 그 무엇도 단순히 이것이거나 저것이 아니다. 인도인이니, 여성이니, 회교도니, 미국인이니 하는 딱지들은 다만 출발점일 뿐이다. 우리는 그 사람을 한순간 그의 실생활에 동반할 뿐이며 그 딱지들은 금방 초월될 것이다."

그 통렬한 이야기는 이렇게 끝난다. "자신의 따뜻한 조국을 찾는 이는 그저 귀여운 애송이에 불과하다. 발 딛는 곳곳이 자신의 고향에 다름 아닌 사람은 제법 센 사람이라고 할 수 있다. 그러나 완전하다고 할 수 있는 사람은 이 세계 전체를 일종의 외국으로 여기는 자뿐이다."

도미니카인이 된 프랑스 여인, 그녀는 그것을 츠베탕 토도로프가 쓴 아메리카 정복에 관한 에세이에서 찾아냈다. 스스로를 프랑스에 사는 불가리아인이라 말하는 토도로프는 그것을 미국에 사는 팔레스타인 사람 에드워드 사이드에게서 빌렸다. 사이드는 그것을 터키에 망명한 독일인 에리히 아우어바흐에게서 발견했으며, 또한 아우어바흐는 그것을 12세기의 색슨족 승려 위그 드 생-빅토르에게서 찾아냈다. 책에서 책으로, 세계의 값을 아는 망명객들 사이에 통하는 암호처럼 말이다.[10]

호텐토트 비너스

그녀는 한 여성이었으나 우리는 그녀를 오랫동안 짐승처럼 취급했다. 그녀는 1789년에 태어났다. 전세계에 보편적 가치들을 전파한 프랑스 대혁명이 일어난 해다. 자유와 지식, 이것들은 우리의 전유물이었으며, 지금도 일부 서양인들은 그렇게 생각하고 있는 것 같다. 그녀는 지식의 대상이 되어 자유를 박탈당했으며, 그녀의 자유를 무시하는 지식에 지배당했다. 그 지식이 그녀를 인간으로 보지 않았고, 종의 서열에서 가장 낮은 칸, 가장 짐승과 가까운 칸에 위치시켰으므로, 사람들은 아무런 양심의 가책도 느끼지 않았다.

그녀의 이름은 사르치 바르트만이었으며, 그녀의 장례식은 186년이나 지나서야 거행된다. 그녀는 지금의 남아프리카 지역에서 보어인[1] 특공대들에게 사로잡혔다. 그 특공대들은 호텐토트 혹은 보쉬만이라 불리던 남아프리카 최초의 주민들인 코이-코이족과 산스족을 인정사정 없이 사냥했다. 가족 전부가 몰살당한 뒤 그녀는 카프[2]에 노예로 끌려

갔다. 그후 영국 해군 소속의 어느 의사에게 팔려 사라라는 이름을 얻고는 16세 때 영국 본토로 보내졌다. 1810년에 런던에 도착한 그녀는 저잣거리의 짐승처럼 우리에 갇힌 채 전시되었다. 피카딜리의 호사가들과 관음증 환자들은 몇 실링만 주면 극도로 성숙한 그녀의 신체부위들, 특히 그녀의 거대한 엉덩이는 물론 돌출한 생식기까지 한가롭게 살펴볼 수가 있었다. 이처럼 우리에 가둬놓고 전시를 했기 때문에 그녀에게는 '호텐토트 비너스'라는 조롱 섞인 별명이 붙었다. 그녀가 겪어야 했던 그 끔찍한 수난을 망각한 채 우리의 언어는 소설과 시들을 통해 이 엉덩이 큰 비너스의 애틋한 추억만 보존했다. 하지만 영국의 휴머니스트들은 그녀의 운명과 나포 상태를 측은히 여겼다. 그리하여 사라는 영국과는 달리 노예제도가 여전히 합법이었고 그후 1948년까지 합법으로 남게 되는 나라 프랑스로 보내진다. 프랑스에서 팔레루아얄의 어느 편집자에게 팔린 그녀는 당시 동물조련사이던 그를 통해 계속 전시되고 매춘까지 강요당하다가, 채 27세가 되기도 전에 그 참담한 일생을 마감한다.

죽기 몇 달 전인 1815년 3월, 사라는 파리 식물원에서 자연사박물관 소속의 생리학 및 동물학 교수들에 의해 사흘 동안 관찰되었다. 보고서 작성을 담당한 이는 바로 그곳 식물원 부설 동물원의 창설자인 조프루아 생-틸레르였다. 그 역시 동물학 교수이자 비교해부학에 심취한 사람이었다. 18세기에 그들의 위대한 스승 뷔퐁이 인간들 중에서 가장 원숭이에 가까운 호텐토트족을, 원숭이들 중에서 가장 인간에 가까운 오랑우탄의 일족으로 그려놓은 만큼, 이 야만족 표본에 크게 흥미를 느낀 박물관의 학자들은 그녀가 죽은 뒤에도 시신을 보유하고자 했다. 그리하여 사라의 시신은 조사되고, 해부되고, 해체되고, 내장이 들어내지고, 복제되고, 박제되어 초석으로 만들어졌고, 결국에는 생전에 그랬던 것처럼 '인간 박물관'에 전시되었다.[3] 이 해괴한 전시 행각은 과학적 편견과 교육학적 알리바이 사이를 오가며 1970년대 중반까지, 그러니까 미국인 파이니스 테일러 바넘이 자신의 서커스를 위해 만든 '인간 동물원'보다 훨씬 더 오랫동안 지속된다.[4] 그후 뒤늦게 수치심이 일어, 사라의 유골에 가해진 이 유형流刑은 자제되었으나, 1994년 〈모든 사람들을 위한 과학〉이라는 제목의 오르세 박물관 전시회 때 다시 한번 대중 앞에 모습을 드러낸 바 있다.

인종차별정책으로부터 해방된 남아프리카 공화국이 사라를 기억해내고는 프랑스 당국에 이 "식민지시대의 유물"을 반환해줄 것을 요청한 것이 이즈음의 일이다. 그리하여 2002년 8월 9일, 남아프리카의 '여성의 날' 기념일에 사르치 "사라" 바르트만은 마침내 안식을 얻게 된다. 넬슨 만델라의 후임인 남아프리카 공화국 대통령 타보 음베키가 지켜보는 앞에서, 그녀의 유해는 씻기고 정화되어 고향 땅에 안장된 것이다. 하지만 일이 순탄하게 진행되었던 것만은 아니다. 프랑스가 "국유 수집품들의 반환 불가능한 특성"을 내세워 이 트로피를 앗기는 데 대해 불평하며 쉽게 청을 들어주지 않았기 때문이다. 1994년에 채택된 생명윤리에 관한 최신 법안이 "인간의 신체 및 그 신체의 구성요소들과 산물들은 국가재산권의 대상이 될 수 없다"고 규정하고 있음에도 불구하고, 2002년 1월 29일에 시행된 표결로 새로운 법안을 통과시키고 나서야 사라의 유해를 돌려줌으로써 마침내 이 호텐토트 비너스를 해방시킬 수가 있었다.

여기서 '해방'은 자유롭게 해준다는 뜻과 함께 어떤 비밀을 남에게 알려준다는 의미도 내포하고 있다. 왜냐하면 과거의 것이자 오늘의 것이기도 한 이 이야기는 우리의 표상들과 상상세계에 지금도 작용하고 있는 그 오랜 식민통치의 시기를 상기시키기 위한 것이기 때문이다. 또한 우리에게 그것들의 무의식적 재출현 가능성에 대해 경각심을 일깨워주고, 이 억압된 것이 되살아나는 데 대비하게 하기 위한 것이기 때문이다. 사라의 여정, 생전의 사라와 사후의 사라의 그 악몽 같은 여정, 그것은 바로 문화 속의 야만, 지식 속의 무지, 근대성의 저변에 깔려 있는 비인간성의 표출에 다름아니다. 지배, 서열화, 우월성 등은 식민 관계의 원칙에 속하는 것이며, 이 원칙은 보편적이고 진보적인 담론들로 포장되곤 했다.[5] 걸러내고 선별하고 모독하고 나누고 분류하고 분배할 수밖에 없는 그 과정은 은밀하게, 그리고 불가피하게, 인류성의 상실로 귀착한다. 타자를 굴종의 신분 속에 가둔다는 것, 사람들이 그에게 강요한 운명을 당연시한다는 것, 그가 갇혀 있는 사회적 관계에 민족학적 성격을 부여한다는 것, 더이상 그가 스스로의 본 모습을 보지 못하도록 그를 동물로 만든다는 것. 정도와 경중의 차이를 떠나, 이 모든 사유의 계기들은 인간의 무지가 이웃에 대한 무관심 속에서 펼쳐지는 그런 인접 관계들을 유지시킨다.

경고는 이미 오래 전부터 있었으며, 우리로서는 다만 그것을 현재화하여 되풀이할 뿐이다. "달아나시오. 가엾은 호텐토트들이여, 달아나시오. 당신들의 숲 속에 깊이 숨으시오! 숲에 살고 있는 야수들보다도 제국의 괴물들의 수중에 떨어지는 것이 더욱 무서운 일이오. 어쩌면 호랑이가 여러분을 물어뜯을지도 모릅니다. 하지만 호랑이는 여러분

---

5 노동자 운동의 대표적 인물이자 무정부주의의 조상 격인 피에르 조셉 프루동의 담론을 예로 들어보자. "부인, 당신은 종들의 진보와 층위라는 두 가지 사실을 혼동하고 있습니다. 오늘날의 문명화된 모든 국민들은 야생상태, 야만상태, 가부장제 등과 같은 여러 문명화 단계를 거쳤습니다. 그러면서도 그들은 각자 여전히 자기 자신인 채로 남았습니다. 게르만인, 그리스인, 켈트인 등은 한번도 니암-니암족이었던 적이 없습니다. 힌두족과 아리안족이 파타곤족이나 에스키모족과 비교될 일은 결코 없었습니다. 마찬가지로 셈족이 뉴-네덜란드의 원주민과 비교될 일도 없었습니다. 호텐토트의 비너스가 사랑을 잉태한 적은 없습니다. 강하고 아름다운 종족들이 여타 종족들을 흡수하거나 제거해나갈 것입니다."(『창부(娼婦)정치 혹은 현대의 여성들 *La Pornocratie ou les Femmes dans les temps modernes*』(1858)

의 생명을 앗아갈 뿐입니다. 다른 적은 여러분의 무구함과 자유를 강탈할 것입니다." 혹은 이런 경고. "여러분은 여러분의 빛(계몽)에 긍지를 갖고 있습니다. 하지만 그 빛이 여러분에게 무슨 소용이 있습니까? 그것이 호텐토트에게 무슨 소용이 있습니까? 실천하지도 않으면서 미덕에 대해 말할 줄 안다는 것이 뭐가 그리 대수로운 일입니까?" 이상은 식민정책의 그 추상적이고 살인적이며 탐욕스런 보편주의에 맞서 보편적 인륜성을 주장하는 디드로의 말이다. 철학자 엘리자베스 드 퐁트네는 사라를 전시한 "유럽의 과학자들"에 맞서 호텐토트 비너스의 복권을 주장함으로써[6] "작금에는 찾아볼 수 없는" 이 "아방가르드" 반항아에게 아름다운 경의를 바쳤다. 또한 그녀가 태어난 곳에서 멀지 않은 "희망의 곶'"을 기리는 뜻에서 앞으로는 그녀를 "희망의 여성"으로 부를 것을 제의했다. 아울러, 그녀에게 르네 샤르의 다음 시구를 바칠 것을 제의한 바 있다. "우리에 갇혀 고통스러워하는 사자를 보는 이들은 그 사자에 대한 추억 속에서 죽는다."

　다른 우리도 있다. 쿠바의 구안타나모 미군기지에 붙잡혀 있는 아프가니스탄 전쟁포로들의 사진을 우리가 특별한 느낌 없이 바라볼 때 그 희망은 또 다시 달아난다. 결박당하고, 머리에 덮개가 씌워지고, 재갈이 물리고, 강제 수용되어 우리에 갇혀 있는 괴상한 오렌지색 유니폼을 입은 포로들, 전장에서의 모든 권리와 국제관례가 무시되는—신분과 권리와 자기방어와 가족과 말과 소송 등이 모두 박탈당한—이 포로들은 이미 인륜성의 기슭으로 밀려나 있는 것 아닌가? 야만인으로 취급되는 인간과 동물로 취급되는 인간. 물론 이는 동가同價관계는 아니지만 서로 공명하는 바가 있다. 우리의 기이한 기억상실증의 메아리가

6 엘리자베스 드 퐁트네, 『디드로 혹은 황홀한 물질주의 Diderot ou le matérialisme enchanté』(그라세, 1981, '비블리오-에세이 Biblio-Essais' 총서, 1984, 91~100쪽 참조). 이 책과, 앞장에 상기한 바의 저자가 연대 서명한 호소문 사이에는 모순이 있는 것처럼 보인다.

7 또한 미국의 제국주의 모험이 시작되는 곳도 바로 쿠바다. 미국은 1898년, 스페인에 대한 전쟁 선언과 더불어 쿠바에 상륙했고 뒤이어 필리핀 군도에 상륙한다.

8 조지 W. 부시, 〈자유의 승리를 위하여 *Assurer le triomphe de la liberté*〉, 《르몽드》 2002년 9월 13일자.

있다. 과거에 같은 장소—잠시 인도의 부왕을 지낸 디에고라는 콜럼버스의 아들 앞에서 라스 카사스가 신대륙에 울려 퍼진 첫 미사를 거행한 곳이 바로 쿠바다—를 배경으로 라스 카사스가 했던 경고들이 시사하는 바가 있다.[7] 그렇다, 무대장식이 어떠하건 식민지 문제는 아직도 끝나지 않았다. 종속, 영토 점유, 원주민 부인否認 같은 식민 현실이 끝나지 않았다는 것이 아니라 거기에 수반되던 시대 분위기가 그렇다는 얘기다. 서양은 다른 나라들의 의사에 반해 그들의 선을 행할 권리가 있다는, 소위 양식으로 통하는 그 관념이 그렇다. 9.11 테러를 "절호의 기회"로 파악하는, 조지 W. 부시가 이끄는 지금의 미국 지도자들의 머릿속에 든 생각이 바로 그것이다. 부시는 "미국은 아직 자유와 진보의 혜택을 누리지 못하고 있는 나라들에게 그것들을 펼쳐줄 기회를 가지고 있다"라고 적고 있다. 이는 "많은 나라들에 진보와 자유를 꽃피게 해줄 질서와 개방의 분위기를 국제적 층위로 건설하기 위한 전례 없는 영향력과 무력 상황"의 전개를 의미한다.[8] 두말할 것도 없이 그것은 전쟁이다. 진보와 자유를 위한 전쟁이다. 어둠에 대한 빛의 전쟁이다.

하지만 유럽의 우리는 알고 있다. 모험을 예고하는 이 담론이 뭔가 불길한 조짐을 나타내고 있다는 것을. 우리는 그 역사를 알고 있으며, 그 기억의 끈을 놓지 않아야 한다. 스스로를 방어한다거나, 어떤 침공에 맞서 싸운다거나, 예속 상태로부터 스스로를 해방시키는 것은 물론 이해할 수 있는 일이다. 하지만 자신의 가치와 이념과 원칙들을 무력으로 강요하는 것은 또 다른 얘기다. 어떤 국가가 인류에게 그런 도전장을 날린다면, 그 나라는 도중에 고유의 인류성을 상실할 위험성이 크다. 결국은 자신이 구현한다고 믿는 것의 확실한 반증反證이 되고 마는 것이다. 이는 거듭 되풀이된 아주 오랜 이야기로서, 그동안 휴머니즘은 부단히 경각심을 일깨워왔다. 소위 그 진보들이 박해들로 직조되어 있으며, 후자들은 전자들과 서로 뗄 수 없는 관계로 맺어져 있다는 것을 말이다.[9] 또한 그것은 특히 현대의 이야기이기도 하다. 새로운 세계대전을 피하기 위해 그러한 갈등을 세계의 공통 관심사로 만든 국제 공동체를 발명하여 극복해나가고 있다고 생각하는 오늘의 이야기다. 현대의 이야기, 그 끔찍한 귀결로 인해 경직되어버리기라도 한 듯 나치의 인종 말살정책이라는 범세계적 재앙을 아직도 잘 읽지 못하고 있는 유럽 국가들의 이야기다. 우리는 그 범죄의 독특함에 눈이 멀어 우리 유산의 중심에 놓인 그러한 범죄의 의례적인 전조들을 재해석하는 작업을 망각하고 있다. 어쩌면 그것은 스스로를 안심시키는 한 방식일 것이다. 생각할 수 없는 것, 이름 붙일 수 없는 것, 상상할 수 없는 것은 극단적이거나 끔찍한, 흉악무도한 혈통에서만 가능한 일이라고 말이다. 하지만 한나 아렌트는 환원 불가능한 휴지休止로 머무르고 있는 그 사건이 비록 자기 고유의 과거로부터 연역될 수 없는 것인지는 모르겠으나 끊임없이 과거를 비추며 거듭 밝혀주는 것임을 상기시킨 바 있다. 그 과거는 바로 제국주의다. 발터 벤야민이라면 그것이 지금 이 순간에도 고스란히 살아 있는 과거라고 덧붙일 것이다.

"국제적 층위에 연계된 하나의 총체적 문명이, 겉보기엔 그렇지 않을지라도 실상 야만의 생활에 다름아닌 조건을 수백만 사람들에게 강요하다가, 어느 날부터 자기 자신의 내부에서 탄생한 야만들을 낳기 시작한다는 데 위험이 있다." 이 경고는 한나 아렌트가 자신의 주저主

9 로베르 L. 무어, 『박해 : 유럽에서의 그 형성 La Persécution. Sa formation en Europe (10~13세기)』(레 벨레트르, 1991)

10 한나 아렌트, 『전체주의의 기원 Les Origines du totalitarrisme』(피에르 부레츠 책임 편집, 갈리마르, '카르토' 총서, 2002년, 607쪽)

11 『전체주의의 기원』은 1951년에 미국에서 출간되었다. 프랑스에서는 제3부가 가장 먼저 번역되어 1972년에 쇠이유 출판사에서 출간(『전체주의의 체계 Le Système totalitaire』)되었다. 제1부는 그 1년 후인 1973년에 칼만-레비 출판사에서 출간(『반유대인주의에 관하여 Sur l'Antisémitisme』)되었으며, 제2부는 한참 뒤인 1982년에 파야르 출판사에서 출간(『제국주의 L'Impérialisme』)되었다. 그러므로 피에르 부레츠가 편집 책임을 맡아 2002년에 간행된 갈리마르 판이 프랑스어로는 완전하고 일관된 초판본인 셈이다.

12 제국주의에 대한 이해에 있어 한나 아렌트는 반反전체주의적 마르크스주의 혁명가였던 로자 룩셈부르크와 아주 유사한 입장을 취하고 있다. 그녀는 룩셈부르크에 대한 아름다운 초상을 그린 바 있는데, 이 글에서 피에르 부레츠는 바로 그녀의 '자서전의 초안'을 간파한다. 한나 아렌트, 『정치가들의 생애 Vies politiques』(갈리마르, '텔 Tel' 총서, 1974, 42~68쪽) 참조.

著 『전체주의의 기원』 제2부에서 내린 결론이다.[10] 이 2부의 제목은 '제국주의'다. 제1부의 제목은 '반유대인주의'이며, 제3부의 제목은 '전체주의'다. 이 연쇄, 아니 서로 엇물린 이 구성은 뗄레야 뗄 수 없게 하나의 전체를 이루고 있으나, 프랑스 독자는 영어판 초판이 출간된 지 반세기 뒤인 2002년에야 제대로 파악할 수 있었다. 그동안 프랑스에서는 이들 세 부部가 마치 서로 다른 세 권의 책이라는 듯 순서가 무시된 채 각기 다른 출판사에서 간행되었던 것이다.[11] 이 오류로 인해 왜곡된 혹은 그릇된 독서가 이루어졌으며, 그리하여 전체주의를 튀어나오게 한 '민족-국가'들 해체의 가속 요인인 제국주의의 중심적 위치가 무시되거나 과소평가되었다.

한나 아렌트가 드리우는 이해의 끈들 가운데 하나는, 해외에서 벌어진 식민지 관계 혼란상이 유럽을 무대로 전세계를 제1차 세계대전으로 몰아넣기에까지 이르는, 1884년에서 1914년 사이의 중요한 30년과 제국주의 재앙과의 연결이다.[12] 그녀는 역사를 재구성하고자 한 것이 아니라 다만 이해를 구하고자 했다. 물론 그 범죄가 어떻게 시행되고 성취되었는지에 대한 상상이나 그 인과관계에 대한 이해와는 거리가 멀지만 이를 통해 그녀는 본질적인 실마리를 적시하고 있다. 즉 문명들과 문화들과 존재들, 결국에는 인종들간의 서열을 바탕으로 성립된 세계 질서와 "인간이 잉여 존재"가 되는 새로운 유형의 체제—나치즘, 전체주의—에 의한 세계의 자기 파괴의 그 현기증 나는 무질서 간의 연관, 불평등과 반反인륜성 사이의 그 끔찍한 연관이 바로 그것이다. "정상인들은 모든 것이 가능하다는 것을 알지 못한다." 한나 아렌트가 「제국주의」의 마지막 문장 바로 뒤, 제3부의 제사로 뽑은 이 다비드 루세의 문장[13]은 이 가정假定이 우리의 평온함과 생활 습관, 그리고 안이한 사유와 얼마나 부딪치고 있는지를 상기시켜준다.

모든 것은 가능하며, 지난 19세기 말에 이루어진 식민지 분할의 열기를 통해 이미 비일비재하게 이루어졌다. 이 19세기는 그 시대로 끝나지 않고 20세기까지 침범하여 20세기를 상당 부분 다원적으로 결정하고 있다. 제국주의의 기수 시어도어 루스벨트는 1909년에 대통령 임기가 끝났을 때, "백인 종족의 팽창"은 "후진국" 국민들에게 "지속적인 이점을 가져다준 것"이었다고 선언한다. 비록 "일부 야만 종족들은 문명을 마주 대할 능력이 결여되어 사라져버리긴" 했지만, 그래봤자 그것은 방대한 진보주의적 전망의 한 측면이 손상된 것일 뿐이라는 얘기일 것이다. 이처럼 우리는 그것을 대수롭지 않은 일로 여길 수 있었으며, 한 걸음 더 나아가 서양의 "문화적 사명"과 "열등 종족들"의 멸종이 서로 일치단결하여 나아가기까지 했다. 그리고 그것은 과거 서양 그리스도교 세계의 타자인 유대인에 대한 박해가 식민지 세계의 타자를 열등인으로 낙인찍는 행위에 의해 되살아난 끔찍한 악순환이었다.[14]

사실 제국주의는 무서운 학교였다. 시민, 군인 가리지 않고 국민 그 자체를 상대로 전쟁을 벌인 범죄 학교였다. 파괴 명령들에 강제 노동, 그리고 수백만 명이나 되는 갑작스런 인구 감소를 빚은 끔찍한 청산작업이 부가된 산업적 죽음의 학교였다.[15] 보어 전쟁 때 남아프리카에서 집단수용소가 탄생했다는 점을 생각하면 그것은 수용소들의 학교이기도 했다. 자기 행위의 합목적성과는 무관한 현대적 관료주의가 식민지 세계에서 활짝 꽃피었다는 점에서, 인간생활에 대한 무관심의 학교이기도 했다. 인간들과 그들의 육체를 체질과 종과 유형과 인종과 서열

13 다비드 루세, 『집단수용소의 세계 L' Univers concentration-naire』(1946년 초간, 에디시옹 드 미뉘, 1965, 181쪽). 위 인용문은 「죽은 별들이 운행을 계속하다」의 맨 마지막 장 첫머리에서 뽑은 것이다 : "집단수용소의 세계는 그 자체로 닫혀 있다. 지금도 그것은 마치 시체들이 가득한 하나의 죽은 별처럼 이 세계 속에 계속 살고 있다. 정상인들은 모든 것이 가능하다는 것을 알지 못한다. 여러 증언들이 그들에게 그런 사실을 받아들이도록 강요하지만, 그들의 근육이 믿지 않는다. 집단수용소 사람들은 안다."

14 한나 아렌트의 직관을 연장하여, 엔조 트라베르소는 '나치즘의 폭력과 그 대학살이 서양의 역사에 얼마나 깊게 뿌리를 내렸는지'를 정교하고 섬세하게 제시한 바 있다(『나치의 폭력, 유럽의 계보 La Violence nazie, une généalogie européenne』(라 파브리크, 2002년). 이 주제를 다룬 책으로, 스벤 링크비스트의 『모든 야만인들을 말살하시오. 밤의 한 가운데로 나아간 한 인간의 모험과 유럽 대학살의 기원 Exterminez toutes ces brutes. L' Odyssée d' un homme au cœur de la nuit et les origines du génocide européen』(르 세르팡 아 플륌, 1998)도 있다.

15 엔조 트라베르소, 위의 책, 75~76쪽 참조. 19세기 후반의 유럽 정복의 희생자 수는 5~6천만 명으로 추산되며, 그 절반은 인도의 기근에 기인한다. 산업의 합리성과 죽음의 산업의 관계에 관해서는, 포드시스템의 발명자인 헨리 포드가 악명 높은 반유대인주의자였고 그의 저서 『국제 유대인 The International Jew』(1941)이 히틀러 치하의 독일에서 37쇄나 재간된 베스트셀러였음을 아는 일과 무관하지 하지 않다.

과 질병 등의 항목에 따라 관리하는 바이오 정치가 실험되었다는 점에서는 인종주의의 학교이기도 했다. 그때부터 기생충학은 반유대인주의의 상용어가 된다. 미래의 나치 "유전학자" 에우겐 피셔는 1913년에, 현재의 나미비아에 해당하는 서남西南아프리카의 호텐토트 원주민들과 보어인 식민지 개척자들간의 "인종적 교차"에 관한 한 연구를 바탕으로 인류생물학을 발명한다. 「리호보스의 잡종들과 인간에게 있어서의 잡종형성의 문제」라는 제목에서 이미 문외한들에게 충격을 안겨주는 이 연구물은 그러나 크게 성공했으며, 이를 통해 저자는 과학계에서 국제적 인정을 받기까지 한다.[16]

그리하여 한나 아렌트는 단순화를 고집스레 멀리하는 사람임에도 불구하고 제국주의를 "도래할 재앙들의 예비 단계"로 규정하길 서슴지 않는다. 그만큼 거기에 전체주의 현상들과의 유사성과 메아리와 울림이 많다는 것이다.[17] 부족적 국수주의와 야만적 인종주의가 거기서 짝을 이루고 있다고 그녀는 강조한다. 인종이 국가를 대체하고 관료주의가 정부를 대체한다. 이 둘은 제국주의에서 탄생하여 결국 "한 시대의 정치 풍토를 변질"[18]시키게 된다고 그녀는 덧붙인다. 바로 이 제국주의와 더불어 "인종사상이 계급사상보다 훨씬 더 집요하게 유럽 국가들의 합주가 전개되는 무대 위를 그림자처럼 떠돌며 결국에는 그 국가들을 파괴시키는 무서운 무기가 되고 만다"[19]고 그녀는 강조한다. "제국주의 정치의 이념적 힘"이 된 이 인종주의는 여러 여론들 가운데 하나에 불과하던 옛 지위에서 결정적으로 벗어나 "우리 시대의 주된 이념들에 내재하는 거대한 설득력"[20]을 얻게 된다. 그리고 이러한 지위 상승은 대번에 사실상 "인류라는 관념의 선험적 배제"에 다름아닌 "모든 인종

15 브누아 마셍, 「인종 인류학과 국가 사회주의 : "인종"이라는 패러다임의 행과 불행*Anthropologie raciale et national-socialisme : beurs et malbeurs du paradigme de la "race"*」, 『나치스 독일 치하의 과학 *La Science sous le Troi-sième Reich*』(조지안 올프-나탕 지도, 쇠이유, 1993)

17 한나 아렌트, 『전체주의의 기원』, 369쪽 참조.

18 위의 책, 451쪽. 그녀는 "제국주의 지배의 두 가지 주된 수단 가운데, 인종은 남아프리카에서 발견되었고 관료주의는 알제리와 이집트, 인도 등지에서 발견되었다"(481쪽)고 명시하고 있다.

19 위의 책, 419쪽.

20 위의 책, 415~416쪽.

적 독트린의 전제"로서의 인류라는 우리들 다수의 의식과 결탁하게 된다. 인류야말로 "국제적 권리 관계를 제어할 수 있는 유일한 관념"임에도 불구하고 말이다. 이때부터 인종주의가 "서양세계를, 나아가서는 인류문명 전체를 멸망"으로 인도하는 길이 열리게 된다고 한나 아렌트는 힘찬 필치로 적고 있다. 그녀는 이렇게 결론짓는다. "노련한 과학자들이 이룰 수 있는 진보는 중요하지 않다. 정치적인 의미에서 인종은 인류의 시작이 아니라 끝이요, 여러 국민들의 기원이 아니라 그들의 몰락이며, 인간의 자연적 탄생이 아니라 반자연적 죽음인 것이다."[21]

우리는 미리 예고받지 않았다고 말할 수 없을 것이다. 한나 아렌트는 구세계의 몰락에 대한 이해를 구하고자 하면서도, 앞으로 등장할 새로운 세계, 바로 우리들의 세계에 대한 사유도 했기 때문이다. 1967년, 책의 재간 때 제국주의 관련 부분을 재검토하던 그녀는, 인류성과 이성을 조금이나마 구제하기 위해서는 제2차 세계대전 전인 1920년대나 1930년대보다는 1차 세계대전(1914년)의 풍경을 측량해볼 필요가 있음을 직감적으로 느꼈다.[22] 그녀는 안이하게 매번 뮌헨으로 돌아간다거나 "1930년대에서 뽑은 다른 전례들"에게로 되돌아가 "분명하게 표면화된 위험이라고는 전체주의적 지배의 위험뿐이던 시대를 참조"할 게 아니라, 보다 멀리 보고 보다 가까이에서 볼 것을 우리에게 청했었다. 오늘의 우리 사회를 보다 먼 과거에서 보고 보다 가까이에서 볼 것을 말이다. 그녀는 이렇게 적었다. "오늘날의 정치에 이토록 위협적인 성격을 부여하고 있는 행위와 말들은 제1차 세계대전 발발 전의 그 언어상의 변명들이나 행위들과 더 한층 불길한 유사성을 보이고 있다. 관련 당사자들에게 별 흥밋거리가 되지 않는 어느 주변 구석자리에서

[21] 앞의 책, 413~414쪽. 이 대목에서 한나 아렌트는 홉스를 비난한다. 그가 바로, 대외對外 정치는 필연적으로 인간적 계약의 테두리 바깥에 위치한다는 원칙에 입각하여 '인류라는 관념의 배제'라는 이 선행 조건을 정치 사상에 기록한 당사자라는 것이다. 세계를 상대로 현행 미국 행정부가 개시하고 있는 그 '사명'론이 의거하는 곳이 바로 여기다.

[22] 한나 아렌트, 「제국주의」, 『전체주의의 기원』제2부, 187~194쪽. 다음 인용들은 1967년의 이 텍스트에서 발췌한 것으로. 이 텍스트는 『전체주의의 기원』의 완간본이 나오기 전까지는 프랑스어로 간행된 적이 없다.

솟아오른 작은 불씨 하나가 전세계를 불길에 휩싸이게 하기에 족했던 것이다." 물론 그녀가 이런 말을 할 당시의 세계는 소련이 아직 미국과 대결을 벌이고 있고, 공산화한 중국이 강대국이 되어가고 있는 그런 세계였다. 하지만 그녀는 일면 이미 죽은 별에 다름아닌 그 세계의 이면에서, 바로 지금의 우리 세계에까지 영향을 미치게 될 것을 간파했다. 그녀는 "좋건 싫건, 참으로 우리는 '하나로서의 세계' 속에 살기 시작"했음을 상기시킨다. 앞으로 우리가 "권리들을 가질 권리의 존재"를 함축하고 있음을 망각한다면 곧 그것을 위기에 빠트리게 되리라는 것이다. 절대 이를 잊지 말자고 그녀는 강조했다. "오직 완전하게 구성된 하나의 인류만이 조국과 정치적 지위 상실이 전인류로부터 추방되는 결과가 되게 할 수 있었던"[23]만큼, 재앙은 이 '하나로서의 세계'와 굳게 결탁하고 있다는 얘기다.

23 앞의 책, 599쪽.

그것들은 취약한 권리들이다. 또한 세계를 상대로 마치 견습 마술사처럼 그것들을 과용하거나 남용하는 것보다 나쁜 일도 없을 것이다. 우리는 이미 엄청난 대가를 치르고서 이것을 배웠다. 인류의 뜻을 거스르며 인류의 의사에 반해서 인류의 행복을 만들 수는 없다는 것을, 혹은 그런 위험을 자초하다가는 인류가 위기에 처한다는 것을 말이다. 아프가니스탄 전쟁 초기에 이따금 상기된 바 있는 루디야드 키플링의 소설 『킴Kim』(1901)에서는, "전세계 사람들이 모두 죽고 나서야" 그 "거대한 게임"이 막을 내린다. 비밀스파이가 제국의 이러한 모험들의 주역으로 부상한 현상은 무엇이 관건인지를 말해준다. 통제 불가능하고 예측 불가능한, 보이지 않는 정부의 도구인 그는 자신이 하나의 역사를 만들고 또 해체한다고 믿고 있으나 역사는 끊임없이 그에게서 빠

져 달아난다. 아렌트가 상기시키고 있듯이, "과거로부터 교훈을 끌어
내는 우리의 능력이 어떠하건 간에, 그것이 우리의 미래를 알려주지는
않을 것"임을 우리는 잘 알고 있다. 하지만 우리가 비록 예언가들이 아
니고, 내일을 예견할 수도 없지만, 적어도 울림을 통해 추론하고, 이성
으로 울리게 하고, 직관 안에서 사유하는 등의 시도는 해볼 수 있지 않
을까. 그렇게 하지 않으면 그릇된 자명성들의 연쇄요 가장 큰 기울기
를 갖는 선인 자동성에 이끌려 나아가고자 하는 유혹에 쉬 휩쓸려버리
게 될 것이다. 한데, 우리의 '하나로서의 세계'에서 최악의 것은 과거의
유산을 통해 이제 우리가 식별할 수 있게 된 그런 공포의 얼굴로만 나
타나지는 않을 것이다. 그것은 무의식과 예견 불능의 연쇄에 의해 우
발적으로 도래할 수도 있다. "지옥의 길은 격언이 말하는 선의들로만
포장되어 있을 수도 있다"라고 한나 아렌트는 1967년에 적고 있다.

　세계에 대한 우리의 상상 속에서, 이 지옥의 얼굴들 가운데 하나는
어제의 식민지 정치를 오늘의 카오스 정치와 연결시키고 있다. 그 얼
굴은 바로, 1898~1899년에 씌어져 1902년에 간행된 조지프 콘래드의
소설『암흑의 핵심』의 주인공 커츠의 얼굴이다. 프랜시스 코폴라 감독
이 콘래드의 세계를 콩고에서 베트남으로 옮긴 영화 〈지옥의 묵시록〉
이 나온 이후부터 커츠는 말론 브란도의 모습으로 완전히 굳혀졌다.
소속을 떠나 국경 없이 떠도는 뱃놈으로 여러 세계를 한 몸에 지닌 작
가 콘래드, 우크라이나 태생 폴란드인이요, 문화적으로는 프랑스인이
며, 글쓰기로는 영국인인 그는 우리가 앞으로도 오랫동안 더불어 살게
될 '악'의 극단적 현대성이라는 신화 하나를 남겼다. 한나 아렌트가 바
로 그 "죽음과 밀매의 원무"[24]를 보여주는 콘래드의 소설을 자신의 여

행 때 지참하고 다닌 것은 결코 우연이 아니다. "전유럽이 커츠라는 인물의 탄생에 기여했다"라고, 저자의 분신이자 이 소설의 화자인 말로우는 말한다. 그리고 우리는 "야만적 관습 철폐위원회"가 커츠에게 요청한 보고서—그 보고서는 이타적 호소의 맨 마지막 한마디로서, 마지막 쪽 하단에 휘갈긴 "이 야만인들을 모두 몰살시켜라!"[25]라는 노트로 끝을 맺지만—를 읽고서 말로우가 "존엄한 자비가 지배하는 그 이국적 광대함" 앞에서 광적 도취에 사로잡히던 것을 기억한다.

커츠는 지금 어디에 있는가? 어쩌면 그는 패배한 적, 반계몽주의자 탈레반의 모습으로서가 아니라, 여자와 위스키를 좋아하는 문명과 환락의 친구로서, 서구인 복장이나 전투복 차림을 한 대장의 모습으로 아프가니스탄에 있는 게 아닐까? 어떻든, 2001년 11월부터 다시 아프가니스탄의 북서부 일대를 통제하는 마자르-이-샤리프의 주인이 된, 곰 같은 몸집에 전사로 명성 높은 도스톰 장군이라면 그에 손색이 없을 것이다. 2002년 8월, 그의 병사들이 수백 명의 탈레반 죄수들을 컨테이너 속에서 질식사시킨 전쟁 범죄를 보도한 《뉴스위크》는 미국인 고문들에 둘러싸인 채 테이블 상석에 앉아 있는 그의 모습을 보여준 바 있다.[26] 물론, 구舊 소련에서 교육받은 바로 그 장군이 구아프간 공산당의 중앙위원으로서 붉은 군대의 편에서 전쟁을 하던 시절로 거슬러오르는, 이와 유사한 다른 회식 자리를 찍은 다른 사진들도 있었다. 1992년 도스톰은 아슬아슬하게 무자헤딘[27]들과 재결합했으며, 이때부터 그의 무서운 명성은 높아만 갔고, 그의 민병대는 각종 살인과 강간과 약탈을 시인한 바 있다. 오늘날, 그를 수행하고 있는 미국 특수부대 출신 사람들은 적어도 저널리스트들에게는 그가 "훌륭한 전사"라고 맹

25 조지프 콘래드, 『암흑의 핵심 *Au cœur des ténèbres*』(장-자크 마유 옮김, GF-플라마리옹, 1989, 158~159쪽)

26 바바크 데간피셰흐와 존 베리, 로이 구트만, 〈아프가니스탄의 죽음의 호송행렬 *The death convoy of Afghanistan*〉,《뉴스위크》2002년 8월 26일. 2001년 말에서 2002년 초에 걸쳐 《르몽드》에 실린, 프랑수아즈 쉬포의 카불발發 기사들과 소피 쉬하브의 마자르-이-샤리프 리포트들은 이미 죄수들의 그런 약식 처형을 상기시킨 바 있다.

27 역 | 이슬람 해방전사.

세한다.

　아닌게아니라 모든 것이 가능하다. 도무지 사실 같지 않은 그의 도정이 이를 잘 보여준다. 유감스럽게도 모든 것은 가능해졌다. 도저히 생각조차 할 수 없는 세계에서도 생물학적 인종주의와 그 예방적 상상을 마주칠 수 있게 된 것이다. 2002년, 이스라엘 정부를 자처한 극우 프랑스 활동가들이 인터넷에 "쓰레기들"을 끝장내자는 강박적 호소문을 유포시켰다. 여기서의 쓰레기들이란 특별히는 팔레스타인 사람들이요, 일반적으로는 아랍인들, 총체적으로는 회교도들이다. 팔레스타인 정부는 "이스라엘 내에 구획된 쓰레기장의 악몽"에 다름아니요, 팔레스타인 난민촌은 "크고 작은 하수처리장 혹은 쓰레기장"을 이루고 있다고 주장하면서 이스라엘 군대가 팔레스타인 활동가들에 대한 암살행위에만 집착하며 벌이고 있는 소위 "쓰레기들의 부분적 제거"에서 한 걸음 더 나아갈 것을 호소했다. 근동에서의 평화 정착과 두 정부에 대한 그들의 우호적 입장 때문에 "쓰레기 애호가들" "반反유대인 기생충들"로 명명된 그들은 이스라엘 소속을 자처하는 이 인종주의 사이트에서 놀랍게도 자신들의 이름에 마치 "유대인으로 적발"되었다는 듯 '다윗의 별'이 붙어 있는 것을 보았다.[28] 물론 출신과 태생은 그 무엇으로부터도 보호받지 못한다. 특히 이런 몹쓸 장난으로부터 보호되지는 못한다. 어쩌면 사람들은 그것이 젊은 극우파들의 광기일 뿐이라고 말할지도 모른다. 하지만 우리는 거기서 하나의 징후를, 이스라엘이 1967년에 본토 점령을 한 이후부터 함정에 걸려든 그 식민지 관계의 끔찍한 효과를 읽어낼 수도 있다. 점령, 식민지들, 점령지들. 이 말들은 오랫동안 이스라엘을 위기에 빠트리고 있는 현실을 은폐하고 있다. 걸

28 2002년 8월 23일자 《르몽드》의 앙케이트 참조.

보기에는 강력해보이지만 실상 너무나도 취약한 젊은 국가 이스라엘
은 지금 위기에 처해 있다. 이 나라를 진창 속에 빠트린 그 식민지 관계
의 뒤얽힘과, 시스조르다니와 가자지구에서 빠져든 그 악순환에서 솟
아나는 위험이다. 문제의 해결이 늦어질수록 이 나라를 두르고 있는
몰이해의 바다는 증오의 사막으로 변할 것이요, 이스라엘 사회 자체가
더욱 큰 분열의 위기를 맞게 될 것이다.

21세기에 드리워진 19세기의 그림자. 이스라엘-팔레스타인 갈등은
하나의 시대, 우리 시대만의 것이 아니라 여러 시대의 것이며, 바로 이
점이 갈등을 고조시키고 있다. 이 갈등 속에는 서로 모순적인 시간대
들이 날뛰고 있다. 19세기에서 비롯된 민족주의 운동들, 20세기의 유
럽 대재앙과 제3세계주의, 21세기의 세계들간의 전쟁등이 그렇다. 이
는 프랑스에도 영향을 미쳐, 그 식민지의 폭의 역진이 알제리의 분리
독립으로 배가된 바 있다. 이로 인해, 정복에 굴복한 국민과 원래부터
알제리에 살고 있던 유대인 공동체가 돌연 회교도 공동체로부터 분리
되면서 함정에 빠지는 드라마가 연출되었던 것이다.[29] 물론 식민지 문
제에 대한 이러한 이해가, 마법처럼 꼬인 상황에 해답을 제공해주지는
않을 것이다. 하지만 적어도 사람들이 이성을 잃었을 때 되찾게는 해
줄 것이다. 이 경우 이성은 반드시 합리적이고 신중하며 많은 주의를
기울이는 것만은 아닐 수도 있다. 위험이 가중되고 있는 만큼, 오히려
그것은, 직업상 역사가요 의무상 정치가이며 두 번의 전체주의에서 살
아남은 브로니슬라브 게레메크[30]가 전유럽에 호소한 바 있는 그 상상
력과 용기 쪽에 있을 것이다. 그는 두 적대국인 이스라엘과 팔레스타
인 당국에 유럽 연합에 가입할 것을 제의했다. "성지는 오직 유럽에만

[29] 1870년 10월 24일, 크레미유 법령은 알제리의 유대인들에게 프랑스 시민권을 부여했다.

[30] 역 | 폴란드의 전 외무장관.

있다"라고, 그는 사뭇 예언적인 어조로 결론을 내리고 있다.[31]

요컨대, 유럽을 지중해에 되돌려주자는 것이다. 그림자가 앞서 나가고 있는 지금, 빛의 길은 어쩌면 서양을 동양화하는 데 있는지도 모른다. 서양을 동양으로 버무리고, 동양을 서양으로 버무리는 것. 국경들을, 할당된 장소들과 지명된 소속들을 휘저어버리는 것. 모든 것을 전혀 다른 방향에서 다시 생각해보는 것. 『탈무드』에서 딴 이 말들은 이스라엘에서, 경계 위에서, 가능성들과 희망들의 사이 세계에서 팔레스타인 사람들의 권리를 옹호하는 이스라엘인 미셸 바르샤브스키가 한 증언의 마지막 말들이다.[32] 그의 계획, 그것은 민족주의를 세계주의로 완화시키고, 사산四散분리의 유산과 재결합하여 "바르샤바와 카사블랑카, 알레프와 베를린이 피를 섞게 될" 새로운 이스라엘의 정체성, "다마스와 알렉산드리아 쪽을 지향하는 정체성, 세계에 열려 있고 차이가 스며들 수 있는 정체성"을 만드는 것이다. 그가 1967년에, 젊은 신자로서 예루살렘의 헤브라이 대학 학생이던 시절에 가입한 단체의 이름은 "마츠펜"이다. 헤브라이어로 "나침반"이란 뜻이다.

나침반을 잃지 않아야 한다는, 이성을 흐리지 않아야 한다는 뜻.

[31] 브로니슬라브 게레메크, 〈성지는 유럽에 있다 *La Terre sainte est en Europe*〉, 《르몽드》 2002년 5월 17일자.

[32] 미셸 바르샤브스키, 『경계 위에서 *Sur la frontière*』(스톡, '관념들의 질서Un ordre d'idées' 총서, 2002)

프랑스 캠페인

말들, 연약하고 상처받은 말들, 이제 더이상 예전처럼 나열할 수 없게 된 말들. 예전이란 그 재난, 그 재앙이 있기 전을 말한다. 어느 프랑스 작가는 이렇게 상기시킨 바 있다. "그 재앙으로 거슬러올라가야 한다. 그건 그리 어려운 일이 아니다. 그 재앙은 여러 개의 얼굴을 하고 있으며, 시간이 그 위를 지나갈 테지만 절대 그것은 멀리 물러나지 않을 것이기 때문이다. 재앙들 중에서도 더없이 큰 그 재앙으로 거슬러올라가야 한다. 아우슈비츠 이후에도 시를 쓰는 일이 가능한지를 물은 아도르노의 질문으로 거슬러올라가야 한다. (…) 그 죽음의 캠프 이후에는 더이상 시가 용인될 수 없거나 그럴 것처럼 보이는 까닭은 모든 말들이 그 학살자들의 입을 거쳐버렸기 때문이다."[1] 하지만 아도르노는 틀렸다. 아우슈비츠 이후에도 시인들은 나왔기 때문이다. 위대한 시인들 가운데 한 사람 파울 첼란은 독어로 시를 쓴 시인이다. 독어는 그가 이방인으로 살기로 선택한 나라의 언어, 외국어가 되어버린 모국어였다. 그 언어가 바로 학살자들의 언어가 된 이후부터 말이다. 하지만 그 본질에 있어 아도르노는 옳았다. 아우슈비츠 이후, 이제 더이상 문화는 결코 무구할 수 없을 것이요, 어떤 전통도 우리에게 그 범죄로부터 완전한 은신처가 되지 않을 테니까.

바로 그래서 위에서 언급한 프랑스 작가, 대단한 교양에다 자신의 언어 구사력을 매우 굳게 믿고 있는 그 작가는 이렇게도 적고 있다. "개인적으로 내가 우리 집을 찾아오는 다른 인종이나 다른 문화권 집단들, 특히 그런 개인들에게 적용하고 싶었던 법칙은 바로 '접대의 법칙'이다. 하지만 이제는 너무 늦어버렸다. 그런 법칙은 누가 객이고 누가 주인인지 서로 알고 있을 때 적용이 가능하다. 양쪽 각각에게 고유의 의무와 책임감과 특권이 있는 것이다. 한데 손님들이 너무 많아졌다. 어쩌면 그들은 너무 오랫동안 머무르고 있는지도 모른다. 이제 그들은 필경 프랑스어의 이 '손님'이란 말에 깃든 묘한 이중성[2]에 고무된 듯 더이상 자신들을 손님으로 여기지 않고 있으며, 자기 자신을 주인으로, 다시 말해서 자신이 바로 자기 집에 있는 것으로 여기기 시작했다. 반反인종주의 지배 이데올로기가 그들의 손을 들어주었다. 우리의 성정에는 어울리지 않겠지만, 그리고 나의 기질과도 맞지 않으나 이제는 폭력행위들에 굴복하는 것 외에 더이상 다른 대처 방도가 없다."[3]

이 말 역시 학살자들의 입을 거친 말이다. 주의 깊은 완곡어법도 꼭 같다. 우리 세계("집")의 바깥에 있는 외국인("다른 인종과 다른 문화권의 손님들")이 정착하여("너무 오랫동안"), 인종주의에 대한 도덕적 비난("반인종주의적 지배 이데올로기")의 비호를 받으며, 자기 나라가 아닌 나라에서 마치 주인처럼 행세하고 있으며, 오직 폭력에 호소하는

2 역 | 프랑스어의 'hote'는 '주인'과 '손님'을 다 함께 가리킨다.

3 르노 카뮈, 『프랑스 캠페인 : 일기 1994년 *La Campagne de France. Journal 1994*』(파야르, 2000, 61쪽)

길만이 이 문제를 해결할 수 있으리라는 얘기다. 그리고 손이 깨끗한 이 작가가 그런 극단적 행동을 하지 못한다면, 이 글을 이해한 다른 사람들, 보다 용기 있는 사람들이 언젠가 그 일을 맡아주리라는 것을 우리는 가정할 수 있다. 이 작가의 글을 읽은 이들이라면 그가 어떤 침공을, 그들의 정체성을 위협하는 어떤 위험을, 그들의 존재가 걸린 어떤 위기를 서술하고 있는지 어렵잖게 이해할 것이기 때문이다. 아닌게아니라, 위에 인용한 글의 몇 줄 앞에서 그는 그들에게, "혼혈 사회가 승리할 것이다"라거나, "머지않아 프랑스는 지구촌의 여느 다른 동네와 한동네가 될 것이다"라거나, "아랍인들과 흑인들은 토박이 프랑스인들에게 통합되지 않을 것이요, 또 토박이 프랑스인들 역시 그들에게 통합되지 않을 것이다"라거나, 이러한 불가피한 전개는 "나를 길러주었고 내가 헌신하고자 한 세계, 이제 성년이 된 내가 그 속에 조화롭게 일체화되고자 꿈꿀 수 있게 된 순간 사라져버린 듯한, 이젠 '좁은 의미에서의' 라는 단서를 붙여야 할 이 '프랑스' 세계, 이 구舊세계"의 소멸을 의미한다는 등의 말을 했다.

르노 카뮈, 그는 평화적으로 그리고 교묘하게 이 세계에 대한 인종주의적 비전을 표현하고 있는 게 아닐까? 이 질문은 중요하다. 이 저자가 대수롭잖은 주변부 작가가 아니라, 자신이 주동자요 작가로 활동하는 소위 "사상 소설들"—이 표현은 적절하다—연작으로 널리 회자되는, 풍부한 작품 리스트를 가진 사람이기 때문이다.[4] 그의 작품은 2000년에 화제를 불러일으켜 여론이 여러 갈래로 나뉘는 분기점이 된 적이 있고, 2002년에는 자신의 논점을 심화시키고 싶었던 듯 '이노상스In-nocence당[5]이라는 거창하고 전율적인 당의 창설을 선언하였다. 이를

4 르노 카뮈의 주요 작품들은 모두 'POL 출판사'에서 간행되었다. 이 '사건'과 관계된 그의 근작은 『의미에 대하여 *Du sens*』(POL, 2002)이다.

5 역 | 이노상스는 '더럽혀지지 않음' '무구함'의 뜻.

통해 여러 가지 "폐해"들 중에서도 특히 이민 폐해를 비난하면서 이민에 "실질적인 종지부"를 찍을 것을 천명한 바 있다.[6] 이에 대해 도덕적 분노를 표출할 생각은 없다. 문학적 평가를 내릴 생각은 더더욱 없으며, 다만 정당한 정치적 평가만 내리고자 한다. 뒤이어지는 글들에서 어쩔 수 없이 그의 텍스트 일부를 정독하는 까닭은 우리를 근심시키고 불안케 하는 것의 새로운 형태, 어떤 면에서는 포스트모던적이라 할 수 있을 형태가 그 텍스트들에서 튀어나오고 있다는 확신 때문이다.

『프랑스 캠페인』—논쟁의 불씨가 된 저작이다—의 저자 르노 카뮈는 여러 인종이 존재한다는 생각은 줄곧 품고 있으나 대재앙에 의해 가치가 떨어진 이 말을 남용하지 않고자 조심한다. 그는 자기 자신에 대해 이렇게 적고 있다. "때로는 나 자신을 '인종주의자'라고 말하고 싶은 유혹을 느낀다(그러나 그는 이 유혹에 굴하지는 않는다. 더구나 유혹 자체도 미미하다). 인종들을 사랑하기 때문이다(그것들은 실존하지 않는 것 같다). 하지만 사실 이들은 적합한 말들이 아니다. 그것보다는 '국민'이니, '국적', '종교', '영토', '혈통' 등과 같은 말들로 생각한다."[7] 그러므로 말에는 주의하지만, 그러한 관념, 즉 타자에게 할당되고 타자가 그 안에 갇히게 되는 닫힌 정체성의 임의적 구성이라는 관념만은 그대로 간직한다는 말이다. 한데 그의 진짜 문제—그의 환상—는 타자의 혈통에 있다기보다는 그 혈통이 자신의 혈통과 뒤섞이는 데 대한 두려움, 자기 혈통의 순수성이 다른 곳에서 온 불순함에 의해 더럽혀지는 데 대한 두려움이다. 더욱이 그는 "오늘날의 지배적 담론, 반反인종주의 담론, 요컨대 혼혈 선전 담론"[8]을 비난하면서 이미 이 점을 고백한 바 있다.

6 그의 '취지 선언'에 의하면, 이 당은 "시민 생활의 평화와 안전, 도시와 도시 근교, 시골의 영토상의 온전하고 깨끗한 보존, 풍경, 역사적 유산, 다양한 문화, 복합적인 언어 등을 장려하고 옹호하는 것"을 목적으로 한다. 이 당의 계획과 창설자의 변은 르노 카뮈의 인터넷 사이트(www.perso.wanadoo.fr/renaud.camus/in-nocence/)에서 찾아볼 수 있다.

7 르노 카뮈, 『등등 Etc』(POL, 1998, 152쪽)

8 르노 카뮈, 『프랑스 캠페인』 53쪽.

혼혈, 적은 바로 이것이다. 반反인종주의자들의 무기라 할 이 혼혈. "세계적 제국"이 될 만큼 격상된 혼혈. 이 혼혈이라는 것은 저자 자신이 "강박관념"[9]을 품고 있다고 고백하는 그 혈통을 사라지게 한다. 그는 다양한 논조로 이에 관해 마음껏 서술하고 있다. 그는 모든 국민, 모든 유색인, 모든 문화, 모든 취미를 다 좋아하지만, 그것들이 저마다 자신의 집에, 자신의 자리에 있어야 하며, 서로 뒤섞이는 것만은 피해야 한다고 말한다. 뒤섞임은 상실, 획일화, 퇴행과 같은 것이기 때문이다. 전체주의 이데올로기를 다룬 모든 역사책은 바로 혼혈 혐오야말로 19세기 말에서 20세기 초반 사이에 꾸준히 행해졌던 그 현대판 반유대인주의와 생물학적 인종주의의 핵심이었음을 우리에게 가르쳐주고 있다. 사람들은 파괴하고 싶은 것—하나의 인류—을 구성하기 위해 반쪽 유대인, 3분의 1, 4분의 1쪽 유대인들을 만들어내어 분류하고, 규정하고, 평가하고, 재고, 측량해야 했다. 국민들—아리안족과 셈족—이라는 것 자체가 하나의 신화적 추상임에도 한 국민이 다른 한 국민에 스며든 그 생물학적 비율이라는, 존재하지도 않는 것을 꾸며내어 말이다.[10]

그런 의미에서 반유대인주의와 혼혈 증오는 잠정적으로 유사한 살인 기계들이라 할 수 있다. 현대판 반유대인주의, 그것은 우리 속의 타자, 우리와 같은 타자, 우리를 닮은 타자, 우리처럼 만들어진 타자, 스며들고 미끄러져들어 정착한 타자, 한마디로 우리 안의 타자, 우리 자신인 타자에 대한 증오다. 바로 여기에서, 유대인을 식별하고 구분해야 할 필요성, 우리와 닮았기 때문에 그의 진면목을 드러나게 해야 할 필요성에 강박적으로 매달리는 법안들과 비방문과 풍자화와 선전이

9 르노 카뮈, 『둥둥』 138쪽.

10 모리스 올랑데르, 『낙원의 언어들. 아리안족과 셈족 : 천생연분의 커플 Les Langues du Paradis. Aryens et Sémites : un couple providentiel』(쇠이유, 1989)

생겨난다. 1920년대와 1930년대의 반유대인주의 상상 속에서, 국가도 정부도 없이, 특정 영토도 없이 오랫동안 살아남은 유대 민족은 최종 완성 단계에 있는 혼혈 위험의 구체화였다. 파악 불가능하고 구분 불가능한 상태에 있는 '타자'의 현존이었던 것이다.

그런 관점에서 볼 때 이스라엘 정부의 창설은 사산四散분리의 유산과 긴장을 일으키면서 유대인 세계의 패를 바꾸어놓았으므로, 르노 카뮈는 시치미 뚝 뗀 채—자신이 어떤 상상을 불러일으키는지 일관되게 알고 있으면서도 짐짓 모르는 체하며—전혀 엉뚱한 민족을 거론하면서 신념에 찬 인종주의와 혼혈 혐오, 영토도 국경도 없는 출처불명의 문화들에 대한 두려움이 뒤얽히는 지적 계보를 자신의 입장으로 수용한다. 그는 분명한 논조로 이렇게 적고 있다. "그것이 좋은 것이건 나쁜 것이건, 스페인 집시나 떠돌이 집시나 보헤미안 등이 소유 감정과 맺는 관계가 정착민 인간 집단들과는 다르다고 지적하는 것은 인종주의가 아니다. 그것을 인종주의라 한다면, 우리 중에 많은 이들이 '인종주의자'라는 매우 미묘한 조건을 받아들여야 할 것이다."[11] 구태여 상기시켜야 할까? 유럽의 유랑 민족인 보헤미안들이 유대인들과 마찬가지로, 나치의 계획된 집단학살의 또 다른 제물이었다는 것을. 더욱이 우리의 이 붓끝 마를 새 없는 저자는 어느 책—아무런 망설임 없이 그가 자신을 "명예 유대인"으로 선언하는 그런 책들 가운데 하나이다—의 서문으로 쓰인 「유대인주의, 반反유대인주의」라는 글에서, "지배적인 유대 사상"과 자신의 "모호한" 관계는 그것이 "존재들과 문화들과 이 세계의 탈脫혈통"[12] 사상이라는 점에 있다고 덧붙인다. 사람들은 그의 모든 면을 비난할 수 있어도 이 일관성 없는 태도만은 예외일 것이다.

11 르노 카뮈, 『프랑스 캠페인』, 55쪽.

12 르노 카뮈, 『등등』, 164~165쪽. 자신의 비非반유대인주의 선언의 서문격이라 할 이 자화상은 카뮈식 사기의 모델이라 할 만하다. "그는 수치심 때문에, 경멸감 때문에, 반발심 때문에, 접착제처럼 들러붙는 끈적끈적한 말에 대한 거부감 때문에, 그리고 '받아들일 수 없는 것'에 대한 문학적 취향 때문에 어리석은 자들이 그가 약간은 반유대주의자일 거라는 당치않은 생각을 하게 내버려둔다(혹은 '약간은' 조차 아닐지도 모른다)."

나는 그가 유대인들을 염두에 두고서 "너무 많다"고 한 그 두꺼운 책 『프랑스 캠페인』의 일부 내용 때문에 사람들의 구설에 오르기 전까지는 프랑스 학술원의 불운한 후보였던 이 장황한 묘사의 작가 르노 카뮈의 저작을 한 권도 읽어본 적이 없다. 물론 그는 청취자가 비밀스런, 적어도 퍽 제한된 편인 '프랑스 문화방송'의 스튜디오에서 목격한 유대인들만을 표적으로 삼았었다.[13] 하지만 그것이 시작이었다. 더욱이 우리의 이 "프랑스 노인"—그는 자신을 이렇게 부른다—은 자신이 하는 일을 아주 잘 알고 있었다. 그는 자신이 희생양이 되었다고 주장하는[14] 그 마녀사냥으로부터 그를 방어해줄 수사修辭에 시동을 걸면서, 같은 책에서 자신이 얼마나 "유대 사상"을 예찬하는지를 서둘러 증명해 보이고는, 자신은 다만 사실 관계("프랑스 문화방송의 프로그램 '파노라마'를 위해 일하는 유대인들이 다른 종교 혹은 다른 민족 집단에 비해 그 수가 월등히 많다")만을 말했을 뿐이라고 주장하면서, "어느 누구도 빠져나갈 수 없는 이 '반反유대인주의'라는 절대적 언어 무기 때문에 "그런 사실을 지적하는 것조차 거의 불가능하다"며 화를 낸다.

유대인들을 브르통 사람이나 코르시카 사람, 혹은 오베르뉴 사람으로 대체해보시라고 르노 카뮈는 웃지도 않고 말한다. 그러면 이상하게 보일게 전혀 없을 것이라고 말이다. 왜냐하면 "오베르뉴 사람들은 공공연히 표명된, 그들에 대한 오랜 동안의 적의에 의해 가능해진 집단학살 시도의 대상이 된 적이 없었기" 때문에 말이다. "집단학살 시도"니 "오랜 동안의 적의"니 하는 말은 그냥 넘어가기로 하자(집단학살, 즉 잘못 태어났다는 이유로 남성과 여성과 아이들을 학살하는 행위는 대체 얼마나 많은 수가 죽어야 시도 아닌 진짜 학살이 된다는 걸까? 생존자

13 르노 카뮈, 『프랑스 캠페인』, 48~61쪽과 329~330쪽, 407~408쪽. 다음 인용문들은 같은 책의 그 행들에서 인용한 것들이다. 르노 카뮈의 표적이 되어 열거된 '프랑스 문화방송의 유대인 협력자들' 가운데 두 사람은 그러한 거명이 자신들에게 얼마나 끔찍한 악몽이었는지를 토로한 바 있다. 안투안 스피르 저, 『태생에 대한 강박관념 *L'Obsession des origines*』(베르티칼, 2000)과 이자벨 라비노 『슈퍼프랑스인에게 보내는 공개서한 *Lettre ouverte à SuperFrançais*』(노에시스, 2002)를 참조.

14 그의 교묘한 주장과는 달리, 르노 카뮈의 작품은—다행스럽게도—결코 그를 비난하는 이들의 요구에 의해 검열을 받은 적이 없었다. 책이 논란거리가 되기 시작하자 파야르 출판사와 그의 편집자는 서점에서 책을 회수하여, 출판사 고문 변호사의 조언에 따라 문제가 되는 일부 내용을 삭제하고서 다시 출간하는 길을 택했을 뿐이다. 그 삭제된 부분은 검열을 암시하는 여백으로 처리되어 있으며, 재판再版에는 분노의 기색이 역력한 '편집자 서문'이 딸렸다.

가 한 명이라도 있다면 시도인 것일까? 그리고 프랑스를 포함하여 유럽 문명과 문화의 심장부에서 이루어진 이 현대판 집단학살이 정녕 조상 전래의 증오의 귀결에 지나지 않는 것일까?). 본질적인 문제는 인종주의 담론을 속박하고 있는—그런 담론들, 그런 이념들, 그런 말과 문구들이 이를 수 있는 범죄의 그 엄청난 폭과 야만성을 우리 모두가 알게 된 이후부터—끈들을 갖고 고의적으로 장난질하는 그 음험한 방식에 있다. 1945년 이후부터 유럽에는 우리의 의식을 불편하게 만드는, 그리하여 우리에게 묵상을 강요하는 하나의 거대한 묘지가 들어섰다. 르노 카뮈는 그것에 대해 떠들어댈 수 있는 권리, 아니 그것에 대해 마음 편히 불평해댈 수 있는 권리를 요구하고 있는 것이다.

이를테면, "일반적으로 유대 사상은 물론 대단히 흥미로운 사상이지만, 그것이 프랑스 문화의 핵심에 있는 것은 아니다"라고 부르짖을 수 있는 권리 말이다. 그리고는 그 특유의 교활함을 발휘하여, "아닌가? 문득 의구심이 든다"라며 한 발 물러나 아양을 떤다. 이어 프랑스 국적의 유대인 저자들과 작가들과 사상가들을 간단히 열거한다. 하지만 금방 속내를 드러낸다. "유대인들보다는 아마 브르통 사람들이나 코르시카 사람들이 훨씬 더 긴밀하게 프랑스의 정체성을 구성하고 있을 것이다(이 역시 불확실하다. 특히 그것이 문화적 정체성의 문제일 때는 더욱 그렇다). 역사적 경험 면에서(?) '프랑스의 고유한 특성'에 보다 긴밀히 연관되어 있다는 말이다." 그러고는, 이 문제를 줄곧 염두에 두고 있었다는 듯, 이로부터 280쪽 뒤에 가서 이에 대한 분명한 대답을 한다. 자신은 반反유대인주의자가 아니라고(그러기는커녕 나치의 박해에 항거하고 유대인들이 보편적 의식에 기여한 바를 예찬하는 사람이라고), 그리고 자신은 다만 일부 유대인들을 비난할 뿐(그들이 "프랑스인으로서의 경험"을 내세워 말하려 들기에)이라고 말이다. 이 두 선언 가운데 하나는 분명 사족蛇足이다. 르노 카뮈는 반유대인주의자는 아니지만, 그들이 수적으로 너무 많고 프랑스의 이름으로 말하려들고 "프랑스 문화의 옛 목소리"를 그들의 요란한 소리로 덮어버리고 있다고 생각한다. 너무 오래 지체하고 있는 손님들, 그리하여 결국 자기 집에 있는 것으로 착각하고 있는 손님들이 바로 그들이라는 것이다.

물론 그들만이 아니다. 최근에 찾아든 새 손님들도 있다. 유대인들과 유대인 공동체에 대해 이제 더이상 예전처럼 말할 수 없게 되었기에, 르노 카뮈는 범죄 의식을 언어상의 터부로 탈바꿈시키며 끊임없이 장난질하고 있으며, 그런 한편 이슬람과 이슬람교도들에 대해서는 별 조심성 없이 떠들어댄다. 첫 손님들이야 이미 너무 늦어버렸다 하더라도, 어쩌면 두번째 손님을 몰아내는 일은 아직 안 늦었지 않겠느냐는 것이다. 우선 유럽 바깥으로 몰아내야 한다. "나는 '태생적으로' (말하자면 문화적으로) 터키가 유럽 속으로 들어오는 것에 대해 적대적이다. (…) 내가 보기에 터키가 속한 유럽은 더이상 깊은 '의미'가 없는 듯하다. (…) 그런 유럽은 그 자체로 감각적 체험에 그칠 것이다. 다만 이익들의 혼합체에 불과할 것이다. 다시 말해서, 시와 노래에, 존재에의 충동에 아무런 의미가 없다는 것이다." 또한 프랑스 밖으로도 몰아내야 한다. "이슬람교도들이 완전한 프랑스인이 될 수는 없을 것이다. 그렇게 될 수 있다면(지금 그렇게 될 수 있을 듯이 보이는 것처럼), 그것은 '뿌리 뽑힌 프랑스인'이라는 의미에서일 것이다. 우리는 바로 지금 그런 프랑스인이 우리 눈앞에서 탄생하여 옛 프랑스인을 대체하고 있는 상황을 대하고 있다. (…) 나로서는 코란 신앙이 옛 의미에서의 뿌리 깊은 프랑스인의 정체성과 양립할 수 있으리라고 보기 어렵다. 후자는 많은 부분 전자와 '대립하여' 구성된 것이다. (…) 토박이 이슬람 교도들이—토박이 프랑스인이 개인적으로 이슬람교로 개종한 경우는 제외한다. 어떻든 그는 문화유산의 혜택을 볼 것이기 때문이다—완전한 '프랑스인'이 될 수 있다는 것은 정말 상상하기 힘들다." 물론 자신의 집안은 알제리의 이슬람 교도들을 덩케르크에서 타망라세에 이르는 프랑스에 통합시키는 데 찬성했노라고 작가는 회고한다. 하지만 이제 더이상 식민지 제국은 존재하지 않으며, "조상 전래의 프랑스 영토상에서, 염려스럽게도 이슬람 교도들은 언제나 자신들을 어느 정도 이방인으로 느낄 것이요, 또한 언제나 그런 존재로 인식될 것이다." 그리고는 이렇게 덧붙인다. "아니, 염려스러운 게 아니라, 나는 그것을 바라고 있다."

또 르노 카뮈는 자신이 "마그렙 사람들을 그리 썩 좋게 생각"하지는 않는다고 털어놓는다.[15] 영민한 그는 자신이 유대인들을 호평하고 세세히 열거하는 데 대해 염려를 표할 때와 같은 논조로 이를 털어놓는다. 이렇듯 그는 꼼꼼하게 정리를 하고, 손님들 간에도 선별을 하고, 그들의 왕래를 불안하게 느끼며, 그들 모두가 지나쳐 가는 손님들이길 바란다. 그는 "혼혈"인 미스 페이 드 루아르가 미스 프랑스로 선출되는 이 "뿌리 뽑힌 사회"에 질색을 한다. "나는 모든 대륙과 모든 대양의 섬들에 오래 전부터 정착한 유서 깊은 대국 프랑스가 미스 유니버스 대회에서 유색의 아름다운 젊은 여성으로 대표되는 것 자체는 문제될 게 없다고 본다. 하지만 내가 곤란하게 여기는 것은 그녀가 먼저 '미스 페이 드 루아르' **16**였다는 점이다. 이 경우 '페이 드 루아르'라는 표현은 더 이상 아무런 의미도 없다. 더이상 그것은 어떤 색깔도 아니요, 어떤 하늘도 아니요, 어떤 땅도 아니며, 어떤 신체적, 혹은 문화적, 지적, 도덕적 유형도 아니다. 그런 식이라면 모든 분야에서 아무나가 무엇이건 대표할 수 있을 것이다." **17**

아마도 사람들은 이상의 내용이 그리 새로운 일은 아니라고 말할 것이다. 불만에 찬 반동적 강박관념들, 옛 프랑스를 타령처럼 읊조리는 궤변 부리는 어떤 작가, 세계를 거부하고 그것을 일격에 배척해버리는 사유의 그 무한한 삭막함. 사실 그것들에게는 하나의 거대한 장애가 있었다. 즉, 아우슈비츠 대재앙을 겪은 마당에 어떻게 다시 그 케케묵은 편견들과 역한 관념들을 사용할 것이며, 그것들이 더없이 큰 재앙으로 귀결된다는 것을 아는 사회 안에서 어떻게 그것들을 재활용할 것인가? 르노 카뮈는 바로 이 점을 해결하는 데 혁신적 방법을 도입하고 있다. 그는 스스로를 명예 유대인으로 선언하고 마그렙 사람들을 아주 좋게 보지는 않는다고 주장하지만, 이는 겉보기와는 반대로 함께 지옥의 행진곡을 합주하는 쌍둥이 같은 식민지의 인종주의와 유럽의 반反유대인주의를 교묘하게 위장한 것이다. 정략적 친親유대인주의자로 행세하며 그가 유대인을 예찬하는 것은 좀더 분명하게 그들과 거리를 두고, 유대인을 뭔가 다른 외떨어진 존재, 돌이킬 수 없을 만큼 상이한, 세세하게 차별화된 타자로 만들고, 집으로 들어서는 문지방 위에 붙들어두고는 결정적으로 "프랑스 경험" 바깥으로 추방해버리기 위함이다. 그의 모든 신중한 언사들과 표면적인 망설임과 모색 등은 언제나 같은 지점으로 되돌아가기 위한, 사람들로 하여금 이제 더이상 예전처럼 인종주의자가 될 수 없게 하는 그 재앙으로 되돌아가기 위한 문체상의 허울일 뿐이다.

전략적 전진과 전술적 후퇴를 거듭하며 음험하게 나아가는 그는 끊임없이 보편적 유산을 뒤흔들어 짐을 덜어내듯 그것의 부담을 덜어낸다. 그는 그것을 하나의 "터부"로 만들어간다. 독자의 무의식을 자극하여 반유대인주의를 사회적 혹은 성적 금기처럼 여기게 하고, 자유는 바로 이 금기를 위반하는 쪽에 있음을 집요하게 암시하면서 말이다. "프랑스 문화방송에 협력하는 유대인들"의 수를 헤아리는 내용 두 쪽 뒤에다 그는 이렇게 적고 있다. "무엇보다도 나는 이 터부—유대인들, 그 '국민', 페도필리(소아성애)—가 작가에게 행사하게 마련인 유혹에 굴해서는 안된다."[18] "일종의 테러리즘 도구"와도 같은 "반反인종주의 담론", "지배적인, 어떤 진실의 말과 글도 적대시할 수 있을 만큼 지독하게 지배적인 담론"이 감시하고 있는 터부. 이제야 우리는 프랑스 문화방송에 관한 그 몇 단락의 중요성을 보다 잘 이해하게 된다. 그것들은 일화에 그치는 것이 아니라 카뮈 사상의 본질을 말해주고 있다. 희생자들과 그 후손들에 대한 추억과 기억이 성가시다는 것이요, 그것들이 자꾸만 훼방을 놓고 가로막고 재갈을 물리고 있으며, 이제는 제발 입을 다물든지 아니면 눈에 띄지 않게 지냈으면 한다는 것이다.

주지하듯이 '국민전선'은 대선에서 좋은 기록을 세웠으나, 그것은 다만 선거의 환상에 지나지 않을 것이다. 위협적인 이데올로기는 바로 "반인종주의 이데올로기"라고 르노 카뮈는 거듭 떠들어댄다. 이 이데올로기야말로 "어쨌거나 강압의 수단을 별로 갖지 못한 인종주의에 비해 무한히 더 많은 검열의 책임자"라는 것이다. 그리하여 작가는 반인

18 『프랑스 캠페인』의 다른 부분에서, 이민에 관한 한 방송을 주제로 다시금 프랑스 문화방송의 경우를 언급하기에 앞서 그는 이렇게 얘기를 시작한다. "만약 내가 진짜 내 속생각을 털어놓는다면 오늘날의 어느 사회에서도 나는 즉각 린치를 당할 것이다." 한데 이 작가가 '프랑스 문화방송의 협력자들로 가정하는 이들의 이름을 열거해대는 것은 바로 이 부분(정확히는 8행 뒤)에서다.

종주의 검열에 맞서 게릴라전을 편다. 그는 본질적인 목표, 즉 나치즘의 떨어진 신망을 복권시키고 그 범죄가 실추시킨 명예를 복원시킨다는 무시무시한 목표 설정과 극도로 일관된 장치들을 작동시키며 작전을 수행한다. 그것은 바로 인종주의다. "언어의 절대적 무기들"에 의해 처형된 인종주의로서, 르노 카뮈는 그 무기들이 적을 "완전히 말살"시켰음을 명시하면서. '인종주의자' '반유대인주의자' '페도필리' '프로-페도필리' '르펜의 실질적 동맹군' '외국인 혐오자', 즉 '혼혈을 증오하는 적'[19] 등, 직접 언어 무기의 리스트를 만들기까지 한다. 이러한 반격 전략을 극단으로 밀고 나가다가 "늙은 프랑스인" 작가는 끝내 이렇게까지 쓰고 만다. "반反유대인주의자라는 말은 시급히 그 윤곽을 규정할 필요가 있을 것이다. 누구에게든 이 딱지만 붙이면 그를 영원히 제거해버리기에 족하기 때문이다."[20]

반유대인주의자들이 수백만 유대인을 영원히 제거해버린 지 반세기 뒤, 한 프랑스 작가가 그들의 불행한 운명을 불안스럽게 여기며 슬프고도 한심하게 말들과 그 주검들로 장난을 하고 있다. 그것이 2000년 5월의 일이다. 그후 영원히 제거되기는커녕, 르노 카뮈는 좌파 우파를 막론하고 많은 지식인들과 저널리스트들의 지지를 얻었다. 그 제일선에 역시 프랑스 문화방송의 협력자요 특히 『가공의 유대인*Juif imaginaire*』이라는 책의 저자로 이름난 철학자 알랭 핑키엘크로가 있다. "늙은 프랑스인" 작가의 작품은 프랑스 대학들에서 교재가 되고 논쟁거리가 되어, 2002년 어느 봄날, 시장과 정부 엘리트들을 배출하는 정치학 연구소의 대강당을 사람들로 가득 메우게 하기까지 했다. 그의 책들은 여러 명망 있는 출판사들에서 꾸준히 출판되고 있으며, 〈파야르 출판사〉의 클로드 뒤랑과 〈POL 출판사〉의 폴 오챠코브스키 로랑 같은 편집자들이 그에 대한 공감을 아끼지 않고 있다.

기묘한 우리 시대의 별난 일들과 이 시대 지성들의 혼란을 불러일으키며 의미를 만들어가는 그 배경이 없었더라면, 아마도 사람들은 그런 책을 눈여겨보거나 그런 강박적 문학을 읽어야 하는 일도 없었을 것이다. 분별 있는 지성들이 이제 더이상 반유대인주의와 인종주의를 구별할 수 없게 된 시대, 둘을 서로 구분하지도 분리시키지도 못하는 시대, 즉 당대의 반反인도주의를 인식하고 맞서 싸울 줄 모르게 된 시대다. 이런 혼돈 속에서 카뮈 이야기가 첫 증언이었던 것은 아니다. 내용상으로는 덜 집요해도 형태상으로는 더욱더 역겨운 다른 증언들도 있다. 사람들은 작고한 장-에데른 할리에[21]가 《국제적 머저리 *L'idiot international*》[22]에서 행한 그 검붉은 시도들을 어느새 망각하고 있다. 1990년대 초 이 신문에는 극우파의 영역과, 반유대인주의 선동을 개의치 않는 국가혁명주의의 재탕이라 할 공산주의 기구들이 서로 교차한다.[23] 달나라에 있는 피델 카스트로에서부터 장-마리 르펜과 다른 많은 이들을 거쳐 유골 단지 속의 자크 시라크에 이르는 하나의 길을 제시하고자 한 장-에데른 할리에는 1997년 1월에 그 길을 버리고 떠나갔으며, 그것이 너무나 혼란스런 길이었기에 사람들은 그가 제시한 그 독창적인 방향들에 그리 충분히 주의를 기울이지 않은 것 같다.

그 이후, 재능 있는 소설가 미셸 우엘벡이 새해의 문단활동 개시를 요란한 선언들로 장식하며 문단의 어릿광대 노릇을 하고 있다. 2001년 그는 "세상에서 가장 멍청한 종교는 역시 이슬람이다"라고 말했고, 자신의 작중인물 가운데 하나가 "가능한 한 많은 이슬람교도들을 죽이고

21 역 | 프랑수아 미테랑의 사회당 정권에 맹렬히 반대한 선동적 작가로. 미테랑의 숨겨진 딸 마자린의 존재를 폭로한 장본인이다.

22 역 | 장 폴 사르트르가 창간한 풍자 신문.

23 올리비에 비포와 에드위 플레넬의 〈국가공산주의의 시도 *La tentation national communiste*〉(1993년 6월 26일자 《르몽드》와 같은 저자들의 〈 '머저리' 검붉은 실험실 *L'Idiot', laboratoire rougebrun*〉(1993년 7월 1일자 《르몽드》) 참고.

싫어하는 것"을 "정상"이라고 평했으며, 제3세계에서의 대량 학살을 "그 가엾은 멍청이들이 서로 치고 받는 것을 즐긴다면"이라고 조롱했고, 페탱 원수에 대한 자신의 "공감"—"나는 런던으로 가서 꾀를 부리는 것이 조국의 실재적 어려움에 정면 대응하는 것보다는 쉬우리라고 생각한다"—을 표했었다.[24] 작가로 성공하기 전 데뷔 시절, 미셸 우엘벡은 자신을 "비非마르크스주의 공산주의자"로 규정했다. 그 역시, 프랑스가 "서서히 중간 빈국들의 진영 속으로 추락"하는 것이 염려스러워 유럽 연합에 찬성하지 않았다고 말했다. 문학에 있어서는 자신의 계획을 분명하게 털어놓았었다. "나를 찢고 있는 모순들을 타협 없이 계속 표현해나갈 것이다. 언젠가 그 모순들이 우리 시대를 대표하는 것으로 드러나리라는 것을 알기에 말이다."[25] 뒤이어 그는 자신의 첫 성공작 『소립자 Les particules élémentaires』에 대해 이렇게 명시했다. "한 편의 소설 속에 그 무엇이건 넣을 수 있다는 것은 그 자체로 하나의 목표라 할 수 있다. 여러 상이한 담론 양태들을 통합시키는 것, 그것이 바로 내가 가장 흥미로워하는 것이요, 또한 내가 가장 어렵게 여기는 일이다."[26] 1998년에는 같은 인터뷰에서, 자신은 "욕망도 운동도" 좋아하지 않고 그것들이 사라지길 바란다면서, "인종주의는 하찮은 문제요,(…) 본질적으로 아프리카의 인구 문제"라고 주장하고는, 서양의 "쇠퇴"에 대한 자신의 생각을 토로하는 데 시간을 많이 할애한다. "내가 보기에 서양은 그 실체가 사라져가고 있으며, 그러한 소멸이 오히려 잘된 일로 여겨진다. 서양의 역사적 역할은 끝났다. (…) 나는 그 쇠퇴의 한 국면을 묘사하고 있으나, 그렇다고 이 쇠퇴를 비극으로 인식하고 있는 것이 아니다. 그것은 개인들에게는 비극이지만 인류 역사의

24 2001년 9월, 《리르Lire》 인터뷰.

25 《인류L'Humanité》(1996년 7월 5일자)와의 인터뷰. 미셸 우엘벡, 『중재 Interventions』(플라마리옹, 1998, 115~120쪽) 참조.

26 인터뷰, 『수직선 Perpendiculaire』(1998년 가을, 제11호, 플라마리옹, 5~23쪽) 참조.

비극은 아니다." 2002년에는, "정치적 소신"에 따라 장-피에르 슈베느 망에게 투표하겠다는 뜻을 밝히면서 이 작가는 장-마리 르펜을 "평범한 프랑스 인종주의자"로 소개하고, 그의 입장에 대해 자신은 "어떤 반감"도 느끼지 않는다고 확언했다.

우엘벡은 카뮈가 아니요, 지적 일관성은 그의 관심사가 아니다. 하지만 글쓰기 작업을 통해 그는 어떤 배경 음악, 분위기를 띄우는 음악을 깔고 있다. 곡해하지 마시라. 문학은 절대 죄가 없거나, 아니면 언제나 유죄며, 이 둘은 같은 얘기다. 그런 의미에서 문학은 자유로운 비판 외에 다른 법정을 인정하지 않을 것이다. 하지만 문학은 상기시키고, 인지하고, 펼치고, 반죽하고, 삼키게 하고, 갉는다. 요컨대 시대의 증인대에서 시대를 소재로 하여 증언한다. 우엘벡의 잡동사니 담론과 카뮈의 체계적 담론에는 갖가지 불평과 두려움이 서로 메아리치고 있다. 그들이 문학의 모든 면에서 서로 다르고 한쪽의 대중적 인기가 다른 한쪽의 은밀함과 퍽 대조적이라는 사실은 다만, 세계에 대한 공포나 이방인에 대한 두려움이 재능과 취향을 초월하여 끈질기게 존재하고 있다는 느낌을 굳혀줄 뿐이다. 이와 관련하여 그들에게 차이점이 있다면, 르노 카뮈가 갈수록 더 진지해지고 있다는 점이다. 2002년에 들어서서 그는 비록 인터넷에서라고는 하지만 실제로 당수노릇을 하기 시작했으며, "국가에 대한 다수의 윤리적 개념"을 변호하며 자신의 친구들을 혼란스럽게 하고 있다. 그 개념이 "부분적으로 유대인 정치가들과 저널리스트들과 지식인들의 영향하에" 끊임없이 "지반을 상실"하고 있음을 불안해하면서 말이다. 그는 "세습되어온 조상 전래의 이 개념"—"유대인이 스스로를 유대인으로 느끼고 아랍인이 자신을 아랍인으로 느끼듯이 나는 나를 프랑스인으로 느낀다"고 그는 강조한다—을 지켜내야 하며, 이를 위해서는 불안정과 폭력, 즉 내전으로 이어지는 이민을 확실하게 끝장내야 한다고 호소한다.

1948년 어느 날, 한나 아렌트는 "금세기의 정치는 거의 절망에 빠져 있다"라고 토로한 바 있다. 3년 전인 1945년에 그녀는 전후의 열광적 분위기에 휩쓸리기는커녕 특유의 직관적 통찰력으로 이렇게 서술했다. "제국주의가 아닌 정치를 추구하고 인종주의가 아닌 여론을 보존한다는 것, 그것은 점점 더 힘들어지고 있다. 인류가 인간에게 무거운 짐이라는 사실이 날이 갈수록 점점 더 분명해지고 있기 때문이다."[27] 세계의 대혼란 속에서 바로 이 불안감이 되돌아오고 있다. 오늘을 사는 사람들, 성직자들, 지식인과 작가들, 정치가들 역시 인류에 지쳐 있다. 근절, 타락, 쇠퇴, 상실, 노후화……. 그들의 후렴은 옛것이지만, 그 정리 방식은 새롭다. 선동의 미학 담론을 통해 포스트모던 인종주의가 형체를 드러내기 시작하고 있으며 당연히 유럽이 오스트리아에서 네덜란드에 이르기까지 그 실험 무대가 되고 있다. 더구나 그것은 우리가 전혀 되살아나리라고 얘기치 못한 곳에서 오고 있다. 바로 우리의 현대성에서, 그 위기에서, 1960년대와 1970년대에 환멸을 느낀 내일들에서 오고 있는 것이다.

남성 동성애자들의 사랑을 다루어 동성애자들이 몹시 귀중히 여기는 책 『트릭스 *Tricks*』의 저자요, 게이들의 세계에서 신성시된 인물 르노 카뮈는 롤랑 바르트와 아주 가까웠다. 우리가 양식에 위배된다고 논고했던 바로 그 롤랑 바르트와 말이다. 바르트는 카뮈의 문단 데뷔를 후하게 지지하면서 『트릭스』에 열정에 찬 서문을 써주었다. 한데 그

서문에서 우리는 자신들의 정체성—이 경우는 물론 동성애이지만, 바르트의 말은 보다 폭넓은 대상을 겨냥하고 있다—을 "과대평가"하려는 이들에 대한 다음과 같은 유보적 태도를 읽게 된다. "자기 자신을 선언하는 것은 언제나 어떤 "보복하는 타자"의 법정에서 말하는 것이요, 그의 담론 속으로 들어가는 것이요, 그와 토론하고 그에게 정체성의 한 부분을 요구하는 것이다. 즉, '당신은 ○○○으로 존재한다 —그렇다, 나는 ○○○으로 존재한다'인 것이다. 사실 속사는 중요하지 않다. 사회가 관용하지 않는 것, 그것은 바로 내가 '아무것도' 아닌 것으로 존재하는 것, 보다 명확히 말하자면 나라는 '무엇'이 일과성으로, 일시적으로, 사소한 것, 비본질적인 것으로, 한마디로 말해 엉뚱한 것으로 주어져 있을 때다. 다만 '나는 존재한다'라고만 말하라. 그러면 당신은 사회적으로 구제될 것이다."[28]

바르트의 말은 옳았다. 혼혈인, "나는 존재한다"라고 말할 수 없는 자, 그 자신이자 타자인 자, 여러 타자들이 하나로 된 자, 전체인 동시에 부분들인 자. 그렇다, 혼혈인은 아직 구제되지 않았다.

28 롤랑 바르트, 『전집 제3권, 1974~1980년』(쇠이유, 1995, 1017쪽)

혼혈인의 대각선

바람을 좀 쐬면 좋을 것이다. 어느 산들바람, 어느 지평선. 어떤 비상飛翔, 앞이 트인 공간. 그러면 더이상 이 곰팡내를 호흡하지 않고, 더이상 이런 궤변을 듣지 않고, 더이상 이 같은 위축을 고통스러워하지 않게 될 것이다. 이를테면 시를 한 편 음미해보는 것이다.

그것은 인간들의 대지 위로 불어온 거대한 바람이었다—우리들 속에서 불고 있는 거대한 바람이었다,
우리에게 삶의 명예를 노래해온, 우리에게 삶의 명예를 노래해온, 아! 위기의 맨 꼭대기에서 우리에게 노래하고 또 노래해온 바람,
불행의 야생 피리소리를 따라, 우리 새로운 인간들을, 우리의 새로운 방식들로 인도해온 바람.

『바람』, 생-종 페르스의 이 거대한 노래는 콜럼버스의 세계는 물론

이요 우리의 세계 역시 노래하고 있다.[1] 인간들이 발견과 탐구에 나선 이후 끊임없이 뒤엎고 쓸어내고 뒤흔들고 탈취해온 이 세계. 변덕쟁이들이 때로는 망각하고 또 때로는 외쳐 부르며, 불평하고 기뻐하고 열광하고 탄식하는 이 세계. "세계란 단지 오래된 시소일 뿐이다"라고 몽테뉴는 우리에게 예고한 바 있다.[2] 그의 시대의 광기들, 정체성과 신앙의 전통주의와는 거리를 둔 채, 은둔처에 머물며 그는 경험을 바탕으로 말했다. 시대의 혼란이라는 위기에 직면한 우리도 아직 거기에 있다. 르네상스의 명암 속에서, 몽테뉴는 여러 세계가 서로 충돌하는 가운데 어떻게 구세계가 신세계를 발견했는지를 사색했다. 그 이름조차 불확실한 한 시대의 혼란 속에서, 우리는 오직 한 인류와 오직 한 세계의 무게 아래에서 방황하고 있다. 길은 멀고, 지금 우리는 이 새로운 모험의 문턱에 있다. 도처에, 몸을 떨고 투덜대고 거부하는 이들이 있다. 그들은 윤곽도 한계도 없는 그 막막함을, 확실한 보장이 없는 이 도박을 두려워한다. 그들은 우리를 부두에 붙들어두고자 한다. 항구에서 꼼짝 못하게 하고, 세관에 묶어두고자 한다. 흔들리고 움직이고 이동하는 모든 것을 두려워하면서, 그들은 경계와 방책, 선별과 분할을 추구하고 있다. 그들은 꿈꾸고 있으며, 그들의 꿈은 우리의 악몽이 될 수도 있다. 그들은 아직도 스스로를 부동의 안정된 대륙인으로, 뭍에 사는 사람으로 여기고 있기 때문이다. 이미 세계라는 파도에 몸을 실었는데도, 다만 물결과 물보라요 밀물과 썰물이요 뒤섞임과 혼합에 지나지 않는, 이 인류라는 바다 위를 떠가고 있는데도 말이다.

한 대양에서 다른 대양으로 가는 크리스토퍼 콜럼버스의 모험은 이 신세계를 향해 승선하는 부두였다. 서양과 동양 사이에 있는, 일출에

1 생-종 페르스, 『바람*Vents*』 (전집, '플레이아드' 총서, 1972, 249쪽)

2 몽테뉴, 『수상록』 (전집, 782쪽)

서 일몰로, 희망에서 의혹으로 가는 바로 우리의 세계로 말이다. 1945
년에 『바람』이라는 시편으로 콜럼버스의 모험을 예찬한 생-종 페르스
는 당시 미국에 망명중이었다. 생-종 페르스라기보다는 그의 여권에
기록된 신분 알렉시스 생-레제르 레제르라고 해야 할 것이다. 1940년
6월 16일, 대독협력자가 되기를 즉각 거부함으로써 선택하게 된 망명
이다. 비시 정부가 프랑스 국적을 박탈하고 재산과 레종 도뇌르 훈장
의 명예를 몰수함으로써 강요된 망명이다. 그가 군사 책임자로서는 지
지했으나 공화국 정치 수반으로서의 정당성에는 이의를 제기했던 런
던의 드골 장군 편에 합세하길 거부함으로써 연장된 망명이다. 드골의
망명 정부 '자유 프랑스'가 비위를 맞추려고 한 이는 시인이 아니라 위
대한 외교관이었다. 대사직을 수차례 역임한 프랑스 외무성의 종신 사
무총장이요, 아리스티드 브리앙[3]의 신임을 받았던 인물이요, 주역이자
증인이었던 알렉시스 레제르였다. 1940년 이전의 많은 대사관 사무국
사람들에게, "절대 잊을 수 없는 빛나는 두 눈동자에 넓은 이마가 지배
하는 곧고 진중한" 그의 얼굴은 바로 세계가 보는 프랑스의 얼굴이었
고 "마치 파도의 리듬을 연상시키는, 물 흐르는 듯한 그 동작들"은 곧
프랑스의 몸짓이었다. 이는 당시 파리 주재 스페인 대사로 일한 살바
도르 데 마다리아가의 말이다. 그후 그는 작가로 변신하여, 1952년에
크리스토퍼 콜럼버스의 생애를 다룬 책을 써서 성공시킨 바 있다. "레
제르는 새로운 세계를 잉태하고 있는 국제 사회의 고민들을 잘 이해했
을 뿐만 아니라 그것을 온몸으로 느끼기까지 했다"[4]고 그는 덧붙인다.
많은 동시대인들에게 레제르의 직위 해제는 곧 프랑스를 버리는 일에
다름아닌 치명적인 계기였고 중요한 정치적 전기였다. 그가 사랑했던

3 역 | 1862~1932. 프랑스 정치
가로 국제 협력과 세계 평화에 기
여한 공로로 1926년에 〈노벨평화
상〉을 수상했다.

4 살바도르 데 마다리아가, 「알렉
시스 레제르 *Alexis Leger*」, 『생-
종 페르스에게 바치는 경의
Honneur à Saint-John Perse』
(갈리마르, 1965, 675~677쪽)

여인들 가운데 한 사람이자 그의 망명 시「외국 여인」의 소재가 된 한 여성의 비망록이 우리에게 일러주고 있듯이, 알렉시스 레제르는 재앙이 닥칠 것을 예견하고 있었기 때문이다. 1938년 9월, 그는 이렇게 말했다. "사태가 점점 더 심각해지고 있소. 평화주의자들이 전쟁을 하게 될 텐데, 정부가 너무나 비겁하고 망설이는 태도를 보이고 있소. 나는 사임하고 싶었소. 보름 전에 총동원령을 내렸더라면 모든 것이 무사했을 거요. 지금은 너무 늦어버렸지만"[5]

1945년, 이 카산드라[6] 외교관의 활동은 결정적으로 끝난다. 자신을 실망시키고 내팽개친 프랑스에서 멀어져, 세계로 돌아간다. 시인의 자리로, 타자이기도 한 그 분신의 자리로 돌아간다. 생-종 페르스 그 자신의 요청에 따라, 『바람』은 화려한 양장본으로 만들어져 프랑스 대중의 손이 닿기 힘들게 소량 간행되었다. 그리고 특히 말들, "어디에도 없는 곳"에서 오는 그 언어, 옛 말들을 되살린 문체, 구어 위주의 그 노래하는 듯한 분절법으로 돌아간다. 분명 수월치 않은 언어이나 그 자신은 높이 평가하면서 생-종 페르스는 끝까지 그것을 "어디에도 없는 곳"—그가 켈트족인 동시에 대서양인으로 자처하며 정화된 순종의 혈통을 만들어내는 곳이 바로 이곳이다—에 뿌리내리게 하는 데서 쾌감을 맛본다. 물론 거기에는 1887년생의 시대정신이 얼마간 들어갔을 것이다. 공화국 좌파 잡지 《마리안 *Marianne*》의 한 기자는 1935년에 그와의 만남을 이렇게 묘사했다. "퇴화하는 세계 한복판에서 레제르가 상기시키는 첫마디는 바로 인종이라는 말이다. 폴 발레리나 브리앙이 말하는 것과는 다른 인종이지만, 그럼에도 그것은 그 순수성 면에서 둘 다를 연상시킨다." 그 기자는 바로 엠마뉘엘 베를로서, 훗날 페탱

7 엠마뉘엘 베를, 「알렉시스 레제르와 브리앙*Alexis Leger et Briand*」, 『생종 페르스에게 바치는 경의*Honneur à saint-John perse*』(마일안, 1935년 3월, 777쪽)

8 역 | 앤틸리스의 식민지 태생 백인.

9 에밀 요요, 『생종 페르스와 거짓말쟁이*Saint-John perse et le conteur*』(보르다스, 1971) / 마리 갈라게르, 『생종 페르스의 크레올 민족성*La créolite de saint-John perse*』(갈리마르, 'NRF의 노트들Les cahiers de la NRF' 총서, 1998) 참조.

원수의 연설문들을 써서 문명을 떨친다.[7] "대지는 거짓말을 하지 않는다"라는 말을 쓴 이가 바로 그다. 그는 유대인이었고, 좌파였고, 평화주의자였고, 뮌헨 출신의 성실한 사람이었다. 당시만 해도 우리 혼란의 시대는 온순했다.

인종과 순수성, 불안을 배출하고 내쫓고 흩어지게 하기 위한 말들. 알렉시스 레제르는 카리브 해의 대혼란이 빚어낸, 과들루프에서 태어난 크레올인[8]이었기 때문이다. 물론 백인이었지만 본질적으로 혼혈인이었다. 영혼과 문화, 그 음흄과 이미지 면에서 혼혈인이었다. 그리고 이 시인의 언어, 너무나 신비로워 뛰어난 지성들조차 하나의 수수께끼로 여긴 그 언어는 앤틸리스의 주민들이라면 누구나 듣고 알 수 있는 크레올 특성에 젖은 것이었다.[9] 농장주와 노예들, 인디언들과 수부들이 교차하는 앤틸리스의 냄비에서 태어난 섬들의 언어, 크레올어는 생−종 페르스의 음악에서 울려퍼지고 있다. 그것은 문학적 표현의 변용을 통해서도 읽을 수 있다. "나는 두 발을 뺐다"(가버리다, 떠나가다), "난바다에 양념을 치는 자"(미끼를 달다, 낚시하다) 등등……. 한데, 정체성을 알 수 없는 말들의 이 같은 혼합을 당당하게 내세우기는커녕 시인은 그러한 혼합을 경멸하고 그 "혼종성"을 폄하하면서 끊임없이 이로부터 거리를 두고자 한다. 그를 기리는 글모음집을 한 권 내고자 하는 장 폴랑에게 그는 "다양한 종들의 집합이지만, 비굴하거나 잡종이 아닌, 언제나 순종의 집합"이라며 발간을 권한다. 물론 시대 분위기에 따른 결과일 것이다. 하지만 무엇보다 계급, 지배, 사회적 차별에 따른 결과이기도 하다. 여기서 시인의 목소리로 말을 하고 있는 것은 바로 "플랜테이션"이다. 오랜 세월에 걸친 노예제도와 억압이다. "블랙

코드”[10]는 실로 무시무시한 규칙이었다.[11] 결코 작은 백인이 아니라, 자신을 수행하고 후원하는 세계들의 다수성을 의식하고 있는 대영주 출신인 생-종 페르스는 자기 자신의 말을 짜고 있는 그 모든 모순들을 말하는 데 성공하지 못한다. 다른 편, 즉 주인들 편에 서서 노예들의 역사에 거리를 두었기 때문이다.

하지만 유년기에서 성년에 이르기까지 망명생활이 그 끈이 되고 있는 그의 작품들은 신분의 한계에 구애되지 않는다. 그렇지 않았더라면 그의 작품들은 모든 소속을 뒤엎고 초월하는 그런 환기력을 갖지 못했을 것이다. 소속에서 빠져나와 세계의 크레올화化라는 현기증 나는 가설을 세우는 길, 에두아르 글리상은 바로 그런 길을 걸었다. 플랜테이션이라는 또 다른 세계 출신인 이 시인은 그 세계에 안주하기를 거부한다. 그는 그런 2열 체제에서 벗어나는 것으로 만족하지도 않는다. 그는 거기에서 빠져나와 앤틸리스의 작은 산들 꼭대기에서 그리고 작은 호수들 아래에서 그것을 바라본다. 흑인성도 프랑스인성도 거부하고서, 그는 양자의 모순을 극복하고자 애쓴다. 단순한 합도 획일화도 아닌 '하나된 세계', 하나의 '전세계'가 참모습을 드러내게 하기 위함이다.[12] 페르스의 『바람』에 메아리로 울리는 『인도』의 저자 에두아르 글리상은 이렇게 적고 있다. "크레올화는 우리에게 그 요소들이 파급되고 그 결과가 예측 불가능한 어떤 한계 없는 혼혈로 나타난다. 다른 어떤 혼혈 양식들은 더 한층 집중시킬 수 있으나 크레올화는 회절回折시킨다." 상호간의 희석을 의미하기는커녕 서로간에 동의한 나눔을 나타내게 될 "문화들의 폭발" 같은 것. 우리 세계들의 행보는 군도群島의 사상을, "모호한 것, 연약한 것, 파생된 것" 속으로 잠입하는 "군도적

10 역 | 남북전쟁 뒤 1865년에 공포된 미국의 흑인 규제법.

11 루이 살라-모랭, 『검은 코드 혹은 카낭의 십자가Le code noir le calvaire de canaan』(PUF, 1987)

12 에두아르 글리상, 『전-세계론 Traité du Tout-Monde』(갈리마르, 1997), 동일 저자의 『전-세계 Tout-Monde』(갈리마르, 1993년), 『에두아르 글리상의 시학 Poétiques d'Edouard Glissant』(자크 셔브리에 엮음, 파리-소르본느 대학 출판사, 1999), 〈에두아르 글리상의 "전-세계" Le "Tout-Monde" d'Edouard Glissant〉, 《포에지 2002 Poésie 2002》 제93호(2002년 6월) 참조.

사상"을 요청하고 있다고 그는 강조한다. 어떤 면에서는, '거대한 하나', '거대한 동일자', 체계의 정신으로부터 우리를 해방시켜줄 사상이 되어줄 것이다. "오늘날까지 인류의 역사를 지배해온 체계에 대한 그 화려한 사상들, 하지만 이제 더이상 우리의 다양한 폭발에는 적합하지 않은, 우리의 다양한 역사들과 여러 화려한 방랑들에도 적합하지 않은 그 사상들 속에는 우리를 짓누르는 뭔가 두터운 대륙적인 것이 있음을 우리는 자각하고 있다." 유일의 사상이나 유일의 뿌리는 없다고 글리상은 말한다. 그는 강제 이주에서 탄생한 세계, 흑인 노예무역의 세계, 여러 세계에서 탄생한 하나의 세계, 탄생 때부터 뒤섞인 태생 없는 세계에 대해 우리에게 말하고 있다. 축적되고 전복되고 대면되고 우회된 폭력의 유산이 제공하는 첨예한 의식으로 말이다.

이처럼 한 시인에서 다른 한 시인으로 이어지면서, 이 은유는 "우리의 숨통을 죄는 체계를 멀리 넘어설 수 있게 하는 자취"를 좇도록 우리를 초대한다. 그 자취는 바로 흑인들이 체계를 피하기 위해 걸었던 자취다. 플랜테이션의 체계, 전前전체주의적 예속의 체계, 노역과 사역의 체계, 명령과 굴종, 선들과 네모들, 자리들과 열들의 체계를 피하기 위해서 말이다. 그런 체계와는 전혀 다른, 세계의 풀린 부분, 커브들과 접힌 부분들을 구상하기 위해서. 권력도 소유도 제국도 지배도 아닌 사상, 세계의 모든 것을 포용하며 '전세계'적 규모로 이동하는 떠돌이 사상을 발명하기 위해서. 신분과 본거지와 국경과 출신과 울타리들의 사상에서 벗어나 그 소실선과 결합하기 위해서 말이다. 맹목적으로 행동하려 들기 전에 우선 잘 보려고 노력해야 할 것이다. 모든 프로그램에 선행하는 하나의 계획을 세워야 할 것이다. 국가와 계급이 차례로 나서서, 게다가 서로 적대하며 세계에 대해 말하고자 한 이후부터 더이상 지평선을 열지 못하고 있는 보편적인 비전을 되찾아야 할 것이다. 지금 부족한 것은 바로 용기다. 두려움과 증오로 인해 생기를 잃은 죽은 사상들에 맞서, 세계들에 대한 어떤 능동적인 상상계를 수용하는 것. 크레올화, 혼혈 사상, 혼혈 논리들……. 에두아르 글리상에서 장-루 앙셀 혹은 프랑수아 라플랑틴과 그밖에 다른 사람들을 거쳐 세르주 그루진스키에 이르기까지,[13] 바로 그런 작업에 매달리는 이들이 있다. 세계들의 중간지대에서 사색하는 사람들, 아이디어들을 창조하고 말들을 만드는 사람들. 자신의 실험실에서 그들은 혼혈을 안내자로 삼아 구체적 정책을 요청하고 있는 세계의 사상을 세우고 있다. 여전히 혼혈을 혐오하는 주류 사상들이 이해하듯 이 혼혈을 이해해서는 안된다. 혼혈, 그것은 하나의 융합이 아니요, 하나에 하나를 더하는 것이 아니다. 각자 자신의 원초적 순수성에 대한 환상을 품고 있는 두 정체성의 만남이 아니요, 생물학이 제몫을 갖는 유類나 종種들 간의 교배는 더더욱 아니다. 혼혈, 그것은 정치다. 좀더 구체적으로 말하면, 저항의 정치다.

이는 신념의 문제가 아니라 역사적 사실이다. 역사가 카르망 베르낭은 원래 우리의 문화에서 혼혈이라는 개념은 생물학적 혼합을 가리키는 것이 아니라 정치적 선택을 가리키는 것이었음을 입증한 바 있다. 세 일신교가 교차하고 대적하고 뒤섞이게 되는 중세 스페인에서, '미스토스' 혹은 혼혈인들은 회교도들이 스페인 반도를 정복했을 때 그 회교도들과 결합하는 길을 택한 그리스도인들을 말한다.[14] 미스토스들, 마란[15]들, 모리스크, 콘베르소스 등등이 바로 정치적 의미의 혼혈인

13 세르주 그루진스키, 『혼혈 사상 *La Pensée métisse*』(파야르, 1999) / 장-루 앙셀, 『혼혈의 논리들 *Logiques métisses*』(페요, 1999) / 동일 저자의 『분지分岐 Branchements』(플라마리옹, 2001) / 프랑수아 라플랑틴과 알렉시스 누스 공저, 『혼혈*Métiss-ages*』(포베르, 2001) / 아르쥔 아파두레, 『식민지개발 이후*Après le colonialisme*』(페요, 2001) / 다리유쉬 샤예강, 『빛은 서양에서 *La Lumière vient de l' Occi-dent*』(에디시옹 드 로브, 2001) 참조.

14 카르망 베르낭, 「*Mestizos, mulatos y ladinos en Hiapano-américa*」, 『*Motivos de la antropologia américanista*』(멕시코, FCE, 2001, 105~133쪽)

15 역 | 중세 후기에 가톨릭 신자로 개종한 스페인과 포르투갈의 유대인.

들이다. 콜럼버스의 케러벨 선단을 대양에 띄운 세계에는 이미 오래 전부터, 선택했거나 강제된, 차용했거나 방향을 틀었거나 교차된 다중의 정체성들, 혼혈의 혼혈, 혼합의 혼합, 회교도들과 결합한 그리스도인들, 남몰래 유대인이 된 그리스도인들, 그리스도교로 개종한 유대인 혹은 회교도 등이 산적해 있었던 것이다. 그래서 신세계에서는 "혼혈인들의 존재가 제기한 문제가 사회적이고 정치적인 것이었으며, 나중에야 '인종적인' 것이 되었다"라고 강조하면서, 카르망 베르낭과 세르주 그루진스키는 스페인 콘키스타도르와 잉카 공주 사이에 난 아들인 가르실라소 잉카 데 라 베가라는 비범한 인물을 상기시킨다. 페루에서 스페인으로 건너와 정착한 그는 조상들에 대한 추억을 되살려내는 것으로 만족하지 않았으며, 모리스크들, 즉 낙인찍히고 박해받다가 추방당한 유럽의 무어인들의 슬픈 운명을 증언했고, 그리스도교로 개종한 유대인들의 운명과 자국 백성들의 운명을 동일시했으며, 레옹 레브뢰의 『사랑의 대화들 *Dialogues d'amour*』의 행복한 역자이기도 했다.[16] 의사이자 철학자였던 레옹 레브뢰는 가톨릭 왕들의 옛 참사관의 아들로서 1942년의 추방령 이후 포르투갈로 피신했다가 다시 이탈리아로 피신해야 했다. 특히 그는 다음과 같은 말을 적었는데, 이는 우리와 무관하지 않다. "지상의 모든 주민들에게 공통된 동양이나 서양은 없다. 대척지에 살고 있는 모든 이들에게, 우리의 동양은 서양이요 우리의 서양은 동양이다."

혼혈은 강자에 대한 약자의 전략이다. 승자 앞에서 살아남고 패자를 구제하는 생존과 구제의 한 방식이다. 혼혈은 문화와 정체성 같은, 사람들이 아직도 우리에게 자명한 것으로 내세우는 기만적인 기준들 바

16 카르망 베르낭, 세르주 그루진스키 공저, 「신세계의 역사 *Histoire du Nouveau Monde*」 『혼혈』(제2권, 파야르, 1993, 78~104쪽)

깥에 있다. 그것은 우리가 무엇을 가졌고 무엇을 생각하든, 우리 모두가 여러 문화들과 여러 정체성으로 짜여져 있음을 말해준다. 모두가 뒤섞여 있다. 모두가 불변의 기준도 유일의 뿌리도 없는, 다양한 전염과 영향에서 탄생했다. "각각의 존재는 일련의 정체성들을 지니고 있고 어느 정도 안정된 기준들을 갖추고 있으며, 그것을 맥락에 따라 연속적이거나 동시적으로 작동시킨다. 정체성이란 개인의 역사이며, 그것 자체가 주입된 규범들의 거부 혹은 내성화의 변주 능력과 연관되어 있다"[17]라고 역사가 세르주 그루진스키는 적고 있다. 그것을 본능적으로 아는 것만으로는 불충분하며, 그것을 의식해야 한다. "정체성과 문화, 이에 해당하는 것은 언제라도 물신화하고 사물화하고 자연화하고 절대의 반열로 격상될 위험성이 있다. 때로는 우리가 익히 아는 바의 이념적·정치적 귀결들과 더불어 고의적으로 그렇게 되기도 하지만, 대개는 정신의 무기력 때문이거나, 아니면 상투성 혹은 상투화들에 대한 부주의 때문에 그렇게 된다"라고 그는 덧붙인다. 만약 우리가 우리의 보편적 조건에 대한 이러한 이해에 동의한다면, 그때부터는 모든 것이 변하고 모든 것이 뒤집어진다. 역사는 더이상 하나의 선이 아니게 되고, 시간은 오직 승자들에게만 속하는 것이 아니라 패자들의 시간과 더불어 살고 함께 구성하게 되며, 여러 세계들과 여러 기억들이 되돌아오고 우회하며, 갈래와 틈들이 번성한다. 요컨대 복합성이 자신의 권리들을 되찾고 여러 가능태들을 열어젖히는 것이다.

모두가 뒤섞여 있으며, 우리는 그것을 알고 있다. 하지만 아직 그것을 말하고 체험하고 수용할 말들을 모두 갖고 있지는 않다. 어떤 동－서, 어떤 관계가 아니라, 다만 그 자체로 하나의 상태인 그것을 사유함

---

17 세르주 그루진스키, 『혼혈 사상』 47~48쪽.

에 있어 너무나 관습에 젖어 있는 까닭에, 우리는 이미 우리들 사이에 있고 우리에게 참여하고 있고 우리들 속에 있는 그 세계 속으로 뛰어드는 일에 얼굴을 찌푸리고 있다. 위험이 증가하는 곳에는 또한 희망도 증가한다. 당연한 말이지만 주위의 위험을 의식해야만 결국 구원을 이뤄낼 수 있는 것이다. 확실한 것은 혼혈에 대한 증오가 바로 세계와 인간에 대한 증오를 내포하고 있다는 것이다. "우유부단한 자들과 인색한 자들에게 불행이 있기를! 우리는 과잉보다는 결핍으로 죽는다. 삶은 활동이다. 무기력은 곧 죽음이다." 이는 생-종 페르스의 말이다. 좀더 정확히 말하면, 외교관 알렉시스 레제르가 1935년 '정치에서의 낙천주의'[18]에 관한 언론의 어느 설문조사에 응하여 한 말이다. 그러므로 그는 "생사를 건" 낙천주의자였던 셈이다. 환상에서 깨어나기 전까지는 말이다. 1936년에 그는 '유럽도덕연합'의 초안인 '유럽연방체제 구성에 관한 견해서'를 작성한 바 있으나, 이 견해서는 범죄에 대한 침묵과 요란한 총포 소리에 지워져버린, 말 그대로 하나의 견해서로 끝나고 말았다. 하지만 그후 이 이념은 의지적 낙관론과 지적 비관론 사이에서 자신의 길을 헤쳐오고 있다. 콜럼버스 역시 마찬가지다. 천의 언어를 말할 줄 알았으나 그 어떤 언어도 제대로 말하지 못했던 유럽의 혼혈아, 군신이자 이설주창자였고 선원이자 이야기꾼이었고 예언가이자 발견자였던 크리스토퍼 콜럼버스. 역사가들 중에서도 그를 진정으로 잘 아는 사람들은 몸이 허약하고 회의적인 정신에 우울한 성격을 지닌 사람으로 그를 묘사한다.

그의 초상은 우리에게 희망의 여지를 남기고 있다.

2

콜럼버스와의 여행

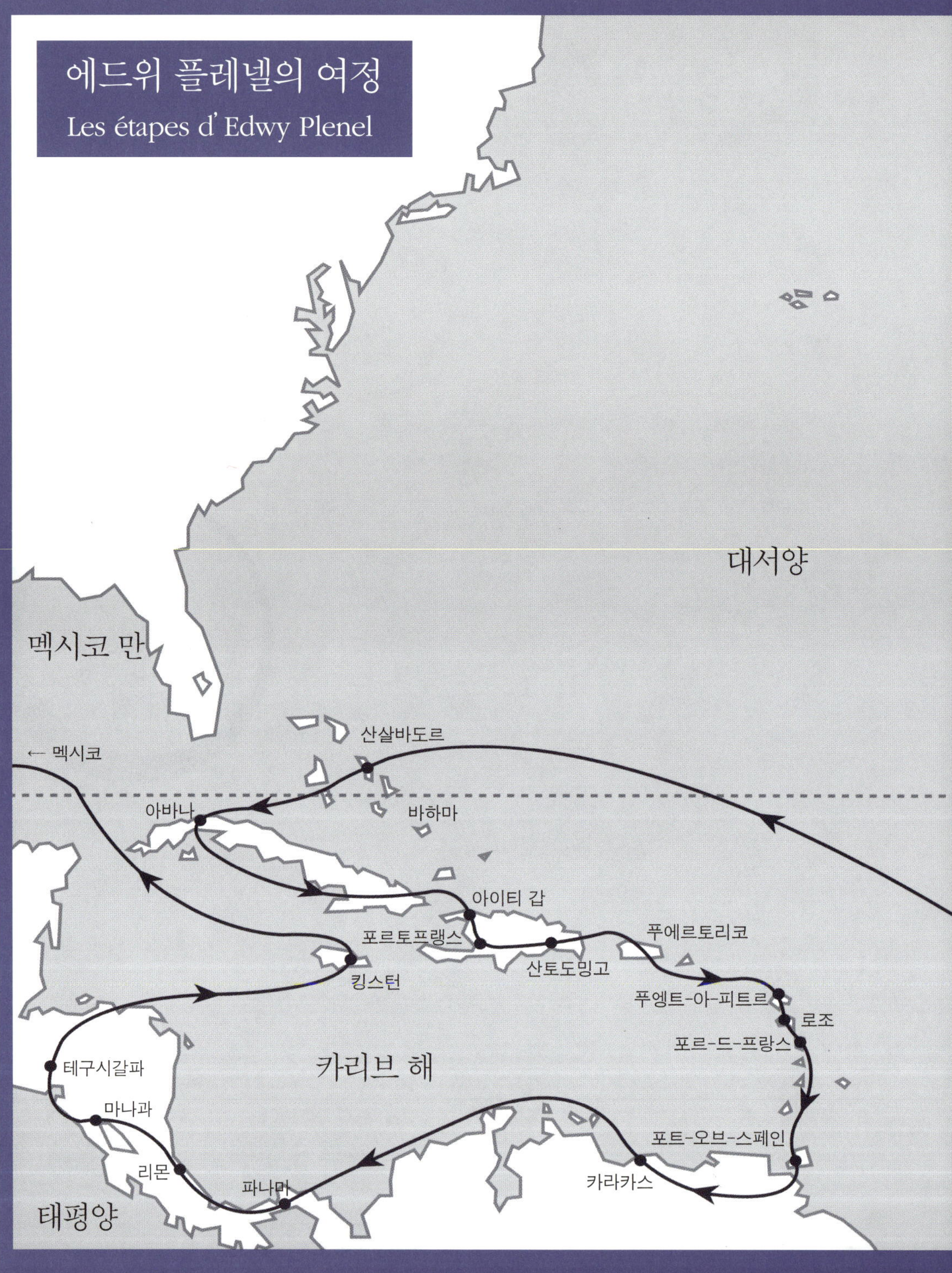

에드위 플레넬의 여정
Les étapes d' Edwy Plenel
대서양
멕시코 만
← 멕시코
산살바도르
아바나
바하마
아이티 갑
포르토프랭스
푸에르토리코
산토도밍고
푸엥트-아-피트르
로조
포르-드-프랑스
킹스턴
카리브 해
테구시갈파
마나과
리몬
파나마
포트-오브-스페인
카라카스
태평양

제노바
사보네
마드리드
리스본
지중해
팔로스 데 라
프론테라
사그레스
세비야
카디스
마데르
산세바스티안
데 라 고메라
카나리아 제도
북회귀선
다카르

콜럼버스와의 여행

2002, 1992, 1492……. 유럽에서 아프리카 연안으로, 카리브 해에서 중앙아메리카로, 나는 크리스토퍼 콜럼버스의 자취를 찾아 떠났다. 그의 신대륙 발견 500주년을 1년 앞둔 해의 일이다. 1991년 4월에서 6월까지, 이 3개월간의 여행을 《르몽드》는 1991년 8월 5주에 걸쳐 여름 기획 연재물로 실었다. 대양의 위대한 제독, 대담하고 전설적인 콜럼버스라는 인물 자체가 과거의 빛에 현재가 모습을 드러내는 거울과도 같은 이번 여행에의 자연스런 초대라 할 것이다.

과거를 현재의 항로 표지로 삼는 도정道程의 시나리오를 미리 작성하여 여행의 모든 단계를 파리에서 준비하긴 했으나, 나는 장거리 여행에 흔히 있게 마련인 갖가지 우회와 뜻밖의 일들을 마다하지 않고자 했다. 어차피 이 여행은 글로 정리할 때에 이르러서야 의미와 형태를 취하리라는 것을 나는 알고 있었다. 그래서 나는 각 단계마다 내가 받은 인상들과 이미지들을 선별하지 않고, 그 어떤 서열이나 망설임 없이 모든 것을 닥치는 대로 모조리 기록하고자 했고, 겉보기에 더없이 하찮아 보이는 사소한 것까지도 환영했다. 한마디로 '구두의 색깔'까지 메모해두고자 했으며, 이번 여행을 계기로 내가 직업상의 규칙으로 삼은 이 방식은 르포의 에스프리 자체를 반영하는 게 아닌가 싶다.

공통의 공간과 시간이 지배하는 우리 세계에서 여행을 통해 발견의 신선함을 찾기란 쉽지 않다. 이미 사람들이 너무나 많이 상상해본 세계들이나 너무나 많이 본 이미지들과 마주치기 십상이기에, 이제는 남들이 더이상 보지 못하는 것을 보아야 하는 처지라 할 수 있을 것이다. 그렇다고 세계의 그러한 치명적 획일화에 탄식만 하고 있을 수는 없으며, 기분전환거리로서가 아니라 이해와 인식을 목표로 하는, 몽테뉴가 이른바 '유익한 실천'이라 했던 '여행'을 재발명하는 것이 우리의 일이라 할 수 있을 것이다. 그는 이렇게 말했다. "여행에서 영혼은 알려지지 않은 새로운 것들에 끊임없이 주목하게 된다. 그런 영혼에게 다른 많은 삶들과 환상들과 활용의 다양성을 끊임없이 제시해주고, 우리 자연의 끝없이 다양한 형태들을 음미하게 해주는 것보다 삶의 형성에 더 도움이 되는 것을 나는 알지 못한다."[1]

말만 하면 무슨 소용인가. 우리의 경우 그런 실천은 시간과 형식에서 제약을 받을 수밖에 없었다. 우연도 없었고, 즉흥도 별로 없었다. 18개국—식민지 모험의 증인이 된 세 개의 작은 언덕[2]까지 합한다면 21개국이다—이 넘는 나라들에서, 선택과 필요에 의해서만 착륙지가 주어진 그런 여행이었다. 이 급박한 일정이 꼭 방문해야 할 곳들을 빠트리거나 막다른 골목에 부딪힌 원인이었다. 하지만 내가 보기에 그것은 구세계에서 신세계로의 여행, 여러 세계들과 시대들의 전복을 상기시

[1] 몽테뉴, 『수상록』, III, ix.

[2] 세 언덕이란 바로 카나리아 제도(스페인), 과들루프 그리고 마르티니크(프랑스) 섬을 말한다. 18개국을 여행 순서대로 열거하면, 이탈리아, 포르투갈, 스페인, 세네갈, 바하마, 쿠바, 아이티, 도미니카 공화국, 푸에르토리코(미국), 도미니카, 트리니다드, 베네수엘라, 파나마, 코스타리카, 니카라과, 온두라스, 자메이카, 멕시코다.

키고자 한 이 여행이 필요로 한 리듬이었다. 1492년과 1992년이라는 두 전환점 사이에서, 역사와 현실은 끊임없이 추적 게임을 청하고 있었기 때문이다.[3]

1492년은 근대의 여명이자 지구地球 시대가 열린 해다. 인류는 태양의 주위를 돌고 있는 지구가 둥글 뿐만 아니라 유한하다는 것을 깨닫는다. 생각이 세속화하고 자율성을 갖게 된다. 서로 모르던 세계들이 서로를 발견하고, 대적하고 억압하며, 만나고 뒤섞인다. 자본주의가 인도주의와 정부(국가)를 수반하면서 크게 발전하고, 식민주의와 제국들, 독재와 민주주의, 공산주의와 독립을 잉태한다.

1992년은 지구의 대혼란 속에 단일 시장으로서의 유럽이 탄생한 해다. 이제 더이상 태양은 우주의 중심에 있지 않으며, 은하계의 광대함이 지구를 미지의 곳으로 데려간다. 우연과 복합성이 사유 속에 끼어든다. 지상 구원의 종교가 무너지고, 국경들이 재형성되고, 민주주의가 다원화하고, 민족주의가 되살아나고, 동東이 서西에 열리고, 남南이 북北을 불안해하고, 아시아가 유라메리카의 혼을 빼놓고, 기근과 전염병들이 자리잡고, 희망과 고뇌가 결합한다.

평행한 것은 전혀 없고 다만 울림들과 친숙한 메아리들과 비슷한 질문들만 있다. 당대의 드라마 한가운데에 있었던 콜럼버스는 과거와 현재를 넘나드는 이 왕래를 위한 이상적 안내자였다. 신비와 수수께끼에 묻힌 그의 일생은 서른 단계에 걸친 망각과 추억 가로지르기의 도선導線이었다. 신문 연재에 박자를 맞춘 우리의 리듬은 동일 악장 속에서 상대화시키고 강조도 하는 호흡이 긴 넉넉한 음악과 화합해야만 했다. 그런 이유에서 나는 1991년에 완성된 텍스트에 어떤 가필이나 수정도

3 이를테면 《르몽드》 연재가 끝나가던 시점은 고르바초프에 대해 러시아 장군들이 군사쿠데타를 일으킨 시점과 일치하는데, 그 논리적이고도 신속한 귀결은 소련이라는 한 대륙의 종말에 다름 아니다.

하고 싶지 않았다. 물론 독자는 기억할 것이다. 베네수엘라에서, 1992년에 쿠데타를 일으킨 후고 샤베즈가 1998년에 대통령에 선출되었다는 것을. 아이티에서는 1991년 군인들에 의해 정부가 전복된 후 아리스티드 신부가 성직 복귀를 거부하고 미국으로 망명했다가 권좌에 복귀했으며, 그의 매우 사적인 권력 행사가 옛 지지자들 다수의 항의를 받았다는 것을. 멕시코에서는 그 오랜 입헌 혁명당의 통치가 2000년에 빈센트 폭스가 대통령에 선출되면서 끝났다는 사실 등을. 현재 그것을 겪고 있는 사람들에게는 매우 중대한 변화들이겠지만, 그러나 그 어떠한 정치적 사건도 이 여행이 얘기하는 뒤섞인 역사의 물길을 근본적으로 돌려놓지는 않은 것처럼 보인다.

이탈리아

떠나기, 산 자의 맹세

제노바 크리스토퍼 콜럼버스 공항은 바다 위에 엎드려 있다. 제노바는 언제나 그렇다. 바다 아니면 무無다. 평원도 없고 타협도 없다. 좁고 가파른 이곳 땅은 사람들에게 선택의 여지를 남기지 않았다. 물에 뛰어드는 것, 바다에 의해 살고 되살아나는 것뿐이다. 산 옆구리에 매달려 사는 제노바 사람에게는 지중해 외에 다른 수평선이 없다. 물결의 휴조休潮와 파도의 노도怒濤 외에 다른 몽상의 계기가 없다. 아마도 그래서 그는, 습관과 모험 사이에서, 마땅히 해야 할 것을 하기로, 세계의 욕망을 포옹하기로 결심했을 것이다.

크리스토퍼 콜럼버스 공항

리구리아인들 중에서 세계적으로 가장 널리 알려진 인물 크리스토포로 콜롬보가 어렸을 때 무엇을 꿈꾸었는지 아는 이 누가 있겠는가? 그와 우리 사이에는 5세기의 거리가 있다. 그의 첫번째 조국 제노바의, 물 위에 엎드린 이 공항에서 시작되는 우리의 항해가 탐험하고자 하는 것은 실로 낯선 바다에 다름아니다. 그는 누구였는가? 그의 발견이 낳은 과거의 그 세계는 어떠했는가? 그것으로부터 귀결된 오늘의 세계는 또 어떠한가? 물보라도 폭풍우도 없이, 암초도 여울도 없이, 귀향에 대한 느긋한 확신을 안고서 우리는 대양의 이 위대한 제독의 파란만장한 일생을 탐문해나갈 것이다. 유럽에서 아프리카 연안으로, 카리브 해의 섬들에서 중앙아메리카로 오가는 두 세계간의 여행. 콜럼버스를 난관 돌파의 주문으로, 여러 만남의 구실로, 우회의 계기, 호기심의 자극제로 삼는 망각과 추억의 가로지르기.

여러 나라 사람들이 뒤섞이는 만큼 여러 느낌들이 교차할 이 연대기는 우리의 주인공처럼 혼혈이 될 것이다. 여러 나라의 수도를 전전한 유럽인이자 카스티야어를 말하는 이탈리아인이었고, 포르투갈인 가정에 입양되었다가 스페인 귀족이 되었으며, 아메리카인디언들을 발명한 그다. 중세와 르네상스 사이, 여전히 구시대적이면서도 이미 근대적인 시대를 살았던 이 전환기의 인물에 걸맞게, 모호함 속에서 여러 장르들이 혼합하는 연대기. 조용하면서도 수다스러웠고, 희극배우이자 종종 거짓말쟁이였고, 낙원의 발견자인 동시에 노예수송 책임자였으며, 열렬한 가톨릭 신자이자 유대교도였던 듯하며, 에덴을 추구한 인물이자 엘도라도 공급자였고, 평화의 인물이자 전쟁 후원자였던 그의 이중성에 적합한 이야기.

알도 아고스토의 집무실 한쪽 귀퉁이, 두 개의 거미집이 멈춰버린 벽시계가 돌출해 있는 벽의 십자가를 우롱하고 있다. 박물관의 방들—15세기의 유물이다—이 있는 주 건물은 가파르게 돌출해 있고 불안정하다. 도서관 역시 육중하고 쇠창살이 나 있다. 정부기록보관소의 제노바 지사장 아고스토는 전세계 사람들이 다투어 찾는 콜럼버스의 출생에 관한 기록을 전쟁 보물처럼 보관하고 있는 신전 지킴이다.

콜럼버스 연대기의 모호함은 누구의 잘못도 아니다. 자기 성性의 철자를 바꾸고, 수수께끼 같은 상징들로 서명을 하고, 성과 이름의 의미로 끊임없이 장난을 쳐 자신의 자취를 흐린 이 항해가 자신의 잘못이다. 그는 '콜롬보'라는 이탈리아 이름을 버리고 스페인에서는 '콜론'이라는 이름을 썼다. 그에 관한 최초의 전기를 쓴 그의 막내아들 페르난도는 이 이름들이 아버지의 '위업'에 '신비로운 영향'을 끼쳤다고 주저없이 말한다. 세례식 날 비둘기가 와서 그가 하느님의 아들임을 알려주기 전까지는 자신이 누구인지 몰랐던 것처럼, '콜롬보'라는 이름은 자기를 모르던 신세계의 많은 나라들에게 성령을 전해주는 비둘기다. '콜론'은 자명하다. "그는 인디언들을 사탄의 손아귀에서 빼내어 낙원의 콜론[1]들로 만들지 않았는가?"

겸손이 콜롬보 가家 사람들의 말문을 막은 적은 없었다. 우선 크리스토퍼부터 그랬다. 그는 자신의 이름을 메시아적 상징으로 만든다. 그리스어 어근과 라틴어 어근을 뒤섞어 XpoFERENS로 적어, 승리하는 그리스도교의 예정된 화신인 "그리스도를 품은 이"로 자처한 것이다. 우리는 이를 마음에서 우러난 표현으로 생각할 수도 있다. 또한, 말을 자신의 야망에 맞게 바꾸는 모험가, 유혹자, 농간자의 꾀로 생각할 수도 있다. 콜럼버스의 정체성은 이민자 출신 이미지에 걸맞게, 끊임없이 이동하는 여행자다. 그의 요람은 열넷도 넘는다! 갈리시아인, 카탈로니아인, 그리스인, 영국인, 스칸디나비아인, 스위스인, 포르투갈인이었으며 또한 세 번이나 프랑스인이었다. 코르시카 사람들이 과거

1 자유 소작인.

콜럼버스 초상화

에는 물론 지금도 그를, 당시 제노바의 식민지였던 칼비 출신으로 여기고 있다는 사실 역시 빼먹어서는 안될 것이다. 그의 출신지는 여러 곳이다. 다시 말해 그 어느 곳 출신도 아니다. 그래서 지난 세기 말, 그의 첫 대서양 횡단 여행 400주년을 기념하기에 이르러, 얼빠진 역사가들은 그가 과연 실제로 존재한 사람이었는지를 의심하기까지 했던 것이다.

진실은 이 영악한 자가 자신의 저작에서 가족 얘기를 섞어 횡설수설하길 즐겼다는 것이다. "내가 우리 가문의 첫 제독은 아니지만, 사람들이 나를 뭐라 부르건 개의치 않는다. 어떻든, 다윗도 예루살렘의 왕이 되기 전에 양치기로 시작하지 않았는가. 나는 다윗을 그렇게 기른 바로 그 주님의 봉사자다." 그의 아들은 "너무 어려 아버지께 물어볼 수가 없었기 때문에 아버지가 초반에 어떻게 살았는지에 관해서는 거의 아는 게 없다"라며 우리를 절망에 빠트린다. 하지만 아버지가 죽었을 때 그는 열여덟 살이었……. 그는 아버지의 경건한 거짓말들에 걸맞게 신비로운 여운을 남기며 얼렁뚱땅 빠져나간다. "우리의 주님이 자신의 사도들을 선택하신 곳은 궁정이 아니라 바닷가였다. 그러한즉 제독의 출생이 흐리고 불확실할수록 그의 운명은 그만큼 더 위대하다."

다행히도 알도 아고스토가 있다. 몽상적 족보학자들의 입을 막기 위한 제노바 사람들의 오랜 비밀 무기와도 같은 케케묵은 보물 궤짝이 그의 오른편에 있다. 사람들은 오늘날과 같은 전자식 맹꽁이자물쇠 시대에는 그것이 그렇게까지 든든하다고는 여기지 않는다. 그래서 이제 그 궤짝은 비었으며, 귀중한 증거들은 그 두 발짝 옆, 네온 형광등이 비

치는 제실 모양의 '콜럼버스 실室'이라는 금고실의 진열장에 정돈되어
있다. 총 87건의 원본 문서, 공증서류, 판매서류, 계약서, 판결문 등의
자료들 중에서도 가장 결정적인 47건의 문헌. 제독이 되기 전, 신화와
전설이 되기 전의 콜럼버스와 그의 가족에 관한 모든 것이 그곳에 있
다. 미래가 왜곡할 수 없었던 과거가 그곳에 있다.

　코르시카 사람들이 자존심 상해하겠지만 그는 분명 제노바에서 태
어났다. 그리고 위인전 작가들이 불쾌히 여기겠지만, 그 결정적 단서
가 하필이면 갚지 않은 부채에 얽힌 불미스런 이야기에서 나온다.
1509년 5월 19일, 임종을 하루 앞둔 콜럼버스. 스페인의 발라돌리드에
있는 자신의 저택 침상에서 그는 유언변경증서를 구술하고 있다. 공증
인이 마침내 그의 수결手決을 놓는다. 그때, 양심의 가책 때문이었던
듯, 제독은 몇몇 수혜자들의 이름을 덧붙이게 한다. 수수께끼의 어느
유대인, "리스본의 유대인 집단거주지 입구에 살고 있는 유대인" 한 명
을 제외하고, 나머지는 모두 제노바 사람들이거나 제노바 가문에 속하
는 사람들이다. 그중에 맨 처음 언급된 이들은 "20두카 금화나 그에 상
당하는 돈"을 받도록 된 지롤라모 델 포르토의 상속자들이다. 한데, 이
로부터 약 36년 전, 1470년 9월 22일, 도메니코 콜롬보라는 인물이 바
로 지롤라모 델 포르토에게 갚지 않은 부채 때문에 제노바에서 체포되
었다가 35리라의 벌금형을 받고 풀려난 일이 있었다. 판결문은 도메니
코가, 역시 이 사건에 연루된 그의 아들 크리스토포로와 함께 출두했
음을 명시하고 있다.

　그러므로 콜롬보와 콜론은 결국 한 사람이다. 모든 것이 이 발견에
서 흘러나온다. 콜럼버스의 자취를 더듬을 수 있는 가장 오래된 문헌

은 1429년으로 거슬러오른다. 그것은 지오반니 콜롬보가 자신의 열한 살 난 아들 도메니코를 제노바의 어느 직조인 가정으로 보내는 견습공 계약서다. 알도 아고스토는 제노바에서 30킬로미터쯤 떨어진 폰타나 부오나 계곡에 자리잡은 모코네 시의 농부였던 콜럼버스의 증조부까지만 거슬러오른다. 그의 할아버지 지오반니는 바로 이 마을에서 태어나 퀸토에 정착했는데, 오늘날 이곳은 도시 주변의 한 촌락으로 남아 있다. 1439년에 도메니코는 부유하지도 가난하지도 않은, 공인 직조공이라는 정착민 직업을 갖고 있었다.

크리스토퍼는 1451년에 태어났을 것으로 추정된다. 1470년 10월 31일, 미래의 제독은 부채를 인정하는 문제와 관련하여 자신이 19세임을 선언하고 있다. 1904년에 발견된 제노바의 어느 공증 문헌에 의거하면, 그는 1479년 8월 25일에 자신을 27세로 밝히고 있다. 그의 말이 참이라면 그는 1451년 8월 25일과 10월 31일 사이에 태어났을 것이다. 당시 그의 아버지는 포르타 델라 올리벨라라는 도시의 입구를 지키는 수문장 직책을 맡고 있었다. 이는 그가 제노바에서 태어났음을 말해주는 결정적인 증거다. 발견자의 이름을 따서 '아세레토 서류'라 명명된 1479년 8월의 문서는 이상과 같은 결론을 더욱 강화시켜준다. 이 서류에서 크리스토포로 콜롬보는 마데르 섬에서 제노바의 한 중개상 앞으로 설탕을 보낸 사실을 인정하면서 자신이 다음날 아침 리스본으로 떠날 것임을 명시하고 있다. 이 항해가가 포르투갈에서 보낸 세월을 알려주는 단서들은 많다.

물론 제노바에서 그쪽으로 떠난다는 얘기다. 제노바가 지금도 여전히 공화국이라면, 콜럼버스는 정부의 소관 사항일 것이다. 알도 아고스토의 배후에는 리구리아 출신 정치가, 타비아니 상원의원의 그림자가 어른거린다. 79세의 이 이탈리아인 콜럼버스 전문가 파올로 에밀리오 타비아니는 1946년 이후 줄곧 국회의원이나 상원의원으로 활동하고 있으며, 22년간 장관직—국방부 장관, 재무 장관, 메조지오르노[2] 장관을 지낸 데다 거의 10년간 내무장관을 지냈다—을 역임한 인물이다. 물론 그리스도교민주당 소속이다. 콜럼버스에 관한 그의 드높은 명성이 1978년 그에게 닥친 재난을 불식시켜주었다. 당시 붉은 여단[3] Brigades rouges의 독방에서, 알도 모로[4]가 이 "건망증 심한 인물"을 미국쪽 사람으로 보고서 그에 대한 곱지 않은 초상화를 그린 일이 있다.

로마에 거주하는 이 상원의원은 "밤늦게라도 언제건" 만나주겠노라고 우리에게 알려왔다. 아침나절에 이루어진 전화 통화는 일방적인 갖가지 요청들의 연속이었다. 타비아니는 걷거나 비행기를 타고, 혹은 헬리콥터나 배를 타고서, 콜럼버스의 자취가 있는 지상의 모든 곳을 방문하고 조사하고 확인하고 사진으로 촬영한 유일한 인물이다. 그는 두 권의 훌륭한 저술을 펴냈으며, 각각 1974년과 1984년에 간행된 이 책들은 아주 작은 만과 해변과 연안지대 구석구석을 낱낱이 열거하고 있다. 그러니 나 같은 발견 견습생으로서야 기가 죽지 않을 도리가 없다. "이것만은 잊지 마시오. 나는 콜럼버스가 스물다섯 살인 1476년에 포르투갈에 정착하기 전 이미 자신의 계획을 세워두고 있었음을 제시한 바 있습니다." 제노바의 천재라 해야 할 것이다. 아닌게아니라 타비아니가 콜럼버스 발견 500주년을 기념해 이탈리아 위원회를 위해 쓴

2 이탈리아의 낙후한 남부 지역을 가리키는 말로, 경제적으로 북부와 심한 격차를 보이는 '남부 문제'는 이탈리아의 골칫거리가 되고 있다.

3 역 | 1970년에 결성된 이탈리아의 테러 집단.

4 역 | 이탈리아의 정치가로, 1978년 3월 '붉은 여단' 소속의 테러 단원에게 납치당했다가 5월에 시체로 발견되었다.

작은 소책자의 부제가 바로 "바다의 천재"다. 이 책자에서 그는 콜럼버스 제독이 제노바 출신임을 언급하는 62건의 이탈리아인 증언과 31건의 외국인 증언—모두 16세기의 증언들이다—을 열거하고 있다. "그의 성격과 그의 믿음의 뿌리는 리구리아의 제노바에 있습니다." 상원의원의 선거구민들과 마찬가지로 그 역시 리구리아인이라는 얘기다.

"타비아니가 장소들을 모두 보았다면, 나는 서류들을 모두 보았지요." 알도 아고스토는 끊임없이 그 누렇게 탈색한 종이들을 가지고 재간을 부린다. 차용증, 양도증서, 빚 문서 등 냉기 도는 텍스트들이요, 돈 이야기다. "나는 콜럼버스 가문의 주된 혈통이 소멸했음을 입증했습니다. 크리스토퍼의 사촌인 마지막 콜럼버스는 리구리아 주민 3분의 1의 목숨을 앗아간 1528~1529년의 흑사병 난리 때 사망했지요. 여자들이 남아 있었지만 그녀들은 더이상 콜럼버스라는 이름으로 불리지 않습니다." '주된 혈통'이란 바로 제노바 혈통을 말한다. 사실 그 이후의 일은 아고스토의 소관이 아니다. 그렇다면 1429년 이전은? 이 고문서 관리자는 몇 가지 가설만 남아 있음을 시인한다. "아주 오래 전부터 폰타나부오나 계곡에 살던 농부 가문"이란다. "빵 유통로"가 통과하는 곳, 물레방앗간이 점점이 있는, 제노바인들의 생존의 한 축. 리구리아 사람들이요 농부들이 분명할 것이다. 원래부터?

그렇다면 안토니오 갈로, 콜럼버스의 친구였던 제노바의 이 연대기 작가는 어째서 1506년에 크리스토퍼와 그의 두 형제가 "사춘기 때부터 그들의 관습에 따라 배를 탔다"고 적고 있는가? 그리고 어째서 콜럼버스의 아들 페르난도는 자신의 아버지에 대해 "우리 가문의 남자는 대대손손 뱃사람이었다"고 주장한단 말인가? 뭔가 알겠다 싶으면 어느새 이 인물은 또 슬그머니 빠져나간다. 다만 한 가지, 그에게는 오직 바다뿐이었다는 것만은 확실하다. 바다와 그의 직업. 그는 항해 일에 열네 살 때부터 뛰어들었노라고 털어놓는다. "항해술은 세계의 온갖 비밀을 알도록 자극"하기 때문이라고……. 바다, 신비의 심연, 미래의 창, 그 바다의 물보라가 문서들 위에 쌓인 먼지들을 흩어지게 한다.

몬테베르베의 조각상

구舊제노바의 골목길을 통해 항구 쪽으로 나아가다 보면, 비코 우조디마레의 모퉁이쯤에서 얌전한 창녀 두 명과 마주칠 수 있다. 우조디마레란 문자대로 해석하면 "바다의 이용"이란 뜻으로, 한 제노바 명가의 예정된 운명을 말해주는 이름이다. 우조디마레의 아들들 가운데 한 명인 안토니오라는 인물이 1451년 어느 날 부채를 갚지 않고 슬그머니 꼬리를 감춘 일이 있다. 그 7년 후인 1458년, 우조디마레는 채권자들을 거만하게 내려다보며 당당하게 귀향했다. 그는 포르투갈인들의 대리인 자격으로 기니 연안으로 갔으며, 거기에서 캅-베르(현재의 다카르)를 거쳐 더 멀리 감비아와 카자망스까지 탐험하고 귀향한 것이다. 제노바에 돌아온 그는 2세기 전에 선원과 화물을 잃어버린 제노바 원정대의 후손들을 되찾았다고 주장하는 등 황당무계한 얘기들을 떠들어댔다. 1458년이면 크리스토퍼가 일곱 살 나던 해다.

어린 콜럼버스는 무엇을 꿈꾸었을까?

알베르티스 '팔라조'(궁전)에 있는 기울리오 몬테베르베의 조각상 하나는 어깨까지 흘러내리는, 파도처럼 출렁이는 긴 머리를 하고서 부둣가의 그물 가장자리에 앉아 한쪽 발은 닻줄 고리에 빠뜨리고 손에는 책을 펼쳐든 채 꿈을 꾸고 있는 듯한 낭만적인 꼬마의 모습으로 그를

묘사하고 있다. 곧 그는 불귀의 여행을 감행하는 사람들 특유의 형언
키 어려운 무소속 감정에 휩쓸려 돌아오지 않을 여행을 떠날 것이다.
"가버리자! 떠나버리자! 산 자의 맹세!" 생-종 페르스는 그렇게 외쳤
다. 그는 우리에겐 없어서는 안될 여행 동반자다. 유럽과 아메리카, 섬
들과 바다라는 두 세계 사이를 오간 시인이기 때문이다. 떠나버린다는
것, 이 세계의 잔인함에서 벗어난다는 것, 그리고 자기 뒤에 누구도 범
치 못할 신비를 남긴다는 것.

잔인한 도시, 제노바

제노바 바다로 가는 길을 찾다보면 고속도로를 발견하게 된다. 도시를 따라 뻗어 있거나, 도시를 자르며 연안지대로 이어지면서 도시를 가두거나 조각내는 특급도로. 옛 부두의 탑들로 장식된 저택들을 중도에서 가로막고 있는 정지된 자동차들의 물결. 생-조르주 은행의 장식용 그림들 위에 설치된 카본 가스 배출구. 화려한 궁전宮殿식 건물이 이 금속관의 포로가 된 듯하다. 콜럼버스의 자취를 더듬는다는 것은 분명 항구를 떠나는 것이다. 선원들의 무리에 섞여 그를 미행하고, 선박 수리용 도크에서 그의 존재를 식별해내는 일이다. 그러나 제노바는 이를 다르게 결정했다.

제노바는 자신의 항구를 불쾌히 여기는 도시다. 자신의 존재 이유를 잃어버린 도시다. "이 이상 더 추락할 수는 없다"고 카를로 레페티는 말한다. 옛 '팔라조'의 방을 개조한 그의 사무실 천장에는 배가 뚱뚱한 텁석부리 한 명과 알몸의 여인이 황금비를 뿌리고 있다. 다산성과 부.

제노바 옛 항구

레페티가 보기에, 그것은 과거의 추억이자 미래의 약속이다. 그는 시청 문화국의 보좌역으로 일하고 있다. 병든 도시를 치료하는 의사인 셈이다. "옛 항구는 도시 속에 있었지만, 신 항구는 도시에서 떨어져 나갔습니다. 공장들, 화물창고들, 세관 철책 등에 막혀 연안에서 10킬로미터 정도는 접근이 불가능합니다. 두 개의 별세계지요. 항구의 진짜 주인은 파시스트 정권 때부터 보호받은 노동자 조합, 즉 항만 노동자들이었습니다. 우익은 이 지역을 다시 정복하고자 했습니다. 이 투쟁이 항구의 무릎을 꿇렸죠. 그러다 보니 지금은 트리에스테 항이나 마르세유 항보다 뒤쳐졌고, 사보네 항까지도 우리 시장을 잠식하고 있어요. 제노바는 보물을 갖고 있었습니다. 유럽의 심장부로 곧장 통하는 완벽한 항구를 말입니다. 역사의 포로가 되어, 환경의 변화에 적응하지 못한 겁니다."

제노바가 단지 이탈리아의 제1항구였던 것만은 아니다. 제1의 조선소가 있는 곳이자, 제1의 철강공업 도시이기도 했다. 이 세 분야가 모두 지난 10년 사이 현저히 쇠퇴했다. 9천 명이던 항만 노동자들이 지금은 2천 명으로 줄었으며, 전문가들의 계산기는 그 '이상적 숫자'를 800명으로 정해두고 있다. 실업률은 이미 활동 인구의 10퍼센트에 이르고 있다. 1968년에는 이탈리아의 여섯번째 도시로 인구가 85만이었으나, 그후 15만 명이 빠져나갔다. 베네치아에 버금가는 경쟁 도시였던 그 '멋진' 제노바가 이제는 다만 상처와 절망만을 안은 위기의 헛된 그림자에 지나지 않게 될 것인가? 제노바는 그 막대한 은행 예치금 때문에 여전히 이탈리아 제2의 도시로 꼽히는 부자 도시지만 그것은 잠든 부, 숨어 있고 묻혀 있는 부다. 위험 부담이 없는 부, 잊혀진 모험들의 유산, 아메리카 발견의 분배금이다.

"지나친 특혜는 종말을 부른다." 과거와 현재 사이에서, 제노바의 운명은 스탕달이 쓴 『이탈리아 기행 *Chroniques italiennes*』 속의 한 제목을 상기시킨다. 이 콜럼버스의 도시는 길을 여는 전초기지였었다. "시대가 바뀔 때마다 제노바는 언제나 가장 중요한 도시로 기능했다." 이는 페르낭 브로델의 평이다. 그는 이 역설적인 기묘한 도시에 매료되어 있다. 불모의 산들을 베일처럼 두르고 있는, 총애를 잃은 취약한 도시. 모든 힘이 "거의 비非물질화된 한 점", 제노바를 비즈니스 세계의 정상에 올려놓은 "소수의 은행가 재정가들"에게 집중되어 있는 도시다. 제노바는 자본주의 실험실이었다. 베를린에서 모스크바에 이르기까지, 현재 완성 단계에 있는 자본주의라는 경제 세계의 전세계적 야망과 그 힘의 갈래들의 실험실이 제노바다. 다시 브로델의 말. "현재 곤경에 처해 있는 똑똑한 괴물 제노바의 운명은 이 세계를 모두 갖든가 아니면 사라져야 하는 기로에 처한 것이 아닐까요?"

제노바는 1450년경의 서양 경제가 동양에서 서양으로, 지중해에서 대서양으로 옮겨가는 그 일대 전환에 리듬을 준다. 역사학자 자크 헤르는 당시 제노바의 "높이 솟아오른 집들, 통행이 불가능할 만큼 사람들이 우글거리는 거리들"과 인구 밀도—10만 명으로, 유럽에서 가장 인구 밀도가 높았다—의 중요성을 강조했다. 또한 그는 공동체의 채권자인 도시 상업 귀족계급에 의해 15세기 초에 발명된 그 혁명적 기관, '카사 데 산 기르기오'를 세밀하게 묘사하기도 했다. 사설 은행이자 공공관청이요 시의 회계 감사원이기도 했던 이 '산 기르기오'의 집은 대중의 부채와 소금의 독점, 소금창고들과 식민지들, 선박의 대여 등, 화

카사 데 산 기르기오

폐와 조세, 경제 및 정치적 권한을 모두 관장했다. 그래서 제노바는 콜럼버스 이후 아메리카의 은행이자 스페인의 재정가, 유럽 부의 중재인이 되는 것이다.

이 항해가를 중심으로 하여 집단의 역사와 개인의 모험이 일종의 기이한 배턴 터치를 통해 융합되고 있다. 사람들은 지금 제노바가 화려한 시절에 대한 추억 속에 몸을 웅크린 채 다시 일어서기 힘들어하고 있다는 것을 안다. 돈은 여전히 여기에 있지만 수세기 동안 침식당해 광물화된 상태로 있다. 오직 무덤들만이 페르시아인들이 도시에 감추고 있는 부를 진열하고 있다. 콜럼버스 이후의 세기, 그 꿈의 결실을 묘사하기 위해 어느 시인은 "황금은 인도에서 태어나 스페인에서 죽고 제노바에 매장되었다"라고 쓴 바 있다. 이제 콜럼버스가 자신의 도시를 그 본래 모습과 화해시키기 위해 다시 봉사하고 있다.

카를로 레페티는 이렇게 설명한다. "500주년은 하나의 기회라 할 수 있습니다. 다시 태어나, 바다를 정복하고, 항구에 문을 열 수 있는 기회 말입니다." 제노바가 콜럼버스를 잘 이용한다는 것은 그를 후기 산업 사회의 트로이의 목마로 만드는 것. '콜롬보 92'라는 라벨 아래, 기원으로 돌아가는 미래주의적 복귀의 전령으로 만드는 것이다. 이 항해가가 제노바 출신임을 내세워 제노바는 1992년에 '국제 전시 위원회'로부터 국제 특별 전시회 개최 권한을 부여받은 바 있다. 같은 해에 '세비야 세계 전시회'도 열렸다. 일반적으로는 몇 개의 '세계' 전시회가 경쟁 때문에 고통을 당하는 일은 없다.

제노바 전시회의 주제—배와 바다—는 중요하지 않다. 본질은 다른 데 있다. 내일의 제노바는 그의 아들들 가운데 한 사람의 손에 의해 만들어질 것이다. 세계주의자요 여행가요 때로는 수부이기도 한 사람. 현재 그는 일본에서 오사카 공항을 만들고 있는 중이다. 파리에 있는 보부르의 건축가이자 휴스턴의 드메닐 박물관의 건축가인 렌조 피아노가 바로 신동의 일, 즉 항구를 개설하여 바다를 되찾는 임무를 부여받은 장본인이다. 19개 국적의 사람들이 함께 일하는 '렌조 피아노 빌딩 워크숍'은 제노바의 꿈의 실험실이다. 5헥타르에 달하는 작업장은 바로 옛 항구 자리에 있다. 이곳에 새로 들어설 현대식 항구는 도시를 해방시키며 연안으로 더 멀리 뻗어나갈 것이다. 그러므로 1년 후면 여행객은 마침내 그 어둑한 골목들에서 뛰어내려가 부두들을 산책하면서 난바다의 대기를 호흡할 수 있게 될 것이다.

콜럼버스는 제노바를 마비상태에서 끌어낼 수 있을까? 정부 관계자들은 보수주의와 개인주의의 혼합물인 '쿨투라 델라 라멘타지오네'[1]를 이 도박의 적으로 지적했다. 그것은 오랜 유산이요, 자신들의 권력을 거의 지중해 전역에 걸쳐 행사했던 부유한 두 공화국 베네치아와 제노바를 가른 분수령이다. 베네치아는 나폴레옹 전쟁 때까지 자신의 독립을 훌륭하게 지킨다. 여러 총독들이 통치한 이 도시는 가문들간의 내분을 견뎌낼 줄 알았기 때문이다. 제노바는 형제들간의 권력 투쟁에 휘말려, 프랑스와의 동맹에서 스페인 보호 통치로 전전하는 등, 단결력 결여로 독립을 상실한다. 개인주의는 자본주의의 치명적인 원죄인가? 개개인은 모두 자기만을 위하고 은행은 모두를 위한다. 1992년의 행사를 위해 시청에서 간행된 책의 공동 저자들 가운데 한 명은 이를 불안해한다. "지나친 자부심에도 원인이 있는 이 정신상태는 제노바의

1 '애도의 문화'라는 뜻.

약점이었습니다. 현대화한 제노바의 약점 역시 바로 공통의 해결책을 찾아내지 못하는 그 무능함에 있는 게 아니겠습니까?"

"살육게임, 그것이 바로 이 도시가 좋아하는 스포츠죠."《라 스탐파 *La stampa*》의 기자로 일하는 파올로 린구아가 자신이 좋아하는 이 도시에 대해 가차 없이 말한다. 그럴 만한 이유가 없지도 않다. "통일된 지 100년에 불과한 나라에서 우리는 아직도 소속감을 못 느낍니다. 돈의 세계성만이 우리의 유일한 공통분모죠." 그의 얘기를 듣자니 콜럼버스 축제는 다만 돈과 관련된 행사에 지나지 않는 것 같다. "이건 하나의 연출입니다. 콜럼버스 덕에 정부의 재정 지원을 받으려는 어느 정치 계급의 연출이죠. 모든 정당들이 연관되는, 이 정치와 사업의 어정쩡한 혼합물에 정부가 돈을 댑니다. 이탈리아 전지역의 완전한 무관심 속에서 말입니다! 콜럼버스는 지금도 여전히 제노바에 국한된 일일 따름입니다. 엄밀히 말하면 그렇습니다."

'중세 연구소' 소장으로 있는 그의 아내 가브리엘라 아이랄디의 생각도 그와 크게 다르지 않다. 그녀는 모험에서 재정으로, 위험에서 절약으로, 열림에서 웅크림으로 무게 중심을 옮긴 도시가 주는 중압에서 벗어나기 위한 항구港口의 꿈, 그 '항구 수사修辭'를 곱지 않은 눈으로 본다. '콜롬보 92'라는 기치 뒤로 "제3기의 도시, 관광용 항구, 엘리트의 사변"이 윤곽을 드러내고 있다는 것이다. 밀라노의 대회사 몇몇이 이곳 구시가지의 건물들을 통째로 구입했다. 그 아파트들은 비어 있으나, 돈이 잠자고 있는 것은 아니다. 구제노바는 이주민들이 월 1만 5천 프랑을 내고 스무 명에서 서른 명씩 몰려 사는 지하실이 많기로 유명하다.

잔인한 도시 제노바……. 실업자들과 항만 노동자들과 이주민들과 정치가들에게 잔인하고, 그 자신과 적들에게도 잔인하다. 이곳은 우리가 거리 한 귀퉁이에 숨어 있는 외로 된 원기둥, 이른바 '수치의 기념물'을 대할 수 있는 이탈리아 유일—세계 유일의?—의 도시다. 그 원기둥 아래에는 제노바의 영원한 라이벌인 베네치아를 위해 일한 어느 배신자의 머리가 묻혀 있다. 1298년 어느 날, 달마티아 연안에서 벌어진 끔찍한 해전에서 패해, 사슬에 묶인 채 구항구의 골목길을 행진하는 베네치아 죄수들의 행렬을 기뻐하는 큰 축제가 벌어졌었다. 그 죄수들 무리에 지금도 이름을 알 수 없는 어느 상인이 있었다. 그는 제노바 감옥에서 피산이라는 직업 작가 한 명을 알게 되는데 이 작가는 주로 당시의 궁정에서 쓰이던 언어인 프랑스어로 글을 쓰는 인물이었다. 이들 두 사람의 협력에 의해 그 베네치아 상인의 전설적인 여행이 이야기로 꾸며져 탄생하는데, "인도, 타타르, 페르시아, 대아르메니아(하자스탄)의 다양하고도 경이로운 일들"을 알려주는 『세계의 전설 *Devisement du monde*』이란 제목의 책이 그것이다. 콜럼버스의 유년의 비밀은 분명 여기에 있을 것이다. 그는 마르코 폴로의 『동방견문록 *Livre des merveilles*』 같은, 어떤 신기한 이야기를 읽었을 것이다. 바로 그 마술적 환상을 성인 콜럼버스가 하나하나 말 그대로 재창조하고자 시도하게 되는 것이다.

마침내 바다다! 제노바는 끊임없이 우리를 뭍으로 되잡아 끌며 출발을 지연시킨다. 점점 커지는 이 마비 상태에서 벗어나기 위해 우리는 꿈의 항구를 찾아 구시가지를 이리저리 돌아다녔다. 길가에는 자신들

아메리카 발견 500주년
기념 깃발

이 직접 꾸민 규방 입구 작은 홍등 아래에 여장 남자들이 줄줄이 앉아 있다. 전쟁 이후부터 이곳의 특징이 된 풍경이다. 그리고 우리는 항해하는 수부의 추억처럼 들려오는 〈제노바 페르 노이〉에 귀를 기울였다. 파올로 콘테는 쉰목소리로 부르는 이 노래에서 제노바가 행여 자신을 삼켜버리지는 않을지 묻고 있다. 물론 진짜 뱃사람을 만나기도 했다. 걸프전이 한창일 때 아카바까지 항해한 기울리오 프레자는 막 낚아 올린 노랑촉수들을 가운데 두고서, 넉 달 동안 술도 여자도 없이 석유 시추 플랫폼에서 잠수부로 일하던 때의 일을, 덩치 큰 싸움꾼들이며 쉬벌어지던 칼부림을 회상했다. 그리고 마침내 우리는 떠났다. 1862년에 그의 조국이 콜럼버스에게 헌정한 기념물에 작별인사를 하고 사보네 방향으로 출발했다. 기차역 맞은편에 세워진 그 외딴 기념물에서는 아메리카 대륙이 콜럼버스의 발치에 앉은 여성으로 표현되어 있다.

끝없이 펼쳐진 바다. 길쭉한 그 작은 집은 마치 어느 선박의 뱃머리처럼 바위투성이 갑岬 위를 나아가고 있다. 고립된 외딴 집. 멀리, 저 아래에, 사보네 시와 그 항구가 보인다. 오른쪽에는 놀리 시와 그 해변이 있다. 사방이 트인 공간. 조용한 세 노인과, 컹컹대는 개 한 마리. 우리는 도메니코 콜롬보의 집을 방문하지 않는다. 콜럼버스의 아버지 도메니코 콜롬보는 1474년에 바로 이곳, 제노바에서 40여 킬로미터 떨어진 발카다라는 곳에 정착했다. '멋쟁이' 제노바를 떠나 사보네로 옮겨온 지 4년 뒤의 일이다. 세 아들, 크리스토포로, 바르톨로메오, 디에고도 함께였다. 여전히 직조공으로 일하면서도 도메니코는 포도주와 치즈를 파는 선술집도 열었다. 왜 그는 이런 외딴 집으로 옮겨와 은둔 생활을 시작한 것일까?

그것은 분명 정치와 무관하지 않을 것이다. 제노바에서 도메니코는 프레고조 당원으로 활동하며 공화국을 들썩인 여러 폭동과 소요에 연루되어 있었고, 특히 상업 귀족계급을 반대하는 피에치, 즉 영지와 봉토를 소유한 시골 영주들 편에 속해 있었다. 콜럼버스 가족은 어떤 음모를 꾸미다 실패하여 달아났던 것일까? 알 수 없는 일이다. 어떻든, 사보네는 이미 제노바가 아니다. 이곳 시장 아르만도 마글리오토는 그 점을 이렇게 주지시킨다. "제노바는 리구리아가 아닙니다. 제노바는 이 지역에서 주도권을 행사하는 데 한번도 성공한 적이 없지요. 예나 지금이나 말입니다." 사보네 시는 좋지 않은 추억을 갖고 있다. 16세기에, 제노바 사람들이 항구를 파묻고 구시가지를 깡그리 파괴하고는 요새를 건설한 적이 있었던 것이다.

1862년에 세워진
콜럼버스 기념물

사보네는 자신을 제노바와 차별화하는 전략을 편다. 500주년 때, 다른쪽, 즉 카리브 해와 라틴아메리카 쪽을 바라보는 편을 택한다. "지금은 빚을 갚을 때이기 때문"이라는 것이다. 그리하여 이 시는 전기가 들어오지 않는 산토도밍고의 어느 작은 섬에 발전기 하나를 제공했다. 사보네라는 이름은 콜럼버스가 부하 선원의 약혼녀인 이 지역 여성을 기려 '사오네'라고 이름붙인 데서 유래했다. 사보네는 그가 최초의 대항해를 시작한 곳이며, 특히 꿈의 오리엔트에 가까운 에게 해의 섬 치오를 향해 마침내 그가 돛을 올린 곳이다. 1476년 어느 날, 사보네에서 10여 킬로미터 떨어진 놀리에서, 스물다섯 살의 그는 '베샬라' 호에 승선한다. 그 배는 런던과 플랑드르 지방을 향해 길을 떠났다. 하마터면 마지막이 될 뻔했던 여행……

포르투갈

조난에서 구조된 꿈

사그레스 이곳은 고적한 곳이다. 바다 위에 떠 있는 평평한 땅조각, 드넓은 유라시아 대륙의 끝없는 뜀박질이 끝나는 곳, 광막한 바다를 가리키는 하나의 손가락이다. 유럽의 남단, 포르투갈 남부에서 대서양을 마주하고 있는 생-뱅상 갑岬은 현실은 없고 꿈만 가득한 장소다. 바람에 깎인 가파른 낭떠러지들이 가장자리에 늘어선 이 건조한 황원은 다만 부동의 평평한 공간과 매끄럽고 딱딱한 지표地表의 수수께끼만 안겨줄 뿐이다. 하지만 착각해선 안될 일이다. 이 무無야말로 기억의 심연이다.

사그레스

이곳에 보다 잘 잠겨들기 위해서는, 갑 끄트머리에서 수평선을 굽어보는 등대 부속건물의 작은 흰색 담벼락에 자리를 잡고 앉아야 한다. 그러고는 저 평화롭고 투명한 바다를 뚫어지게 바라보아야 한다. 그러고 있으면 대양에 뭔가 파문이 일고 생기가 돌다가, 문득 어느 조난遭難의 신기루가 솟아오른다. 세상의 끄트머리에 위치한 이 사그레스 갑

난바다에서, 1476년 8월 13일 격렬한 해전이 벌어졌다. 영국을 향해 가던 5척의 제노바 선박이 프랑스 해적 쿨롱 르 비유의 범선 13척과 마주친 것이다. 콜럼버스는 항해 중이었고, 이 전투에 휘말렸다.

그가 탄 배는 이 전투에서 함정에 빠졌고, 쇠사슬에 묶여 적의 배 한 척과 연결되었다. 적의 배에 불길이 솟아오르자 그의 배도 불타올라 선원들은 물과 불 중에서 하나를 선택해야 했으며, 어느쪽을 택해도 죽을 것이 확실했다. 하지만 콜럼버스는 쉽게 체념하는 사람이 아니었다. 노 하나를 붙잡고 한쪽 팔로 헤엄을 쳐 포르투갈 연안으로 빠져나왔다. "한참을 물에 시달린 그는 완전히 기진맥진하여 여러 날이 지나서야 다시 몸을 일으킬 수 있었다"라고, 그의 전기를 쓴 라스 카사스는 덧붙인다. 기적적으로 구조된 콜럼버스. 뭔가 좀 이상하다는 느낌이 들 것이다.

등대의 눈부신 흰빛 탓일까? 신기루가 가시자, 문득 한 가닥 의구심이 솟는다. 아무래도 우리의 주인공이 너무 지나친 게 아닐까? 콜럼버스가 죽고 난 뒤인 16세기에, 그를 미화시킨 전기를 쓴 두 사람, 즉 그의 아들 페르난도와 라스 카사스에 의해 밝혀진 이 이야기는 지금도 논란거리가 되고 있다. 역사가에 따라 콜럼버스가 속한 진영이 달라지고 항로가 바뀐다. 제노바에서는 그가 제노바 선박들 가운데 한 척인 '베살라' 호를 타고 가다가 프랑스 선단의 공격을 받은 것으로 얘기되고 있다. 다른 곳에서는 당시 그가 플라망드 범선인 '바살라' 호를 타고 고급 나사螺絲들을 운송하고 있었던 것으로 알려져 있다. 어떤 이들은 쿨롱 르 비유가 루이 11세를 위해 일한 카탈로니아 해적이었다고 한다. 또 어떤 이들은 그의 이름이 기욤 데 카제노브쿨롱으로, 프랑스 사람임이 분명하나 제독의 신분이었으며, 특히 그가 이탈리아에는 '콜롬보', 스페인에는 '콜론'이라는 이름으로 알려져 있었다고 말한다! 콜럼버스의 아들 페르난도는 플랑드르에서 돌아오던 베네치아 대형 범선 4척과의 충돌 얘기—이 전투는 콜럼버스가 포르투갈을 떠나버린 시점인 1485년에 일어난 일임이 훗날 입증되었다—를 우리에게 들려주면서 이 인물을 아마도 자신의 아버지가 상전으로 모셨을 어느 동국同國인 친척으로 만들기까지 했던 것이다!

더욱 끔찍한 얘기도 있다. 콜럼버스가 포르투갈에 도착하기 이전까지의 자신의 삶에 관해 침묵으로 일관한 것은 그가 해적이었기 때문이었다고 어떤 이들은 주장한다. 그가 이를 부끄러워해서가 아니라, 그런 과거가 그의 계획을 망칠 위험이 있었기 때문이라고 말이다. 그들의 주장대로 만약 그가 생-뱅상 갑에서 벌어진 그 전투에서 자신의 조국을 공격하는 해적으로서 적의 편에 있었다면 어떻게 제노바 상인들의 재정 지원을 받을 수 있겠는가? 스페인 작가 살바도르 데 마다리아가가 펴는 이 가설은 제노바를 은근히 불쾌하게 만드는 것임이 분명하다. "설령 제노바 사람이었다 하더라도 콜럼버스는 애국적인 제노바 사람은 아니었다"라고, 마다리아가는 결론짓는다. 잘해야 잠시 제노바 사람이었을 뿐이라는 얘기다. 하지만 이 작가의 가설은 콜럼버스가 명확하게 밝히지 않은 그의 가문의 또 다른 제독에 관한 수수께끼를 밝혀줄 수 있는 가설이다. 그 제독이 바로 정체가 불분명한 그 쿨롱이라는 인물이 아닐까?

그렇다면 콜럼버스는 진짜 해적이었을까? 이 질문은 단념해야 한다. 콜럼버스 스스로 이렇게 증언하고 있다. "한번은 르네 왕이 갤리선

갤리선

1 노를 주로 쓰고 돛은 보조적으로 쓰는 대형 범선. 그리스·로마 시대부터 지중해를 중심으로 사용되다가 대양항해에 부적당해 차차 쇠퇴하였다.

'페르낭딘'호를 나포하기 위해 나를 튀니지까지 보낸 일도 있었다." 여기서 '르네'란 제노바 사람들이 편들었던, 프랑스인을 자처하는 '르네 당주'를 가리킨다. 그리고 그 갤리선[1]으로 말하면, 이사벨라 카스티야와 결혼하게 될 페르난도의 아버지, 주앙 다라공의 소유였다. 이사벨라 카스티야는 훗날 아메리카 대륙을 찾으러 콜럼버스를 보내게 되는 장본인이다. 역사가들은 이 튀니지 이야기가 1472년의 일이라고 입을 모은다. 콜럼버스의 초상이 분명해진다. 스물한 살의 그는 무리의 우두머리요 갤리선의 대장이었으며, 전사, 모험가에 때에 따라서는 검객이기도 했던 것 같다. 또한 되도록 빨리 마르세유로 돌아가고 싶다고 투덜대는 선원들을 속이려고 남과 북의 자극이 거꾸로 되게 "나침반의 바늘을 바꾸어놓았다"고 자랑하는 걸 보면 어느 정도 허풍기도 있었던 것 같다.

기쁨을 감추지 말자. 그의 생애는 실로 한 편의 소설이다. 콜럼버스에게는 현대성을 좇아 당대의 역사 한가운데로 들어가는 재주가 있었다. 혹시 그는 적절한 장소에 좌초되기 위해 일부러 수를 부린 것은 아닐까? 그는 자본주의 탄생의 최첨단에 있던 제노바에서 태어났다. 그리고 위대한 발견들의 최선봉에 있던 포르투갈에 입양된다. 그가 스페인을 위해 항해함으로써 질서를 어지럽히기 전만 해도 대발견들은 포르투갈의 전유물이 아니었던가. 더욱 기막힌 것은, 바로 그가 조난당한 곳을 마주보는 이 메마른 뭍이야말로 거대한 바깥, "울트라마르 L'Ultra-mar"에 대한 포르투갈의 꿈을 다른 어느 곳보다도 잘 구현한다는 점이다.

이곳은 텅 빈 장소, 희미해지는 추억이기도 하다. 그 앞에 곶의 두번
째 손가락인 또 하나의 갑이 있다. 이곳에는 앞의 갑에서 동쪽 4킬로미
터에 위치한 '폰타 데 사그레스'에 이르는 길을 가로막는 보방[2]식 옹벽
이 있다. 바다와 직각을 이루며 뜰을 따라 늘어선 세 채의 기와지붕 건
물은 방문객을 실망시킨다. 야트막하고 길쭉한 단층 건물 하나와 보잘
것없는 작은 집 두 채. 그 오른편에는 흰색의 작은 예배당이 하나 있다.
한가운데에는 잡초에 묻혀 있는 거대한 방위 표시도가 있다. 끝으로,
신의 거처와 에오레의 상징물 사이에 이상한 원기둥 하나가 십자가 장
식이 있는 장방형의 받침대 위로 솟아 있다. '파드라오'다.

15세기의 아프리카 연안에는 이처럼 정복자들의 자취인 푯말들이
곳곳에 있었다. 포르투갈인들은 자신들이 상륙한 곳마다 그렇게 흔적
을 남겼다. 위의 원기둥은 앙리 왕자의 500주기를 기념하여 포르투갈
과 브라질의 대통령이 1960년에 세운 것이다. 항해를 거의 하지 않은,
왕이 될 수 없었던 이 왕자는 역사에 '항해가 앙리'로 남아 있으며 이곳
이 바로 그 본거지다. 저 간소한 벽들 사이, 저 벌거벗은 바위틈에, 최
초의 근대 연구소요 포르투갈의 대탐험 실험실이라 할 사그레스 학교
가 자리잡고 있었다고 여러 책들이 우리에게 전한다.

워싱턴에 있는 권위 있는 국회도서관 관장이자 "발견자들"에 조예
깊은 역사가 대니얼 부스틴은 "항해가 앙리"를 뛰어난 "지휘관", 은둔
의 정서와 대담한 통찰력이 혼합된 인물, 전지구적 해양 모험에 앞서
먼저 '정신의 모험'을 구현한 고독한 사색가로 묘사하고 있다. 1394년
에 태어나, 수도승처럼 칩거하며 독신에다 동정—몇몇 저자들이 사생
아로 태어난 딸이 한 명 있었다고 주장하고는 있지만—으로 일생을 보

2 1633~1707. 프랑스의 장군. 많
은 항구와 운하를 건설했으며 성
벽 건축가로 유명하다.

파드라오

낸 이 왕자는, 1415년 모로코 연안에 쳐진 이슬람의 빗장이라 할 세우타[3]를 함락시킴으로써 조국에 아프리카로 가는 문을 열어준 장본인이다. 궁정 생활을 멀리한 이 금욕주의자는 그후 40년 동안이나 바로 이 황량한 갑을 자신의 사령탑으로 삼았던 듯하다.

그러므로 우리는 이 황량한 곳을 천문학자들과 수학자들, 지도 제작 전문가들과 키잡이들로 채워야 하며, 지척에 있는 사그레스 마을 골목들에서 다양한 의상과 관습과 언어들이 함께 울려퍼지는 바벨탑의 소란을 상상해야 한다. 부스틴은 이렇게 적고 있다. "저마다 한 조각의 현실과 사실들에 대한 새로운 접근법을 지닌 채 뱃사람들과 여행객들과 학자들이 사그레스로 몰려들었다. 이곳에는 유대인들 외에도 회교도들, 아랍인들, 제노바 사람들, 베네치아 사람들, 독일 사람들, 스칸디나비아 사람들이 있었고, 탐험에 진척이 이루어지면서 서아프리카 흑인들도 모습을 보였다."

항해가 앙리

여러 경험들의 혼합에서 새로운 기술들이 탄생했다. 자연 혹은 인공의 항로 표지들을 육안으로 보는 데 의존한 연안 항해로부터 해방시켜준 도구들인 컴퍼스, 모래시계, 수심측정기, 속도측정기 등이 한층 더 완벽해졌다. 낯선 대양으로 떠난다는 것, 새로운 연안들의 탐지와 왕복 항해 모두 무사히 성공시킨다는 것은 본능과 신화, 실제와 관습의 혼합물인 어림짐작 항해술로부터의 해방을 전제로 하는 것이었다. 그리하여 아스트롤라베[4]와 야곱의 막대 혹은 아르발레트[5]와 사분의 quadrant 등을 통해 하늘에서 지표들을 찾는 천체 항해술이 마련되었다. 큰 삼각돛과 사각돛을 결합시키고, 외피판 가장자리를 강화시켰으며, 배 내부에서 조작할 수 있게 만든 축의 키와 혁신적인 선미키를 갖춘 작은 배, 지중해의 선원들과 북구 선원들의 혼혈아라 할 캐러벨 선 船이 만들어 진 곳도 바로 이 사그레스—특히 라고스에서 가장 가까운 항구—다.

그리스도의 영을 받드는 통치자, 십자군 원정에 정신이 팔린 이 수수께끼 같은 왕자의 감독 아래에서 사람들이 그리스도교의 굴레로부터 해방되었다는 것은 변화 시대의 패러독스라 해야 할 것이다. 교리가 과학의 목을 조르고 있었다. 기원전 5세기 경부터 그리스인들은 지구가 둥글다고 주장했다. 플라톤이 그렇게 썼고, 아리스토텔레스가 그것을 증명했으며, 프톨레마이오스는 위도와 경도를 발명했고, 에라토스테네스는 지구의 둘레를 계산했다. 그후 전격적으로 쇠퇴하여, 전유럽이 300년부터 적어도 1300년까지 과학적 기억상실증에 사로잡힌다. 실용 지식이 신학적 허구 뒤로 밀려났고, 지도는 신앙 안내서로 변했으며, 세계는 다시 평평해졌다. 예루살렘이 중앙에 놓였고, 에덴과 고그, 마고그[6]의 땅이 그 주위에 놓이게 되었다.

콜럼버스가 포르투갈 연안으로 헤엄쳐 다가가던 당시, 선원의 비전은 이미 되갚음을 시작하고 있었다. 그런 사색 작업은 현실을 바꾸어 놓았다. 사람이 살지 않던 마데르 섬과 아소르 섬이 1419년과 1427년에 재발견—이미 전前세기에 사람들이 방문했던 곳이 분명하므로—되었다. 1434년에는 열다섯 차례의 불운한 시도 끝에 겔 에아네스가 미지에 대한 두려움에 때문에 항해가들이 감히 넘을 생각을 못하던 공포의 보자도르 갑—모로코 연안에 있는 현재의 쥐비 갑이었을 것이다—을 넘어선다. 그후 잠시 중단되었다가 다시 속력을 낸다. 1441년에는 모리타니아의 블랑 갑을 넘어서고, 1444년에는 세네갈 강 하구와

항해 도구들

아스트롤라베

6 태고의 브리튼 섬에 살았다고 전해지는 거인. '적대자'라는 뜻.

현재의 다카르인 캅-베르 반도를 넘어서며, 1450년과 1460년 사이에는 감비아, 카자망스, 기네-비소를 넘어서고, 앙리 왕자가 사망한 해인 1460년에는 시에라 레온을 넘어선다. 다시 잠시 쉬었다가, 1469년과 1474년 사이에 기니에서 현재의 가봉까지 만의 일주가 이루어지는데, 이 단계는 1481년 가나 연안에 있는 생-조르주-드-라-민의 요새 '사오 조르주 다 미나'의 건설로 상징화된다.

이후부터 황금과 노예들이 있는 아프리카는 포르투갈의 지속적인 사냥감이 된다. 하지만 이 남국 탐험은 신기루였다. 1453년—콜럼버스가 두 살 나던 해—부터 터키인들이 콘스탄티노플의 지배자로 군림했다. 동양을 향해 가던 그리스도교의 서양이 닫힌 문과 마주치게 된 것이다. 이 사건은 유럽인들을 격앙케 했고, 향후의 사태 추이에 영향을 주었다. 이쪽 길이 막혔기 때문에, 아프리카와 아메리카쪽 문을 열고 인도로 가는 새로운 길을 찾아 그 불충한 자들의 뒤통수를 치고 싶은 욕구가 생겨났다. 사라센족에 맞서 사람들은 동방의 네스토리우스교를 꿈꾸었고, 베네치아의 상인 마르코 폴로가 관대하다고 자랑하던 몽고의 왕, 위대한 칸을 꿈꾸었다. 특히 사람들은 '사도 요한'의 전설을 떠올렸다.

수세기 동안, 사람들이 동방박사들의 후손이라 일컫던 이 사도 왕은 잃어버린 그리스도 정신의 화신이 된다. 아시아로부터 오는 그에 대한 소문은 유럽인들을 사로잡았으며, 1165년 의문의 편지 한 통이 교황에게 전달되자 그것을 진짜로 여긴 교황은 원정대를 보내나 불행하게도 배는 유령을 향한 그 항해 도중에 실종되고 만다. 그 편지는 진위가 의심스런 것으로서, 시토 수도회에서 보내온 것이었을 게 분명하다. 그 편지가 전하는 메시지는 정치적 유토피아요, 보다 나은 세계에 대한 이국적 약속이요, 고통받는 인류의 꿈이었다. 인도의 영주 '사도 요한' 은 신기한 동물들의 모국인 자신의 왕국이 지상낙원이라고 주장한다. 왕궁은 황금과 황옥과 사파이어로 만들어져 있고, 3만 명의 백성이 매일 취옥으로 만들어진 식탁에서 포식하는, 가난도 범죄도 모르는 나라, 마술 거울이 있어 온갖 음모를 비춰주고, 또 300년 동안 젊음을 유지시켜 주는 샘이 있다는 등등……. 콜럼버스가 정복 욕구에만 끌렸던 것은 아니다. 그는 이 같은 덧없는 꿈이 빚어낸 아이기도 했다.

무절제한 관광에 의해 상처 입고 망가진 낙원, 흉물스런 호텔 건물들로 야하게 치장된 이 남국, 오늘날의 알가르브가 꿈꾸는 것은 무엇인가? 바캉스의 공허다. 유럽, 희망과 두려움이 뒤섞인 그 재정적 신기루다. 과거에는 사람들이 맨발로 노새를 끌던 이 비참한 땅이 꾸밈을 통해 부유해지고 있다. 파로 국제공항은 색슨계와 게르만계 수영객들을 쏟아낸다. 머지않아 스페인의 피서 행렬이 새로운 고속도로 '왕자의 길'을 타고 올 것이다. "무엇을 꿈꾸느냐는 중요하지 않다. 꿈꾸는 것이 진실이다"라고 페르난도 페소아는 적었었다. "사그레스 학교? 그런 건 존재한 적이 없습니다!"라는 포르투갈 역사가의 말을 듣고 깜짝 놀란 여행객이 새삼 되새기게 되는 금언이다.

포르투갈 세관

리스본 포장된 도로들과 금갈색 물, 전철들과 선박들, 흰 도시와 초록 바다의 느린 리듬에 따라 그저 흘러가는 대로 몸을 내맡겨버리고 싶은 욕망이 크다. 하지만 역사가들이 감시하고 있다. 그들은 꿈을 매정하게 조롱하고 공상을 찢고 신화를 뇌리에서 몰아낸다. 어제 우리가 사그레스의 은신처에서 만났던 15세기 포르투갈의 전설적인 인물, 항해가 앙리를 예로 들어보자. 학교와 연구소를 경영하며 당대의 엘리트 지식 집단을 데리고 우주의 신비를 추격하는 모습으로 우리는 그를 상상했다. 하지만 어쩔 것인가. "그 학자들 이름 하나만이라도 대보시오! 학교란 선생들이 있어야 하는 겁니다. 그들이 어디에 있습니까? 앙리가 사그레스에서 산 것은 만년에 겨우 2년뿐입니다. 무엇보다 그는 행동가였지요. 사그레스라는 건 영국의 낭만가들이 지어낸 전설일 뿐입니다."

지리학자와 수학자를 거쳐 역사가가 된 루이스 데 알부케르크는 마

치 사항선[1]을 판독하듯 분명하게 내뱉는다. "나는 이미 30년 전부터 그
렇게 얘기를 했지만 이상하게도 그것이 상식으로 통하지 않았어요."
그는 1990년에도 어느 책에서 이를 거듭 언급한 바 있다. 포르투갈 유
적 발굴 기념사업회의 과학위원회 의장이라는 권위 있는 자격으로 말
이다. 수학과 천문학을 가르친 훌륭한 교육기관이라는 그 "사그레스
학교의 유적으로 남아 있는 것이 뭐가 있느냐?"는 얘기다. 전혀 없다!
반면, '라고스 학교'는 있었다. 뱃사람들이 바다 경험을 서로 주고받은
항구, 실용적인 '학교' 말이다.

뒤이은 면담에서 비토리노 마갈하에스 고딘호 교수가 상처 입은 우
리 꿈의 숨통을 완전히 끊어버린다. 그의 견해는, 아날 학파에서 수학
했으며 뤼시앙 페브르의 제자에 페르낭 브로델의 친구이기도 한 포르
투갈 최고의 역사가 알부케르크와 같다. "나는 이미 1942년부터 그렇
게 적었습니다. 역사를 신화로 대체한 이는 바로 살라자르입니다. 이
독재자는 사람들이 자기를 고고한 학자에 신의 간택을 받은 인물인 앙
리로 보아주길 바랐지요." 이 정도면 '특종'감 아닐까? 적어도 파리의
그 모든 저자들의 허위를 고발하는 말임은 분명하다. 살라자르 통치
때 완강한 반체제 인사였으며 1974년의 '카네이션 혁명'[2] 이후 잠시
교육부 장관을 지낸 고딘호 교수는 자신의 조국이 이 신화에서 해방되
기를 바라고 있다. 자신의 조국을 얽매고 있는 잃어버린 꿈에 대한 추
억, 그 지겨운 향수에서 해방되기를 희망하고 있다. 지중해 문명을 두
고 브로델은, "존재했다는 것은 존재를 위한 조건이다"라고 적었었다.
하지만 포르투갈의 경우, 존재했다는 것이 존재의 걸림돌이요 짐이기
도 하다.

카네이션 혁명

[1] 일정한 방향으로 항해하는 배
가 그리는 곡선.

[2] 군부와 좌익세력이 결합하여
일어난 혁명. 이를 계기로 대부
분의 포르투갈 식민지들이 독립
했다.

바르톨로뮤 디아스

그런 거북한 느낌 때문에 이 나라의 시인들은 '사우다데'[3]의 가락에 맞추어 달콤한 말들을 하고, 슬픔과 기쁨, 우수와 희망이 함께 녹아 있는 민족 감정을 풀어낸다. 그리스와 로마의 유한한 바다뿐이던 유럽에 무한한 바다를 제공함으로써 자신의 항적 속에 하나의 대륙을 이끌고 온 땅의 후손이 어찌 평범한 길을 걷겠는가? 최초로 지구가 둥글다는 것을 기록하고, 대양의 물살과 바람의 방향을 알아내고, 남극 대륙이라는 제5의 세계가 있음을 짐작해낸 선구자 민족의 후예가 어찌 우쭐한 야망들을 되씹지 않겠는가? 콜럼버스의 첫번째 대서양 항해가 있기 4년 전인 1488년, 바르톨로뮤 디아스는 희망봉이라 이름붙인 갑, 아프리카 남단을 넘는다. 이로써 그는 지구라는 공간에 대한 비전을 혁신하여 바다가 아프리카와 아시아 사이에 갇혀 있으리라고 상상한 프톨레마이오스가 틀렸음을 증명했으며, 그 10년 후 바스코 다 가마가 통과하게 될 문을 열어젖힌다. 그리하여 마침내 서양을 장차 아시아 전역으로 진출하기 위한 기지와도 같은 진짜 인도 앞으로 가져가게 되는 것이다. 마지막 금기, 최초의 세계 일주가 1519년에서 1522년에 걸쳐 이루어지는 것도 스페인을 위해 일하다 어느 필리핀 해안에서 독 묻은 화살을 맞고 죽은 포르투갈인 마젤란의 작품이다.

이 경주의 맨 끝에 루이스 데 카몽이스가 등장한다. 전사이자 문인인 포르투갈의 세르반테스. 인도에서 17년간이나 망명생활을 한 애꾸눈의 그는 버림받고 절망에 빠졌으되 특출한 인물이다. 『루시아다스 *Lusiades*』라는 저작에서 그는 '움직이는 유럽'이라는, 타자를 향한 여행을 노래한다. 여기서 타자란 "원칙도 끝도 없는 높고 깊은 '지식'이 만들어낸 세계라는 거대한 기계"를 계시해주는 존재다. 대발견을 찬미

한 이 시는 포르투갈의 시다. 백과사전적이고 우주적인 작품이요, 시간과 공간, 여러 정신세계와 문화를 뒤엎는 새로운 것—상품, 축재, 무역—에 대한 근대적 찬가다. 이 계시에는 여러 가지 파열도 포함하고 있다. 인간의 왜소함을 노출시키는 가공할 힘들 앞에서 예술가가 느끼는 당혹감은 실로 크다. "나약한 인간들에게 어떤 안식처가 있는가? 그런 곳에서 그들이 짧은 일생 동안 숨어지낸다면 청명한 하늘이 노하여 이 고집 센 지렁이와 싸울 일은 없지 않겠는가."

마젤란

루이스 데 카몽이스

장차 포르투갈의 메시아 신앙이 끊임없이 목을 축이러 오게 될 샘이 바로 이곳이다. 카몽이스는 포르투갈의 꿈이 끝장난 지 1, 2년 뒤에 죽는다. 그 꿈은 1578년 모로코 북부의 크사르 엘-케비르, 포르투갈인들의 워털루라 할 알카사르 퀴비르 전투에서 돌연 중단되었다. 전투에서 패한 그들은 이곳에서 왕을 잃고 독립도 잃었다. 세바스티안 1세의 시신은 영영 되찾지 못했으며, 스페인은 1640년에 가서야 세력을 거두고 물러난다. 이후부터 '세바스티안주의'는 이 "숨어 있는 왕, 포르투갈의 세기의 꿈"을 좇게 되며, 금세기 초에는 페르난도 페소아가 '과거의 미래' 속에서 '새로운 인도'를 찾으며 이 메시아의 귀환을 호소한 바 있다. "유럽의 고관들이여 이동하라! 바깥으로 나가라! 유럽은 창조에 목마르고, 미래에 굶주려 있다! 항해가들의 일족인 나, 나는 기우는 태양 앞에서 몸을 일으키고, 내 경멸의 그림자는 그대들 내면의 밤이 된다! 적어도 나는 '길'을 가리킬 수는 있다."

세계 한가운데에 내던져진 작은 주변국 포르투갈은 미래에 대한 희망과 저주 사이에서 망설이고 있다. "나는 인도를 발견한 이후 더이상 할 일이 없어져버린 포르투갈 족속이다"라고 페소아는 적는다. 식민지 제국의 종말이라는 하나의 추락과 '카네이션 혁명'이라는 또 하나의 희망을 체험한 오늘날의 작가들도 이 해양 서사시의 채무자로 남아 있으며, 거기에서 벗어나기 위해 노력하고 있다. 세기들을 스크루로 휘저으며 귀환하는 캐러벨선들을 상상하면서 안토니오 로보 안투네스는 그 항해가들을 모국 송환자들과 동일시하고, 항해의 영웅들을 쇠약한 늙은이들로, 세바스티안 왕을 가엾은 꼭두각시로 탈바꿈시킨다. 주제 사라마구는 이베리아 반도가 유럽에서 떨어져 나가고 돌뗏목이 아조레스 연안에 부딪혀 아프리카로 표류하는 대재앙을 만든다. 1950년에 이미 미구엘 토르가는 "이 악몽을 깨부수고, 무기력한 여행객들이 접근할 수 없는 섬으로 만들기 위해" 파도가 사그레스 갑을 갉아먹는 것을 바라본 바 있다.

온통 역사로 그득한 나라이기에 포르투갈은 박학하면서도 그토록 완고한 역사가들을 배출하는 것일까? 그들은 모국의 시민들에게 끊임없이 현실을 일깨워주고자 한다. 일흔세 살의 비토리노 마갈하에스 고딘호가 그 대표적인 예다. 그는 잠시도 주의를 게을리하지 않는 냉정하면서도 지칠 줄 모르는 선전가다. "나는 포르투갈 사람들이 가장 혐오하는 사람입니다. 부패한 이들의 이름까지 거명하며 부패를 고발했고, 혁명 초기 공산주의자들의 전체주의 시도를 고발했고, 나의 학생이었던 마리오 소아레스의 민주주의도 사회주의도 아닌 정치를 고발했지요. 우리는 지금 무기력의 위험에 처해 있습니다. 수상은 무지한 경제학자고, 대발견 기념사업회 담당자는 시인이며—웃기는 일이죠! —정부의 문화담당 국장은 '쇼팽의 바이올린과 오케스트라를 위한 콘

체르토' 얘기를 하고 있습니다. 스캔들이 일었지만 그는 그대로 자리를 지키고 있습니다. 아마 그들은 조만간 자판을 브라질어로 바꾸는 것을 받아들임으로써 컴퓨터 상인들에게 포르투갈어를 팔아치우고 말 겁니다."

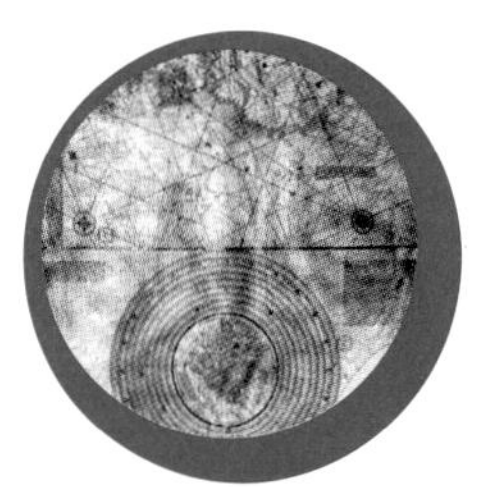
콜럼버스가 참고한 항해 지도

물론 콜럼버스도 이 살육게임에서 벗어나지 못할 것이다. "이 500주년은 스페인 사람들에게는 몰라도 우리에겐 의미가 없습니다. 세우타를 함락함으로써 포르투갈인들은 카스티야의 팽창을 봉쇄했습니다. 그들에겐 황금이 있었지만 카스티야인들에겐 없었죠. 콜럼버스를 설명해주는 것은 바로 이 황금사냥입니다. 그는 끊임없이 황금을 상기시키죠. 그가 향료를 들먹이는 일은 드뭅니다. 콜럼버스는 계획은 있었지만 훌륭한 항해사는 아니었습니다. 그는 지도 제작법도 몰랐고 위도를 계산할 줄도 몰랐습니다. 그가 세계를 보는 시각은 신화를 바탕으로 한 것이었습니다. 그의 첫 여행 항로는 완전히 엉터리였죠. 그의 휘하에 있는 항해사들이 일을 제대로 해낸 겁니다!" 이번에는 루이스 데 알부케르크가 이 우상을 흔들어댄다. "훌륭한 항해가이긴 했지만 그는 지구의 도度 값을 다르게 알고 있었습니다. 당시의 목적은 진짜 인도에 도착하는 것이었죠. 다시 말해 승자는 바스코 다 가마였습니다. 콜럼버스가 중요해진 것은 나중의 일입니다."

리스본에서 보면 콜럼버스는 틈입자일 뿐이요, 심해의 폭넓은 움직임을 어지럽히는 표면의 한 우발적 사건일 뿐이다. 이곳에서는 아메리카 대륙의 발견이 오랫동안 포르투갈인들이 지배해온 역사 속에서 예기치 않게 일어난 스페인의 한 우회로에 지나지 않는다. 500주년 기념 사업 게임에서의 승자는 포르투갈이다. 일착으로 출발한 그는 곧 경주에서 혼자 남게 될 것이다. 1987년에 시작된 루시타니아의 기념사업들은 페드로 알바레스 카브랄의 브라질 여행 500주년인 2000년까지 이어질 것이며, 1993년에 450년이 되는 포르투갈의 일본 도착 기념일에도 또 축제를 벌일 것이다. 결국 콜럼버스는 포르투갈 세관에서는, 아는 게 없기에 아무것도 신고할 게 없는, 짐 없이 지나쳐 가는 한 마리 새에 불과한 셈이다. 이는 뭔가 부당한 일 아닌가? 피에르 샤뉘의 말대로라면 "콜럼버스를 만든 것"은 포르투갈이 아닌가? 아니 "콜럼버스가 콜럼버스가 된 것"은 포르투갈에서가 아닌가?

조난당한 해에 리스본에 도착한 그는 이곳에 9년 동안 머물다가 1485년에 스페인으로 떠난다. 9년간의 이 학습기를 통해 그의 계획은 분명한 형체를 취한다. 서쪽을 통해 인도로 감으로써, 당시의 지도들에서는 수수께끼 같은 대서양에 의해 분리되어 아시아와 유럽이 절대 만나지 않게 그려지곤 하던 지구를 마침내 완전히 일주해버리는 것. 그는 아이슬란드를 여행하며, 아마도 그곳에서 서쪽으로 100해리 정도 떨어진 그린란드까지 여행했을 것이다(이는 아직도 논란거리다). 그는 아일랜드에서 표류 선박의 시신들을 살피는 등 상황증거들을 수집한다. 두 명의 랩랜드[4] 사람임이 분명할 텐데, 그는 그들을 마르코 폴로의 중국, '카타예 사람들'로 여겼다. 그는 기니의 라 민느 포르투갈 요새까지 항해했으며, 그곳 선원들로부터 '볼트', 즉 난바다에서 역풍을 만났을 때 뱃머리를 돌려 피하는 법을 배우고, 노예무역에 입문한다. 이때부터 그는 노예무역을 물물교환—잡화류, 색깔 있는 모자, 종鐘—과 같은 자연스런 일로 여긴다. 특히 그는 그와 함께 리스본에 정착하여 제노바인들의 거리에서 지도도 팔고 책도 팔고 연구물과 여행 이야기 등을 파는 지식 물품 가게를 연 동생 바르톨로메오 덕택에 책을 접하게 된다.

라스티냑[5]의 면모를 지닌 독학자 콜럼버스는 리스본에 정착하자마자 상류층의 젊은 아가씨들이 자주 드나드는 사원의 예배당을 드나든다. 그리고 그곳에서 귀족 가문의 딸인 펠리파 모니즈 페레스트렐로를 만나 결혼하여 아들 디에고를 낳는다. 디에고는 마데르 인근의 작은 섬 포르토 산토에서 태어나는데, 이 섬은 죽은 장인이 세습 영주로 임명된 곳이다. 이곳에서 그는 장모로부터 사망한 장인의 유품인 지도와 종이 등을 얻고 대서양의 섬들에 관한 소문도 듣는다. 아조레스에서는 서쪽의 섬들로부터 파도에 실려 온 '넓은 얼굴'의 시신들이며, 좌초한 소나무, 조각된 나무 등에 대해 떠도는 얘기들을 듣는다. 결혼 덕택에 그는 왕국에 들어갈 수 있게 되며, 1484년 마침내 자신의 꿈을 국왕 주앙 2세에게 제안한다. 그러나 헛수고였다. 궁정의 학자들은 바다가 그리 쉽게 가로지를 수 있을 만큼 작다고 여기지 않았다. 콜럼버스가 계산을 잘못했다는 점에서는 그들의 생각이 옳았다. 하지만 기존에 알려진 사실들만 고려했다는 점에서는 그들이 틀렸다.

꿈은 우리를 헤매게 하고 현실은 몸을 굳게 만든다. 타게 강이 흐르는 유서 깊은 고장, 1755년의 끔찍한 지진 때 심하게 훼손된 벨렘을 산책하면서 우리는 콜럼버스의 리스본을 꿈꾸었다. 후추와 상아 보따리, 카나리아의 용혈수들과 낙원의 곡물들과 황금을 담은 궤짝과 원숭이와 앵무새들, 갑옷과 대포들이 가득하고, 많은 노예들과 대서양의 사비르어를 사용하는 뱃사람들이 득시글거리는, 사향과 몰약沒藥 냄새가 물씬 풍기는 유럽의 작은 곁방을 꿈꾸었다. 하지만 살라자르가 돌로

5 발자크의 『고리오 영감』의 작중인물로, 파리 사교계에 매료되는 시골 청년.

세운 거대한 뱃머리 모양의 대발견 기념비에 열거되어 있는, 항해가 앙리가 이끈 인물들의 대열에 콜럼버스가 등장하지 않는다는 사실을 확인하고, 맞은편의 해양 박물관에도 그를 기리는 기념물이 없음을 확인한 뒤, 우리는 콜럼버스를 포르투갈의 비밀 스파이로 묘사한 어느 탐정소설 번역가의 애국적인 최근 저술을 뒤적거리며 이 배은망덕한 행위들을 위로했다.

"완전 사기요!" 하고, 포르투갈 기념 사업회 총간사 바스코 그라사 무라가 내뱉는다. 이 변호사 겸 시인을 역사가 고딘호는 이렇게 이죽거린 바 있다. "그는 문학의 여러 가지 위험들 속을 항해하고 있소. 그 거친 암초들, 여러 가지 미묘한 허구들 속을……." 자신의 어느 소네트에서 노래한 율리시즈처럼, 그라사무라는 미래에의 꿈을 액땜하기 위한 노력들을 통해 함정들을 피하며 항해하고 있다. "콜럼버스를 사슬의 고리로 만든 덕택에 포르투갈은 국수주의에서 벗어나 브라질과 대화하고, 5개국이 포르투갈어를 쓰는 아프리카와도 대화하고 있습니다. 지리적 공간들에 변화가 생길 때 우리에게 중요해지는 것은 헤게모니가 아니라 공통된 체험입니다. 앙골라의 평화가 조인된 것도 바로 우리나라에서 이루어진 일 아닙니까?" 1992년의 콜럼버스는 다시금 포르투갈과 스페인이 남방으로 열린 유럽의 관문이 되는 새로운 이베리아를 감추고 있을까? 대륙 내 주변국들의 르네상스가 가능할까?

스페인

스페인의 부활

세비야 이 손, 이 집요한 손, 섬세한 이 손가락들, 곧추선 이 검지, 이 손등 혹은 외장, 이것들의 형태를 만들고 있는 이는 과연 누구일까……. 바로 이것이 크리스토퍼 콜럼버스의 유일한 자화상일까? 이 손 하나가? 이런저런 대목에 각별한 주의를 기울이는, 페이지에 따라 크기도 하고 작기도 하지만 같은 붓에서 생겨난 듯 모두가 비슷하게 생긴, 책갈피 군데군데에 흩어져 있는 이 손들이? 세비야 성당의 고미다락방에서, 그에 관한 최초의 구체적 단서들을 수집하던 그날은 도무지 그의 시선을 떨쳐버릴 수가 없었다.

마침내 그의 흔적, 생의 단서들이 여기 있다. 서체 하나와 책 몇 권. 이 여행은 하나의 특권이다. 찌그러진 메탈 램프 불빛 아래 낡은 테이블 위에 아무렇게나 놓인 보물 하나가 우리의 호기심 앞에 송두리째 모습을 드러내고 있다. 우리는 그것을 만져볼 수 있고, 인쇄술 발견 당시에 인쇄된 판본을 앞에 둔 『장미의 이름』의 조심성 없는 어느 수도승처럼 그것을 뒤적거려볼 수도 있으며, 오랜 세월 동안 호기심에 더럽혀진, 때와 잉크로 검게 변한 그 오른쪽 페이지 아랫부분들을 손가락으로 짚어볼 수도 있다. 콜럼버스 도서관의 보물들인 네 권의 책과 원고 하나, 즉 마르코 폴로의 이야기와 플리니우스의 『박물지』, 피 2세의 『히스토리아 레룸』, 피에르 다이이의 『이마고 문디』, 그리고 콜럼버스가 생의 만년에 자신의 메시아적 변론을 공들여 다듬은 작품 『예언의 서』의 원본이 그것들이다. 페르난도 콜럼버스가 없었더라면 이 보물들은 사라져버렸을 것이다. 독학으로 공부한 뱃사람의 아들은 박식한 애서가였다. 부전자전으로 그들은 양초 불빛 아래에서 맹렬히 지식을 탐구했다. 차이가 있다면 아들은 유산을 물려받아 부유했다는 점이다. 수집가였던 페르난도는 1539년에 사망하면서 15,370권의 책과 원고들을 보유한 16세기의 가장 훌륭한 축에 드는 도서관 하나를 남겼다. 그중에서도 1477년에서 1485년 사이에 간행된 이 네 권의 라틴어 저작은 모두 크리스토퍼의 소유였다.

감동은 환상을 낳는다. 그 손들이 크리스토퍼가 그려낸 손들이라는 증거는 어디에도 없다. 콜럼버스의 책들의 여백을 삼키고 있는 이 2,565개의 주석들을 두고 벌어진 비잔틴의 끝없는 논쟁이 여러 사가史家들을 대립시켰다. 그것들은 모두 콜럼버스가 단 주석들일까? 펜을 쥔 사람이 누구였는가? 그의 동생 바르톨로메오가 자신의 촌평들을 덧붙이진 않았을까? 아닌게아니라 서체도 한결같지 않다. 때로는 둥글고, 때로는 아주 작고, 또 때로는 휘갈겨 쓴 글자체다. 가장 만족스런 대답은 그 내용, 이를테면 주석 붙이기의 일관성, 그 전체적 단일성을 고려한 대답일 것이다. 그런 각도에서는 크리스토퍼가 주를 단 것으로 보는 것이 가장 유력하다. 하지만 당시는 인쇄술이 막 생겨난 때라—구텐베르크가 인쇄술을 발명한 1450년경은 크리스토퍼가 태어난 시기에 해당한다—책이 드물고 귀했다. 독자가 함부로 책에 덧칠을 하려 들지 않았을 거란 얘기다. 요컨대, 콜럼버스는 분명 이 주석들을 먼저 다른 종이에 적었을 게 분명하며, 늘 그것을 자신이 직접 책에 옮겨 적지는 않았을 것이다. 당시만 해도 필경사는 하나의 직업이었으며 콜럼버스는 종종 필경사들의 도움을 받았다.

하지만 페이지 전체에 걸쳐 자주 등장하는 서체 하나—단단한 가로획과 규칙적인 세로획, 둥글게 말린 삐친 부분들, 압축된 글자 모양—는 아마도 그의 필적일 것이다. 그것은 작품에 집중한 사람 특유의 생기를 느끼게 한다. 카스티야어와 라틴어와 이탈리아어가 번갈아가며 추론과 회상과 열정에 찬 주註의 폭포를 이루고 있다. 가장 교훈적인 주들은 다이이 추기경의 『이마고 문디』에 딸린 주들이다. 신학자에 과학자요, 파리 대학 사무총장을 지내다 1420년에 사망한 이 성직자는 특기할 만한 존재다. 아메리카 대륙의 발견에 프랑스가 기여한 게 있다면 그것은 오직 그를 통해서다. 그가 기여한 몫은 결코 하찮은 게 아니다. 콜럼버스가 얻은 신학적 지식의 핵심은 그의 책에서 나온 것이다. 거기에는 결과적으로 유익한 결실을 안겨준 오류들도 포함된다. 프톨레마이오스와는 달리 그는 이 책에서 대담한 확신들을 이끌어낸다. 지구의 위도와 경도에 대한 잘못된 계산을 통해 그는 역사상 누구보다도 작은 지구를 상상했다. 이에 따르면 시판고(일본)의 위치가 대서양 한가운데이고 카타예(중국)의 위치는 플로리다 북부쯤이다.

이 터무니없는 오류는 실소를 자아낸다. 하지만 그처럼 영악한 인물

세비야의 콜럼버스 무덤

을 상대할 때는 경계심을 늦추지 않아야 한다. 사실 콜럼버스는 자신에게 편한 해결책, 두려움을 없애주고 항해를 마치 두 대륙—그는 이들이 평행하게 있다는 직관을 가졌다—사이를 산책하는 것처럼 만들어주는 해결책을 택한 것이다. 다이이가 쓴 책의 14쪽, "주거 가능한 지표의 양에 대하여"는 마치 주석의 바다 한가운데에 떠 있는 섬 같다. 뱃사람으로서의 경험과 히브리의 신화를 뒤섞어, 콜럼버스는 자신이 진실이라고 생각하는 바를 이렇게 단언한다. "물은 지구의 4분의 3을 뒤덮지 않는다. 바다는 열이 심하기는 하지만 모두 항해가 가능하다. 스페인의 끝과 인도가 시작되는 곳 사이에는 며칠이면 가로지를 수 있는 작은 바다가 하나 있다." 뿐만 아니라 콜럼버스는 다른 책의 여백에서는 시인이 되기도 한다. 필경 오역 덕에 발견한 새로운 별들을 뇌리에 떠올렸을 것이다. "바다의 소란스런 비등은 감탄스럽다. 심해의 신도 감탄스럽다."

돌보다도 더 오랜 세월을 견디는 책들을 덮고, 그것들을 가죽 끈으로 다시 묶은 다음 우리는 페르난도의 무덤을 찾았다. 중앙 홀 한가운데의 돌 포석은 너무나 낡아 골조와 세트만 가까스로 알아볼 수 있다. 하지만 그로부터 몇 걸음 떨어진 곳, 산크리스토발 문 앞에 있는 화려한 로코코 양식의 콜럼버스 분묘보다는 그의 무덤이 더 감동적이다. 콜럼버스는 화려한 능으로 또 다시 우리를 우롱하고 있다. 사치스럽게도 그는 분묘를 둘이나 세웠다. 이곳 외에 산토도밍고에 또 하나가 있다. 두 세계 사이를 영원한 안식의 거처로 삼은 것이다. 아니, 어쩌면 어디에도 그의 거처는 없을 것이다. 역사가들은 이 무덤들의 관이 비어 있었을 것이란 사실을 배제하지 않는다. 그의 얼굴에 대한 기억처

럼 어디론가 날아가버린 것이다. 콜럼버스의 초상화들은 모두 사후에
그려졌다. 우리로서는 그의 동시대인들의 증언에 의존하는 수밖에 없
다. 큰 키, 푸른 눈동자, 거무튀튀한 피부, 길쭉한 얼굴, 튀어나온 광대
뼈, 그리고 머리카락은 금발 혹은 갈색이었으나 서른 살 때부터 희어
졌다고 페르난도는 말한다.

언변 좋고 예지에 찬 인물인 그는 유혹자였을까? 사람들은 그에게
세 여자가 있었던 것으로 알고 있다. 포르투갈의 아내는 그가 리스본
을 떠나기 전인 1483년경에 사망했다. 이에 대해 훗날 라스 카사스는
추도사에서 "그로서는 모든 근심을 떨쳐버릴 수 있어서 좋았다"고 쓰
게 된다. 코르두에에서 만난 아가씨, 페르난도의 어머니인 스페인 반
려자 베아트리스 엔리케즈 데 아라나와는 결혼식을 올리지는 않았다.
그밖에 고메라 섬(카나리아 군도)에 잠시 기항했다가 우연히 알게 된
정부 한 명, 그에게는 그렇게 세 여자가 있었다. 하지만 이는 네번째 여
자를 망각하는 일이다. 지적 유혹의 관계를 통해 그의 운명을 결정하
게 될 여자, 매우 신앙심이 깊고 새침한 여성, 바로 카스티야의 여왕 이
사벨라다.

"그는 마치 남편 같아요. 때로는 무척 사랑스럽고, 때로는 지긋지긋
하죠." 투우사들의 본거지인 콜론 호텔이 있는 오늘의 세비야에는, 서
른네 살 때인 1485년에 빚을 지고서 포르투갈 채권자들을 피해 카스티
야 왕국으로 온 이 모험가에 대해 누구보다도 많은 애기를 하는 여성
이 있다. 유식한 체하는 법 없이 유머를 섞어가며 콘수엘로 바렐라는
15여 년 전부터 남편 후안 힐과 함께 자주 만나고 있는 그 사내 애기를

들려준다. 알카사르 왕궁 관리인으로 일하고 있는 그녀는 이곳에서 정오 무렵의 빛과 그늘 속에 포도주를 마련해놓고 손님을 맞이했다. 이 여류 역사가는 콜럼버스에 대한 전통적 접근 방식에서 벗어나 샛길을 통해 알아낸 새로운 사실들을 모으고 있었다.

"나는 콜럼버스를 평범한 사람으로 보려고 노력하고 있어요. 그에 대해 사람들이 떠들어대는 얘기들은 잊어버리고서 말이에요. 우선 그는 궁지를 모면하고자 한 이주민이었어요. 나는 그가 이곳에서 제노바 사람들이 아니라 피렌체 사람들과 주로 관계를 맺었다는 사실을 입증했죠. 마치 뉴욕에 가서 부자가 된 스페인 사람처럼 말이에요. 행여 왕년의 거지 생활을 떠올리게 될까봐 그는 동국인들과 함께 길을 헤쳐나가지 않았습니다. 그는 가족들을 데리고 따로 떨어져 살았고 적인지 친구인지 구분이 가지 않을 때는 모든 사람들을 경계했습니다. 전해오는 말과는 달리 그는 부자로 죽었죠. 그는 아주 영악했습니다. 바다를 잘 알면서도 정기적으로 자신의 배들을 잃어버렸던 괴상한 뱃사람이었죠. 아주 집요하고 고집 센 사람이었습니다. 그의 동생 바르톨로메오는 건드리지 않은 여자가 없었지만 그는 그렇지 않았습니다. 스무 살에는 무엇을 하고 마흔 살에는 무엇을 할 것인지를 계획해놓고 그것만 생각하는, 아주 자기중심적인 사람이었습니다. 그런 한편, 좋은 아버지요 가족을 위해서라면 친구들만 빼고 세상사람 모두를 배반할 수 있는 사람이기도 했죠. 또한 붉은색 옷에 목걸이들을 주렁주렁 단 승려 차림으로 궁정 대신들의 호감을 사려 한 코미디언이기도 했죠. 끈기가 특출하고 자신의 아이디어를 팔 줄 아는 매력적인 인물이었습니다."

이상이 포르투갈에서 실패한 후 스페인의 가톨릭 왕들에게 자신의 꿈을 팔러 온 인물의 초상화다. 폭풍과 지진으로 들썩이던 곳, 한창 내전 중이던 스페인은 카스티야 왕국과 아라곤 왕국의 결합을 통해 다시 태어나기 위해 자기 자신과 싸우고 있었다. 콜럼버스가 당도한 때는 마지막 '레콘키스타'[1]가 시작된 뒤였으며, 이는 곧 스페인 역사의 예외적인 여덟 세기, 그리스도교와 유대교와 이슬람교가 공존하던 여덟 세기, 일부 가정들이 세 종교를 번갈아가며 믿던 여덟 세기에 종지부를 찍게 된다. 재정복, 그것은 단순히 그리스도인들이 13세기 중엽 구아달키비르 계곡에서 진출을 멈춘 이후 회교도의 스페인을 증언해주던 화려한 언덕 그라나다 수장국首長國의 종말을 의미하는 것이 아니었다. 그것은 한 세계의 종말이었고, 그리스도교 최후의 십자군 원정이었으며, 혼혈과 혼합의 종말이요, 반도를 훨씬 넘어서는 지각 변동이었다.

이 사건은 정부-국가들의 유럽이 형성되는 근대의 시작을 알린다. 1238년부터 국경이 분명하게 결정되었고, 14세기 말에 봉건 귀족에 대한 '부르주아' 혁명을 겪었으며, 이미 식민지 팽창에 뛰어들어 있던 포르투갈은 때 이르게 이상현상을 겪고 있었다. 다음은 카스티야의 이사벨라와 1469년부터 그녀의 남편이 된 아라곤의 페르난도 왕의 스페인 차례였다. 1479년에 맺은 리스본과의 평화 조약으로 스페인은 '타자'에 대한 거부가 '다른 곳'으로의 여행을 가능하게 하는 그런 쇄국과 개방의 모순적 움직임 속에서 근대 국가로서의 체제 정비에 손을 돌릴 수가 있었다.

유럽 곳곳에서 상황 변동에 따른 자치권 인증서들과 여러 제국들의

라 카르투자 섬

중심이 다시 손질되고 있었다. 터키인들이 콘스탄티노플을 정복한 해인 1453년에 오랫동안 힘을 소모시켜오던 100년 전쟁을 끝낸 루이 11세는 권력을 중앙집권화하여 프랑스에 절대왕정 체제를 세운 반면, 암스테르담에서부터 브뤼셀과 낭시를 거쳐 마콩에 이르기까지 대연방제를 최초로 시도한 부르고뉴 왕조는 급격히 세력이 기운다. 오스트리아-헝가리를 통치한 아버지와 스페인을 통치한 어머니 사이에서 태어나 제위에 오른 샤를 5세는 곧 독일과 네덜란드와 스페인과 이탈리아(대부분의 지역)의 운명을 영원히 태양이 지지 않는 단일 세계의 구축, 즉 아메리카 정복이라는 운명에 결합시킨다. 그리하여 스페인 신세계와 대서양을 독점한 세비야는 이 새로운 세기의 관문이자 심장이 되는 것이다. 이제 세비야는 1992년에, 어제의 대혼란과 오늘의 격변 사이의 거울 유희를 감행할 예정이다.

'세계의 마술거울'로 만들어질 '새로운 남부'. 옛 인도 항을 마주하고 있는, 구아달키비르 강에 감싸인 라 카르투자 섬의 '엑스포 92' 현장에서 방문객들에게 제공되는 자료들은 이를 분명히 말하고 있다. 이 '유럽 최남단 지역을 지중해와 북아프리카, 라틴아메리카 쪽으로 향하는 이상적 플랫폼'으로 만드는 이번 기회를 이용하여 다시금 스페인이 지구의 중심으로 꾸며지고 있다. 고속철, 고속도로망, 확장된 공항들, 새로이 건설한 다리들……. 스페인 정부가 쏟아 부은 70억 달러는 6개월 간의 세계 박람회를 겨냥한 것이 아니라, 그보다 훨씬 원대한 목표를 겨냥하고 있다. "세비야에 과거 이 도시가 남南유럽에서 맡았던 역할을 다시 부여하는 것". 그리고 보면 콜럼버스는 과거의 그 의혹과 조바심의 장소에서 다시 헌신하고 있는 셈이다. 미래를 위한 이 사업들이 있기 전만 해도 라 카르투자 섬에는 15세기의 수도원 하나가 있었을 뿐이었다. 19세기에 세라믹 제품 공장이 된 수도원, 산타마리아 데 라스 쿠에바스는 콜럼버스의 본거지였다. 그의 은신처이자 금고였고, 그의 문서보관소이자 1509년에서 1536년까지 첫번째 묘지였으며, 동생 디에고와 그의 첫 아들, 그리고 그의 손자들 가운데 한 명이 매장된 판테온이었다.

추억을 앗아가는 미래의 콘트라스트. 콜럼버스에 대한 이 경의는 계산된 경의다. 박람회 문화 사업부 책임자 알프레도 지메네스는 이렇게 설명한다. "우리의 때가 왔습니다. 우리는 남유럽의 낙후된 남부를 발전된 지역으로 만들 것입니다. 전前 산업화 단계에서 곧장 후기 산업 시대로 옮겨가는 거지요." 비교적 최근에야 민주정체가 자리잡은 유럽의 지진아, 가난한 땅이 아방가르드의 미래상을 그리고 있다. 1992년은 스페인의 해다. 6개월간 유럽공동체를 주재하고, 바르셀로나가 올림픽 개최 도시가 되고, 마드리드는 대륙의 문화 수도가 되며, 1855년 파리에서 처음 개최된 이후 열번째로 열리게 될 만국박람회가 그 절정이다. 더욱 의미 깊은 점은 1945년 이후로는 네번째요, 1970년 오사카에서 열린 만국박람회 이후 20년 만에 처음 열리는 박람회라는 점이다. 마치 지난 20년간은 혼란과 불확실성으로 인해 이 세계가 어떤 정치 없는 기술과 국경 없는 자기성찰의 환상을 품을 수 없었다는 듯이 말이다.

그래서 500년간의 거리에 평행선을 긋고, 과거 속에서 금세기 말의 단층선들을 찾고 싶은 유혹이 더욱더 크다. BERD[2]의 의장인 자유기고

2 동유럽의 발전과 재건축을 위한 유럽은행.

가 자크 아탈리가 동구의 대재앙에 직면하여 차마 그냥 넘어가지 못하고서, 『1492년』이라는 '이 매듭, 역사의 이 분기分岐'에 관한 책을 간행하고 영화를 한 편 예고한 것이 우연이겠는가? 하지만 이 대면에는 위험도 없지 않다. 이 거울은 약속과 불안, 부활과 쇠퇴, 희망과 절망 사이에서 복잡하고 모순적인 진행을 반영하는 새벽의 거울이자 일몰의 거울이기도 하기 때문이다. 콜럼버스의 여행은 그라나다 함락과 유대인 추방에 뒤이은 운명의 세번째 전환점일 뿐이다.

유대인 수수께끼

세비야 자유농민들이 즐겨 부르던, 매우 통속적이고 대개는 외설적인 가요들 가운데 하나인 '빌란치코'. 하루하루의 일상을 농하는 4행시들. 시대의 분위기를 담은 즉흥시들……. "에아, 후디오스, 아 엔파르델라르. 케 만단 로스 레예스 케 파세이스 라 마르(호라, 유대인들이여, 짐을 꾸려라. 왕들이 그대들에게 바다를 건너가라고 명한다)". 이는 15세기 안달루시아 지방에서 유행하던 대중가요다. 파리에서 읽은 이 말들이 오늘처럼 따분한 오후, 수소나의 집 앞에서 문득 우리의 뇌리에 떠오른다. 그녀의 집은 알카사르 궁의 성벽 가장자리에 자리잡은 옛 유대인 거주지역 후데리아 한가운데에 있다. 세비야의 다른 많은 집들처럼 이 집의 창문들 역시 테두리가 쇠로 장식되어 있다. 하지만 다른 집들과는 달리 이 집 창문들 가운데 한 창문의 흰색과 푸른색 세라믹 창유리에는 죽은 이의 머리를 묘사한 두상 하나가 수소나라는 이름과 함께 표현되어 있다.

알카사르 궁

수소나 두개골

　카르멘과 돈 후안의 나라에서, 이 비운의 여인은 자신의 비극을 써 줄 극작가를 5세기 전부터 기다리고 있다. 유대인이던 그녀는 그리스 도 교도인 어느 기사를 열렬히 사랑했다. 그 사랑 때문에 그녀는 자신 의 가족을 배신하고서 그리스도교로 개종했으며 은밀히 유대교를 신 봉하던 아버지와 오빠들을 고발했다. 그리하여 그들은 법정에서 무죄 선고를 받은 이들이 걷는 '칼레 데 라 비다(삶의 길)' 바로 곁에 나란히 있는 좁은 골목길 '칼레 데 라 무에르테(죽음의 길)'를 따라 종교재판소 의 화형대로 향했다. 삶과 죽음……. 자신의 차례가 오자, 가책에 사 로잡힌 수소나는 자신의 머리를 몸에서 떼어내 자기 집 창문 앞에 영 원히 전시해줄 것을 당부했다. 전해 오는 말에 의하면 그녀의 진짜 두 개골이 이 상징적 창유리로 대체된 것은 불과 지난 세기의 일이라고 한다.

　콜럼버스도 이 동네를 배회했을까? 이 동네에서 멀지 않은 알카사 르 궁의 무어 양식 정원 가장자리에는 콜럼버스에 대한 추억을 가톨릭 왕들과 연관시키는 기념비가 하나 있다. 그는 온통 자신의 꿈에만 빠 져 이 지역 주민들이 겪는 비극에 무관심했을까? 아니면 정반대로 두 가지가 깊이 연관되어, 그 비극이 꿈의 실현을 재촉했을까? 어떻든 그 는 여기에 있다. 세비야, 코르두에, 살라망카, 산타페, 그라나다 등지 로, 궁정의 장거리 이동을 좇아 다양한 교섭을 꾀하며 당대의 격정적 사건들 속을 누빈다. 카스티야에 도착한 지 9개월 뒤인 1486년 5월에 그는 코르두에에서 이사벨라 여왕을 알현한다. 그가 미래의 동반자 베 아트리스를 알게 되는 곳도 이곳이다. 리스본에서와 마찬가지로 전문 가들로 이루어진 위원회가 구성되고, 일단 그들은 두 왕에게 주저하는 태도를 보인다. 이사벨라는 마음이 동하고 페르난도는 망설인다. 그러는 사이 콜럼버스는 우연히 왕궁의 예비군으로 배속되는데, 덕택에 연간 1만 2천 마라베디스[1]의 기금을 받아 곤궁에서 벗어나게 된다. 말하자면 계획을 포기하지 않고 계속 유지할 수 있게 되는 것이다.

하지만 대답이 지지부진하자 시대를 앞서가는 이 유럽인은 국경을 넘어 경쟁관계에 있는 다른 왕국들의 문을 두드린다. 1488년 그는 포르투갈로 가서 다시 한번 주앙 2세에게 자신의 계획을 제안한다. 하지만 리스본으로 돌아간 바로 그 순간 그의 눈앞에서 바르톨로뮤 디아스가 그의 모든 희망을 무산시킨다. 아프리카를 우회하여 희망봉을 돌아가는 길이 마침내 남쪽 방면으로 터졌는데 구태여 서쪽을 통해 인도로 가는 길을 찾고자 애쓸 필요가 뭐가 있겠는가? 하지만 뻔뻔스럽게도 콜럼버스는 경합을 호소한다. 그러고는 동생 바르톨로메오에게 북유럽을 한 바퀴 돌아보게 한다. 바르톨로메오는 영국의 헨리 7세와 프랑스의 샤를 8세에게 자신들의 계획을 제안하지만 역시 실패하고서 출발지인 스페인으로 되돌아온다.

콜럼버스는 동조자들을 규합하고 프란체스코 수도회 인물들과 도미니크 수도회 인물들을 교묘하게 끌어들여 끈기 있게 자신의 영향력을 확장해나간다. 하지만 1490년 말, 전문가 위원회의 평결이 여행에 대한 유토피아적 구상을 품은 이 '이디오타'(무식쟁이)의 뺨을 갈긴다. 여행이 가능하다 해도 적어도 3년은 걸릴 것으로 본 것이다! 콜럼버스는 이에 굴하지 않고 압박을 견뎌낸다. 그에겐 선택의 여지가 없었다. 1491년 말에서 1492년 1월 사이, 갑자기 일의 진행에 속도가 붙는다. 동맹자들이 최후의 교섭을 벌이고, 새로운 위원회가 구성되고, 이사벨라가 그에게 동조하여 승인 일보 직전까지 일이 진척된다. 하지만 콜럼버스는 교활한 협상가다. 그의 끈기는 엄청난 대가를 요구하고 있다. 대양의 제독, 카스티야의 제독, 인도의 부왕副王, 새로이 발견한 모든 땅의 총독, 발생한 이득에 대한 많은 배당 등……. 호가가 끝없이 올라간다. 그러다 1492년 3월, 교섭이 중단된다. 콜럼버스는 홀로 당당하게 노새를 타고 떠나갔다고 증언자들은 전한다. 자신의 존엄과 과대망상의 베일에 감싸인 채 말이다. 훗날 그는 이렇게 적는다. "그 모욕은 나라는 인간의 처지를 어느 정도 깨닫게 했지만, 그러나 내가 품은 계획의 가치를 알기에 나는 스스로를 일국의 왕처럼 느끼고 있었다." 어마어마한 배짱, 모든 것을 건 승부. 결국 로맨틱한 멜로드라마 같은 '해피엔드'가 찾아온다. 이사벨라의 사령이 그를 뒤쫓아왔고, 그는 승부에서 이겼다. 1492년 4월 17일부터 그의 요구사항들에 굴복하는 왕들의 '협정서들'이 명문화된다.

이해할 수 없는 이 갑작스런 반전은 끊임없이 소설가들의 영감을 자극하면서 이사벨라와 콜럼버스라는 수수께끼 같은 커플을 되돌아보게 하고 있다. 이슬람 근본주의자들의 위협을 피해 숨어살고 있는 살만 루시디 역시 그들의 이야기에 끌렸다. 최근《뉴요커》에 실린 그의 단편소설은 아이러니컬하게도, 콜럼버스는 이사벨라와의 관계를 '소비'하길 꿈꾸는 이방인으로, 여왕은 영토를 초월하여 이 낯선 이를 소유하길 꿈꾸는 이로 그리고 있다. 그리고 그들의 꿈은 대서양 횡단이라는 현실 속에서 용해된다. "보호와 돈을 추구하는 것은 사랑을 추구하는 것과 그리 다르지 않다"라고 루시디의 콜럼버스는 말한다.

역사가들의 진실은 우리를 그런 사랑 이야기가 아니라 비극으로 인도한다. 이 전기적 일화는 집단적 비극으로 얼룩져 있다. 1491년 말, 행운의 여신이 콜럼버스에게로 돌아섰을 때는 스페인에 대항하고 있던 그라나다의 무어인들이 항복한다. 1492년 3월, 그가 이사벨라 여왕이 보낸 사령의 요청에 따라 발길을 돌릴 즈음에는 유대인 추방 칙령이 준비된다. 1492년 1월 2일, 알람브라 궁전의 탑들에 카스티야와 아라곤의 기치가 올라갈 때 그는 그라나다에 있었으며, 여기서 태수 바오브딜이 승자들의 손에 입 맞추는 광경을 직접 목격한다. 4월 17일, 그의 요구사항들을 '협정서'에 넣을 것임을 일러준 이는 바로 그 2주 전인 3월 31일 왕명에 따라 유대인 추방 칙령을 작성한 장본인, 왕과 여왕의 비서관 후안 데 칼로마다. 그리고 8월 3일, 마침내 그의 배 세 척이 팔로스 항구를 떠날 때, 다른 배들은 카디스를 비롯한 여러 곳에서, 불귀의 망명길에 나서는 유대인 어른들과 아이들과 노인들을 마구 배에 태운다. 7월 31일이 추방 만기일이었다.

　머지않아 아메리카인디언 문명의 비극과도 결부될 콜럼버스라는 이름은 이처럼 무어인과 유대인이 겪는 비극의 교차점에 불쑥 등장한다. 10년에 걸친 전쟁 끝에 마침내 그라나다가 무너진 것은 8세기 전부터 이 땅에 뿌리내린 이슬람의 종말을 말해준다. 사상의 자유를 인정하는 번역가들 덕택에 재발견된, 그리스와 라틴 고전들을 전하는 지적 교량으로 기능해온 관대하고도 찬란한 '서양의 이슬람'의 종말을. 추방은 이미 유럽 곳곳에서(1290년 영국에서, 1306년 프랑스에서) 이루어진 바 있기에, 유대인들에게 스페인으로부터의 추방은 유럽에 의한 최종 거부와도 같은 것이었다 천년 동안 살던 조국으로부터 버림받은 그들은 서양에서 동양으로의 이동을 통해, 북아프리카와 터키, 살로니카와 그

밖에 다른 지역의 세파라드[2] 공동체를 탄생시키게 된다. 이 두 번의 단절, 그리스도교의 이 이중 담장에 대한 채무를 지금까지도 우리는 갚지 못하고 있다. 어쩌면 이 파열은 콜럼버스의 내밀한 상처였는지도 모른다.

콜럼버스는 유대인이었는가? 역사가들은 그가 제노바에서 태어났다는 점에는 의견일치를 보이지만 이 물음에 대해서는 오늘날까지도 논쟁을 벌이고 있다. 설도 다양하다. 유대인 혈통이지만 그리스도인으로 태어났다는 설과, 유대인에서 성실한 가톨릭교도로 개종했다는 설, 비밀리에 유대교를 믿는 신교도라는 설 등……. 기적적으로 뭔가 발견되지 않는 한 이는 계속 논란거리로 남을 것이다. 언제나 불확실한 구석은 있게 마련이니 말이다. 이와 관계된 자료로서, 1492년 6월 이사벨라 앞으로 보내진 편지가 한 통 있다. 콜럼버스가 유대인임을 고발하는 이 편지는 1969년 이스라엘 언론에 발표되었으나 진위가 의심스런 것으로 평가된다. 결국 이는 확신의 문제요 해석의 문제다. 현재로서는 그가 유대인이라는 가설이 우세하며, 스페인 최고의 '콜럼버스 연구가들'이 이에 동조한다. "최소한 그가 유대교 안에서 성장한 것은 분명합니다"라고, 알카사르 궁의 관리인 콘수엘로 바렐라는 말한다. "그때 이미, 그리스도교 노인조차 예루살렘 정복을 떠들어대는 일은 없어진 때지요. 이탈리아 동료들은 당시의 제노바가 유대인들에게 금지된 땅이라는 이유를 들어 우리의 생각에 반대합니다. 웃기는 얘기죠! 금지禁地라고 해서 유대인들이 없었던 것은 아니니까요."

대발견의 유토피아에 관한 전문가로 정평이 난 그녀의 남편 후안 힐은 더욱더 확고한 입장이다. "그는 포기하지 않은 유대인, '마란'이었습니다. 이는 그의 글만 읽어보아도 알 수 있습니다. '제2의 신전'을 재건해야 한다고 말한다면 이미 그리스도인이 아닙니다. 성 요한의 묵시록과 이사야의 예언들을 같은 수준에 놓는다는 것, 그것은 세계의 종말을 메시아의 왕림에 의거시키는 것입니다. 게다가 그는 자신을 모세나 다윗처럼 얘기했지 세례자 요한과 동일시하지는 않았잖습니까!" 바렐라와 힐은 프랑코 이후의 스페인의 이미지에 비판적인 입장에 있는 새로운 세대의 역사가들을 대변한다. 한데, 구舊학파 소속의 역사가로 1952년부터 세비야 대학 교수로 재직하고 있는 모랄레스 파드롱 역시 이들과 같은 입장이다. 그의 아파트에는 십자가와 성화들이 가득하며, 그는 사회주의자들이 맡고 있는 현 정권의 혼잡스런 모더니즘을 별로 마음에 들어하지 않는다. "그는 틀림없는 유대인 후손이었습니다. 스페인 역사에서 유대인이란 나무 둥치에 붙은 송악松嶽과 같습니다. 서로 떨어질 수 없는 관계죠. 하지만 그는 성실한 가톨릭 신자였습니다."

표면상으로는 어찌 이 말에 회의를 품을 수 있을까? '크리스토발'을 버리고 '그리스도를 품은 이', 즉 '크리스토페렌스'를 택한 콜럼버스는 자신의 작품을 성 삼위일체 아래에 둔다. 자신의 글들에서는, 가톨릭 왕들이 "성부와 성자와 성령의 이름으로 고해하려 하지 않는 자들을 궤멸시킨" 일을 축복하기도 한다. 뿐만 아니라, 그의 적들이 하는 일이 순조롭게 풀릴 때는 서슴지 않고 그들을 개종자로 고발하기도 한다. 그들 가운데 한 명인 지메노를 공개적으로 두들겨 팬 적이 있다. 왕들에게 보낸 편지에서 독화살의 표적으로 삼은 것이다. "그는 죽기 살기로 서로 돕는 그런 족속의 일원입니다." 1499년, 히스파니올라의 섬에서 프랜시스코 롤단이 주도한 봉기에 맞서야 했을 때는 그 일당들이 대부분 '개종자들'이라고 주장하며 이렇게 덧붙인다. "소신은 언제나 우리의 신성한 믿음의 적에 대한 투쟁을 당연한 일로 여겨왔습니다."

그렇다. 하지만 이는 너무도 단순한 견해일 것이다. 이 영악한 인물은 애매성을 기막히게 잘 활용하며, 또한 끊임없이 구약을 인용한다. 16세기가 밝아올 무렵, 어느새 노쇠해진 몸으로 『예언의 서』를 집필할 때, 그는 어느 개종한 유대인 니콜라스 데 리르의 『성서 해설』을 쓴 장본인이 자신이라고 주장하고, 그것을 그의 본래 이름인 랍비 사무엘의 이름으로 인용한다. 콜럼버스는 유대인 달력에 의거해 현 시대와 세계의 종말 사이에는 '155년 정도'의 세월이 남아 있으며 그 사이에 "예언가들이 기록한 모든 일들이 이루어질 것"이라 적고 있다. 그의 마지막 여행이 된 가장 비극적인 네번째 항해의 어느 날, 그는 절망한 채 기진하여 잠이 들었다. 그때 '매우 동정적인' 어떤 목소리가 이렇게 속삭였다고 그는 말한다. "오 터무니없도다! 너의 하느님, 만인의 하느님을 믿고 섬기는 데 이렇게 굼뜨다니! 모세를 위해, 그리고 다윗을 위해 그분이 무엇을 더 해야겠느냐? (…) 그분은 인도를 너의 소유로 주었고, 또한 너는 소원대로 그것을 되돌려주었다. (…) 그리고 너는 그리스도인들로부터 더없이 영예로운 명성을 얻었다. 이스라엘 백성을 이집트에서 빼내준 그분이 이스라엘 백성을 위해 무엇을 더 해야겠느냐? 목동이던 다윗을 유대의 왕으로 만들어준 그분이 다윗을 위해 무엇을 더 해야겠느냐? 그분에게로 돌아가 너의 과실을 인정하라."

이상은 숨은 유대인, 비밀스런 유대인의 언사가 아닐까? 게다가 콜럼버스를 후원한 이들은 성직자이건 세속인이건 대부분은 유대인 후예거나 개종한 유대인들이다. 언제나 콜럼버스에게 충실했던 프란체스코 수도회 소속의 우주형상지誌학자 안토니오 마르케나, 도미니크 수도회 소속으로 이사벨라의 고해 신부였던 디에고 데자, 페르난도 왕의 대재무관 루이스 데 산탄젤, 그리고 콜럼버스의 반려자인 베아트리스도 빼놓을 수 없다. 그러나 또 다시 모든 것이 혼미해진다. 디에고 데자는 악명 높은 토르케마다의 뒤를 이어 종교재판소 총독이 되지 않는가? 반면, 콜럼버스를 반대한 인물들 가운데 한 명으로, 전문가 위원회의 의장이던 헤르난도 데 탈라베라는 어머니 쪽이 유대인이다. 1492년부터 그라나다 대주교로 임명된 그는 다른 사람들에 비해 훨씬 개방적인 인물로서—그는 자신의 사제단에게 아랍어를 배워 모범을 보일 것을 요청한다—설립 자체를 반대한 종교재판소에서 처형될 뻔하다가 로마의 중재로 가까스로 위기를 모면하게 된다.

하지만 바로 이 안개로부터 잠정적인 답이 하나 튀어나온다. 유대교에 물들어 있었던 게 분명하지만 콜럼버스는 무엇보다도 시세를 아는 인물, 당대의 비극에 젖어 있던 인물이다. 당시는 종교들간의 경계가 불확실하고 개종 또한 강요된 것이었기에 모호하기만 하던 메시아 대망大望론의 시대였으며, 대중적인 반유대인주의의 지배적인 흐름 속에서 스페인만 예외적으로 마란주의라는 새로운 이단—비밀리에 여러 신분으로 행세한 유대교를 믿는 그리스도인들—을 탄생시킨 시대였다. 또한 그라나다의 몰락이 그리스도인들에게 어떤 신비적 계시를 야기하고, 페르난도를 마지막 시대의 왕으로 보는 사람들이 속출했던 소란스런 시대였고, 일부 유대인들이 그리스도교에 대항하는 적敵그리스도 신화에 등을 돌리고서 자신들의 희망을 터키의 오리엔트에 투사하

항해를 떠나는 콜럼버스

던 시대였다.

신의 간택을 받았다고 확신하는 독학자 콜럼버스는 서로 모순되는 흐름들에서 목을 축인다. 그는 신의 간택을 받은 자신이 이 풀린 매듭을 다시 짓는다고 상상한다. "나는 여러 학자들과 성직자들과 재속 성직자들, 그리스와 라틴 사람들, 유대인과 무어인들, 그밖에 다른 많은 교파의 사람들과 의논하고 논쟁을 벌였다"라고, 그는 『예언의 서』에서 적고 있다. 그러고는 이단으로 몰릴 위험을 무릅쓰고 이렇게 결론을 짓는다. "성령의 바람은 그리스도인들, 유대인들, 무어인들 등, 모든 교파의 모든 사람들에게 불고 있다." 물론 이러한 말들만은 진실하다고 믿어야 할 것이다. 이 혼합주의적 태도는 표면상의 모순적인 태도에 일관성을 부여해준다. 은밀한 유대교도냐 개종한 유대교도냐 하는 것은 중요하지 않다. 콜럼버스는 종교 면에서도 변화의 인물이며, 에드가 모렝이 자처한 바 있는 '네오-마란'이라 할 수 있을 것이다. 이탈리아인, 포르투갈인, 스페인인, 그리스도인, 유대인, 무어인 등 여러 '모태'에서 태어난 아들, '다수의 신분'으로 사는 인물 말이다.

"언젠가 대양이 사물들을 묶고 있는 닻줄을 풀어버릴 날이 올 것이다"라고 콜럼버스는 자신의 예언서에서 또 적고 있다. 그 닻줄은 1492년 8월 3일, 이미 그에 의해 풀렸다. 그가 이끈 세 척의 배에는 사제가 한 명도 없었으나 아랍어와 아람어와 히브리어를 아는 통역관 한 명이 승선했다. 그는 승선 직전에 세례를 받은 유대인 루이스 데 토레스라는 인물이었다.

미지의 선원

팔로스 데 라 프론테라 저 멀리, 잠든 안개의 막 아래에, 땅과 바다가 한 덩어리를 이루고 있다. 날짜변경선에 자리잡은 지평선 끝자락은 주변 공장들이 내뿜는 연기로 더 한층 탁해진 구름과 수증기의 너울에 잠겨 보이지 않는다. 세비야에서부터 동쪽 100킬로미터 지점에 위치한 이곳까지 잠시도 우리를 떠나지 않은 이 안개, 이는 어떤 징후를 나타내는 것일까? 리카르도 아길라르는 전조前兆를 믿는 편이다. 고국 살바도르를 떠나 안달루시아에 온 그는 많은 전조들을 해석해야 했다. 우선 인도 고문서관 건물의 지붕이 그가 보는 앞에서 무너져내렸었다. 그때 그는 소리없이 춤을 추었다. 그리고 어제까지만 해도 죽어 있던 과달키비르 강의 물줄기가 1992년 세계 박람회 공사로 최근 다시 살아났다. "물이 다시 흐르는 것은 길조지요." 그는 알면서도 말을 하지 않는 사람 특유의 그 짓궂은 표정을 지으며 웃는다.

우연히 그는 우리의 길잡이가 되었다. 유럽에 작별을 고하는 순간,

아메리카 대륙을 미리 맛보는 순간의 동반자가 되었다. 후엘바에서 모구에르까지, 틴토 강과 오디엘 강 하구들이 바다와 만나는 물길 위를 이 배에서 저 배로 옮겨 타고 다니면서 그는 팔로스 데 라 프론테라를 훌쩍 떠날 때까지 이 비현실적인 풍경 속을 돌아다니고 있다. 팔로스……. 콜럼버스는 1492년 8월 3일 자신의 승무원들과 함께 미지에 대한 두려움을 허세로 감추고서 이 국경을 넘는다. 충적토가 꽉 들어차면서 항구는 이제 없어져버렸지만, 완만한 비탈길 하나가 질퍽한 땅 위에 난 막다른 길, 출구 없는 어느 원형 광장으로 이어진다. 바로 이곳이 그 항구였다. 지금은 수평선을 가리는 우윳빛 후광에 감싸인 한낱 신기루에 지나지 않지만 말이다.

리카르도는 놀라지 않는 눈치다. 중첩되는 여러 전조들, 그것들을 판독하는 법을 그는 "그들 내면의 대지를 되찾을" 줄 아는 이들에게서 배웠다. 그가 성장한 과테말라에서, 마야 대제사장인 그의 친구는 세계가 추락 속에서 해방되는 그 임박한 행복의 순간에 대해 애기해준 바 있다. "최근 2년간 그들은 1만 명의 새로운 제사장들을 양성했습니다. 예언들은 땅이 갈라지고 바위가 깨지는 화산들 여럿이 동시에 폭발할 것을 예고하고 있습니다. 이는 '흰 뱀'에겐 좋은 일이 아니죠. '그렝고'[1]들에겐 말입니다." 재미난 농담이 떠오른 듯 리카르도는 또 다시 웃는다. '그렝고'……. 불쑥 튀어나온, 나중에 바다 건너편에서 다시 듣게 될 이 말은 이번 여행의 진행을 예고하는 말이다. 과거에서 현재로의 여행, 아직도 벌어져 있는 상처들에 대한 탐험을 예고하는 말이다.

일부 좌파 라틴아메리카 사람들이 그렇듯이, 리카르도 역시 많은 환상들을 떨쳐버린 편이지만 그런 환상들을 살찌운 역사를 그는 잊지 않았다. 과거엔 카스트로 추종자였으나, 이제 그는 그 수염 난 키다리보다는 자신의 제사장을 더 좋아한다. 확신은 덜해도 신념은 여전하다. 그렇다고 그가 태생을 우선시하는 근본주의자는 아니다. 그가 잠시나마 스페인에 살고 있는 것은 자신의 뿌리가 이곳에도 있음을 이해했기 때문이다. "나의 할아버지들은 인디언이었습니다. 하지만 우리는 모두 피가 섞였죠. 세비야라는 곳, 시간이 사람을 질겁시키지 않는 이 바로크적인 밤의 도시, 세계가 아직 미치지 않은 이 도시에서, 나는 마치 내 집에 있는 듯 마음이 편합니다. 이곳에서 나는 나라는 존재가 어디에서 나왔는지를 깨달았죠." 리카르도는 이 500주년을 살바도르와 과테말라 예술가들을 장려하는 호기로 이용하는 사업들이 마야 예언들 때문에 방해받지 않기를 바라는 도박꾼이다.

1492년에는 전조들이 어땠을까? 모든 것이 기록되지 않았다는 증거, 성경의 살아 있는 반증, 밀폐된 항아리 속에서 꽃핀 인류, 그리스도교 세계를 모르는, 맞은편의 그 세계에서는? 그곳에서는 모든 것이 말해졌었다. 쉴람 발람 주판 나우아트는 "땅의 주인들"이 당도하리라는 것을 예언했으며 그 시기도 거의 맞추었다. 부질없는 경고였다. 14세기의 이 신탁의 말씀은 태양의 사제들의 신성한 책들을 거대한 화염덩어리로 만든 1520년 스페인의 분서焚書 이후 마야 사제들에 의해 재구성되었었다. 그 말씀이 오늘날에는 벵자맹-페레 이후 번역가 겸 해석자 역할을 하고 있는 작가 르 클레지오의 붓을 통해 울리고 있다. 대발견이 낳은 콘키스타도르[2]인 헤르난 코르테스, 그는 1528년 멕시코를

2 16세기 초 라틴아메리카 대륙을 정복한 에스파냐인 '정복자'를 뜻함.

정복한 후 승리자가 되어 바로 이 팔로스 항구로 되돌아왔을 때 그것을 알고 있었을까?

"제2대 아하우Ahau[3]가 자리잡을 때 (…) 그때 밧줄이 내려올 것이다, 그때 실이 내려올 것이다. 그때 독이 내려오고, 고통이 닥칠 것이다. 슬픔의 시간, 돌연한 죽음의 시간, 시신들이 쌓이는 시간이 될 것이다. 이 시기의 사람들은 자식을 갖지 못하게 될 것이다. 그것이 이 카툰Katun[4]의 책무요 예측이다. (…) 절반은 기근일 것이고 절반은 빵일 것이다. 하지만 이곳은 옥좌일 것이요, 이곳은 돗자리일 것이며, 사람들은 대지의 영주들의 물과 빵을 존중할 것이다. 이곳에서 그들은 발로 새로운 땅을 잴 것이다. 태양의 사제 쉴람 발람이 인정하고 예고한 자들, 그 수염 난 사람들, 그 흰 피부의 이방인들의 소식이 이 카툰의 흐름을 타고 들려올 것이다. (…) 그대들은 그들을 의형제로 삼을 것이요, 그들에게 옷을 입힐 것이요, 그들에게 모자를 씌워줄 것이요, 그들의 언어로 말을 할 것이다. 하지만 그들은 그대들과 싸우려 할 것이다."

콜럼버스는 전조를 믿었을까? 그는 1456년에 그 혜성—발견자의 이름 '핼리'가 두 세기가 지난 뒤에야 알려지게 되는—이 지나가는 것을 보았을까? 미래의 신세계에서, 제사장들은 이 꼬리 달린 불덩어리를 보고 이렇게 말하게 된다. "신성한 화염덩어리와 물이 움직일 것이다". 피할 수 없는 전쟁에 대한 냉정한 예언이다. 어린 크리스토퍼는 이 혜성을 오히려 길조로 보았을까? 성인이 되어 자신의 미래를 세심하게 계획하면서 그토록 열심히 운명을 헤쳐나간 것을 보면 아무래도 그랬던 것 같다.

그가 팔로스에 정착한 것만 해도 그렇다. 팔로스의 맞은편 후엘바는 니에블라의 두 관문이다. 초기 탐험가들이 아프리카 연안을 따라 출발하던 포르투갈 대서양의 카스티야 자락에 위치한 니에블라는 안달루시아의 알가르베 같은 곳이다. 이곳의 조선소들은 이미 캐러벨선들을 알고 있었고, 선원들의 이야기도 포르투갈과 다를 바 없었으며, 이곳의 항구들에도 같은 소문들이 떠돌고 있었다. 콜럼버스가 1485년 다섯 살 난 아들 디에고와 함께 포르투갈을 떠나 카스티야의 이 국경지역으로 온 것은 해외 문화에 끌려서다. 도착 즉시 그가 후엘바와 팔로스의 중간쯤에 있는 라비다의 프란체스코회 수도원을 방문한 것도 물론 우연이 아니다. 소나무들이 바람의 속삭임을 느리게 퍼뜨리는 언덕 위의 이 평화로운 곳이 그의 배후기지가 되며, 이곳 신부들도 잃어버린 그리스도교의 오리엔트에 대한 그의 신비적 추구에 동참하게 된다.

하지만 콜럼버스가 바람소리를 들으러 온 것은 아니다. 그는 정보들을 구하고 있다. 적어도 한 가지 확증만은 얻고 싶었다. 그 방식에 골몰한 나머지 그는 더이상 항해도 하지 않는다. 가로지르고 싶은 저 암흑의 바다를 어떻게 길들일 수 있겠는가? 대서양 한가운데에서 무역풍을 찾기 위해 점점 더 먼 바다까지 나아갔다가 배를 되돌려온 사람들의 얘기를 들어보지 않고서 말이다. 어떻게 하면 가는 것만이 아니라 되돌아오는 것에 대해서도 확신을 가질 수 있을까? 가뜩이나 선원들은 움직이지 않는 바다의 함정을 두려워하고 있고, 더구나 사르가스는 선원들을 두렵게 하는 해초들이 가득하여 공포의 대상으로 이미 널리 알려져 있지 않은가. 그러다보면 의혹이 움트게 마련이다. 혹시 어느 항해가가 다른 사람들보다 서쪽으로 더 멀리 항해하여 선구자로서의 역

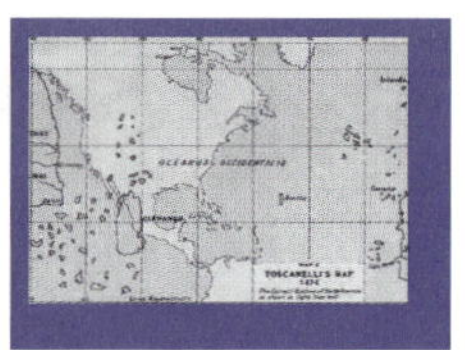

토스카넬리 지도

할을 하지는 않았을까? 그러고는 되돌아와서 결정적인 정보를 제공한 것은 아닐까? 왕복 길의 비밀을 말이다.

많은 이들이 그런 선원의 존재를 거론했으나, 콜럼버스를 맹목적으로 추종하는 이들은 이를 달가워하지 않는다. 영악한 콜럼버스가 자신의 글들에서 단 한번도 그를 언급하지 않기 때문이다. 하지만 이는 근거 없는 가정이 아니다. 스페인 여류 사학자 콘수엘로 바렐라는 이렇게 설명한다. "충분히 가능한 얘기죠. 초기 연대기들이 16세기 초부터 그런 얘기를 하고 있습니다. 라스 카사스와 페르난도 콜럼버스도 말이죠. 이야기의 출처는 마데르, 포르토 산토, 후엘바 등 여러 곳이지만, 대강의 스토리는 한결같습니다. 어느 선원이 기진한 채 항구로 되돌아와 콜럼버스에게 안내되어 그에게 자신의 모험을 이야기하고는 그의 품에서 죽었다는 얘기지요. 바다 저편에서 운 좋게도 살아 돌아온 어느 선원과의 우연한 만남. 콜럼버스가 첫 항해에 나섰다가 돌아올 때 선택한 항로가 그런 가설을 뒷받침해줍니다. 갈 때의 길을 그대로 되돌아오지 않고 그는 돌연 선수를 북쪽으로 돌렸죠. 대서양에서 무역풍이 어떻게 순환하는지 알고 있었다는 듯이 말입니다."

콜럼버스는 도둑이었을까? "아니죠, 이 에피소드는 그의 인간적 면모를 엿보게 해줍니다. 더욱이 당시는 거의 매일같이 발견이 이루어지곤 하던 때였죠." 콜럼버스만 길을 찾고 있었던 게 아니다. 선원들이 아니었다는 게 그로서는 다행한 일이었지만 다른 사람들도 주위를 맴돌고 있었다. 의사이자 천문학자인 피렌체의 파올로 토스카넬리는 1474년 리스본 성당의 참사원 마르틴에게 편지를 한 통 보냈다. 편지

봉투 속에는 마르코 폴로의 카타예와 시판고는 물론 안틸라라는 신화 속의 섬으로 대서양의 공백이 채워진 서양지도도 한 장 들어 있었다. 이를 알게 된 콜럼버스는 토스카넬리에게 편지를 썼고, 토스카넬리는 마르틴에게 보낸 첫번째 편지와 지도 사본을 동봉하여 그에게 답신을 했다. 지도는 사라져버렸으나 편지들은 콜럼버스의 초기 전기작가들 덕택에 오늘날까지도 전해져, 바로 그 편지가 그의 결심을 굳힌 결정적 요인이었음을 확인시켜주고 있다. 그 편지의 내용이 우리에게 알려주는 것은 아무것도 없다. 여백에 콜럼버스가 남긴 흔적을 찾을 수 없기 때문이다. 하지만, 라스 카사스는 콜럼버스가 '산타마리아'호 갑판에서 참조한 지도는 토스카넬리의 지도였음이 분명하다고 확신한다. 한데, 이상하게도 콜럼버스는 이 피렌체인의 이름을 한번도 언급하지 않는다. 그래서 콜럼버스가 지도 등 모든 것을 훔치고서는 마치 편지를 받은 것으로 꾸며냈다고 생각하는 이들은 그의 소행이 비열한 숨길질이라는 성급한 결론을 내린다.

정말 그는 도둑이었을까? 아니면, 그 어떤 지표도 놓치지 않는 집요한 탐색가였을까? 이를테면 마르틴 베하임과 대화를 나누었을 가능성도 있다. 1484년에서 1487년까지 포르투갈에 살았던 이 독일 천문학자를 콜럼버스는 알고 있었을 게 분명하다. 그는 유럽과 아시아를 직접 연결하는 항로가 가능하다는 이론을 주장했고, 1492년에 자신의 이론에 따라, 지금까지 가장 오래된 것으로 알려진 지구의地球儀를 제작했는데, 이 해는 바로 콜럼버스가 첫 항해를 떠난 해다. 요컨대, 아이디어는 널리 퍼져 있었고 시간은 촉박했다. 콜럼버스가 혼자 세계사를 뒤집은 것은 아니지만, 그는 다른 사람들보다 먼저 기회를 잡을 줄 알

마르틴 베하임 지구의

았던 것이다. 그런 의미에서 그는 새로운 것이 끊임없이 과거의 굴레를 깨트리며 부화하던 시대, 그 들끓는 시대의 풍운아였다. 훗날 사람들이 '르네상스'라 부르게 될 시대, 이탈리아에서 먼저 일어난 르네상스와 그 주역들이 그가 헤쳐나간 궤적 속에 있었다.

1492년, 콜럼버스는 44세였다. 보티첼리가 47세였고, 레오나르도 다빈치는 40세였다. 다른 주역들도 곧이어 등장한다. 마키아벨리는 23세, 미켈란젤로는 17세, 장차 로테르담의 에라스무스가 될 게르트 게르츠가 23세, 코페르니쿠스가 19세, 티티앙이 4세, 토머스 모어가 14세, 라파엘로가 9세, 루터 역시 9세다. 머지않아 지구는 태양 주위를 돌게 되고, 라블레는 문학을 뒤엎고, 교단은 종교개혁으로 교회 분리를 겪게 된다. 그가 팔로스를 떠난 며칠 뒤, 교단은 역사상 가장 문제가 많았던 교황, 호색가에 탐욕스럽고 꾀가 많은 보르지아인, 알렉산드로스 6세를 새 교황으로 맞이한다. 콜럼버스의 모험은 1450~1550년간 한 세기, 유럽이 근대 속으로 전복되는 이 진정한 거짓의 한 세기를 울린 징소리 같은 것이라 할 것이다.

'모리스코스'⁵들은 최악의 운명을 겪었다. 게다가 잊혀지기까지 했다. "1492년의 유대인 추방은 지금도 여전히 우리의 기억 속에 남아 있습니다. 지금도 우리의 문화 속에 참여하고 있기 때문이지요. 하지만 1609~1613년에 걸쳐 이루어진 두번째 추방, 모리스코스 추방 운동을 기억하는 사람은 아무도 없습니다. 훨씬 대량으로, 그리고 보다 비극적으로 이루어졌는데도 말입니다. 매일같이 사람들은 유럽 내 이슬람의 모든 흔적을 지우고 서양 문화 일부를 말소시켜나갔습니다. 어린아이 노인 할 것 없이 그들은 사슬에 묶인 채 걸어서 마그렙⁶까지 가야 했습니다." 세비야로 돌아오니 여행이 잃어버린 것에 대한 추억으로 우울한 분위기를 띤다. 그 사이 카스티야 여왕의 스페인은 '르네상스' 이전의 르네상스를, 그리스도인, 유대인, 무어인이 혼합된, 명암이 교차하는 복잡한 역사를 겪었다. 정신 해방의 길이 열림과 동시에 찬란한 문명들에 대한 거부와 배척이 한 시대 안에서 행해지고 있었던 것이다.

부드러우면서도 가시 돋친 이 회한을 조금씩 흘리고 있는 로드리고 데 자야스는 금세기 속을 방황하는 르네상스기 인물이다. 제수스 델 그란드 포데르 가에 있는 그의 저택은 모든 예술이 화합하는 지성의 보고다. 부유한 그는 거기에 만족하지 않고, 아마도 콜럼버스도 들어 보았을 가요들이 흘러나오는 옛 음악 아틀리에 '지리얍'을 운영하고 있을 뿐 아니라, 운영난과 여러 가지 불미스런 '사건들'이 뒤얽힌 PSOE(사회노동당)의 첨병, 작은 사회민주주의 정당 하나를 이끌고 있다. 스페인과 페루, 멕시코와 미국, 스위스와 시리아 사이를 오가며, 무정부주의자에 다다이스트였던 아버지와 양키 왕조의 후예인 어머니 아래서 자란 그의 이야기는 3만 5천 권의 장서를 자랑하는 그의 무한한 도서관을 닮은 한 편의 범우주적 소설이다. 그 장서들 중에는 1500년대 이전의 무수한 판본들이 편집자들을 기다리고 있다. 뿔나팔 소리를 동반하는 16세기의 가곡을 들으며 먼 과거의 향기를 맡고, 메디치가 궁중 요리사의 원고라든가 모리스코스들의 추방에 관한 필립 3세의 편지들을 뒤적거리다 보면 어느새 지체하고 만다.

"그리하여 우리는 우리의 꿈들을 쓸모없게 만들어버리는 이 변화를 진보라고 부른다." 알제리 전쟁이 끝날 무렵, 아라공은 장시 『엘자의 열광*Le fou d'Elsa*』을 씀으로써 유럽이 이 안달루시아의 아랍 문명에 바치는 경의를 표현했다. 서로 떼어놓을 수 없는 진보와 퇴행. '아메리칸 세비야' 속으로의 정겨운 산책을 책으로 펴낸 바 있는 세비야의 작가 안토니오 카스칼레스 라모스의 얘기를 듣노라면 프랑스의 선구적 지리학자였던 엘리제 레클뤼가 말한 이 모순의 커플에 대한 기억이 되살아난다. 라몬스처럼 무정부주의자였던 그의 아버지는 어느 날 딱 한 권의 책만 남기고 자신의 모든 책들을 불태워버렸다. 그에게 가장 소중했던 그 책은 바로 엘리제 레클뤼의 책 『인간과 대지*L'Homme et la Terre*』였다. 빛이 되돌아오고, 말들이 씁쓸함의 안개를 흩어지게 한다. "대발견 이후 유럽 제1의 도시였던 세비야는 차가운 북유럽에 권좌를 내주었습니다. 그 차가운 유럽을 우리는 오늘 이곳, 유럽의 마지막 강의 마지막 항구에서 다시 덥히려고 하고 있지요. 지금 우리가 있는 곳은 전지구적 문화가 가능한 곳입니다. 아라파트와 페레스가 맨해튼이 아니라 과달키비르에서 만났다면 아마 서로 합의에 이르렀을 겁니다. 이곳에서는 그런 일이 가능하기 때문이지요."

진보와 퇴행. 스페인은 먼 곳을 바라보고 있다. 남아메리카와의 대화를 통해 히스파니아의 지정학을 다시 만들면서 대양에서 불어오는 바람을 맞이하고 있다. '500주년'이 고속도로의 이름이기도 하고 '라 비다(인생)'가 석유화학 공장의 이름이기도 한 스페인. 멀지 않은 과거의 잔구殘丘라 할 1975년 10월 12일의 석비 하나가 당시 독재 국가들이던 칠레, 아르헨티나, 니카라과, 페루, 우루과이의 대사관 무관들이 아직도 콜럼버스에게 경의를 바치고 있음을 말해주는 나라 스페인.

1975년은 바로 프랑코가 사망한 해다. 그것은 우리가 떠나온 곳, 팔로
스에서의 일이다. 카나리아 제도에 기항하기 전 우리의 마지막 시선이
머문 연안에서의 일이다.

카나리아
제도

화산과 대양 사이

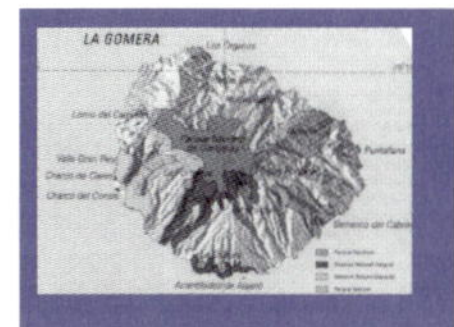

고메라 지도

산세바스티안 데 라 고메라 신성모독이다! 콜럼버스의 집이 인디언의 소굴이 되었다. 경건한 추도를 위해 찾아온 관광객에게 고메라 섬은 콜럼버스 이전 시대로의 여행을 제의하고 있다. 아메리카의 '진정한' 발견자들, 즉 최초의 주민들에게 경의를 바칠 것을 제의하고 있는 것이다. 승자의 사원에서 패자들이 경배되고 있다. 요컨대, 카나리아 제도에서는 역사의 수레바퀴가 완전히 한 바퀴 돌아버렸다. 원형의 작은 섬, 2만 여 주민이 살고 있는 반경 25킬로미터의 완벽한 원에 가까운 이 섬의 생김새가 그것을 상징하고 있다. 흉물스런 라스 아메리카스를 피해 로스 크리스티아노스에서 첫 수중익선을 타고 테네리프 섬을 떠나 서둘러 찾은 고메라 섬에는 다행히도 공항이 없다. 바다의 오아시스 같은 이 섬은 파도의 리듬에 맞춰 우둘투둘한 해안선과 화산 협곡들, 야자수와 바나나 나무들이 점점이 솟아 있는 거친 사면, 평평한 자갈밭과 희고 네모난 집들을 펼쳐 보이며, 홀로 정육각형의 형상을 취하고 있다.

항구의 주 도로 60번지에 자리잡고 있는 도청소재지 산세바스티안에는 어느 악령이 콜럼버스의 자취를 흐려놓고 있다. 콜럼버스는 네 번에 걸친 대서양 항해 중 세 번이나 카나리아 군도에 기항했었다. 이곳에 기항했을 때 그가 머물렀던 곳으로 알려진 단층짜리 낮은 건물, 단순하지만 안락한 그 건물이 지금은 치무 왕국의 전시장이 되어 있다. 안내문들은, 11세기부터 모치카 왕국을 계승하여 현재의 적도에서부터 오늘날 페루의 수도인 리마까지 위세를 떨치다 15세기 무렵 잉카 제국의 식민지로 전락한 "중앙 안데스 산맥의 찬란한 문명"이라고 명시하고 있다. 인물상들에 삽입된 명구들은 5만 명의 주민이 살던 수도의 "기념비적 건축"과 그 백성들의 "해박한 천문학 지식", "지상에서 가장 척박한 사막들 가운데 하나인 곳"을 경작지로 만든 천재적인 수력 설비 기술 등을 자랑하고 있다.

우리의 영웅에 관해선 일언반구도 없다. 다만 '해방자' 시몬 볼리바르의 탄생 200주년을 기리기 위해 고메라 섬의 '콜럼버스 연구소'가 1984년에 마련한 기념판 하나가 있을 뿐이다. 스페인에 맞서 싸운 라틴아메리카의 독립전쟁의 영웅 볼리바르는 1431년 이후부터 스페인의 —정확하게는 카스티야의—영토가 된 카나리아 군도에서 그렇게 숭배되고 있었다. 묘하게도 고메라 섬은 두 세계 사이, 두 기억 사이의 갑문 내지는 가교로서의 모습을 보이며 통과해야 할 길을 가리키고 있다. 콜럼버스가 이 같은 현 상황을 불평한다면 그것은 잘못된 일일 것이다. 권력욕에 취한 동료들에 의해 산산이 부서져버리긴 했으나, 어떻든 볼리바르는 "위대한 콜롬비아"의 꿈으로 콜럼버스의 이름을 복권시켰으니 말이다. 이 지역의 아마추어 '콜럼버스 연구가들' 가운데 한 사람인 세르지오 페드로 레예스 플라센치아는 이렇게 설명한다. "우리의 문화는 저곳이기도 합니다. 아메리카 대륙과 우리의 관계는 이주와 연관되어 있습니다. 콘키스타도르들이 반드시 거칠 수밖에 없는 카나리아 기항지는 통풍구 노릇을 했습니다. 초기 식민통치자들 틈에 섞여 카나리아인들은 산토도밍고, 베네수엘라, 쿠바, 멕시코, 콜롬비아, 아르헨티나 등지로 이주했지요. 과거의 우리는 잠시 거쳐가는 곳이었으나, 지금은 끈이 되길 원합니다."

시몬 볼리바르

매듭이 복잡한 끈이다. 서西사하라 사막과 분리되는 위도상에 위치한 아프리카의 스페인, 카나리아 군도에는 독립주의자들 혹은 민족주의자들이 있다. 그들은 어쩔 수 없이 역사를 소환하여 거기서 어떤 차이의 증거, 어떤 경계선, 어떤 탄생 신화를 찾고자 한다. 콜럼버스의 집 맞은편에 있는 기념품 가게에서 파는 『생존한 구앙쉬들』은 "식민통치자들이 날조한" 역사를 고발하는 작은 책자로, "구앙쉬들은 줄곧 카나리아 군도를 지배해온 종족이다"라는 주제가 우리를 놀라게 한다. '구앙쉬'란 정복 이전부터 이 군도에 살던 주민들을 가리키는 이름이다. 1402년에서 1496년 무렵 이 섬 저 섬에 흩어져 살던 이 종족은 두 명의 프랑스인 장 드 베탕쿠르와 가디페르 드 라 살에게서 교리를 전수받았으며, 노르망디 출신의 이들 두 모험가는 결국 카스티야의 헨리 3세에게 현금을 받고 섬의 주권을 넘긴다. 한데 이곳에 살던 구앙쉬들은 포르투갈이 좀더 남쪽에 있는 캅 베르의 섬들 쪽으로 손을 뻗기 전까지 두 나라가 치열하게 주권 다툼을 벌인 탓에, 노예로 팔리거나 살육되는 등의 끔찍한 고통을 맛보아야 했다.

물론 다른 종족과 피는 섞였을 테지만 생존하지 못했을 건 분명하다. 하지만 카나리아의 정체성이 인도의 정체성처럼 뿌리가 있다는 이 거울 유희에는 진짜 역사의 일부가 비춰지기도 한다. 바하마 군도에서 아메리카 대륙에 첫발을 내디뎠을 때 콜럼버스는 자신이 마주친 사람들을 묘사하려고 애쓴다. 즉각 한 가지 비교가 그의 뇌리를 스친다. "그들은 흑인도 백인도 아닌, 꼭 카나리아 주민들 같다. (…) 그들은 무척 아름다운 사람들이다. 머리카락은 곱슬곱슬하지 않고 말갈기처럼 굵고 매끄럽다. (…) 다만 그들 가운데 어느 누구도 카나리아인들처럼 진한 갈색 피부를 지닌 사람은 없다." 명백한 편견을 떠나—콜럼버스는 그들이 '흑인'이 아님을 강조한다—그의 이 말에는 카나리아가 당시의 문화와 처음 접촉한 충격이 드러나 있다. 연안 지방의 아프리카인들에 앞서 유럽 노예제도의 첫 제물이 될 구앙쉬들, 아마도 리비아 태생들인 듯한 이 섬 토착민들은 이때부터 민족 계보에 고유한 한 항목으로 인정받는다.

온순하고 평화로운 섬 고메라는 미래에 대한 기대와 과거에 대한 회상을 교차시킨다. 대양을 가로지르기에 앞서 잠시 휴식을 취하기에 이상적인 곳이요, 트렁크를 다시 닫기에 앞서 잠시 내용물을 살펴보기에도 안성맞춤인 곳이다. 콜럼버스는 팔로스를 떠난 지 9일 후인 1492년 8월 12일 카나리아 군도에 도착하여 9월 6일까지 이곳을 뜨지 못한 채 머물러야 했다. 이끌고 온 배들 가운데 한 척의 키가 끊임없이 흔들거려서 거의 한 달이나 허송하게 된 것이다. 미래를 꿈꾸고 미래에 이루어질 일들을 곱씹고 발견 이후의 일들을 되새김질하며 보냈을 한 달여의 시간……. '발견'이라는 말은 콜럼버스의 사후 경력을 끊임없이 오염시켰다. 유럽 중심의 역사는 자신들이 발견되도록 그를 기다렸을 리 만무한 토착 원주민들을 도외시한 채 그의 사후 경력을 우스꽝스럽게 꾸몄다. 콜럼버스가 죽고 나자마자 고약한 일들이 벌어졌다. 그의 우선성을 부인하는 외국 발견자들의 신청이 쇄도했던 것이다. 이 제노바인을 시기한 베네치아는 제노 형제라는 인물들을 내세워 그들이 콜럼버스보다 한 세기나 앞서 신대륙을 발견했다는 주장을 폈다. 어느 프랑스 학자는 골족 수부들을 내세웠다. 폴란드인들은 1476년의 신비스런 여행 이야기 하나를 발굴해냈고, 포르투갈인들은 경쟁국들간의 "비밀 정책" 운운하며 콜럼버스보다 먼저 대서양을 횡단한 일에 리스본이 침묵을 지킨 까닭을 설명했다. 영국인들은 6세기의 아일랜드 수도사 성 브랜든을 내세워, 그가 낙원 근처까지 다가갔고 세이렌들과 키클로페스들을 만났으며 고래의 등을 섬인 줄 알고 거기서 미사를 집전했다는 얘기 등을 떠들어댔다. 런던이 아메리카 대륙 한 귀퉁이에 대한 권리주장을 시작하자 골족을 내세운 프랑스는 때맞춰 마독이라는 왕을 들먹이며 그가 12세기에 대서양 너머에서 식민지 제국을 건설한 바 있다는 설을 폈다. 이 '마독 식민지' 신화는 오늘날까지도 미국에 그 잔재가 남아 있다. "흰 피부의 아메리카인디언"에 대한 덧없는 탐색과 더불어 말이다.

　이러한 속설들에서 진지한 경쟁자는 단 한 명도 찾아볼 수 없다. 그러나 스칸디나비아인들의 경우는 좀 다르다. 그들의 모험은 이론의 여지가 없다. 10세기에 '붉은' 에릭은 그린란드를 발견했다. 그의 아들 레이프 에릭손은 1001년에 어느 식민지를 찾아내어 그곳을 '빈란트'라 명명했다. 고고학자들은 그곳이 생-로랑 만이었을 것으로 추정하고 있다. 사실 에릭손은 다만 상선 항해사 비야르니 헤르욜프손의 모험을 활용했을 뿐이었던 것 같다. 그 상인은 986년에 안개 속에서 항로를 잃었다가 우연히 래브라도에 발을 디딘 것이었다. '빈란트'는 창설된 지 12년 만에 버려져 늑대들의 차지가 되고 말았다. 그린란드의 스칸디나비아 식민지는 14세기에 소멸했다. 물론 이 이야기들은 후대로 전해져 콜럼버스의 귀에까지 들어갔다. 그는 아일랜드 여행 때 이 이야기를 듣고 다시금 자신의 꿈을 살찌우는 계기로 삼았던 것이다.

그의 꿈은 사실을 의식하고 있었다는 점에서 다른 이들의 허황된 꿈과는 다르다. 콜럼버스는 우연히 모험 속에 뛰어든 게 아니었다. 그는 지구가 둥글다는 것을 알고 있었고, 그 끝을 상상했으며, 지도에 그린 도정을 따라 항해했고, 수평선에 미지의 대지가 나타날 것을 호언했다. 단 하나 뜻밖의 사태라면, 그것은 그가 꿈꾼 그 대륙이 아시아가 아니라 아프리카였다는 점이다. 콜럼버스는 자신이 발견한 것을 추구하긴 했으나 자신이 추구하던 것을 발견하지는 않았다. 첫 항해 때 쓴 그의 항해일지는 첫 구절부터 그를 무겁게 짓누르고 있다. 가톨릭 왕들을 염두에 두고서 그는 자신의 사명을 이렇게 상기시키고 있다. "내가 인도 땅과 '위대한 칸'이라 불리는 왕의 땅에 대해 제공한 정보에 따라 (…) 그리스도 가톨릭교도들이요 신성한 그리스도교 신앙의 선전자들이자 독실한 왕들이시며, 마호메트 교도들을 비롯하여 모든 우상숭배와 이단의 적이신 폐하들께서는 나 크리스토발 콜론을 인도라는 지방으로 보낸다고 생각하셨다."

엄청난 오해가 오늘날까지도 끊이지 않고 사람들의 입에 오르내린

다. 예를 들면 윈스턴 처칠 역시 격렬한 인신공격에 다음과 같이 콜럼
버스를 끌어들인 바 있다. "사회주의자들은 콜럼버스 같은 사람들이
다. 그들은 자신들이 어디로 가는지도 모르는 채 길을 나서고 있다. 그
리고 도착해서는 자신들이 어디에 도착했는지도 모른다. 더구나 그 모
든 일에 순전히 남의 돈을 쓰면서 말이다." 속단이다. 한번도 자신의
속내를 완전히 드러낸 바 없는 이 복잡한 인물을 너무 단순하게 보고
하는 말이다. 어느 편지에선가 그는 '신세계'를 말하지 않았는가? 더욱
이 그는 "주님이 묵시록에서 말씀하시는 그 새로운 땅과 새로운 하늘
의 메신저"를 자임한다고 쓰고 있지 않은가? 그뿐이 아니다. 우주 형
상을 논한 어느 책에 단 주에서는 다음과 같은 묘한 시구를 상상하기
까지 하지 않았는가? "거주 가능한 우리 지구의 어느 부분에는 끝이
있다. 일출도 미지의 대지에서, 정오도 미지의 대지에서, 일몰도 미지
의 대지에서, 북녘도 미지의 대지에서 끝난다! 거주 가능한 우리 지구
의 네 방위는 낯선 대지에 의해 닫혀 있다"라고. 새로운 땅, 새로운 세
계, 미지의 대지……. 아시아를 찾고 있는 자가 우리를 놀리고 있는
걸까?

"그는 자신의 참 목표를 숨겼습니다. 마르코 폴로의 중국 따위엔 관
심이 없었지요! 그는 다른 곳을, 좀더 남쪽, 새로운 대륙을 찾고 있었
습니다." 떠나기 전 파리에서 들은 말이다. 책들과 도면들이 꽉 들어찬
자신의 소굴에서, 500주년에 맞춰 쓰기로 한 네 권의 책들 가운데 한
권의 어느 부분을 프린터가 인쇄하고 있는 사이, 미셸 르켄은 그렇게
'자신의' 발견을 강경한 어조로 말한다. 르켄은 열정적이고도 사심 없
는 콜럼버스 애호가들 가운데 한 사람이다. 그는 콜럼버스의 생생한

케러벨선

글들을 프랑스어로 옮겨 소개한 바 있다. 콜럼버스처럼 그도 독학으로 공부한 사람이다. 전쟁 전에는 아브르 항에서 생면사 고르는 일을 했고, 그후 토목공, 회계원 등으로 일하기도 했으며, 가끔은 편집자, 교정자의 일을 하기도 했다. 신실한 초현실주의자요 참여 트로츠키주의자이기도 한 그는 1953년부터 콜럼버스와 씨름하고 있다.

직업 역사가들에 의해 무시되기는커녕 그의 주장은 우리를 매료시킨다. 그는 콜럼버스가 지구의 '제4지대'를 찾고 있었으며 그곳이 '적도 아래쪽'에 있을 것으로 추정했다는 결론으로 콜럼버스 연구가들을 몰아세운다. 북쪽에는 중국과 일본이 있고, 그 위치를 지금의 미국과 캐나다의 자리로 추정했다. 하지만 남쪽에는 미지의 대지가 있다고 여겨 결국 세번째와 네번째 항해 때, 아시아와 이 새로운 세계 사이의 통로인 파나마 지협을 따라가며 미지의 대륙을 찾아나섰다는 것이다. 한데, 그렇다면 왜 그런 술책을 부린 것일까? 아마도 그것은 그 미지의 대륙을 탐낸 콜럼버스가 세계의 모든 황금을 합한 것에 맞먹는 부를 찾게 되리라고 생각했기 때문일 것이다. 자신이 읽은 어느 책의 여백에 그는 이렇게 쓰고 있지 않은가. "지상낙원이 여기 있다!"라고.

낙원이라면 오늘날의 고메라 섬이 그 낙원일 수 있을 것이다. 국립공원으로 지정되어 관광객들의 훼손으로부터 보호되는, 식물학자들과 보행자들의 에덴. 이 지역 명물—장애물들을 건너뛰게 해주는 한 쌍의 긴 장대 '바스티아'를 타고, 쇳소리가 나는 '실보'어를 사용하는 고메라 원주민—을 만날 수 없다면 고지대에 둥지를 틀고 있는 작은 은둔처까지 기어올라가, 출발과 망명을 고대하는 여행자의 시선을 가진 한 수부를 상상해야 한다. "심연의 싱그러움에서 새로운 생각을 냄새 맡는 이들, 미래의 문들이 달린 뿔나팔을 불어대는 이들". 이 역시 생-종 페르스의 말이다. 하지만 카나리아 제도에서 콜럼버스는 그리 한가한 기분이 아니다. 그는 발을 구르며 역정을 내고 있다. 배의 손상이 혹시 태업 때문 아닐까? 선원들에게 그라는 존재는 한 사람의 이방인이 아닌가? 그들이 마지못해 따르는 환상가가 아닌가?

10여 년간의 재정복 전쟁 끝에 가톨릭 왕들은 재정이 바닥난 상태였다. 그들에게 돈을 댄 '개종자' 루이스 데 신탄젤은 필요한 물품들과 선원들에게 지불될 봉급을 출자했다. 하지만 가장 중요한 문제가 남아 있었다. 그것은 바로 이 위험한 원정에 필요한 인력과 선박들을 어디서 구하느냐 하는 것이었다. 그런 상황에서 왕은 포르투갈 협정에 의해 어로가 금지된 해역으로 어선을 보냈다는 이유로 팔로스 시에 유죄선고를 내린 일을 기억해냈다. 그리하여 팔로스 시 주민 3천 명은 "이 선고에 의거하여" 두 척의 캐러벨선과 선원들을 제공해야 했다. 왕들은 정상을 참작하여 "떠나는 자들이 귀환할 때까지 그들에 대한 형사소송과 재판"을 중단할 것을 선언했다. 요컨대 콜럼버스는 자신을 따르는 무리를 이끌고 있는 게 아닌 것이다. 그의 선원들은 온순한 이도 성자도 아니었다. 게다가 선박들의 이름 역시 전혀 곱지 않다. '핀타'는 '화장한 여자'라는 뜻이요, '니나'는 '작은 여자', '갈레가'는 '노예'라는 뜻이다(나중에 콜럼버스는 체면을 생각해서 이 배의 이름을 '산타마리아'로 개명하게 된다). 명색이 제독이라고는 하나 그는 뭔가 이득을 취해볼 심산으로 이 모험에 동참한 선주들과 타협을 하지 않을 수 없는 처지였다. 팔로스의 부유한 선주 핀손 형제가 두 척의 캐러벨선 '핀타'

산타마리아 호

와 '니나'를 이끌고 있고, 떠돌이 바스크인들이 가득한 '갈레가'의 주인
은 비스케 출신의 후안 데 라 코사라는 인물이었다.

  그는 기다림의 무료함을 잠시 달랜다. 마르틴 알폰소 핀손이 라스팔
마스에서 '핀타'의 선수를 수리하는 동안, 그는 창에 맞아 비명횡사한
고메라 섬의 포악한 도주島主의 미망인과 로맨스를 시작한다. 그리고 8
월 말, 그는 해발 3,718미터 높이에서 테네리프 섬을 뒤덮어버린 구름
바다 속의 거대한 화산 '테이드'의 분노를 목격한다. 암흑의 바다에 선
행된 그 '거대한 불길'. 대발견을 계시한 전조였을까? 아니면 그 결과
로 인근 아프리카 대륙에 닥친 대재앙의 전조였을까?

세네갈

노예들의 집

다카르 이곳은 눈물의 집이요, 고통의 기념관이요, 고행의 장소다. 섬 가까이에서, 작은 보트가 부표 주위를 선회하는 가마우지 한 마리와 마주칠 때쯤, 협죽도며 하이비스커스의 온화함을 담은 주변의 단색화로부터 선명하게 도드라지는 그 집의 붉은 벽들이 눈에 들어온다. 어떤 자국처럼, 오점처럼, 주변과 어울리지 않는 외딴 집. 이곳이 바로 다카르 앞바다의 섬 고레에 있는 노예들의 집이다. 세네갈이 독립했을 때, 레오폴드 세다르 생고르가 추진한 흑인 노예무역 기념관이다.

고레 섬

콜럼버스의 도정을 따르지 않고 이렇게 길을 우회한 것은 양심의 가책을 말해주는 증거다. 유럽에서 아메리카로 가는 이번 여행은 추모의 도정이 될 수도 있었을 것이다. 소위 '두 세계의 만남'만으로 만족할 수도 있었을 것이다. 특히 프랑스에서는 500주년을 그렇게 표현한다. 유럽 공직자들로서는 '발견'이라는 말을 피한 것이 하나의 공적이다. 하지만 발견자들을 비방하는 이들에게 그것은 인디언 대학살과 정복과 착취를 상기시키는 완곡어법일 뿐이다. 무엇보다도 그것은 아메리카 모험의 충격파로 인해 노예무역이 일반화되면서 큰 곤욕을 치르게 된 아프리카라는 제3세계를 망각하는 소행이다. 강제로 바다를 건너, 대서양 너머로 자신들의 문화와 음악과 언어와 신들을 옮겨야 했던 세계. 아마도 그 세계의 척후병은 콜럼버스가 세번째 여행 때 데려온, 갓 해방된 그 흑인 노예였을 것이다.

유럽의 부가 흑인의 생명과 가죽과 등을 기반으로 이룩되었음을 어찌 잊을 수 있겠는가? 그리고 이런 수수께끼를 어찌 되짚어보지 않을 수 있겠는가? 콜럼버스를 뒤쫓아 들어온 아메리카인디언들은 곧바로 그들의 자유와 존엄을 옹호해주는 이들을 얻게 된 반면, '니그로'들의 노예제도는 당연시된 일 말이다. 예를 들어, 프랑스령 앤틸리스의 17세기 견습 민속학자였던 R. P. 뒤 테르트르의 경우를 보자. 당시는 드물지만 여전히 인디언들이 생존하고 있었고 많은 아프리카인들이 몰려들던 시기다. "미개인들이 그리스도교인들의 그릇된 생활에 대해 품고 있는 나쁜 인상"을 확인시키며 그는 이렇게 덧붙인다. "미개인들은 무식하긴 해도 심성만은 우리보다 훨씬 덜 악하다." 유럽이 자기 스스로를 비판할 수 있음을 보여주는 그런 휴머니즘을 내비치며 그는 인디언들에게 "그들이 마음 내켜하는 일들만" 요청하라고 조언한다. 한데, 도중에 그는 "니그로들의 뻔뻔스런 기질"에 대해서도 잠시 언급하면서, "미개인(인디언)에게는 동정심을, 흑인(노예)에게는 증오를"이라는 그 끔찍한 식민 정책 경구를 인용한다. "미개인을 악의적으로 바라보는 것은 그를 때리는 것이다. 그를 때리는 것은 그를 죽이는 것이다. 흑인을 때리는 것, 그것은 그를 먹여 살리는 것이다."

왜 일이 그렇게 되었을까? 역사는 설명하고자 하고, 현재가 과거의 법정에 서는 그런 시대착오의 죄를 피하고 싶어한다. 하지만 그 상처가 아직도 생생한데 어떻게 그것이 해결될 수 있겠는가? 오늘이 여전히 어제의 빚을 안고 있는데? 1939년, 에메 세제르는 "그 무엇도 발명한 적 없고 그 무엇도 탐험한 적 없는 이들"의 노래인 『어느 귀향자의 수첩 *Cahier d'un retour au pays natal*』에서 이렇게 외치고 있다. "여러분은 나와 화해하라. 나는 여러분과 화해하지 않는다." 그리고 마르키니크 출신 시인 에두아르 글리상은 대양의 꿈의 이면, 포로 상태의 대항해를 이렇게 읊고 있다. "바다를 발견하는 자는 안다. 그것이 더이상 강이 아니라는 것을. 다만 하나의 곡면이요, 부동의 한 지도요, 인내요, 끝장난 시간이요, 본래의 위대함이 죽어버린 공간이라는 것을……."

노예들의 집

노예들의 집 내부 전시실

관료들은 박물관 관리에는 젬병이다. 상상할 수 없는 것을 표현하기 위해, 그리고 자신이 관리하는 고레 섬의 집을 비명과 눈물에 대한 추억으로 가득 채우기 위해 조세프 엔디아예가 기껏 찾아낸 것은 말들뿐이다. 종잇장에 쏟아내 기분 내키는 대로 벽에 갖다 붙인 생각들, 말들의 홍수뿐이다. 단순한 문장들이 이 노예들의 집을 찾은 방문객들의 발걸음들을 에워싸고는 고향 땅에서 뽑혀져 나와 친족들과 헤어져 가축처럼 팔려간 아이들과 여자들과 남자들의 여정을 되새김질하고 그들의 불행을 함께 나눌 것을 강요하고 있다. 공들인 연출이 바다로, 선창으로, 아메리카라는 지옥으로 난 어두운 복도 입구에서 죄책감과 비탄을 불러일으키는 데 성공하고 있다.

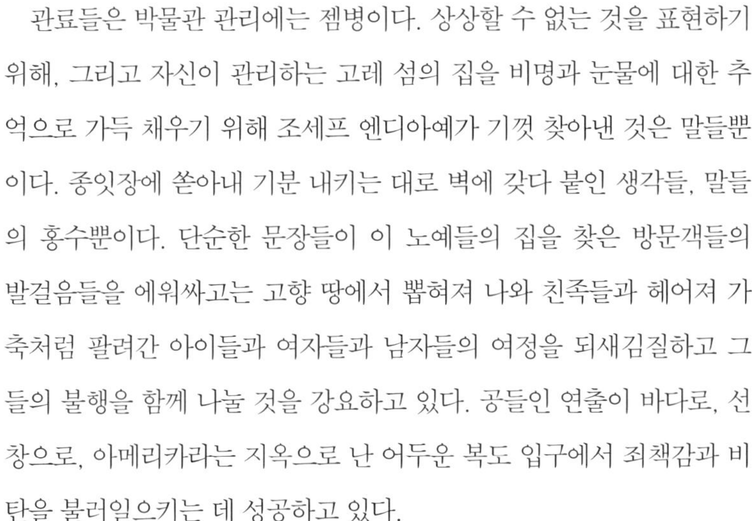

"너저분하다"고 문화성 공무원들은 말했다. 아니나다를까, 1990년
에 다니엘 미테랑의 주도 아래 '고레 화친 재단'에 의해 복원이 시작된
이후 관리인 엔디아예의 너저분한 글들은 훨씬 줄어들었다. 이제는 그
런 말들을 그의 집무실에서만 찾아볼 수 있을 뿐이다. 그의 집무실은 2
층으로 오르는 쇠로 된 계단 맞은편에 있고, '검은 통나무'가 쌓여 있던
2층의 독방들은 주인들이 머물던 거처다. 그는 우리로 하여금 이 추억
의 잡동사니 창고를 마음껏 둘러보게 해놓고는 자신은 마권에 신경을
쏟고 있다. 20여 명의 낭트 지방 '노예상인들'의 명부 옆에 이런 코멘트
가 붙어 있다. "오라두르-쉬르-글란에서와 마찬가지로 여기서도 우리
는 다만 이렇게 말할 수 있다. 다시는, 두번 다시는—조세프 엔디아
예." 이 관리인은 절대 서명을 잊지 않는다. 고통의 시대착오에 빠져
시대와 드라마를 혼동하고 있다.

죽스 요새를 찍은 사진 한 장이 '홀로코스트에 희생된' 투생 루베르
튀르[1]를 상기시키고 있고, 그 옆에 넬슨 만델라의 초상이 걸려 있다. 아
메리카 원산의 말린 꽃잎으로 만든 왕관 위에 그가 자필로 쓴 다른 문
구들이 또 나붙어 있다. "인간이 되기 위해 아직도 우리는 얼마나 먼
길을 걸어가야 하는가!" 물론 그것이 다가 아니다. "우리는 역사의 소
비자가 아니라 채무자이고자 한다", "인간은 인간에 대한 늑대다", "검
은 고통이 서린 곳이기에 이곳은 아프리카의 성소다", "방문객들이여,
여러분들의 심각한 미소 속에서 나는 사랑의 승리를 읽는다". 그는 코
끼리 턱판 가까이에다 이곳을 방문한 유명인사들의 서명을 보란 듯이
걸어두고 있다. 스티비 원더, 카다피, 야세르 아라파트, 프랑수아 미테
랑, 해리 벨러폰티, 룩셈부르크 대공부인, 쥘리앙 클레르…… 신중한

미테랑은 약식 서명만 했다. 다른 이들은 말이 많은 편이다.

노예들의 집 메모들

　"나는 다쇼를 방문한 적이 있는데, 여기서 다시 똑같은 홀로코스트에 대한 똑같은 감정을 느낀다"라고, 어느 익명의 손이 적고 있다. PLO(팔레스타인 해방기구) 리더의 아랍어로 된 텍스트를 보고서, 이스라엘 사람 이란 할레비는 "인류사의 가장 거대한 대학살에 전율을 느낀다"고 중얼거리며 "인종차별주의에 희생된 모든 국민들과 마찬가지로 우리 팔레스타인 백성들의 고통이 아프리카 백성들의 고통과 동일한 희망 속에 함께할 것"을 기원하고 있다. "백인으로서는 꺼림칙한 느낌 없이 이 노예들의 집을 방문하기는 어렵다"고 미셸 로카르는 털어놓는다. "나는 이곳을 떠났고, 증오와 복수의 의사 없이 다시 이곳으로 되돌아 왔다"—할렘 데지르. "우리의 자유와 우리의 특권들을 위한 이 순례에 감사한다"—레지 드브레. "이곳을 나서면서 자긍심을 가질 수는 없다. 공쿠르 아카데미는 기억할 것이다"—에르베 바젱. "인종주의, 즉 어느 종족이 특별한 사명을 타고났으며 우월하다는 그 믿음이 3,800만 명을 희생시켰다"—클로드 셰송.

　조세프 엔디아예의 이 '추억의 서書'는 가히 전세계적이다. 어느 말리 세관원의 간결한 문장 "이 무슨 비극인가!"가 세계은행 총재의 문장과 멀지 않은 곳에 나란히 있다. 제3세계의 채무 변제를 감시하는 세칭 '임대인들'의 상징적 존재인 그는 "인간에게 인간의 비인간성을 상기시켜주어야 한다"고 적고 있다. 관리인은 아무것도 감추는 게 없다. 자신과 관계된 것, 특히 프랑스에서 군 복무할 때 받은 메달까지 공시하고 있다. 1943년에 낙하산부대 하사관으로 소집된 그는 파리 수복 전투에 참전했고, 북아프리카와 인도차이나 전쟁에 특공대로 참전했고, 디엔 비엔 푸에서도 비제아르 장군 휘하에 있었다. 삼각 무역—잡화류와 무기와 화주를 노예들과 교환하고, 노예들을 담배와 설탕과 인디고와 면과 교환하고, 화물들을 돈과 교환—을 말해주는 지도 옆에다 그는 "프랑스군의 옛 세네갈인"으로서 그에게 경의를 표한 어느 프랑스 신문기사를 오려내어 붙여놓았다.

그 자신의 말에 따르면, "프랑스인으로서의 의무"를 다한 뒤 그는 "역사의 되풀이를 막기 위한 하나의 메시지"와도 같은 이곳에 헌신해왔다고 한다. 반항의 외침이 아닌, 화합에의 호소 같은 곳. 슬프지만 걸림돌이 아닌, 용서와 망각의 기억이 어린 곳. 역사로부터 해방되어 신화와 그 여러 환상들에 연접된 기억을 간직한 곳. 조세프 엔디아예의 화를 돋우게 되더라도 어쩔 수 없는 사실 하나는, 아마도 이 노예들의 집은 노예굴이 아니라 노예 주인들의 집이었으리라는 것이다. 1784년에, 이 섬에 살던 어느 부유한 혼혈에 의해 뒤늦게 건립된 이 집에는 "집 노예들"만 살았으며, 강제 수용된 노예들은 고레 섬에 있는 두 요새의 노예굴에 몰려 있었다. 밤에는 공기도 빛도 없는 복도에서 줄줄이 쇠사슬에 묶여 지냈고, 낮에는 강제 노동—돌 깨는 일, 큰 통을 굴리는 일, 카누의 짐을 부리는 일—에 시달려야 했던 그들은 1743년과 1765년에 두 차례의 폭동을 일으켰다. 두 명의 주동자는 화약이 가득 찬 대포 아가리에 몸이 묶였다. 격발이 그들의 육신을 쏘아 보냈다.

"이 인류의 재앙"은 "한 신화적 과거의 감상적 재구성" 이상의 뭔가를 요구하고 있다고 평하면서, 탈신화화의 악역을 자임한 이는 '검은 아프리카 연구소' 소속 연구원 조세프 로제 드 브누아다. 나아가서 그는 고레 섬이 흑인노예 무역의 주요한 중간 기지였던 적이 없었다고 주장한다. 주민들이 마실 만한 물이 없었기 때문이라는 얘기다. 오늘날 이곳을 방문하는 많은 방문객들은 노예제도가 존속한 3세기 동안 1,500만에서 2천만 명의 아프리카인들이 이곳을 거쳐 아메리카로 간 것으로 알게 된다. 한데 이 수치는 그야말로 터무니없다. 1677년부터 1794년까지 고레 섬은 대서양 무역을 통해 연간 2~300명의 노예를 팔며, 어쩌다 5~600명이 되는 때도 있었다. 그래봤자 총 5만 명을 넘지 못하며, 이는 대서양 흑인노예무역 총 희생자의 0.5퍼센트 남짓한 정도인 것이다.

그 극악함을 죽은 이들의 무게로 잴 수는 없는 일이겠지만 이 비극의 숫자와 관련하여 또 하나 수정해야 할 사실이 있다. 강제 이주당한 이들의 수가 3천만 혹은 4천만 명이 아니라 1,300백만 언저리라는 것. 세네갈 역사 교수들 협회의 한 최근 연구물이 그런 주장을 펴고 있다. "우리는 1450년에서 1900년 사이 아메리카로 강제 이주된 개인들의 수가 1,170만 정도라는 데 동의한다. 흑인 노예선박들에서의 평균 사망률이 13퍼센트인 점을 감안하면 대략 1,300만 명 정도다. 이 대서양 노예무역 안에는 8세기부터 19세기까지 훨씬 더 오랫동안 지중해 세계와 인도양 쪽으로 1,380만 명을 강제 이주시킨 사하라 노예무역도 포함시켜야 한다. 대략 2,680만 명에 달하는 이 인구 공제는 16세기 이후부터 아프리카 대륙이 사회적으로나 경제적으로 쇠퇴하게 된 주된 요인이다."

신화에서 벗어난다는 것은 그러한 유럽의 범죄를 가능케 한 사회구조들과의 대면을 가정한다. 즉, 아프리카 노예상인들이 없었고 노예제 전통이 없었더라면 그와 같은 대규모 노예무역은 없었을 것이요, 상업적 교환이 없었더라면 지속적인 삼각 무역도 없었을 것이라는 것. 이것이 세네갈의 젊은 역사가들, 특히 바바카르 팔이 하는 작업이다. "당시 노예제는 아프리카에서는 하나의 제도였습니다. 포로는 팔거나 다른 물건과 교환할 수 있는 하나의 상품, 일종의 재산에 다름아닌 사회 구성체였죠. 바로 이 점이 노예매매 상관商館들의 일을 쉽게 해주었습니다. 그 반대급부는 총기류의 대량 수입, 즉 지역 권력들의 공고화였습니다. 연안 정부들은 전문적으로 노예사냥에 매달리면서 헤게모니를 구축했습니다. 19세기에 식민지로 전락할 때까지 3세기 동안 노예무역은 그들에게 안정을 가져다준 거죠."

바바카르 팔은 도덕적 판단을 거부한다. "개인의 지위가 태어날 때부터 결정되어 있는 그런 신분 사회였습니다. 장기적인 비전도 큰 계획도 없었지만 그렇다고 이 국가적 구조들이 자신들의 이득을 충분히 의식하지 못했던 것은 아닙니다. 국가의 논리가 문화의 논리를 압도하고 있었던 거지요. 아샨티 왕국에서는 이것이 상인 계급, 노예무역 중 개인 계급을 탄생시켰습니다. 부르주아 계급의 배아胚芽와도 같은 그들은 선박들을 용선하여 리버풀까지 진출하기도 했습니다." 그들의 급성장은 지난 세기 제국들의 식민지 경영에 의해 깨어졌다. 게다가 그후부터 유럽의 열강들은 전통 수장들과의 동맹과 식민지 노예제의 폐지 사이를 오가면서, 포로 문제에 관해 이중의 언어를 견지하게 된다. 프랑스가 서아프리카에서 노예들의 매매를 없앤 것은 1905년에 이르러서의 일이다. 노예들의 소유는 금지하지도 않은 채 말이다.

바바카르 팔은 이렇게 덧붙인다. "이 현상이 장수하게 된 것은 그렇게 설명됩니다. 지금도 포로의 지위는 전과 다를 바 없습니다. 시골에 가면 저이는 어느 집의 노예니, 저 마을은 노예들의 마을이니 하는 얘기를 듣게 됩니다. 오직 도시화만이 태생을 지울 수 있죠. 그런 의미에서 도시화는 해방의 한 요소라 할 수 있습니다." 기억과 역사 사이에서 현재가 쟁점이 되고 있다. 1989년 모리타니아의 아프리카 흑인들에 가해진 그 끔찍한 박해의 핵심에 있었던 것이 바로 이 신분과 포로 문제가 아니었던가? 그리고 세네갈 내 무어인들의 상권이 엉망이 된 것은 이에 대한 보답이 아닌가? 흑인을 곧 노예로 여기는 백인 무어인들은 실로 유대인 박해에 필적하는 일에 뛰어들었었다. "그것은 국내의 '흑인들을 모두 없앤다'는 국가의 정책이었습니다"라고 바바카르 팔은 말한다. 하나의 우회처럼 보이던 것이 시사 문제의 핵심으로 우리를 데리고 간다. 이라크의 강력한 지지를 받는 모리타니아. 쿠웨이트 전선에 500명의 '디암바르'[2]를 파병한 세네갈. 차기 세계 이슬람 회의가 개최될 다카르. 역설적이게도 식민지개발 시대에 검은 아프리카 대륙에서 이슬람이 급신장한 까닭이 포로들의 지위와 노예제에 대한 인도주의적 폭로에 의해 일부 설명된다.

해질 무렵, 우리의 작은 보트는 다카르 쪽을 향한다. 콜럼버스가 포르투갈 탐험 때 마주쳤던 과거의 캅-베르가 지금의 다카르다. 배의 갑판에는 두 명의 영악한 젊은이 '로렉스'씨와 '카르티에'씨가 진짜-가짜 시계장사에 여념이 없다. 1,590억에 달하는 부채 변제를 위해, 세네갈의 내년도 예산은 CFA[3] 프랑으로 겨우 160억을 찾아냈을 뿐이다. 하지

2 '산토끼'라는 뜻으로, 걸프전 당시 세네갈 병사들을 가리켰다.

3 아프리카 재정 금융공동체.

만 우리의 제독은 이제 더이상 자신의 부채 따위는 생각하지 않는다. 마침내 그는 지금 바다에 있다. 1492년 9월 6일에 카나리아 군도를 떠난 그의 선원들의 시야에서 육지가 완전히 모습을 감추는 것은 9일이다. 그날은 일요일이었고, 콜럼버스는 항해일지에 이렇게 적고 있다. "오랫동안 육지를 다시 보지 못할까봐 겁을 내며 많은 선원들이 한숨을 쉬고 눈물을 흘렸다. 그들이 멀고먼 길에 대해 품고 있는 두려움을 삭이고 희망을 간직하도록, 제독은 많은 땅과 부를 약속하며 그들 모두를 위로했다."

바하마

이 얼마나 경이로운가

산살바도르 "나이스 비치, 맨." 리빙스턴 신부님으로부터 처음으로 알아들은 말이다. 대개 그의 쉰 목소리는 두 음절 중 하나는 먹어버린다. 무명 리본 장식이 달린 작은 밀짚모자를 쓰고 있는 그는 별로 성직자처럼 보이지 않는다. 하지만 그의 허름한 침례교회 건물에서 예배를 집전할 때는 더없이 장중하고 까다롭게 성사를 본다. 앙상한 골조만 남은 자동차들에 둘러싸인 그의 검소한 집은 지척에 있다. 그가 드문 관광객들에게 세를 놓는 집 역시 마찬가지다. 하느님의 사업이 그의 사업을 돌보고 있다. 홍보용 티셔츠를 껴입은 채 발을 물 속에 담그고 있는 그의 신자 두 명은 지금 마이애미에서 온 어느 과테말라 여성의 사진기 앞에서 이탈리아산 만년필 상표를 선전하는 깃발 하나를 들고 있다. 보슬비만 내리지 않았다면 사진은 완벽했을 것이다. 터키옥색의 물, 잔잔한 바다, 맑은 모래, 두 명의 흑인 소년과 빛나는 저 흰색 십자가……

롱베이 해변

신부님의 말씀이 옳다. 바하마 군도에서 가장 동쪽에 자리잡고 있는 섬 산살바도르의 서편 연안에 힘없이 늘어져 있는 롱베이 해변은 실로 아름답다. "이 얼마나 경이로운가……." 신세계에 당도한 최초의 나날들, 더이상 뭐라 할 말을 찾지 못할 때마다 콜럼버스의 붓끝에서 후렴처럼 튀어나오는 말이다. 어느 해변에서 어느 내포內浦로, 어느 곳에서 어느 만으로, 미궁 같은 섬들을 열심히 뒤지고 다니며 앞의 것보다 더욱 아름다운 뭔가를 발견할 때마다 이 말을 되풀이한다. 그의 두 눈은 "우리의 것과는 너무나 다르고 너무나 아름다운 그 녹음들"을 아무리 보아도 질리지 않는다. "5월의 안달루시아 지방만큼이나 신선하고 풍요로운" 식물상, "낮이 밤과 다른 만큼이나 우리의 것과는 너무나 다른 그 나무들과 과일들과 풀잎들과 돌들", "이 세상에서 가장 섬세한 색깔들을 꺼입고 있는, 우리의 것과는 너무나 다른 물고기들", "누구라도 한번 들으면 영원히 이곳을 떠나고 싶지 않은 마음이 들게" 노래하는 새들, "이 세상에서 가장 감미로운 것이라는 듯 너무나 좋고 너무나 그윽한" 향기를 내뿜는 꽃들을 관조하고 감탄하는 데 도무지 질릴 줄을 모른다. 루소의 때 이른 출현이랄까…….

그러니까 바로 이곳이다. 물구멍과 석호潟湖들이 숭숭한, 평평하고 연약한 이 섬 기슭, 이 해변 위, 바로 저 십자가 곁이다. 1492년 10월 12일 금요일 아침, 팔로스를 떠난 지 두 달하고도 여드레째 되는 날의 일이다. 당시의 장면을 상상하려니 뭔가 어떤 거창함과 우스꽝스러움 사이에서 망설이게 된다. 작은 배를 타고 기슭에 닿은 콜럼버스가 최고로 화려한 의관을 갖추고서 왕의 깃발을 단단히 치켜든 채 땅에 내려선다. 그의 양쪽 곁에는 '핀타' 호와 '니나' 호의 선장들인 핀손 형제가 페르난도와 이사벨라의 이니셜이 장식된 푸른 십자가 깃발들을 펼쳐들고 있다. 그 뒤에는 필기도구 세트를 가득 챙긴 공증인, 역사를 위해 지명된 증인인 왕궁의 검열관, 그리고 아랍어와 헤브라이어와 아람어 중에서 과연 어떤 언어를 사용해야 할지 고민하는 통역사 등이 따르고 있다. 맨 끝에는, 자기들 땅에 갑작스럽게 침입한 이들 때문에 놀라고 당황한 채 알몸으로 서성대는 그 모든 사람들을 무례한 표정으로 바라보고 있는 근위대가 있다. 그들에게는 주의를 기울이지 않은 채 콜럼버스는 엄숙한 표정으로 자신의 할 일을 수행한다. "주군들이신 왕과 여왕의 이름으로" 그는 이 섬의 소유권을 선언하고 산살바도르라 명명한다. 통역사는 그만 체념하고 몸짓 언어를 구사한다. 콜럼버스는 주위의 원주민들에게 붉은색 모자와 유리구슬 등을 나누어준다. "별 가치 없는 다른 많은 것들에 대해 그들은 크게 기뻐했다"고 그는 말한다.

산살바도르에 도착한 콜럼버스

신부님의 목소리가 몽상을 중단시킨다. 성사는 잠시 제쳐두고, 그의 덜컹거리는 자동차를 타고 섬을 한 바퀴 둘러본다. 미합중국의 정자들에 에워싸인 그 십자가를 향해 마지막 눈길을 던진다. 그것은 1956년에 또 한 사람의 제독 새뮤얼 엘리엇 모리슨에 의해 세워졌다. 그는 자신의 동료인 제노바 제독을 열렬히 흠모하는 사람으로, 1939~1940년 두 해에 걸쳐 콜럼버스의 옛 항로들을 다시 항해해본 최초의 인물이다. F. D. 루스벨트의 동반자였고, 역사가이자 전략가이기도 한 이 부유한 미국인은 콜럼버스가 바람을 잘 다스려 첫 항해 때 이미 최적의 왕복 바닷길을 발견했음을 제시함으로써, 그를 뛰어난 항해사로 복권시켰다. 미국으로부터의 경의는 당연한 보답이라 할 수 있을 것이다.

새뮤얼 엘리엇 모리슨

1492년 10월 7일, '작은 양초'의 불빛 같은 것을 발견하기 나흘 전, 콜럼버스는 그가 보기에 뭍을 향해 날아가는 것처럼 여겨지던 새를 뒤좇아 남서쪽으로 선수를 돌린 일이 있다. 방향을 그대로 유지했더라면 아마도 그는 플로리다에 도착했을 것이다. 그랬다면 미국의 지중해가 된 카리브 해의 새로운 바빌론, 마이애미는 5세기 전 아마 스페인어로 말을 하게 되었을 것이다.

항해를 하는 동안 콜럼버스는 줄곧 거짓말을 했다. 육지가 수평선에서 사라진 바로 그 다음날인 9월 10일 이후부터 그는 실제로는 60해리를 항해하고도 48해리만 항해한 것처럼 기록했다. 그의 선원들이 '항해가 너무 길어지는 데 대해 두려움을 갖지 않게' 하기 위함이었다. 그렇게 매일 저녁 그는 승무원들이 좀더 잘 참고 견디도록 몇 해리씩 빼나갔다. 배에서는 엄격한 규칙에 의해 잡거 생활이 이루어졌다. 선원들은 갑판에서 잠을 잤다. 오직 선장과 갑판장만이 선실에서 잠잘 권리가 있었다. 제독의 배인 '산타마리아' 호에는 39명이 승선했다. '핀타' 호와 '니나' 호에는 각각 26명과 22명이 승선했다. 배의 크기에 따른 배치였다. 아마도 제독의 배는 전장 26미터에 무게 100여 톤 정도였던 듯하고, 다른 두 캐러벨선은 길이가 20미터에 못 미치고 무게도 70톤 정도였다.

그를 비방하는 이들이 뭐라고 떠들어대든 바다에서의 콜럼버스는 뛰어난 항해사였다. 그의 배들을 1550년과 1650년 사이의 화물 수송 선단과 비교해본 피에르 샤뉘는 그의 항해 시간이 최고 기록을 낸 배들에 필적한다는 사실을 입증했다. 어떻든 본능에 따라 항해하는 놀라운 선원임엔 틀림이 없다. 자신의 위치에 대한 천문 계측을 할 때는 터무니없는 오류를 범하면서도 말이다. 카나리아 군도의 가장 서쪽에 위치한 히에로 섬에서 곧장 서쪽으로 나아가면서 그는 시종 북위 28도선을 유지했으며, 무역풍을 등진 채 매일 6~8노트의 속도로 나아갔다. "특히 중요한 것은 제가 잠마저 잊어버리고서 잠시도 경계를 게을리하지 않는 항해사가 되어야 한다는 점인바, 사실 이는 무척 힘이 드는 일입니다"라고, 그는 왕들 앞으로 쓴 자신의 일기 서두에 적고 있다. 그렇게 적기에 앞서, 먼저 그는 다음과 같은 엄청난 계약 내용을 왕들에게 조목조목 상기시키고 있다. "폐하들께서는 제게 작위를 주셨고, 앞으로는 제가 '돈Don'으로 불릴 것이요, 대양의 대제독 겸 부副왕이 될 것이요, 제가 발견하여 얻게 되는 것은 물론 저의 뒤를 이어 사람들이 발견하여 얻게 될 모든 육지들과 모든 섬들의 영원한 총독이 될 것이며, 또한 저의 장손이 이 모든 자격들을 계승할 것이요, 그것이 세세손손으로 영원히 이어지게 될 것을 결정하셨습니다."

훌륭한 선원이기도 하지만 계산에도 매우 뛰어난 인물이다. 그러나 그의 선원들은 텅 빈 수평선을 절망적으로 살피며 조바심을 치고 있다. 9월 16일, 초록의 울창한 해초 숲이 사르가스 해 속으로의 진입을 알렸다. 그윽한 대기, 살아 있는 게 한 마리와 흰 새 한 마리가 뭍이 가까이에 있으리라는 믿음을 주었다. 규율을 잘 지키지 않는 '핀타' 호의 선장 마르틴 알폰소 핀손이 선두로 나섰다. 헛된 희망이었다. 분위기가 무거워졌다. 훗날, 콜럼버스의 차남 페르난도 콜럼버스는 이때부터 선원들이 "이방인"을 저주하기 시작했노라고 전한다. "육지를 말해주는 지표들이 덧없는 것으로 드러날수록 선원들의 공포는 점점 더 커져

갔고 투덜거리는 기회도 잦아졌다. (…) 심지어는 제독이 자신의 계획을 포기하지 않으려 들면 그를 바다에 던져버리고 별들을 관측하려다 실수로 바다에 빠진 것이라고 선언하자는 얘기가 나돌기도 했다."

"육지를 보게 될 때까지, 매시간이 그들에게는 1년과 같았다"라고 페르난도는 덧붙인다. 10월 10일, 선단에 폭동의 기운이 감돈다. 자신의 일기에 선상에서의 일들을 거의 언급하지 않는 편인 콜럼버스도 어쩔 수 없이 이렇게 적고 있다. "선원들은 더이상은 견딜 수 없는 모양이다. 그들은 항해가 너무 길어지는 데 대해 불평하고 있다." 그러나 추호의 흔들림 없이 그는 자신이 "인도에 도달하기 위해 온" 것이며, "'우리 주님'의 도움으로 인도를 발견할 때까지 항해를 계속"할 것을 외친다. 신의 간택을 받은 사람인가 운이 좋은 사람인가? 바로 그 다음 날, 사람이 손질을 한 듯한 나무막대 하나와 갈대 한 줌, 그리고 가시가 돋아 있고 열매들이 달려 있는 나뭇가지 하나가 육지를 예고했고, 자정에서 두 시간쯤 지났을 때 발견된 불빛 하나가 이를 새삼 확인해주었다. 이때 다시 한번 콜럼버스의 교활한 면모가 드러난다. 어느 선원이 "육지다!" 하고 외쳤다. 그 선원은 이제 자신은 부자가 되었다고 믿었다. 왕들이 최초의 발견자에게 1만 마라베디스의 포상금을 준다고 약속했기 때문이다. 그러나 콜럼버스는 일기에다 자신이 먼저 육지를 보았노라고 기록하고는 다른 사람들에게는 이에 관해 일체 언급하지 않았다. 그리하여 왕의 포상금은 절로 그의 수중에 들어가게 된다.

이윽고 첫 접촉이 이루어졌다. 목가적인, 은총의 한순간, 사람들의 탐욕 때문에 날아가버린 행복의 한순간. 콜럼버스에게는 '대단히 상냥

하고 대단히 아름다운 몸을 지녔고 매우 건장한' 그 사람들을 묘사하는 데 필요한 최상급 형용사가 부족하기만 하다. 작은 보트가 있는 곳까지 헤엄쳐 와서 먹을 것과 마실 것을 주고, 앵무새들이며 면사며 투창들을 선물하는, 너무나 평화롭고 너무나 너그럽고 너무나 은혜로운 사람들. 콜럼버스는 사람들과 사물들의 아름다움 앞에서 넋이 달아나 어찌할 바를 모른다. 그는 끊임없이 감탄을 되풀이하다가 문득 이를 의식한 듯, 자신이 "모든 것을 터무니없게 이상화시키는" 점을 왕들에게 사과하고, "자신이 하는 말이 진실의 100의 1도 되지 않음을 보증할 수 있으니 그런 찬사들을 늘어놓는다고 해서 놀라움의 탄성을 지르지 말 것"을 당부하고, 자신이 지금 보고 있는 것은 "천의 언어로도 다 표현할 수 없고 자신의 손으로 그것을 적을 수도 없으며, 마치 꼭 뭔가에 홀린 것 같다"고 말한다.

그는 진심으로 하는 말이지만 과장하는 점도 있다. 이 낙원 같은 섬들이 약속의 땅 인도가 아니라는 사실을 그는 잘 알고 있었기 때문이다. 위대한 칸을 위해 준비해온 협정서들이 이 꿈 같은 해변에서 무슨 소용이 있겠는가? 아무런 부도 약속하지 않는 땅이 무슨 가치가 있는가? 그래서 그는 자꾸 말을 덧붙인다. 편지 이곳저곳에서 인디언들이 그에게 하는 말을 이해하는 체하다가는, 어느 삽입구에서 그만 "저는 그들의 언어를 이해하지 못합니다"라고 털어놓는다. 공백을 메우기 위해 그는 자신의 식물학적 감상들만 쉬지 않고 묘사해댄다. 사실 "그들은 모두 암흑 속을 헤엄치고 있었다"라고, 훗날 라스 카사스는 적게 된다. 바로 이 혼란 속에서, 앞의 후렴을 지우는 새 후렴처럼 황금 얘기가 슬그머니 끼어든다. 10월 13일, 콜럼버스는 문득 "저는 혹시 황금이 있

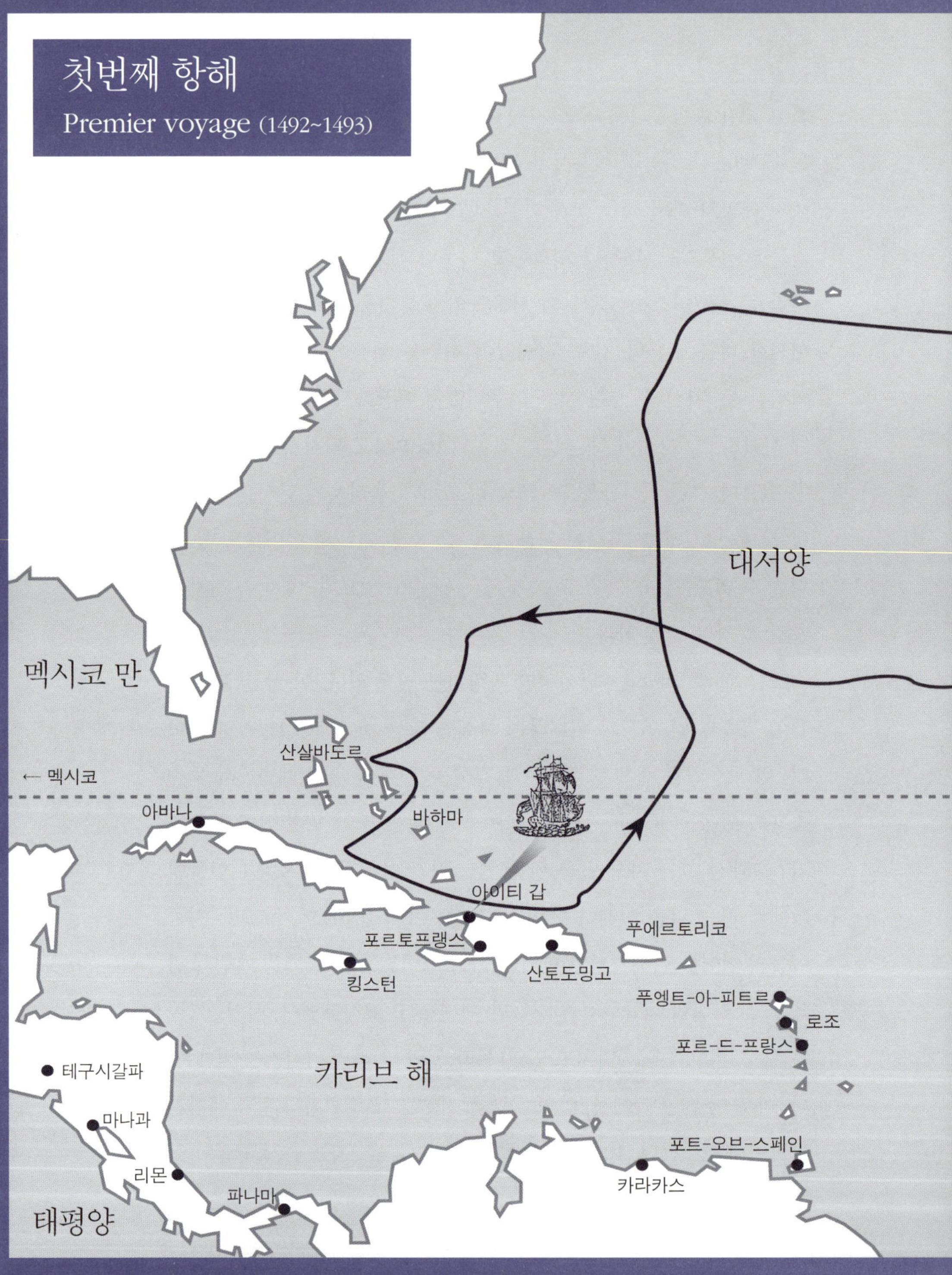
첫번째 항해
Premier voyage (1492~1493)
대서양
멕시코 만
← 멕시코
산살바도르
바하마
아바나
아이티 갑
포르토프랭스
푸에르토리코
킹스턴
산토도밍고
푸엥트-아-피트르
로조
포르-드-프랑스
테구시갈파
카리브 해
마나과
포트-오브-스페인
리몬
파나마
카라카스
태평양

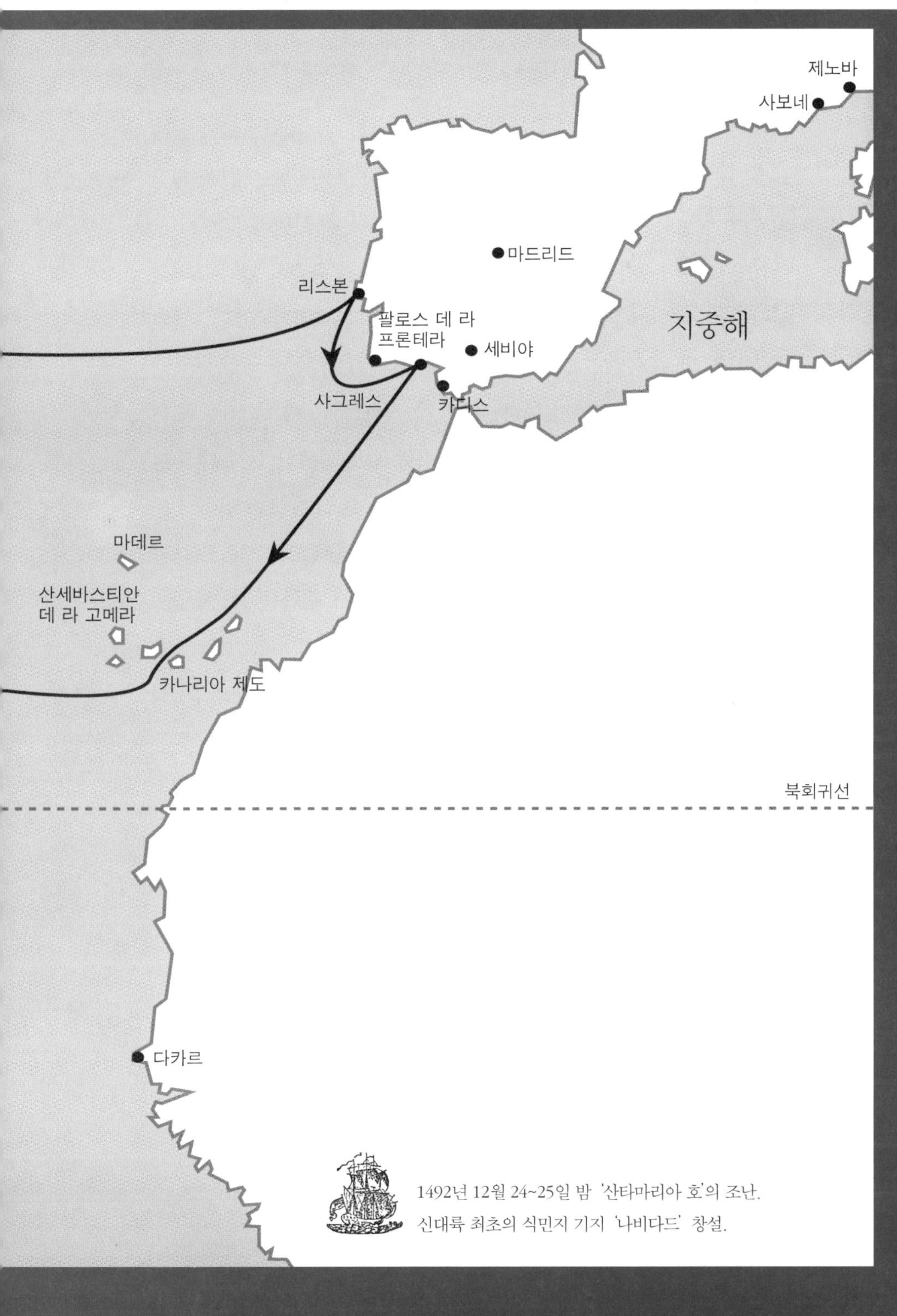
제노바
사보네
마드리드
지중해
리스본
팔로스 데 라
프론테라
세비야
사그레스
카디스
마데르
산세바스티안
데 라 고메라
카나리아 제도
북회귀선
다카르
1492년 12월 24~25일 밤 '산타마리아 호'의 조난.
신대륙 최초의 식민지 기지 '나비다드' 창설.

는지 알아보고 있습니다"라는 얘기를 끼워 넣은 것이다. 그리하여 에덴은 곧 엘도라도에 의해 내쫓기게 된다. 하지만 이곳에는 전혀 황금의 기미가 보이지 않았다. 그 노란 금속은 다른 곳에 있었다.

10월 14일, 콜럼버스가 화목한 분위기를 깬다. 황금이 없기에 대신 사람들을 징발한다. "그들에게 우리의 언어를 가르치기 위해" 7명의 원주민을 데려온 것이다. 그들을 되돌려 보내기로 약속해놓고는 곧 생각을 바꾼다. "폐하들께서 명하신다면, 그들 모두를 카스티야로 데려가거나 아니면 바로 이 섬에 포로로 잡아둘 수도 있습니다. 우리 50명만으로도 폐하들께서는 그들 모두를 복속시킬 수 있고 무슨 일이건 원하시는 대로 부릴 수 있으니까요." 몇 주가 지나면서 그의 생각은 분명해진다. "이제 남은 일은 이곳에 거처를 마련하고 주민들에게 명령을 내리는 것뿐입니다. 그들은 시키는 대로 무슨 일이건 다할 것입니다. 그들은 누군가가 명령을 내리고 일을 시키고 씨를 뿌리게 하는 등, 뭔가 유익하다 싶은 일을 시키기에 적합한 사람들 같습니다. 마을들을 건설할 수도 있고, 옷을 입는 습관을 들여 우리와 같이 행동하는 데 금방 익숙해질 수 있을 것입니다." "그들이 감쪽같이 우리처럼 된다면 이 얼마나 경이로운 일입니까"라고, 그는 첫날부터 그렇게 적고 있다. 1492년에, 콜럼버스는 이미 식민지 개발도 발명하고 있었던 것이다.

이 얼마나 경이로운가……. 산살바도르에는 이제 더이상 콜럼버스를 매혹시켰던 그런 나무들이 없다. 식민지 개척자들이 선박 건조에 써버렸기 때문이다. 그러나 매력만은 아직도 살아 있다. 주민이래야 모두 합해서 5~600명 정도인 이곳은 모든 사람들이 서로 알고 지내는 작은 마을이다. 섬의 단 하나뿐인 포장도로가 공항 활주로를 가르고 있고 하나뿐인 호텔은 관제탑에 있다. 인구의 67퍼센트가 수도인 나소에 살고 있는, 군도의 중심에서 벗어나 있는 그 위치 덕분일까? 아니면 관광객들을 달아나게 한 미국 첩보국에 감사를 표해야 할까? 죽어서도 콜럼버스는 세계의 중심에 머무르고 있다. 50년대부터 60년대 말까지 산살바도르는 전략적으로 매우 중요한 군사기지를 둘이나 갖춘 스파이들의 둥지였던 것이다. 하나는 카나베랄 곶에서 쏘는 미사일 시험 발사를 수행하는 공군기지였고, 다른 하나는 소련 잠수함들의 동태를 감시하기 위한 해군기지였다.

섬의 북쪽, 바로 그 냉전의 담장 안에서, 1986년에 콜럼버스를 기리는 행사가 열렸었다. 군인들의 자리를 차지한 이 기묘한 미국 사설 연구소가 국제 회의를 주최한 것이다. "무슨 일을 하냐구요? 나도 그게 궁금합니다." 무질서한 사무실의 천장에 매달린 선풍기 아래에서 연구소 책임자 도널드 지레이스가 건성으로 대답한다. 지리학, 식물학, 고고학 등, '바하미언 필드 스테이션'은 다목적 연구소다. 1983년과 1984년과 1985년에 이 연구소는 롱베이 유적지를 발굴한 바 있다. 지레이스가 당시에 찍은 사진들을 보여준다. 1454년과 1474년에 스페인에서 주조된 구리동전 하나, 청동고리들, 못들, 유리구슬들, 금속단추들 등이 콜럼버스 이전 시기의 도자기 조각들과 나란히 있다. 의심의 여지가 없다. 모리슨 제독이 오로지 추론을 통해 첫 접촉의 장소로 지적했던 이 해변은 그 흔적을 그대로 간직하고 있었다. 손을 뻗으면 닿는, 물밑 20센티미터에 말이다.

산살바도르는 이를 확신하고 있다. 어려움이 없었던 것은 아니다.

콜럼버스의 섬에 대한 추억은 사라진 지 오래였었고, 1926년이 되어서야 이 섬은, 1492년에 잠시 불렸던 산살바도르라는 이름을 되찾았다. 그전까지는 '웨이틀링'이라 불려왔던 것이다. 1625년 이후부터 바하마의 아홉 개 섬들이 특권을 얻기 위해 다투어왔다. 오늘날까지도 캣이나 캐이코스, 그랜드 터크, 에그 등의 섬들을 지지하는 이들이 있다. 미국의 대학인들이나 금리생활자들은 이 분쟁에 열을 올리고 있다. 카리브 해에서 인위적으로 떨어져나간 이 군도는 그들의 놀이터가 아닌가. 이곳이 독립전쟁 동안에는 왕정주의자들의 피난처였고, 남북전쟁 때는 남군의 배후기지였으며, 재정적 소굴인 "오프쇼어 뱅킹"의 낙원이요, 그 회장들의 "레크리에이션 마당"이라는 점을 바하마 정부 소유의 한 잡지는 강조하고 있다. 1967년부터 이 정부의 종신 수상으로 일하고 있는 이는 관광성 장관을 겸직하고 있다.

그러나 오늘날 산살바도르의 화젯거리가 되고 있는 이들은 프랑스인들이다. 도널드 지레이스가 지도 한 장을 꺼낸다. 그의 연구소 주변이나 롱베이 주변은 말할 것도 없고, 남쪽과 북쪽, 중앙 등 도처가 시퍼렇게 칠해져 있다. 가히 푸른색의 침공이라 할 만하다. 베일에 가려진 어느 프랑스인이 끊임없이 부지를 사들이고 있는 것이다. 누구를 위해서? 마을 하나를 건설하기 시작한 '지중해 클럽'을 위해서일까? 어떤 이들은 그렇다고 하고, 또 어떤 이들은 정반대되는 얘기를 한다. 그러나 루카예인들, 정작 그들은 더이상 아무 말이 없다. 바다를 마주보고 있는 작은 집, 현재 박물관 사무실로 쓰이고 있는 그곳으로 가면 그들의 사망 증명서를 읽을 수 있다. '루카예인들 : 600~1492'. 그들의 섬은 '구아나하니'로 불렸었다. 하지만 지금 산살바도르라는 이름을 버릴 생각을 하는 이들은 아무도 없다. 그러나 쿠바는 아메리카인디언들의 본래 이름을 보존했다. 이제 그만 떨쳐버리고 싶다는 듯 루카예인들이 콜럼버스에게 가는 방향을 지시해준 거대한 섬, 쿠바. 온통 자신의 꿈에 몰입해 있던 콜럼버스는 그것을 시판고, 즉 일본으로 알아들었다.

쿠바

목 졸린 섬

아바나 마침내 경쟁이다! 이곳 쿠바에 이르기까지, 콜럼버스는 위대하면서도 우스꽝스럽고 매력적이면서도 절망적인 바다 별들의 사냥꾼이요 풍차 방앗간의 발견자인 바다의 돈키호테처럼 고독한 영웅의 모습으로 우리를 동반했다. '아호라 티엠포 데 헤로에스'라고 아바나의 벽들은 말한다. '지금은 영웅들의 시대'라는 뜻이다. 어제도 그랬고 내일도 마찬가지일 것이다. 예외가 일상적 규범이 되고 희생이 일상적 미덕이 된 시대. 최근에 피델 카스트로는 "나는 혁명이다!"라는 슬로건을 날렸다. 어느 누구도 혁명에서 벗어날 수 없다는 얘기다. 여기서 '나'란 달리 말하면 이렇다. 나, 우리, 여러분 모두가 위에서 아래로의 동일한 수직 운동 속에 녹아 있다는 것. 나폴레옹 원정만큼이나 오래되고 인구에 널리 회자된 단순한 흐름의 문제, 즉 자신의 영웅주의를 타인들에게 부과하는 것이 영웅적인 일인가?

대체로 진짜 영웅들은 죽은 이들뿐이다. 세월의 마손을 이겨낸, 갑

체 게바라

작스럽게 중지된 흐름 속의 삶들. 본의 아니게 숭배되는 죽음들. '체'가 바로 그런 사람이다. 에르네스토 체 게바라, 이 영웅적 게릴라의 낭만적 초상화들이 당대의 지상 명령을 예시하고 있다. 조국도 국경도 없는 이 아르헨티나인이 이 같은 숭배를 좋아했으리라는 증거는 어디에도 없다. 그만큼 그는 돌이나 대리석이나 철로 된 인간이 아니라, 쿠바인들이 그에게 붙여준 별명, 즉 고통과 기쁨을 다 함께 표현하는 감탄사 '체'라는 별명대로 모순적이고 복잡한 인물이었다. 1965년, 역할 분담이라기보다는 견해차의 에필로그로서 쿠바를 떠나 "세계의 다른 연봉連峰들"을 향해 갈 때, 군인이기에 앞서 고고학자요 의사를 꿈꾸었던 이 천식 환자는 부모님께 이렇게 썼다. 당당하면서도 솔직한 편지다. "다시 한번 저는 두 발 아래에 로시난테[1]의 갈비뼈를 느낍니다. 팔짱을 끼고서 저는 다시 길을 떠납니다. (…) 많은 이들이 저를 모험가로 취급할 테고, 사실이 그러합니다만 굳이 말하자면 좀 색다른 모험가라 할 수 있습니다. 자신의 진실을 지키기 위해 목숨을 거는 모험가 말입니다."

　모험에서 모험으로……. 콜럼버스는 모든 것으로 통한다. 이곳에서는 직접 '체'와 연관된다. 정부의 실용주의와 아득한 꿈들, 여행 이야기, 전쟁 기념품 등을 망라하는 놀라운 이 귀중품 전시실에 체가 시에라 마에스트라에서 지니고 있던 사진기와 작전 지도가 이 지역의 콜럼버스 관련 물품들과 나란히 진열되어 있다. 통나무로 된 서가들이 늘어선 두 개의 큰 홀을 가로지르면서 방문객은 아마존 유역에서 수집한 민속 공예품 컬렉션이며 에로틱한 문양들이 들어간 안데스 산맥의 도

1 돈키호테의 애마.

기들, 그리고 공식 사진들을 통해 낱낱이 밝혀진 이 집 주인의 혁명 이력과 창의적이고 풍요로운 쿠바 그림과는 정반대되는 사회주의적 사실주의 그림들을 발견하게 되는데, 그중에는 500주년을 기념하는 피델 카스트로의 초상화도 그림 받침대 위에 놓여 있다. 이곳이 바로 안토니오 누네스 지메네스의 소굴이다. 1959년 권력을 장악할 때 반군에서 '체' 휘하의 맹장으로 활약한 그는 '체'의 후임으로 국립은행 총재를 지냈고 과학아카데미 의장을 역임했으며 잠시 페루 대사직을 맡기도 했다. 동굴학자에 지리학자이자 탐험가로서, 그는 10년 전부터 500주년 쿠바위원회의 의장직을 맡아오고 있다.

걸보기엔 안락한 가정집이지만 이곳은 가히 사립 박물관이라 할 만한 곳이다. 이제 체제의 간부가 되어 수염을 기르고 모험을 즐길 수 있게 된 옛 게릴라의 특권인 셈이다. 영어의 'I'자처럼 꼿꼿한 장신의, 말끔한 스페인 귀족의 당당한 자태. 누네스 지메네스는 여행을 즐기고, 남극과 북극을 탐험하고, 카누를 타고서 아마존 강과 오리노코 강과 카리브 해의 물살을 가르고, 제노바와 카디스에서 호화 장정의 책들도 펴내고 있다. 그의 『대발견에 관한 르포르타주 *Reportage de la découverte*』는 재미난 통속물 같은 것으로, 시몬 볼리바르와 칼 마르크스, 그리고 독립 전쟁의 순교자 호세 마르티 등의 인터뷰와, 서로 견해가 다른 여러 역사학자들의 집회를 가상으로 연출한 책이다. 참으로 놀라운 것은 콜럼버스를 식민지 경영자로 비난하고 장차 도래할 제국주의의 선구자로 질책하리라 여겨지는 그에게서 오히려 혁명가로 예찬하는 소리를 듣게 된다는 점이다.

"콜럼버스는 인류 역사상 가장 위대한 혁명가들 가운데 한 사람이

누네스 지메네스

다. 과학적 관점에서 볼 때 그렇다. 지구가 둥글며 지구를 일주할 수 있다는 주장으로 그는 종교재판과 교조주의에 맞섰다. 물론 그의 여행은 정복과 식민지개발과 노예제도로 향하는 문을 열었다. 하지만 변증법적 관점에서 볼 때 그것은 거대한 진보였다. 총체로서의 세계를 발견한 것이다. 그것은 모든 것을 혁신하여 자본주의로의 이행을 가능케 하고 원시적 축적을 이끌어낸 진실이다." 쿠바 공산당의 전신인 PSP에서 일할 당시인 1960년에 모스크바로 가서 후르시초프를 만난 최초의 공식 사절이었던 누네스 지메네스는 정치 현안에 관한 코멘트도 하나 슬그머니 끼워넣는다. "스탈린주의와 사회주의의 관계는 종교재판과 가톨릭교의 관계 같은 것이다. 역사는 도그마가 아니다. 도그마들은 삶과 부딪히면 언제나 부서지게 마련이다. 어떻든 역사는 예견될 수 있는 것이 아니다." 콜럼버스는 예견할 수 없었던 베를린 장벽의 와해, 사회주의의 붕괴, 그리고 쿠바의 국제적 고립과도 끈이 닿아 있다.

이는 콜럼버스에 대한 카스트로의 태도 변화와도 무관하지 않다. 1985년에 그는 제3세계 국가들에 짐 지워진 과중한 빚을 격렬하게 비난하면서, 아메리카 대륙의 발견으로 과거의 유럽이 부를 축적한 것과 오늘날 남쪽 나라들의 가난 덕에 북쪽 나라들이 부를 축적한 것을 혼합하여 1992년의 500주년 기념사업을 책망한 바 있다. 스페인은 그런 그의 발언을 좋게 생각하지 않았고, 불만의 뜻을 알렸다. 그후 카스트로는 자신의 입장을 누그러뜨렸으며, 최근에 멕시코 잡지 《시엠프레 *Siempre*》와 가진 인터뷰를 보면 그러한 태도 변화를 잘 알 수 있다. "착취와 약탈과 식민지화와 정복정신"이 모두 떨어져나간 "비판적 기념사업"이 될 것이라 주장하면서도, 한편 그는 콜럼버스를 "뛰어난 인물 "용기 있는 사람"이라 칭하며, "과학자"로서 그의 "개인사와 집요함과 끈기는 칭찬받을 만하다"고 말하고 있다. 더욱이 이 "갈리시앙"[2]—반항적이던 청년 시절의 그를 사람들은 이 별명으로 불렀다—은 혼혈을 신봉하는 스페인 사람들이 이룩한 "피의 뒤섞임"을 강조하며, 선량한 인디언이란 바로 죽은 인디언이라고 여기는 청교도적인 영국인들과 그들을 대비시키기까지 했다. 그가 겨누는 과녁은 자명하다.

부지런한 콜럼버스는 이번에는 우리를 30년 동안이나 지속된 쿠바와 미국 간의 힘겨루기 쪽으로 이끌고 간다. 그것을 카스트로의 옛 동료는 신랄하게 한마디로 요약한다. "우리는 코끼리 똥구멍에 붙은 한 마리 개미 꼴입니다." 이제 더이상 비축해둔 식량이 없어 겨울을 날 수 있을지가 두려운, 약간은 매미 같은 개미라 해야 할 것이다. "이 섬이야말로 지금껏 나의 두 눈이 보아온 것 중에서 가장 아름다운 섬이다." 1492년 10월 28일, 시판고, 즉 일본으로 여긴 쿠바를 앞에 두고 놀란 콜럼버스는 그렇게 탄성을 터뜨렸다. 이곳 수도의 역사적 중심지인 라아바나 비에자로 가기 위해 누네스 지메네스가 살고 있는 미라마즈 지구를 떠나는 택시 안에서 그의 이 탄성이 새콤달콤한 후렴처럼 되살아난다. 당시 콜럼버스는 풍요를 발견했지만 지금의 쿠바인들은 '엠바고'[3]의 시련을 겪고 있다. 가까스로 물에 잠기지 않은 모래로 된 혀 같은 바하마 섬을 지나 마침내 넉넉하고 풍요롭고 비옥한 대지와 접촉했을 때 무엇보다 그를 놀라게 한 것은 이곳의 전혀 생소한 먹을거리들이었다. 사상 처음으로 유럽인들이 담배 맛을 보았고, 고구마의 감미로움과 옥수수의 달콤함을 맛보았고, 오늘날 우리의 식탁을 매일같이 장식하는 토마토며 카카오, 파인애플, 강낭콩, 바닐라, 감자, 고추, 피

2 스페인 북서부에 위치한 갈리시아 지방 사람.

3 선박의 입·출항 금지, 무역금지, 재정지원 규제 등 전면적 경제적 봉쇄.

망, 호박, 땅콩, 암수 칠면조 등을 맛보았던 것이다.

쿠바인들은 덧없는 사치의 상징으로 통하는 시가를 여전히 즐기고 있으나 그들이 하루에 받을 수 있는 빵은 100그램 정도며, 더이상 쇠고기는 구경조차 할 수 없고, 요리에 꼭 필요한 돼지기름을 그 달에는 받지 못했고, 배급표에 예정된 비누도 예정일보다 늦게 지급되었다. 배급을 기다리는 대기자들의 줄은 줄어들지 않고 있지만 사람들은 동독으로부터 오던 가루우유를 어떤 식품으로 대체해야 할지, 오염물질을 내뿜는 시끄러운 헝가리 버스들의 부속품들을 어디에서 구해야 할지, 벌써 몇 달째 종이 한 장 들어오지 않고 있어 어떻게 책을 간행해야 할지 모르고 있다. "좋은 점이라면 관료들이 물자를 덜 소유하게 되리라는 점입니다"라고, 대학에서 강의하는 한 철학자는 말한다. 평등주의를 바탕으로, 엠바고가 소련 진영으로부터의 원조 속에서 하나의 생존양식이 되어 있는 것이다. 유럽의 지각 변동 이후 쿠바는 궁지에 몰려 있다. 경제적 재앙에 직면하여 재정 및 이념적 공세에 목이 졸린 채 자신의 진지 속에 잔뜩 웅크리고 있다. 이 공방의 일차적 희생자는 말할 것도 없이 바로 주민들이다.

이제 더이상 아바나 주민들은 피델 카스트로의 말마따나 "이 세상에 제공하는 게 아무것도 없는 자본주의"의 타락을 상징하는 복권 번호에 매달리지는 않는다. 대신 피자 가게들 앞에 늘어선 행렬 속에서 좋은 번호를 받기 위해 일찍 사무실을 나선다. 1986년 이후부터는 축재와 부패의 원천이었던 정부직영시장과 자유농민시장이라는 병행시장 체제의 덕을 보는 일은 없어졌으나, 대신 암시장의 밀거래 술책들에 직면해야 하는 상황이 되었다. 방문객들은 거리에서 걸인들이나 누더기를 걸친 아이들과 실업자들을 만날 수는 없으나, 달러밖에 모르는 국영 잡화점들에서 콜럼버스와 인디언의 첫 상면을 표현한 인형들 가까이에 진열된, 거의 관광객용 상품에 다를 바 없는 제품들을 발견하게 된다. 그림이 그려진 도자기들, 음식 데우는 기구, 보온기, 수도꼭지, 요리 기구들, 비디오테이프 녹화기, 오븐 등.

피델 카스트로

쿠바에 극도의 빈곤은 없다. 하지만 욕구를 낳는 궁핍이 있다. 먹을거리가 없는 것은 아니지만 다양성에 대한 굶주림을 키우는 단조로움이 있다. 이번 8월에 개최되는 팬아메리카 경기를 위해 여분의 식량을 비축해두어야 하는 정부는 최악의 상황을 배제하지 않는다. 자급자족을 뜻하는 '제로 상태'. 전쟁 사령관으로서 무수한 위기를 겪어온 피델 카스트로가 이번 위기를 맞아 내뱉는 말이다. 석유가 떨어지자 "자전거 시대"로 들어간다고 선언하던 날 그는 "이번의 혁명은 모든 위기를 승리로 이끌 수 있다"고 말했었다. 그리하여 중국산 자전거 50만 대가 섬 곳곳에 분산되었고, 기름이 없어 멈춰선 트랙터들을 대신하기 위해 러시아에서 황소들을 들여왔다. 포위된 요새에서 카스트로는 영원한 적 미국에 맞서 대항할 것을 호소하고 있다. 현재의 지침은 쿠에Coue의 방법, 즉 변화보다는 저항이다. "오늘날의 우리가 있게 된 것은 혁명과 사회주의 덕택이다", "이 땅은 100퍼센트 쿠바 땅이다", "나는 머물겠다!", "제국주의자들이여, 우리는 결코 그대들이 두렵지 않다" 등의 슬로건들……. 특히 마지막 문구는 아이러니컬하게도 미국의 이익을 위해 일하는 사무실 건물 맞은편에 걸려 있다.

영웅주의와 조국, 그것이 후렴이다. 마르크스-레닌주의는 한물간 지 오래다. 이제는 원래의 오두막으로, 민족주의로, 옛 상처들로 되돌아가고자 한다. 대륙 최후의 스페인 식민지요, 최초의 미국 신식민지가 쿠바라는 얘기다. 그래서 지금, 쿠바의 작가들과 화가들과 영화인들의 "연맹"이 매우 식민지적인 성당 광장에 모여 저녁나절의 따사로운 분위기 속에서 "조국을 위한 콘서트"를 열고 있다. 두 편의 시 낭송과 노래 사이로 이따금씩 구호들이 터져나온다. "버스를 타거나 음식을 배급받기 위해 줄을 서는 것은 우리를 분열시키는 것이 아니라 우리를 단합시킬 것이다. 그 책임이 제국주의자들에게 있다는 것을 우리는 알고 있는 까닭이다!" 그리고 왕년에 어느 노시인이 외쳤던 그 뜬금없는 구호도 튀어나온다. "피델, 너는 나의 정신이요, 나의 혀요, 나의 심장이다."

어찌 비웃어주고 싶은 마음이 들지 않겠는가? 소련의 스탈린주의에 의거한다기보다는 라틴아메리카의 군사독재 전통에 의거하는, 도가 지나친 카리스마적 동일시. 하지만 이 애국적 기질은 인위적인 게 아니다. 마이애미의 쿠바인들은 그것을 잘 알고 있다. 그들 가운데 일부는 최근 자신들의 민주주의 강령을 선언하면서 조국의 운명이 "워싱턴이나 모스크바에서가 아니라 쿠바에서, 그리고 쿠바인들 사이에서" 결정되는 "범국민적 대화"를 열 것을 제안했다. 한편 쿠바에서는 변화에 대한 소망, 자유주의와 다당제에 대한 바람을 남몰래 토로하는 이들도 있다. 그러면서도 "이미 획득한 권리들", 이를테면 시골에 일손이 모자랄 만큼 대학 졸업자들을 과잉 배출한 교육체계라거나 주변 국가들의 부러움을 사는 건강관리 체제 등은 그대로 유지되길 바란다. "피델에게 자살을 요구해서는 안됩니다. 그러면 모든 게 혼란에 빠져버립니다"라고 동유럽의 한 외교관은 말한다. 그렇다고 그가 카스트로에게

호의를 품고 있는 것은 아니다. "쿠바인들이 우리를 그대로 따라하기 시작했을 때 우리는 이미 모든 것을 의문시하고 있었습니다. 현상유지만 추구하고 있는 지도부에 큰 책임이 있습니다."

정치적 술책이랄지 농간이 분명하게 보이기에 하는 말이다. 애국주의에 기대면 현 체제의 실상을 살피지 않게 된다. 집권 30년이 지난 지금, 국가 경제의 균열을 "제국주의자들"에게만 지불하게 할 수는 없을 것이다. 농학자 르네 뒤몽은 1963년에 이미 경제적 재앙을 예고한 바 있음을 떠올리면서 "그 신통찮은 누네스 지메네스가 국가를 이런 재앙으로 이끌었다"고 꼬집는다. 콜럼버스의 친구요 INRA(프랑스 국립농업 연구소)를 이끌었던 그 지도자는 이에 뭐라 대답할 것인가? 1969년 마지막 쿠바 방문 때 카스트로와 나눈 격렬한 대화를 전하면서 뒤몽은 결국 카스트로의 "오랜 집권 경험 때문에 그가 모든 문제들을 다른 누구보다도 더 잘 아는 사람으로 생각할 수밖에 없었다"고 말한다. 그러고는 그의 통역사가 이런 얘기를 털어놓았다는 얘기도 덧붙인다. "오늘의 대화는 '체'가 떠나던 날 들었던 그 고함소리들을 생각나게 하는군요. 그때 저는 바로 옆방에 있었습니다." 게바라의 글들은 지금 스페인에서 500주년 기념 라벨을 달고 재간되고 있다. 1967년 볼리비아에서 죽기 전에 쓴 그의 유언과도 같은 에세이 「쿠바에서의 사회주의와 인간」은 "정부라는 제단에 바쳐진 개인의 희생"에 관한 조심스런 탐색이다.

아바나는 중단되었기에 아름다운 도시다. 혁명에 의해 흐름이 중단되고 발걸음이 멈추고 움직임이 멈추었으나 굳어버리지 않은 도시다.

이곳을 꾸준히 찾고 있는 방문객 장 프랑수아 포젤은 아바나를, "'이 세계의 일부가 더이상 사용 불가능하게 되었을 때 어떤 사태가 벌어지는가?'라는 물음에 매일 대답해주는 도시다"라고 적었다. 콜럼버스의 동상은 여전히 이 도시에 있다. 지금은 박물관이 된 '장군들의 궁전'의 평화로운 안뜰에 두 그루의 야자수와 한 그루의 부겐빌리아 사이에 있다. 이곳을 관리하는 책임자 가운데 한 여성은 벌써 4년째 빛을 보지 못한 채 차례를 기다리고 있는 자신의 책 대신 구시가의 복원을 다룬 《내셔널 지오그래픽*National Geographic*》 한 호를 내민다. 헤밍웨이가 좋아하던 칵테일 '모지토'와 혼혈 스페인 시대의 추억 '모로스 이 크리스티아노스'를 맛볼 수 있는 '보데기타'에서 멀지 않은 곳에, 알레조 카르팡티에가 『빛의 세기 *Le Siècle des lumières*』를 쓴 저택(지금은 저자의 박물관이 되었다)이 있다. 아바나에 "원기둥들의 도시"라는 별명을 붙인 이가 그다. 바로크적 수직 속에 우뚝 솟아 있는 수평의 도시라는 의미다. 쇼윈도들을 둘러보다가, 문득 이 저널리스트의 야심에 찬 정의 "미래의 위대한 밤에 활력을 불어넣는 이"라는 문구를 곰곰 생각해본다.

자신이 건립한 사원의 마지막 원기둥인 피델 카스트로, 그의 미래는 어떨 것인가? 이름 없는 네 개의 무덤이 카스트로에게 그렇게 묻고 있다. 아바나의 크리스토발 콜론 묘지에서……

잃어버린 에덴

아바나 안토니오 데 라 구아디아, 그는 그림을 그릴 때 지상낙원을 생각했을까? 마르코 폴로의 위대한 칸을 만나지 못한, 그리고 금맥이 겨우 토착민들의 노임을 대는 정도에 그쳐버린 카리브 제도에 실망을 금치 못했던 첫 항해 이후 콜럼버스가 끊임없이 찾게 되는 그 에덴을 생각했을까? 아닌게아니라 평화로운 오두막 입구에 어쩌다 사람이 굳은 듯이 서 있는 열대 풍경들이며, 돛대에 쿠바 깃발을 단 어린아이의 장난감 같은 배가 떠가는 푸른 바다 등, 그가 그린 저 생기 넘치는 색채의 천진한 그림들 속 풍경이 바로 에덴일 것이다. 태양은 언제나 조그맣고 둥글고 붉다. 이따금 '피델 만세!'라는 문구가 씌어 있는 집도 보인다. 안토니오의 쌍둥이 형제 파트리시오의 데생들은 하늘을 나는 말, 거대한 아프리카 나비들, 행군하는 게릴라들, 얼굴 없는 텅 빈 실루엣 등, 한결 몽환적이고 어둡고 수수께끼 같다.

안토니오의 그림들—그의 친구들인 피델 카스트로, 가브리엘 가르

시아 마르케스, 레지 드브레를 비롯하여 그 밖에 많은 이들은 그를 '토
니'라고 불렀다—은 그의 임종 전, 즉 자신이 쿠바의 소총수들에게 총
살형을 당하리라고는 상상하지 못한 때에 그려진 것들이다. 파트리시
오의 데생들은 자신의 형제를 밀고하지 않았다는 이유로 30년 형을 언
도받고 절망 속에서 옥고를 치르던 감옥에서 그려진 것들이다. 그들이
일생을 바쳐 일군 사회주의의 낙원이 그들을 내팽개친 것이다. 수호천
사들로 사랑받다가 버림받고서 피델 카스트로가 붙인 형용사대로 '역
겨운' 악마들로 실추된 그들의 환영은, 형제들과 동지들 간에 빚어진
그 비극의 희생자들 가운데 가장 유명한 희생자 아르날도 오초아 장군
의 망령과 함께 지금도 쿠바 정계를 떠돌고 있다. 오초아 장군 역시 토
니를 비롯한 다른 두 사람과 마찬가지로 1989년 7월 13일 새벽에 총살
되었다.

    지금의 경제적 난관은 당시의 정치적 대지진에 비하면 아무것도 아
니다. 어느 날 문득 쿠바 국민들은 쿠바의 고관들이 쿠바를 마약 거래
의 요충지로 탈바꿈시켰다는 미국인들의 '중상'이 반드시 중상만은 아
니라는 사실을 알게 되었다. 명예재판이 열리고 특별 군사재판이 열리
고 국가자문위원회가 열렸다. 가장 신임이 두터운 직무를 맡아오던 인
물들의 파렴치 행적이 낱낱이 밝혀져 한 달여에 걸쳐 라디오와 텔레비
전으로 방송되었다. 피소자 14명 중 11명이 내무성 소속으로, 엠바고
를 모면하기 위해 창설된 부서인 'MC'의 기둥들이었다. 주된 인물은
쿠바를 도와주러 온 라틴아메리카 혁명가들로 알려진 라 구아디아 형
제들이었다. 그리고 그들 곁에, 에티오피아, 앙골라, 니카라과, 파나마

등 쿠바 정부가 '국제적 사명'을 수행해야 했던 곳곳에서 활약한 공화
국의 영웅 오초아 장군이 있었다.

부패가 일상화되어 있고 대개 처벌 없이 눈감아주던 대륙에서 쿠바
는 모범을 보였다. 그들을 체포한 며칠 뒤인 1989년 6월 16일,《그란마
Granma》[1]의 사설이 목청을 높였다. "진정한 혁명은 결코 무처벌을 용
인하지 않을 것이다." 처음으로 혁명은 자신의 적자들을 가차 없이 처
벌할 생각인 것이다. 그리하여 스스로를 법 위에 군림하는 존재로 여
겨 권력의 핵심부에 있으면서 콜롬비아 마약상들과 결탁함으로써 "윤
리성" 결여의 죄를 범한 주범 네 명은 일벌백계의 모범으로 사형에 처
해지게 되고 나머지 사람들에겐 30년, 25년, 10년 형의 중형이 선고되
기에 이른다. 이상이 바로 쿠바를 찾는 모든 방문객이 당시의 소송을
소상하게 담고 있는 『쿠바의 복수』라는 책이나 당시의 장면들을 담은
두 개의 비디오테이프에서 알 수 있는 공식적인 이야기다.

한데 얘기가 그렇게 간단하지만은 않다. 그것은 재조사의 자취를 조
금만 더듬어보아도 알 수 있다. 그의 지위를 박탈하고자 하는 명예재
판소에서 오초아는 자신에게 '마약밀매'의 죄가 있음을 인정하고는 이
렇게 결론짓는다. "혁명은 내게 결국 나쁜 모범을 보이는 이로 봉사하
게 할 모양이다. 분명히 말하지만, 비록 유죄 선고를 받더라도 나의 마
지막 생각은 피델을 위한, 그가 이 국민에게 안겨준 혁명을 위한 것일
것이다." 한데, 이전까지 그는 다만 암시적인 냉소를 흘리며 국방성 장
관 라울 카스트로의 논고를 참조하라고 했을 뿐 어떤 분명한 범죄 사
실도 털어놓은 바 없다. 그 논고가 "내가 털어놓을 수 있는 어떤 내용
보다도 훨씬 명시적이다"라고 말하면서 말이다. 그런 다음, 진짜 소송

1 1965년 아바나에서 창간된 공산당 기관지.

이 열린 특별재판소에서는 다만 담배사업과 예술품 거래에 관한 것뿐 토니 데 라 구아디아와 마약 거래에 대해 '한번도' 얘기를 나눈 적이 없다고 주장한다. 그가 시인한 것은 앙골라의 전쟁 비용을 조달하기 위해 상아와 다이아몬드를 거래한 것뿐이다.

기껏해야 쿠바 중류층보다 약간 나은 생활을 했을 뿐 그가 개인적으로 축재를 했다는 증거는 전혀 없다. 그 일의 책임을 맡은 토니의 말에 의하면 무역의 목표는 쿠바 정부를 위해 외국통화를 구하는 것이었다. 내무성 참모부의 수장으로 일한 파트리시오는 '마약 밀매'에 연루되지 않았음에도 가혹한 형을 언도받았다. 묘하게도 그들의 직속상관인 내무성 장관 아브란테스는 피고석에 모습을 보이지 않았으며 한 달 후에 20년 형을 언도받고는 구류 중 심장마비로 사망한다. 미국이 소지한 증거들이 이 갑작스런 소송과 무관하지 않다는 건 분명해보인다. 요컨대 이는 정치 소송인 것이다. 판사들은 물론 지명된 변호사들 역시 모두 군인들이었다. 피고인들은 모두 어떤 열성熱性에 짓눌려 있었으며, 그들 중 누구 하나가 예정된 틀에서 벗어나면 의료상의 이유로 문득 재판이 중단되었다. 검사의 진술이 변호인 측의 반론에 의해 중단된 적은 한번도 없었으며 겨우 5분에 불과했던 최종 변론 역시 피고들의 자아비판과 봉사 이력을 회고하는 것으로 제한되었다.

"왜?" 자신의 아들이 매장된 '크리스토발 콜론 데 라 아바나' 묘지에서 막 돌아온 그라시엘라 데 라 구아디아가 묻는다. 다른 세 무덤과 마찬가지로 이름이 없는 무덤 하나. 단지 번호들만 있을 뿐이다. 토니의 무덤은 46427번이다. 여든 살의 그라시엘라는 아직도 건강하다. 그녀의 바람은 토니의 유해를 가족 묘지로 이장할 수 있는 허락을 받아내는 것이다. 또한 그녀는 파트리시오를 염려하고 있다. 궤양에 걸린 아들이 죽기 전에, 자유롭게 만나보고 싶은 것이다. "그는 이해를 못하고 있어요. 전혀 잘못한 게 없으니까요. 토니와 파트리시오는 꼭 한 사람 같았어요." 그녀는 벽에 걸린 그들의 그림과 데생들 아래에 있는 쌍둥이의 사진을 보여준다. 소송 당시 쉰한 살이었던 그들은 옷차림이 똑같았다. 똑같은 바지와 똑같은 체크무늬 셔츠 차림이었다. 야윈 데다 시력마저 잃은 아흔 살의 그들의 부친은 다만 이렇게 말한다. "그건 로마 서커스 같은 재판이었어." 그러고는 엄지손가락으로 바닥을 가리켜 보인다.

미국의 여러 술책들에 맞서 끊임없이 전쟁을 벌이고 있는 나라에서, 일반 법률의 규제를 받지 않는 보안청이 무엇이건 원하는 대로 도청하고 감시할 수 있는 나라에서, 그런 대규모 무역이 지도자들 몰래 진행될 수 있었다는 것을 어떻게 설명할 것인가? 고소장에 기록된 수치는 실로 엄청나다. 1987년에서 1989년까지, 6톤 이상의 코카인과, 양이 정확히 명시되지 않은 다량의 마리화나가 쿠바를 경유하며 650만 달러 이상의 이득을 남겼다는 것이다! 'MC'에서 일한 사람들은 수단과 방법을 막론하고 외국통화를 구하라는 지시 같은 걸 받았던 게 아닐까? 법의 테두리를 벗어나는 한이 있더라도 엠바고를 모면하라는? 그러고 나서 그들은 부정한 거래는 눈감아줄 수 없는 권력의 순수한 이미지를 보존하기 위해 희생양이 되었던 게 아닐까?

토니의 딸 이레아나 데 라 구아디아는 공식 발표를 전혀 인정하지 않는다. 그녀는 남편 조르주 리카르도 마세티와 함께 최근 스페인으로 망명했으며, 콜럼버스의 도정을 좇다가 세비야에서 그들과 만난 우리는 이미 이 쿠바 수수께끼에 관해 얘기를 나눈 바 있다. 조르주는 이에 관해 많은 것을 알고 있다. 그의 아버지는 '체' 게바라의 친구였으며, 쿠바 게릴라 부대에 들어갔다가 아르헨티나에서 손에 무기를 든 채 사망했다. 조르주 역시 쿠바 정부를 위해 일했는데, 처음에는 "붉은 수염"이란 별명을 지녔던 마누엘 피네로의 부하 직원으로 일하다가 뒤이어 파트리시오의 휘하에서 일했다. 그는 지금도 "혁명에 대한 믿음"은 품고 있으나 더이상 피델은 믿지 않는다. "누구보다 먼저 사회주의의 정당성을 위배한 인물"이 그라는 것이다. 요컨대 이레아나 부부는 "누군가"가 토니에게 "미국 측의 폭로에 의해 혁명이 위협받고 있으니 모든 책임을 짊어져달라"고 주문했다고 주장한다. 나중에 "가족적으로 잘 해결할 것"을 보장해주면서 말이다. "파트리시오는 마약 밀매에 가담하길 거부했죠"라고 조르주가 덧붙인다. "우리는 모두 내막을 알고 있었습니다. 내무성에서 농담까지 했는 걸요." 이레아나가 감옥에 있는 아버지를 마지막으로 보던 날, 그 역시 농담을 했다고 한다. "죽는 거? 그거 쉽지. 총알 몇 방이면 곧장 천국행이야……."

1991년 8월, 아바나에서 개최되는 팬아메리카 경기에 참가할 선수들은 어쩌면 낙원과 유토피아를, 천상의 행복과 지상의 구원을 혼동할 수도 있을 것이다. 아닌게아니라 그들의 방은 모두 콜럼버스와 그의 대발견을 주제로 한 옛 판화 복제물들로 장식되어 있다. 그것들 중에는 토머스 모어의 『유토피아 *L'Utopie*』의 삽화를 복제한 것도 있는데, 1516년에 간행된 이 책과 더불어 만들어진 '유토피아'라는 말을 현실정치 Realpolitik는 아직도 사전에서 몰아내지 못하고 있다. 이 말의 원천 역시 우리 열정들의 소중한 거울인 콜럼버스다. 에라스무스의 친구였던 영국의 가톨릭 인문주의자 모어가 만들어낸 단어, 말 그대로 '어디에도 없는 곳'을 뜻하는 '유-토피아'는 하나의 섬으로서, 이 섬에 대한 묘사를 그는 특히 콜럼버스가 쿠바 탐험 때 쓴 이야기에서 영감을 얻었던 것이다. 원시적 공산주의 선언이라 해도 좋을 이 선원 이야기는 사적 소유에 대한 규탄 그 자체다. "돈이 모든 가치의 척도가 되는 곳에서는 정의와 행복의 정치를 영위하기가 영원히 불가능할 것이다." 1935년에 교회는 이 선동가를 성인의 반열에 올렸다. 사실 모어는 참여 지식인의 근대적 초상에 걸맞는 대가를 지불했다. 윤리를 정치에 예속시키길 거부하고서 1535년에 공개 처형대 위에서 생을 마감했던 것이다.

도서관에서 이 판화들을 찾아내어 선별한 자크 브루테는 아바나의 파리 사람이다. 1957년 알제리 전쟁 때 병역 복무를 피해 이곳으로 왔다가 그냥 그대로 눌러앉아버린 것이다. 스스로를 쿠바인으로 여기는 이 그래픽 디자이너는 이렇게 말한다. "지금의 어려움은 기회입니다. 처음으로 쿠바는 자주적인 정치를 만들어내야 할 처지에 놓였습니다. 천만에요, 절대 굴하지 않을 겁니다. 미국이 강요하면 할수록 더욱더 피델은 움직이지 않을 겁니다. 그는 '구아지로', 즉 고집 센 농부 같은 사람이죠." 이 사람 저 사람에게 의견을 물어보지만 주장은 한결같다. 우리에게 시간을 달라, 동유럽에 그렇게 했듯이 우리를 자꾸 억압하려 드는 것은 우리의 저항을 자극할 뿐이라는 얘기다. 미구엘 알폰소 마르티네스는 이렇게 설명한다. "여기는 폴란드가 아닙니다. 도널드 덕, 그건 우리도 알아요. 캐릭터가 막 탄생했을 때 이미 경험했습니다. 우리에겐 2년이란 시간이 필요합니다. 경제적 생존이라는 시급한 문제를 해결할 시간 말입니다." 자신의 미국인 부인이 손님들에게 커피를 대접하는 사이, 그는 유엔 인권 소위원회의 두 회기 사이에 잠시 체류하고 있는 이곳 쿠바 생활을 되돌아본다. 존중받는 유능한 법률가로서 그는 500주년 기념사업의 핵심적 과제, 즉 국가들과 토착민들 간에 체결된 조약들에 관한 연구를 맡았었다.

남북 아메리카뿐만 아니라 오스트레일리아와 뉴질랜드까지 관계되는 시한폭탄 같은 문제, 그것은 바로 과거 정복전쟁의 희생자인 토착민들이 오늘날 자신들의 기본권을 인정해줄 것을 요구하고 있다는 것이다. 그 핵심 사안은 소유권이다. "과거의 그 조약들에 자본주의적 관련 항들을 모두 적용해야 합니다. 만약 당신이 토지를 소유하고 있다면, 당신은 그 지하자원의 소유주이기도 하므로 마땅히 그에 대한 로열티를 받아야 합니다." 마르크스주의자이면서도 당원은 아니요, "확고한 투사"이나 직언을 서슴지 않는 미구엘 알폰소는 "산디니스타 형제들"에게 그들이 니카라과의 미스키토 인디언들을 억압하려 했을 때 어떤 소행을 저질렀는지도 겁 없이 떠들어대는 사람이다. "혁명의 입장, 그것은 오직 자결自決뿐입니다." 또한 그는 국외 이주를 금지하는 쿠바의 정책을 언제나 "미친 짓"으로 생각해왔다. "사람들을 나가게 해야 합니다. 바깥 세계로 말이지요." 그의 견해는 현재 실현되고 있는 중이다. 자유왕래가 다음 전당대회 때 결의될 가능성이 있다는 것이다. 그의 얘기에 따르면, 쿠바 정치는 잠재된 갈등들과 공식 논쟁들을 통해 점점 더 복잡해지고 있다고 한다.

유네스코에 대사로 파견되어 일하는 알프레도 게바라는 총성 없는 전투를 벌이기 위해 이례적으로 아바나에 되돌아왔다. 그는 '이카익 (ICAIC, 쿠바 영화 산업과 예술 연구소)'이라는 비판적 오아시스의 창설자다. 이 연구소는 정부 옹호에 침잠되지도, 비판을 거부한 적도 없는 영화계의 상징으로 통한다. 현 정권이 '이카익'을 군부대의 스튜디오들과 텔레비전 사무소에 통합하여 투명한 정상화를 꾀하겠다고 천명한 것은 물론 그런 공격적 태도 때문일 것이다. 게바라는 카스트로 형제가 그런 결정을 철회해주기를 희망하고 있으나 더이상의 말은 삼간다. 그는 지금의 쿠바는 차별성 속에 있지 유사성 속에 있는 게 아니라고 설명한다. "사람들은 우리가 동구의 위성국가가 될 것이라며 비난했었습니다. 지금은 동일한 시나리오에 따라 바로 그런 나라가 될 것을 요구하고 있습니다. 그건 우리가 하나의 독립국가라는 사실을 이해하는 태도가 아닙니다. 독립국가로서의 쿠바의 미래는 라틴아메리카에 있습니다. 미국에 맞서고 있는 상황에서는 쟁점이 쿠바만의 문제일 수 없습니다."

이카익 심볼 포스터

　알리시아, 그녀는 일상의 무게에 짓눌려 있다. 루이스 캐럴의 여주인공처럼, 이 쿠바 영화의 여주인공은 체제에서 추방된 이들이 모여 사는 신기한 나라에 살고 있다. 이곳 영화에서는 낙원이 가차 없는 더러움의 윤리 속에 일그러지고 해체된 악몽이 된다. 6월에 개봉된 한 영화는 당의 비난과 피델 카스트로의 분노를 사 나흘 만에 종영했다. 쿠바의 패러독스, 그것은 바로 이 학살 유희를 감독한 다니엘 디아스 토레스가 당원이라는 사실이다. 한편 각색을 맡은 헤수스 디아스는 지금은 사라지고 없는 비판적 마르크스주의 성향의 두 잡지 《펜시아멘토 크리티오 *Pensiamento Critio*》와 《카이만 바르부도 *Caiman Barbudo*》에서 일하던 인물이다. 그의 마지막 소설 제목 『사라진 달들』은 호세 마르티의 일기에서 알 수 없는 이유로 찢겨져 나간 한 페이지를 참조한 것이다. 그 일기에서 이 제2차 쿠바독립전쟁의 영웅은 라틴아메리카의 독재 전통이라는, 승리 이후의 나날들이 안고 있는 위험을 지적한 바 있다. 금기시되는 문제…….

하지만 혁명을 옹호하는 어느 경제학자는 프랑스 여성작가 자네트 아벨이 쓴 책 『쿠바에서의 단절들 *Ruptures à Cuba*』을 읽어볼 것을 권한다. 한데 이 책의 서문을 쓴 프랑수아 마스페로, 쿠바 혁명가들의 책들을 펴냈으며 당시 자신의 참여적 입장을 부인하지 않는 그는 신성모독적인 발언을 내쏟는다. "이 세상의 어떤 지도자도 그러한 실패들을 시인하고도 권좌에 머무를 수는 없을 것이다.(…) 카우디요[1]의 그림자가 지금도 쿠바의 역사를 짓누르고 있는 것이다." 콜럼버스가 되살아나 카스트로를 겨냥한 신랄한 인신공격에 휘말려드는 이야기도 하나 있다. 그 이야기의 저자는 바로 옛 무장투쟁 동료 레지 드브레다. 볼리비아의 감옥에서 콜럼버스에 관한 에세이를 구상한 일을 추억하면서 그는 그것을 죽은 한 열정의 비문碑文으로 탈바꿈시켰다.

이 책에서 레지 드브레에 의해 "허위적인 정신"의 소유자, "자신이 믿는 것만을 보고" "국가보다 패거리"를 앞세우는 "엉터리 믿음"을 지닌 인물로 난도질당하는 콜럼버스는 "수다스런 스탈린 추종자"요 "야자수 나무들 아래 굴라그(강제노동수용소)"를 수입해 들인 '서정적 카우디요' 카스트로와 명백히 비교되고 있다. 책 전체가 그런 암시로 읽힐 수 있다. "동정심을 엿보기 어려운 이 위인에겐 은총이란 것이 없

다. 더욱이 그는 믿음, 즉 경솔함마저 지녔다. (…) 그의 야비함을 구제
한 것은 광기다. (…) 낙원에 가기 위해서는 큰 사다리 하나와 무수한
작은 사다리들이 필요하다. 거대 광기는 큰 사다리를 세우고(아직은
존재하지 않는 담장에다), 책략과 실용주의는 작은 사다리들을 찾는
다.” 드브레는 오초아 · 라 구아디아 사건을 계기로 “언제나 자신을 다
른 어떤 존재, 즉 과거의 전설로 간주하는 숭고한 광인”과 관계를 단절
한 이들 가운데 한 사람이다.

화물선 한 척이 항구를 빠져나와 천천히 바다로 나아가고 있다. 화
물창은 비어 있으며, 잠든 극장의 살아 움직이는 장식처럼 배는 달빛
아래 고고하게 나아가고 있다. “정복 직후부터 쿠바는 두 세계 사이에
난 하나의 문이요, 항구요, 다리요, 사람들과 상품들의 통로요, 이념들
과 보물들과 목소리들과 비밀들과 소식들과 양식들과 수법들과 언어
들과 향기들과 소리들의 통로가 될 것이다.” 500주년과 관계된 책의
간행을 위해 어느 프랑스 편집자의 주문을 받고 이런 문장을 썼던 마
누엘 디아스 마르티네스는 우리가 만났을 때는 전혀 다른 사람이 되어
있었다. 현재 그는 스무 명 가량의 다른 지식인들과 함께 국회에 직선
제 및 정치범 사면을 요청하는 호소문에 서명을 한 상태다. 쿠바의 대
표적 일간지 《그란마》는 카스트로보다도 먼저 공산주의자였던 이 시인
을 지금은 “타락한 자들”의 무리에 속하는 인물로 보고 있다. 그가 회
원으로 속해 있던 예술가, 작가 및 영화인 총연합의 지도자들에게 이
제 그는 다만 “이적 행위자”에 지나지 않는다. 그를 두렵게 하는 말들
이다.

그는 앙드레 브르통, 미셸 레리, 모리스 나도 등과 만났던 일과 파리에 대한 추억을 이야기한다. 특히 1967년, 문학상 심사위원으로 있을 때 상부의 압력에도 불구하고 헤베르토 파디야의 시집을 시 부문 첫 수상작으로 선정했던 일을 이야기한다. 그로부터 3년 후 체포된 파디야는 보안국의 압력에 따라 공개 석상에서 참담한 자아비판을 해야 했다. 심사위원단에는 쿠바 문학의 대부 격인 호세 레제마 리마도 있었는데, 그는 『파라디조 *Paradiso*』라는 신랄하면서도 불꽃 같은 소설을 쓴 금세기의 가장 위대한 라틴아메리카 작가군의 한 사람이다. 청소년들을 타락시킨다는 비난을 받은 그 책은 1966년에 그의 소설을 펴낸 편집자 레이날도 곤살레스의 노력에도 불구하고 쿠바에서는 아직도 재간이 허용되지 않고 있다. 현재 시네마테크의 감독직을 맡고 있는 그는 이렇게 비꼰다. "남성 우월주의 국가, 무기로 정복한 권력, 영웅적 혁명이 한 편의 위대한 동성애 소설을 탄생시킨 겁니다! 우리의 정치는 차이를 인정하고 이해할 줄 모릅니다."

온갖 상투화와 신성한 말씀에 신물이 난 '파이데이아'의 회원들은 과거의 영웅적 행위 따윈 개의치 않는다. 포스트-카스트로 체제가 이미 시작되었다고 여기는 10여 명의 젊은 철학자들. 그들은 매주 집회를 갖고 푸코, 들뢰즈, 가타리, 데리다, 라캉, 카스토리아디스, 보드리야르 등을 탐독하며, 지식인들이 침묵하기 이전의 프랑스 논쟁들로 스스로를 살찌우고 있다. "우리가 바로 좌파"라고 그들은 말한다. "지금 쿠바에 결여된 것은 바로 혁명입니다. 관료계급, 그것은 우파죠. 피델이 아직도 버티고 있는 것은 그가 할 수 있는 것이 그것뿐이기 때문입니다. 하지만 얼마 동안이나 그가 반대 여론을 누르고 버틸 수 있을까

요? 안된 일이지만, 카스트로주의와 양립불가능하다는 것이 우리의 가
정입니다." 쿠바가 새로운 길을 가기엔 이미 너무 늦어버린 것일까?
독재건 자유주의건, 엉터리 복제가 아닌 새 길을 찾는다는 것은?

　이 물음을 대답 없이 남긴 채 우리는 콜럼버스에게로 되돌아간다.
그는 쿠바 연안을 따라가다가 어느 곳에 '알파-오메가'라는 이름을 붙
였다. 마치 그것은 한 세계의 끝과 다른 한 세계의 시작을 의미하려 했
던 듯하다. 아이티라는, 카리브 제도의 첫 공화국, 선구적 자유의 섬을
예고하려 했던 듯하다.

아이티

또 한 사람의 크리스토퍼

아이티 갑岬 이곳에선 개들이 짖지 않는다. 해적들과 식민지 개척자들의 소란도, 스페인 사람들과 프랑스 사람들의 소동도, 화승총과 구포臼砲들의 법석도, 아프리카 노예들의 눈물과 부두교[1] 사제들의 트랜스도, 자유의 외침과 반항의 소요도, 이 세상의 끝없는 그 어떤 소란도 그들을 어쩌지 못한다. 크리스토퍼의 성채를 향해 난 가파른 자갈투성이 길을 따라 우리의 말이 지나는 모습을 그들은 소리 없이 지켜보고 있다. 오르막길의 고요를 개들이 전혀 깨트리지 않는 가운데, 연안 초입이 모습을 드러낸다. 신세계 최초의 식민지와 제3세계 최초의 혁명이 탄생하게 될 북北아이티다. 하지만 왕년에는 그들도 소리를 낼 줄 알았던 모양이다. 관광객들을 상대로 호텔을 경영하는 이 지역 사업가 발터 부세니우스의 얘기를 들어보면 그렇다. 레바논계 어머니와 독일계 아버지 사이에서 태어나 혼자 제3의 세계에 살고 있는, 크레올어[2]를 말하는 아이티의 유럽인인 그는 이렇게 말한다. "1969년에는 개

1 아이티에 널리 퍼져 있는 애니미즘적 민간신앙.

2 서인도제도에서 토착언어와 섞인 프랑스어.

들이 벽에 몸을 기댄 채 짖어댔습니다." 개처럼 취급받는 사람들, 그 사람들의 참상에 대한 얘기를 개로 돌려서 하는 말이다. 이곳에서 서쪽으로 100여 킬로미터 떨어진 곳, 생-니콜라스 부두 지역은 현재 풍토성 기근이 만연해 있다. 1492년에 콜럼버스가 접근했던 바로 그곳이다. 식민지 시대에 '프랑스 갑'으로 불렸던 아이티 갑에는 전기가 간헐적으로 들어오고, 물은 마실 수 있는 물이 아니며, 해변이나 도롯가에 얼기설기 무질서하게 난립한 동네들에는 물론 하수 설비가 없다.

"돈 가진 사람들은 악마의 사람들입니다"라고, 자신을 먹여 살리는 말 '파티앙스'의 고삐를 당기며 미슐렝이 말한다. 말 위에 앉은 여행객의 눈앞에 초라한 움막들이 펼쳐진다. 다져진 땅, 벽토로 된 담들, 단칸방을 에워싸고 있는 발 혹은 함석들. 그 언저리에서 벌거벗은 아이들이 키득거리며 뛰놀고 있다. 미슐렝은 '라발라스' 위원회에 참여했고, '틸레글리즈'와 '티티드' 후보가 승리하고 '크라제조' 정부가 해체되도록 '코크 칼리테'를 지지했다. 이국취미는 도무지 발붙일 여지가 없다. 정치는 격류 같고, 후보는 싸움닭이요, 그가 기대는 곳은 민중 교회며, 정부는 먹이를 노리는 맹금 같다는 그의 말들, 그 크레올어 뒤편에서 극빈자들을 위한 희망 하나가 불쑥 솟아오른다. 그 희망의 화신은 바로 최근에 아메리카의 나라들 중에서도 가장 불우한 이 나라의 대통령이 된 장-베르트랑 아리스티드 신부다. 발터 역시 그의 희망에 공감한다. "아리스티드는 나를 불안하게 하지 않습니다. 적어도 그는 선임자들 같은 도둑은 아니죠. 이 끔찍한 가난은 좀 줄어들어야 합니다. 이런 가난엔 절대 익숙해지지 않아요." 그의 어머니는 우리를 크리스토퍼의 왕국으로 안내하는 건축가 알베르트 망고네스 쪽을 돌아보며 한술 더 뜬다. "사람들이 배고파해, 알베르트. 그들에게 땅을 주어야 해."
그러자 알베르트가 미소 띤 얼굴로 대답한다. "아이티 사람들은 함부
로 죽을 사람들이 아닙니다." 그토록 오랜 세월 동안 독재와 절망을 겪
었으니 개들이 침묵하는 것도 어쩌면 당연한 일일 것이다.

아이티 갑

첫 대서양 항해 때 이미 콜럼버스는 다정하고 얌전한 이 개들이 짖
지 않는다는 사실을 기이하게 여긴 바 있다. 평화로운 땅과 그들의 너
그러운 주인들에 보조를 맞춘 개들. 먼저 사물들에 경탄을 발했던 콜
럼버스는 이윽고 그곳에 살고 있는 존재들에 관심을 기울인다. 그리고
바로 이 대목에서 다시금 우리에게서 빠져나가 예기치 못한 모순적 면
모를 보인다. 선구자 콜럼버스가 착한 야만인의 신화를 만들어내는 것
이다. 5세기라는 거리를 두고 보면 어떤 이들은 그런 어버이 같은 천진
함을 비웃을 것이다. 장차 자행될 온갖 약탈과 탐욕에 그것이 별로 방
패막이가 되지 않으니 말이다. 그것은 그라는 인물과 그의 작품(발견)
의 이중성을 제대로 이해하지 못하는 처사다. 야누스 콜럼버스, 두 얼
굴의 콜럼버스. 장차 아무런 거리낌 없이 그들을 강제 이주시키고 노
예로 삼을 그이지만, 이전의 섬들보다 주민도 많고 훨씬 발전된 섬 아
이티를 발견하는 1492년 12월 6일부터 그는 자신을 환대하는 그들을
우선 열린 시선으로, 상대를 존중하는 자애로운 시선으로 대한다. 잠
시 우리의 이점을 잊고서, 나중에 벌어질 일들을 모른다고 가정해보
자. 그리하여 그의 얘기를 또 다른 역사를 개척하는, 정복의 형극에 침
범당하지 않는 다른 오솔길을 개척하는 사람의 얘기로 들어보자. 미슐
렝과 파티앙스가 다른 면모의 크리스토퍼에게로 우리를 이끌고 있다.

"이 사람들은 너무나 관대하여 그들에게 뭔가를 요구하면 더없이 기

뿐 마음으로 그것을 베풉니다. 뭔가를 요구하는 것이 그들에게 은총을 베푸는 일이라도 되는 듯이 말이지요." 스페인 구리 동전을 한 푼이라도 아끼려고 애써온 악질 상인 콜럼버스는 놀라움을 감추지 못한다. 이 사람들은 베푸는 즐거움을 위해 베풀고 있는 것이다. "그들이 주는 것이 값어치가 없는 것이기 때문에 그렇게 마구 베푸는 것이라 말할 수도 없습니다. 금 조각을 줄 때도 물 뜨는 작은 국자를 줄 때와 같은 태도니까 말입니다." 그런 사람들이 야만인일 리는 없을 것이요, 어쩌면 우리와 같은 사람일 것이다. 그들을 경멸하기는커녕, 콜럼버스는 그들의 미덕을 예찬하고 그들을 그리스도인으로 상상한다. "이들은 이 세상에서 누구보다 선하고 평화로운 사람들입니다. 무엇보다도 저는 폐하께서 그들을 모두 그리스도인으로 만들고 그리하여 그들이 폐하의 신하가 되기를 희망합니다. 이미 저는 그들을 그렇게 여기고 있습니다. (…) 이들은 어떤 사이비 종파도 갖고 있지 않으며 우상을 숭배하지도 않습니다. 그저 순박할 뿐 사람을 살해한다거나 포획하는 따위의 악이라곤 전혀 모르는 사람들입니다. 또한 겁은 너무나 많아서 재미삼아 우리 중 누구 한 사람만 나서면 그들 100명을 도망치게 할 수도 있습니다. 그들은 하늘에 신이 한 분 계신다고 믿고 있고 우리가 그 하늘나라에서 온 줄로 알고 있습니다."

분명 오해가 있다. 자발적인 봉헌은 신들이 누리는 봉헌이다. 인디언들의 증언은 없으나 오세아니아의 시나리오에 의거해볼 때, 분명 이 의관을 갖춘 수염 난 백인들은 신성한 존재 혹은 은혜 가득한 망자들의 나라에서 온 선조들로 여겨졌을 것이다. 그렇다 하더라도 콜럼버스는 "심지어 여자들까지도 아무런 거리낌 없이, 어머니가 낳아준 모습 그대로" 알몸으로 오가는 이 사람들을 경멸할 수도 있었을 것이다. 한데 그러기는커녕 그는 "세상에서 가장 아름다운 남자들이요 여자들"이라고 묘사하며 그들의 미덕을 자랑한다. "그들의 품행과 관습과 얌전한 태도와 판단 등은 지금까지 만나본 그 어떤 이들보다도 더 계몽되었고 사려 깊은 사람들이라는 사실을 입증합니다." 선상에서 저녁식사를 하던 어느 날 저녁, 그는 이곳의 '카시크(왕)'가 '카노에'(카누)를 타고 그에게 오는 것을 본다. 이리하여 '카시크'와 '카노에'라는 카리브 해의 두 단어가 우리의 어휘집 속으로 들어오게 된다. 콜럼버스의 이야기에서는 전혀 거만함을 찾아볼 수 없다. "경이로운 존엄성"을 품은 "비범한 사람"에 대한 예찬이 있을 뿐이다. 왕의 선물—두 줄의 가는 금줄을 넣어 세공한 혁대—에 대한 보답으로, 그는 시시한 물건은 치우고 자신이 걸고 있던 호박 목걸이와 자신이 쓰던 침대 덮개, 붉은색 단화 한 켤레, 오렌지 꽃병 등을 선물한다.

아이티의 왕 구아카나가리는 이로써 자신이 자기 백성의 죽음을 조인했다는 사실을 모른다. 당시에는 콜럼버스도 그것을 몰랐다. 귀국길에 그는 "이곳 백성들을 명예롭게 대해야 함이 마땅합니다. 더구나 이 섬에는 금도 많고 양질의 땅과 향료도 많기에 더욱더 많은 호의와 배려로 그들을 대해주어야 합니다"라고 쓰고 있다. 이는 성실한 생각이다. 이때만 해도 그는 점유는 전쟁을 낳게 마련이라는 치명적인 모순이 이 생각에 내포되어 있다는 사실을 상상조차 못하고 있다. 구아카나가리는 다시 점심식사를 하러 와서는 자신의 집으로 방문해줄 것을 청하면서 그에게 큰 가면 하나와 심지어는 자신의 왕관까지도 선물한다. 그 보답으로 콜럼버스는 셔츠와 장갑, 진홍색의 섬세한 망토, 산호 목걸이 등을 벗는다. 두 사람은 왕의 시종들을 대동하고서 나란히 팔짱을 끼고 걷는다. 그리고 다시 한번 콜럼버스는 이곳 왕의 "훌륭한 가문" 출신다운 "고결하고 단아하고 우아한" 행동 양식을 강조한다.

뿐만 아니라 그는 부하들에게 "어떤 물건도 인디언들의 뜻을 위배하여 취하지 말 것과 무슨 일로건 어느 누구도 욕되게 하지 않도록 세심한 주의를 기울일 것"을 명한다. 이미 바하마에서, 유럽인들이 보기에 주민들이 버리고 간 듯한 어느 마을을 방문했을 때도 그는 "바늘 하나" 취하지 못하게 한 바 있다. 이곳 아이티에서 그는 "매우 아름답고 젊은 한 여성"을 사양하고는 "관습에 따라 매우 명예롭게" 되돌려보내는데, 물론 그의 선원들까지 그렇게 하는 것은 아니다. 그는 이 섬에 매료되어 있다. 이 섬의 푸른 산들— '아이티'는 인디언 언어로 '산이 많은 나라'라는 뜻이다—은 풍요로운 계곡들을 엿보게 하며, 이 계곡들 가운데 유난히 아름다운 한 계곡은 훗날 '낙원의 계곡'이라는 이름을 얻게 될 것이다. 게다가 이곳 평원들은 카스티야의 평원들을 능가한다. "빵이 나는 땅"도 있고 카사바 뿌리를 재배하는 밭도 있다. 그는 이 땅에 '스페인 사람'을 뜻하는 '히스파니올라'라는 이름을 붙이게 된다. 20년 후 이 땅—오늘날의 아이티와 도미니카 공화국 양편에 걸친—을 스페인 해외 영토의 심장부로 삼게 될 상징적 선택이다.

구아카나가리 왕과 그의 백성들과 그 밖에 다른 모든 타이노스 인디언들, 아라와크 세계의 가지들 가운데 하나인 이 가지를 역사에서 지워버리는 데는 20년도 채 걸리지 않는다. 1494년, 콜럼버스가 식민지 개척자들의 군대와 함께 되돌아왔을 때만 해도 이 섬에 최소한 3백만 명의 주민이 있었을 것으로 라스 카사스는 평가한다. 이는 대부분의 역사가들이 받아들이는 견해다. 그러던 것이 1508년에는 7만 명밖에 남지 않게 된다. 한 인류가 전쟁과 질병과 노예 수송과 금광 노동에 의해 사라지는 데는 14년으로 족했던 것이다. 이 범죄와 무관한 처지는 아니나 그렇다고 콜럼버스가 범죄자들의 우두머리인 것은 아니다. 이 드라마에서 그가 맡은 역은 견습 마술사 같은 것이라고 해야 할 것이다. 바로 그의 매혹이 끔찍한 기계를 작동시키기 때문이다. 그가 이 땅과 이곳에 살고 있는 사람들을 예찬하고 왕들을 실망시키지 않기 위해 떠들어댄 황금에 대한 터무니없는 약속들이 불행의 씨앗을 뿌린다. 당시까지만 해도 포르투갈인들은 아프리카에서 해외 상관商館을 통한 경제활동에 머무르고 있었다. 무역 기지들을 통해 연안 왕국들과 황금과 노예를 물물 교환하는 정도로 만족하고 있었던 것이다. 그러나 아메리카 시나리오는 강제이주, 식민지화, 강제노동, 정복 등 그것과는 전혀 다른 방식으로 펼쳐지게 된다.

콜럼버스가 연 이 길은 곧 그의 몰락의 길이 된다. 자신의 모험의 수인囚人이 된 그, 자신이 열어젖힌 새로운 현실에 기진맥진한 그는 여기서 벗어나기 위해, 뭍을 떠나 바다로 나가기 위해 사력을 다한다. 첫 접촉 때의 감동을 되살려보기 위해 거듭 항해에 나선다. 그 뒤에는 열정과 증오로 들끓는 솥을 남긴다. 그 솥 안에서 바로크적이고 혼혈인 최초의 아메리카, 카리브이자 라틴인 최초의 아메리카가 요리될 것이다. 우루과엔 에두아르도 갈레아노의 끔찍한 표현에 따르면 "정맥이 파헤쳐진" 대륙이요, 가르시아 마르케스가 자신의 영감의 열쇠—"환상적 현재성", "광적 실재성"—를 넘기면서 하는 표현에 따르자면 "그 고집

크리스토퍼 성채

탈주한 흑인 동상

이 전설과 혼동되는 역사적 여성들과 환각에 사로잡힌 남성들의 광대한 조국"이다. 이 유토피아와 광란의 오페라에서 프랑스는 스페인에 뒤이어 먼저 아이티에서 자신의 악보를 연주했다.

"원천源泉을 설명해주는 것은 강입니다. 우리는 최초의 거대한 원천에서 탄생한 나라입니다." 알베르트 망고네스는 과거에서 위안을 찾는 사람이다. 유복한 가정에서 흑백 혼혈로 태어난 그는 현재의 갈등들을 늦여주는 치유책을 과거에서 찾는다. 라 페리에르 산 정상에 도착한 우리는 그의 작품, 그가 복원한 크리스토퍼 성채를 바라본다. 인간을 등지고 건립된 독수리 둥지, 아직도 대포들이 비죽비죽 늘어서 있는 위협적인 산각山脚이다. 보네타 레베크 산맥 위에 터를 잡고서 신세계 최초의 왕정에 의해 1810년에서 1820년에 걸쳐 건립된 이 경이로운 성채가 거둔 승리의 전투는 침범해오는 식물들과의 전투뿐이다. 국유재산 보호기구의 관장을 맡고 있는 망고네스는 한때 '파파 독'의 총애를 받은 '엔지니어'로서, 이 종신대통령의 능陵—이 능은 대통령의 아들 '베베 독'에 의해 박물관으로 탈바꿈했다—을 건축한 건축가이자 '탈주한 흑인' 동상을 조각한 조각가다. 이 동상은 최초의 노예 봉기를 기념하는 것으로 포르토프랭스 궁을 마주보고 있다. 아리스티드의 아이티에서는 어느 누구도 그를 원망하지 않는다. 국가라는 것이 그저 부수입 많은 일자리에 지나지 않았던 시절에도 그는 도둑질을 하거나 밀거래를 하지 않았다.

암거래, 해적질, 밀수, 바로 그런 것들을 통해 프랑스는 이 대륙에 자신의 존재를 알렸다. 성채의 북서쪽, 고나브 만을 이루는 거대한 아가리의 턱뼈들 위로 돌출해 있는 거북 섬은 1697년 스페인이 프랑스에게 공식적으로 히스파니올라의 3분의 1—이 땅이 바로 훗날 산토도밍고 식민지가 된다—을 양도할 때까지 프랑스 최초의 전초기지로 쓰인 곳이다. 이 횃대에서는 그 해적 소굴은 보이지 않는다. 그러나 우리는 평원을 살피고 렝베, 베르티에르, 르캅, 리모나드, 필라트 등지를 더듬으며 그후의 일들이 펼쳐진 무대를 바라본다. 18세기 말, 이 나라의 이곳 북부 지역은 이 세계에서 가장 부유한 식민지의 부가 집중된 곳이었다. 산토도밍고는 세계 설탕 생산량의 4분의 3을 제공했고, 이곳의 대외 무역은 미국의 그것을 능가했으며, 이곳의 항구들은 마르세유 항보다도 더 많은 배들을 맞아들였다. 우리가 있는 곳 저 아래 어딘가에서—정확한 장소에 대해서는 아직도 의견이 분분하다—, 탈주한 흑인으로 부두교 사제였던 부크만은 1791년 8월 22일 부아-카이만 의식을 거행했다. 바로 축제를 중단시키고 혁명의 불을 지핀 그 의식이다.

　바로 맞은편, 갑의 둥근 부분을 이루고 있는 저 구릉들 아래에서 결정적인 전투가 벌어졌다. "자유 아니면 죽음을 달라!"고 외치는 흑인 군대에 맞선 프랑스 원정대는 공화국이 벌인 이 최초의 식민지 전투에서 패했다. 1804년 1월 1일, 아이티는 아메리카의 두번째 독립국이 되었다. 하지만 이런 차이는 있다. 미국에서는 노예제도가 영속되었던 반면 이곳에서는 옛 노예들이 섬에 본래의 인디언 이름을 되돌려주고, 그들이 어쩔 수 없이 자리를 빼앗을 수밖에 없었던 이들에게 경의를 표했다. 그러고는 백인들이 남긴 것을 주저 없이 학살함으로써 복수를 했다. 이를 주도한 장군이 바로 앙리 크리스토프였다. "재능 있는 흑인"으로 불린 해방된 노예 출신의 이 장군은 북아메리카의 독립주의자

앙리 1세 동상

들을 도와주러 온 프랑스인들에게서 자유를 맛보았고, 에스텡 백작의 휘하에서 봉사했으며, 식민지 군 중대장으로서 전쟁을 배웠고, 프랑스 갑의 쿠론 식당에서 요리를 배웠다.

잠시 황제로 있던 데살린이 죽은 다음날, 남부를 포르토프랭스의 혼혈인들에게 양도하고서 크리스토프는 앙리 1세로 등극한다. "국가를 소생시키고 복되게 한 자, 폭정의 파괴자, 거북 섬과 구나브 만과 그 밖에 다른 부속 섬들의 군주, 아이티의 왕"이 되는 것이다. 그가 자기 군대의 반란으로 1820년에 자살하기 전, 그리하여 그의 아내가 성채의 무기 광장에서 그의 시신에 생석회를 입히기 전, 그는 과대망상에 사로잡힌 유혈 전제군주의 온갖 상투적인 짓거리를 자행한 바 있다. 조정 대신들에게 기이한 호칭—'리모나드' 공작, '마멀레이드' 공작, '트루-봉봉' 백작, '살-트루' 백작 등—을 붙이고 자신의 우아한 밀로 궁宮에 '생-수시'[1]라는 이름을 붙이기도 했는데, 이 궁전의 유적은 성채로 가는 도중에 마주치게 된다. 흑인 왕이 사촌 백인들의 우스꽝스런 짓거리까지 그대로 따라한 것일까? 그보다는 고삐 풀린 역사의 광기요, 미지의 길을 헤쳐나가야 했던 한 인간의 현기증이요, 식민지 개발의 유산 앞에서 느낀 혼란이었을 것이다. 1715년, 산토도밍고에는 1만 5천 명의 노예가 있었으나 1791년에는 45만 명을 헤아리게 된다. 노예제와 식민 체제에 맞선 역사상 유일의 전쟁이 승리를 거두고 독립이 이루어졌을 때, 정작 그곳 주민의 절반은 아프리카에서 태어난 사람들이었던 것이다.

왕조의 건설자이자 개혁가였던 비극의 군주 크리스토퍼는 이 대담한 위업을 오랜 세월 속에 각인시키고자 했다. 에메 세제르가 극작품

---

[1] '걱정거리가 없다'는 뜻.

을 통해 그를 복권시키면서 그의 입에 흘려 넣은 표현에 따르면, 그는 "지지부진한 이 수수께끼의 백성을 독려하여", "수세기에 걸쳐 조금씩"이 아니라 "힘겨운 노력으로 단시일에" 전진시키고자 했다. 라틴아메리카가 겪게 될 비극의 서곡이라 할 아이티는 이후 끊임없이 자신의 이 오만에 대한 대가를 치르게 된다. 고립되어 가난에 쪼들리다 외세에 굴하게 되는 섬, 시몬 볼리바르를 두 번이나 맞이한 이 섬은 1826년에 개최된 최초의 아메리카 독립국 대회에서 미국의 요청에 의해 배제된다. 이 흑인 국가를 멸시해오던 미국은 결국 1915년에서 1934년까지 이 나라를 점령 통치하게 된다. 그 사이, 프랑스의 재정복을 피하기 위해 아이티 지도자들은 1825년에 왕년의 이 식민지 강대국이 요구한 천문학적 수치의 배상금 지불 요청을 받아들인다. 파리에서 조인된 차관으로 배상금은 두 배로 불어난다. 이중의 부채, 아이티를 무릎 꿇게 할 악순환, 북-남 관계 초유의 해외 부채다.

생-수시 궁전

성채에서 알베르트 망고네스는 갑 왼편에 자리잡고 있는 퀼르 내포를 가리켜 보인다. 바로 이곳에서 콜럼버스는 1492년 12월 24일 닻을 올렸다. 내포에는 지금 마이애미에서 온 여객선 한 척이 한나절 머물 예정으로 입항 중이다. 그 정도 시간으로는 승객들이 해변 구경이야 하겠지만 이곳의 참상은 알 수 없을 것이다. 콜럼버스는 뒤이어 닥칠 일을 예견했을까? '산타마리아' 호와 39명의 선원들로부터 그를 떼어 놓게 될 신비롭고 우발적인 사건, 신세계 최초의 유럽 식민지 기지를 탄생시키게 될 그 수수께끼 같은 우연을? 그날은 원주민들의 축일인 크리스마스였다. 오늘날, 사제 출신 대통령을 가진 이 땅에 내린 매우 그리스도교적인 신탁의 의심할 바 없는 징표일 것이다.

남십자성

포르토프랭스 뒤발리에의 과실 때문에 콜럼버스가 대가를 치렀다. 1971년에 '파파 독'[1]이 사망한 후 왕위를 계승한 아들 장-클로드가 1986년 2월 7일 미국 공군이 제공한 비행기를 타고 달아나는 사이, 폭동을 일으킨 포르토프랭스의 사람들은 콜럼버스를 해치웠다. 예식조차 없이 그를 바다에 던져버린 것이다. 몇몇 증인들의 말에 따르면, 그를 바다에 던질 때 이렇게 조롱하는 소리가 뒤따랐다고 한다. "그렇게 훌륭한 항해가라면 바다에서 수영이나 해야지!" 이탈리아의 선물인 그의 동상은 다시 건져 올려졌으나 '탈주한 흑인' 동상 옆의 원래 자리로 돌아가지 못한 채, 다시 대중의 처벌을 받는 일이 없도록 현재 어느 창고에 피신 중이다. 과거건 현재건 언제나 역사의 한가운데에 있고자 하는 괴벽을 지닌 콜럼버스는 그리하여 아이티 혁명의 '데슈카즈'의 첫 번째 제물이 되었다. 이 크레올어는 '뿌리 뽑기'를 뜻한다. 잡초를 뽑고, 썩은 뿌리를 솎아내자는 이 요구는 오늘날 도처에서 횡행하고 있

다. 곳곳에서 뿌리 뽑기를 통해 뒤발리에 시절의 유산들을 제거해나가
고 있다. 몇몇 정부 부서들이 면밀한 검토를 이유로 문을 닫고, 행정당
국들은 쓸모없는 관료들을 해임시키고, 사기업들은 직원들을 해고했
다가 케이스별로 다시 고용하고 있다.

이 혁명은 사람들을 어리둥절하게 한다. 유례를 찾아볼 수 없어, 어
떤 혁명으로 분류해야 할지 실로 곤란하다. 분명 많은 순교자들이 있
음에도 평화로운 혁명이요, 그리스도교적이면서도 로마에서 달가워
하지 않는 해방신학에 물들어 있다. 절망적일 만큼 궁핍한 혁명임에
도 말은 엄청나게 풍요로우며, 민족주의적이면서도 세계주의에 젖어
있고, 너무나 급한 일들에 직면해 있으면서도 무한히 인내하는 혁명
이다.

수도의 파헤쳐진 도로들을 걷다가, 생존을 흥정하기에 바쁜 사람들,
단조롭고 궁색한 진열대 앞의 상인들, 도랑물을 마시는 아이들 틈바구
니에서 문득 자신이 희망을 모독하고 있음을 깨닫게 될 때 과연 어떻
게 냉정을 유지할 수 있겠는가? 아이티에서는 27퍼센트의 아이들이
다섯 살이 되기 전에 죽는다. 남자들의 예상 수명은 51.2세며, 여자들
의 예상 수명은 54.4세다. 77퍼센트 이상의 인구가 문맹이며, 80퍼센
트가 1년 동안 100달러 이하의 돈으로 '생존'하고 있다. 궁핍과 영양실
조와 각종 질병이 대다수 국민의 일상생활인 것이다.

이런 현실 앞에서는 콜럼버스의 자취에 대한 우리의 탐구가 문득 부
적절한 것으로 여겨진다. 제1막 1장에서 이미 아이티 무대에서 쫓겨난
콜럼버스는 마치 그 자신도, 공항으로 가는 길가에서, "두 세계의 만
남"을 축복하도록 호소하고 있는 홍보판의 엉뚱함을 느낀 듯 슬그머니

프랑코 뒤발리에

자취를 감추고 있다. 이 지역의 다른 어느 곳보다도 이 나라야말로 아프리카의 아들임에도, 그 홍보판은 아프리카라는 제3의 세계를 망각하고 있다. 그러니 콜럼버스는 내버려두고, 38세의 연금술사 장-베르트랑 아리스티드를 찾아가 그의 얘기를 통해 이 불가사의한 혁명 칵테일이 어떻게 제조되었는지 이해하도록 애써보자. 교단에서 해임된 사제로, 라발라스 운동을 창시한 그는 두 번의 암살 시도에서 기적적으로 살아남은 뒤 대선에서 67퍼센트의 득표로 대통령에 당선되어, 1991년 2월 7일부터 대통령 궁에서 살고 있다.

무기 없는 총가銃架와 모자를 쓰지 않은 민병대원들이 지키고 있는 경비실을 통과하면 과거 프랑코 뒤발리에의 아지트였던 특징 없는 흰색의 넓은 건물과 마주하게 된다. 원주기둥들이 늘어선 복도 끝에 이르도록 그저 터무니없이 넓은 이 장소 외에, 고심 끝에 '마쿠트'[2]들과 '후간'[3]들의 혼합물, 즉 케르베로스[4] 민병대들과 부두교사제들을 합성하여 만든 씁쓸한 물약으로 "아이티 정신의 총체적 개혁"을 강요하고자 했던 의사 뒤발리에를 연상시키는 것은 아무것도 없다. 인종주의가 가미된 그 "검은" 이데올로기는 독재의 알리바이로 쓰였을 뿐이다.

정부가 대통령의 시간 활용에 일정 순서를 두기로 결정한 뒤부터 언론인들이 대통령을 면담할 수 있는 날을 따로 정했는데, 오늘은 그날이 아니다. 그러니 저녁까지 참고 기다려야 한다. 보수공사가 진행 중인 나라의 리듬에 맞춰, 온갖 하소연들을 가득 안고 찾아온 대표단들의 행렬이 끝날 때까지 기다려야 한다. 아리스티드는 신분고하를 막론하고 예외 없이 모든 사람들을 맞이하여 "백성의 소리"에 귀기울이며,

---

자신의 입장을 설명하거나 어떤 잘못을 수정해야 할 필요가 있다고 판단될 때는 당일 아침 라디오 생방송에 나가기까지 한다.

대기실은 빌 기미가 없지만 대통령의 전령인 부지런한 셀레스텡 대위는 모든 사람에게 각자 자기 차례가 올 거라고 약속한다. 나들이옷을 어색하게 차려입은 어느 시골 부부의 모습도 보였고, 콜럼버스가 퀘벡을 발견했다고 굳게 믿는 캐나다 출신의 전기 관련 사업가들, 도회지인 차림새의 여성 몇몇과 수다스런 노동자 그룹도 있다. 이 노동자들은 신문기자에게 자신들은 보다 신속한 변화를 요청하고, "사회주의 인터내셔널과 자유주의 인터내셔널 연합"이 주도하는 "세계적인 반反아이티 음모"를 고발하기 위해 왔노라고 흘린다. 벽에는 아이티 전도를 그려 넣은 초라한 벽걸이용 양탄자 하나가 걸려 있는데, 지도의 가장자리에는 도로, 전기, 일 등 각 지방의 요구사항들이 크레올어로 적혀 있다. 아이티는 하늘의 달을 요구하고 있는 게 아니다. 다만 생존에 필요한 최소치를 요구하고 있을 뿐이다. 습하고 끈적끈적한 더위도 식히고 시간도 보낼 겸, 고풍스런 안락의자들이 구비된 리셉션 실을 어슬렁거리다가 정원 쪽으로 눈길을 돌려보니 차고에 세워둔 롤스로이스 한 대가 눈에 들어온다.

"아직도 여기 계시는군요! 결국은 하늘까지 가실 수 있겠습니다!" 밤이 되어서야 마지막으로 대통령 집무실 문이 열린다. 오늘의 마지막 면담이다. 집무실은 작고 검소했으며, 방의 주인은 흰색 주머니가 달린 하늘빛 상의 차림이다. "롤스로이스요? 팔려고 내놓은 참입니다! 한 번도 타볼 생각조차 하지 못했지요." 그의 어조는 "진정한 진실"의 자명함을 토해내는 샤를 페기[5]의 신념을 연상시킨다. 그리스도의 사랑과

포르토프랭스 궁

5 1873~1914. 프랑스의 시인, 사상가.

도덕에 대한 열정을 동일시하며 그는 돈에 대한 자신의 경멸을 이렇게 선언한다. "나는 월급과는 인연이 없는 사람이었습니다. 친구들의 도움과 가족의 선물 덕에 하루하루 연명해왔지요. 아직 한번도 이런 세계에 발을 들인 적이 없습니다. 선임 대통령은 월급으로 매달 1만 달러에다 1만 5천 달러의 경비를 챙겼습니다. 조직적인 절도라 할 만하지요! 국민들은 내가 월급으로 4천 달러는 받아야 한다고 말합니다. 그 정도도 엄청난 액수입니다만, 국민들 생각이 그렇습니다." 아리스티드는 대통령직에 임명된 이후 달마다 자신의 월급을 어느 지역위원회나 시민단체에 기부하고 있다. 그의 예를 본떠, 3월에는 25명의 사제들이 자신들의 월급을 정부에 기부했다.

"우리가 이곳에 왔을 때 국고는 텅 비어 있었습니다. 사실, 빚까지 감안하면 마이너스 상태였죠. 저당 잡힌 국가였다고나 할까요. 정부의 구성원들마다 각자 자기만의 라인과 밀수품목과 술책이 있었습니다. 국가가 한패거리의 인질이 되어 있었던 겁니다." 그의 말은 외교적이길 사양한다. "국민은 이 역사의 주체입니다. 나의 목소리가 국민의 목소리로 울리지 않는다면 그것은 곧 내가 배신을 하기 시작하는 것입니다. 나는 국민 없이 성공하느니 차라리 국민과 더불어 실패하길 원합니다. 그러므로 나는 국민들 속에서, 국민들이 요구하는 것들과 더불어 앞으로 나아갑니다. 정부의 행보가 너무 굼뜨면 내가 그 점을 비판할 겁니다. 나는 반대파의 우두머리입니다." 그의 계획들? 그것은 한마디로 혁명이다. "우리가 정치 혁명을 이룬 것은 제2의 독립이라 할 사회혁명을 준비하기 위해서입니다. 1804년 이후 이 나라는 이렇다 할 변화를 갖지 못했습니다. 하지만 이번만은 주변적이거나 표면상의 변화에 그치지 않을 것입니다. 말하자면 모두가 테이블 주위에 앉는다는 겁니다. 소수만 테이블 위에 있고 다수는 테이블 아래에 있는 일은 없을 거라는 얘기죠."

아리스티드가 구사하는 언어는 간결하면서도 무거운 의미를 담고 있으며, 복음주의가 저변에 깔려 있고, 군데군데에서 신조어가 튀어나온다. 25구르드—공식 시세로 5달러가 될까 말까한 액수다—라는 최저 임금을 지키기 위해 사주들을 만난 자리에서 그는 이런 말로 인사를 했다. "여러분의 달러가 평화롭고, 달러의 평화가 여러분과 함께하길 빕니다. 여러분의 달러가 평화롭고, 평화에 대한 두려움이 여러분들에게서 멀어지길 빕니다." 예전에 그는 "애국적 부르주아들"이 "매국적 부르주아들"의 자리를 차지할 것을 촉구하면서, "달러를 이긴 자와 패배한 달러 사이의" 동맹을 제의한 바 있다. 그는 이렇게 설명한다. "내가 하고자 한 말은, 이제 그들 앞에는 정직하고 투명한 정부가 있고, 앞으로는 뒤발리에 정권의 민병대원 같은 이들이 그들에게서 많은 돈을 우려내는 일이 없으며, 그러니 그들의 달러에게는 이보다 더 바람직한 상황이 없다는 것입니다. 우리는 그들에게 부유해질 가능성을 제공합니다. 그들로서는 잃는 것도 있고 얻는 것도 있습니다. 밀수와 부패가 용이하던 구태들을 잃게 되는 것이요, 물질적인 것만은 아닌 부를 얻게 되는 거지요."

언젠가는 학생들 앞에서, 자신이 최근에 꾼 꿈 이야기를 들려준 적이 있다. 꿈속에서 그는 천국이다 싶은 곳에서 예수, 피델 카스트로, 체 게바라 등과 함께 있었다. 층계 하나가 그들에게 제공되어 있었으며, 그것은 내려갈 수만 있는 층계였다. 양탄자처럼 부드러운 바닥은 무수한 머리타래들로 만들어져 있었다. 곧 사방의 벽들이 붉은 핏빛이 되었다. "나는 해방신학이 어떤 것인지를 표현하고 싶었습니다. 신은 인간과 신 사이에 차이를 두지 않는다는 것을 말입니다. 신은 인간을 통해서만 존재합니다. 신은 인간이 신격화되도록 스스로를 인간화합니다. '체'는 인간을 사랑하여 인간을 위해 자기를 바친 사람입니다. 예수와 무슨 차이가 있습니까? 어떤 차이도 없습니다. 나는 누가 신이고 누가 그렇지 않은지를 묻는 일 없이 둘 모두를 찬미합니다. 신은 곧 사람입니다. 나는 당신의 연장延長이고, 당신은 나의 연장입니다. 나를 위대하게 하는 것, 그것은 바로 타인과 소통하고 있다는 것입니다. 오늘날의 인간은 빈자와 약자와 문맹자에게서 배워야 합니다."

콜럼버스와 이 대통령은 둘 다 기도와 실천, 메시아주의와 사실주의를 넘나들며, 뭔가 자신들의 역량을 초월하는 어떤 사명을 타고 났다고 확신했다는 점에서 서로 잘 통할 수 있었으리라는 불경한 생각이 문득 뇌리를 스친다.

"내가 여기, 가톨릭교회 한가운데에 있는 것은 신의 말씀을 따르기 위해서입니다. 예수 역시 싸울 수밖에 없었던 사회와 대적해야 했습니다. 그의 신념은 경직된 구조들의 무익한 관행들을 초월합니다. 그로부터 2천년 후 지금 나는 당시와 똑같은 상황에 처해 있습니다. 하지만 나는 예수가 아닙니다. 나는 어떤 모델을 본받고 싶지는 않습니다……." 그렇다고 곡해하지는 마시라. 이 기이한 대통령을 섬나라의 괴짜쯤으로 생각해서는 안된다. 그는 철학, 정신분석학, 고고학에 조예가 깊고 7개국어를 유창하게 구사한다. 그중 아르메니아어와 헤브라

이어는 예루살렘에 3년간 체류할 때 익힌 언어들이다. "내게 깊은 인상을 남긴 것은 자신의 문화에 깊이 뿌리를 내리고 있는 한 백성의 모습이었습니다. 자신들의 신을 다른 이들에게 강요할 정도로 자기 역사에 집착하는 백성의 모습 말입니다. 고유한 용기와 저항과 희망의 뿌리를 가진 우리 역시 마찬가지 아닐까요?" 그의 야심은 국경을 초월한다. "나의 기쁨, 그것은 아이티가 카리브와 라틴아메리카 전역에 희망의 별로 빛나는 것입니다……."

아리스티드

최근 일단의 흑인들과 인디언들이 단지 기자회견을 목적으로 콜롬비아 주재 아이티 대사관을 점거한 사건이 있었다. 포르토프랭스 당국이 왜 이 장소를 택했느냐고 묻자 그들은 이렇게 대답했다. "우리는 아이티가 올바른 국가임을 알기 때문입니다." 이 일화를 전하는 장 카시미르는 사뭇 의기양양한 어조로 이렇게 덧붙인다. "그들의 이야기는 우리나라에 구현되어 있습니다." 대통령 궁에서 나온 우리는 궁 근처의 가로등 불빛 아래에서 숙제를 하고 있는 고등학생 수십 명과 마주쳤고, 최근 한 여성 변호사가 "옛 민병대원" 출신 수감자들에게 폭행을 당한 사건이 벌어진 인근의 국립 형무소를 지나치고 나서 이 사회학자와 대면했다. 그는 지금 워싱턴 주재 대사직 발령을 받고 대기 중이다.

벌써부터 그는 외교관 티를 내며 세계적 전망 속으로 뛰어든다. "카리브는 유일한 민족, 민족들 중의 민족입니다. 멕시코와 브라질처럼 독립을 상실한 게 아니라 식민지화 과정을 통해 스스로를 구성해냈지요. 이런 개성적인 나라들은 스스로 국가를 만들어야 마땅합니다. 그런 점에서 냉전의 종말은 새로운 시기를 열고 있습니다. 유럽에서 국가–민족Etats-nation을 창설한 이들은 요즈음 국가와 민족을 분리시키고 있는 중입니다. 니카라과에서는 평화를 얻기 위해 산디니스타[6]들이 국제 사회에 호소했지요. 민주적 선거를 얻기 위해 우리 역시 그렇게 했습니다. 새로운 세계정치 질서는 전통적인 국가 모델들을 요청하고 있습니다. 그래서 미국식 경험은 유럽의 모델로 수출되지 않고 있죠. 이제 더이상 그것은 추세가 아닙니다."

'부릭 샤제'는 그의 견해를 높이 살 것이다. 아리스티드의 이 별칭은 포르토프랭스 주재 미국 대사 앨빈 애덤스가 붙여준 것이다. 그는 1987년 이곳 대사로 부임했을 때 "부릭 샤제 파 캉페(무거운 짐을 진 당나귀는 도중에 걸음을 멈출 수 없다)"라는 크레올 속담을 빌려 아리스티드에게 자신의 견해를 밝힌 바 있다. 말인즉, 한꺼번에 너무 많은 것을 하려고 들지 말라는 얘기다. 물론 그는 아리스티드가 대통령에 당선되지 않기를 바란 사람이다. 아리스티드는 다른 속담 하나로 그의 말에 응수했다. "안 필 맹 샤즈 파 루", 즉 "손이 많으면 짐이 무겁지 않다"는 뜻이다. 미국 대사는 아이티 정치에도 관여한다. 그는 사방으로 바쁘게 돌아다니고, 시사 문제에 관한 자신의 견해를 표명하고, 인터뷰를 하고, 사기업 관련 인사들을 만난다. 라틴아메리카와 카리브에 대한 미합중국의 이 같은 간섭은 1천 킬로미터 연안에 걸쳐 진행되고 있는 그 정체불명의 혁명에 대한 불안을 어느 정도 나타내는 것이라 할 수 있다. 쿠바에서와 마찬가지로 이 나라의 장래는 북쪽의 이 고압적인 이웃과의 모호한 관계 변화에 달려 있다. 그들의 관계에는 과거에 겪은 수모—아이티는 금세기 초 20년간이나 미국의 식민지로 있었다—와 경제적 매혹이 뒤섞여 있다. 이곳 사람들이 "열번째 도道"라고

부르는 미국으로의 많은 이주 행렬이 그러한 매혹을 말해준다. 그리고
이 매혹은 이미 병든 상태인 프랑스어 사용을 해치고 있다. 현재 많은
젊은이들이 오직 영어와 크레올어만 쓰고 있는 것이다.

그러나 아이티의 수수께끼를 밝힌 이는 프랑스인이다. 제라르 바르
텔레미의 얘기를 듣다보면 지구 미래의 핵심에 있는 범세계적 쟁점 하
나를 발견하게 된다. 아시아, 아프리카, 라틴아메리카 등지를 유랑하
며 살다 9년 전부터 포르토프랭스에 정착한 이 인류학 교수는 최근
『바깥에서 본 나라 *Le pays en dehors*』를 출간했다. 새 지도부가 즐겨
참조하는 이 에세이는 아이티의 농촌 세계를 다룬 저술이다. 그는 우
리에게 이렇게 설명한다. "아리스티드 현상은 독재와 동떨어져 살던
농촌 세계의 갑작스런 부상이라 할 수 있습니다. 이 나라는 2세기 전부
터 사상의 스캔들이었습니다. 남아메리카의 딜레마, 지독한 후진성,
대립적 체제로서 말입니다! 아이티 혁명은 유럽 혁명들의 반명제였습
니다. 개인의 자유가 아니라 집단적 평등의 이름으로 서구의 반명제로
등장한 혁명이요, 식민지제도를 파괴하고 임금제를 죽인 전쟁이었습
니다. 그 결과로 인간관계를 기반으로 한 사회가 구축되었습니다. 평
등사회이자 극도의 궁핍을 경영하는 사회, 절대자유의 세계이자 개인
이 결코 그 자체로 머무를 수 없도록 볼모로 잡힌 가혹한 세계 말입니
다. 흔히 사람들이 저개발이나 불행한 운명과 동일시하는 이 문화는
또한 일종의 거부이자 반격이기도 합니다."

제3세계의 해외 협력단을 절망케 하는 시시포스의 업業 앞에서 유
일한 돌파구는 "모든 것을 거꾸로 뒤집어놓는 것"임을 바르텔레미는
간파했다. "언제나 사람들은 남南이 곧 북北의 부재라고 생각하는 경향

이 있습니다. 하지만 남은 또한 비非북이기도 합니다. 북은 물질적 풍요를 얻는 데 성공했으나, 개인이 사회적 존재로 고찰되는 인간관계를 기반으로 한 사회는 구축하지 못했습니다. 북은 역동성의 비결을 찾아냈으나, 남은 정태성의 인간을 발명했습니다. 나의 학생들은 농부들이 하루를 어떻게 쓰는지 계산해보았습니다. 3분의 1은 노동에, 또 3분의 1은 사회관계에, 나머지 3분의 1은 여가에 씁니다. 그들은 자신들의 생존망을 면밀히 유지하는 시간을 갖습니다. 이 남국 문화는 물론 사라지게 될 것입니다. 하지만 사라지더라도 북에 전염시키고 나서 사라질 겁니다. 그것을 우리는 음악을 통해 이미 보았고, 여러 교조적 운동들을 통해 보고 있고, 앞으로는 평등의 문제를 통해 보게 될 것입니다. 공산주의의 평등 사상이 실패했다고 해서 평등에 대한 충동 자체가 없어진 것은 아니지요."

말들과 온갖 패러독스들을 흠뻑 뒤집어쓴 우리는 다시 국립 판테온 박물관으로 콜럼버스를 만나러 갔다. '파파 독'의 영예로운 영생을 위해 마련된 묘지였으나 지금은 방부 처리된 역사 보관소로 탈바꿈해 있다. 우리가 제독을 아이티 갑岬의, 난파 위기에 처한 '산타마리아호' 선상에 내버려두고 있음을 상기시키기 위함인 듯 이 배의 닻이 아이티 1차 독립 영웅들의 망령과 함께 이곳이 진열되어 있다. 제2차 독립, 즉 아리스티드의 혁명은 성공할 것인가?

"키가 매우 큰 나무 한 그루가 이미 지하의 위대한 인도 위로 솟아올랐다 / 자력磁力을 지닌 잎사귀들과 새로운 과실들을 달고서." 생-종 페르스가 쓴 대발견의 서사시 『바람』은 이렇게 끝을 맺는다. 이 구절

바로 앞 구절은 이렇다. "폭력이 지상의 인간들의 침상을 새로 깔았을 때". 아이티는 정복 폭력의 첫 무대였다. 종교인 바르톨로메 데 라스 카사스가 고발했던 폭력.

인도의 파괴

포르토프랭스 친숙한 여행자처럼, 신은 없는 곳이 없다. 아이티 버스들은 자신들의 불확실한 도정을 호위해주길 촉구하면서 악착같이 신을 제 편으로 끌어들인다. 유일한 판관인 신, 위대하신 주님인 신, 유일한 희망 그리스도, 강하신 신, 온유하신 주님 예수……. 하지만 조심하라, 이 신은 다른 신들을 숨기고 있다. 불가사의한 여러 얼굴의 신들, 농간을 부리는 코미디언 신들. 부두교의 망명한 만신이 있고, 아프리카의 은총과 조상들의 마법이 있고, 대항해에서 위기를 모면하고 혼혈을 통해 되살아나는 컬트가 있다. 이곳에서는 신이 다양한 형상을 가지며 또한 끊임없이 변화한다. 반은 사제요 반은 마법사였던 화가 헥토르 이폴리트, 이어붙인 맥주 박스에다 리폴린[1]의 굵은 선으로 "중요한 메시지"를 던져 앙드레 브르통을 매료시킨 바 있는 그는 "전능하신 신"에게 눈 셋과 코 두 개를 붙여주었었다. 주님은 "발가락 아홉 개의 위대한 주인"으로 분신할 수 있기 때문이다. 그리고 교회의 신, "선

---

1 에나멜 도료의 일종.

량하신 신"이 있다. 사람들은 쉽게 화해하지만, 그러나 그는 악과 정령들과 주위를 배회하는 죽음으로부터 우리를 해방시켜주지 않는다. '사므디' 남작[2]은 자신이 좋아하는 나무 '메드시니에'[3] 뒤에 몸을 숨긴 채 영원히 깨어 있는 상태로 묘지 한가운데에 머무르고 있지 않은가?

의사, 그것이 바로, 1985년 본국으로 귀향한 이후 엄청난 업무에 시달려 초췌해진 마리오 알바레스의 절망적인 직업이다. 포르토프랭스의 병원에서 그는 잠시 우리를 일반진료 병동으로 인도한다. "이론상으로는 이곳이 우리나라에서는 다른 어느 곳보다 형편이 나은 곳입니다." 하지만 고작 100여 개뿐인 침상에는 환자가 모두 차 있다. 이곳은 매일같이 120여 개의 침상은 필요한 곳으로, 늘 환자들이 베란다 아래에서 대기 중이다. 의약품들은 수시로 바닥나고, 암거래가 횡행하는데다 부족한 대체 수단 등, 무엇 하나 제대로 된 것이 없다. "의사 출신이었던 뒤발리에 시절에는 의과대학이 정계 입문의 보루였습니다. 의과대학에 들어가려면 부모가 '마쿠트'이거나 뒤발리에주의자여야 했지요. 어느 교수도 감히 마쿠트의 아들을 시험에서 낙방시킬 수는 없었습니다. 그래서 많은 엉터리 의사들, 사이비 의사들이 양산된 겁니다."

이 병동 옆에 작은 건물 하나가 프랑스의 원조로 건설되고 있다. 에이즈 환자들을 돌보기 위한 병동으로, 침상은 고작 11개뿐이다. 최근까지도 이 병원에서는 에이즈 환자들을 받아들이지 않다가 본국으로 돌아온 의사들의 압력에 못 이겨 결국 문을 열었다. 하지만 그 문은 여전히 좁다. 현재의 아이티로서는 에이즈 같은 질병들을 치료하기 위해 애쓴다는 것이 사치에 다름아니다. 에이즈 환자들은 거리에서나 집에

---

2 부두교인들에게 '죽음의 영주'로 통하는 악령. '사므디'는 '토요일'을 뜻한다.

3 카리브 해의 식물로 직역하면 '의사 나무'가 된다.

서, 혹은 자선단체들이 만든 양로원 등에서, 아무런 치료도 받지 못한 채 그저 죽음만 기다릴 뿐이다. "그것은 일상적으로 접하는 드라마입니다. 예방 외에 우리가 해줄 수 있는 것은 아무것도 없죠. 지난 2년간 400만 개의 콘돔이 무상으로 배포되었습니다. 그것이 우리가 줄 수 있는 도움의 전부입니다. 논리적인 선택입니다만, 그건 경제학자의 선택이지 의사의 선택은 아니죠."

에이즈가 아이티의 갖가지 불행에 덧붙여지면서 아이티인들에 대한 집단 추방 움직임이 덤으로 따라왔다. 바이러스가 적발되기 전, 아직 이 병의 정체가 드러나지 않았을 때 아이티는 미합중국에 의해 이 병의 발원지로 지목되었다. "전혀 과학적 근거가 없는 소리였죠. 1985년, 그들은 그런 주장을 취소했지만 공포심리는 아직도 남아 있습니다." 이 전염병의 확산 규모에 온통 신경을 쏟고 있는 알바레스 의사는 누가 먼저 시작했는지 따위에는 관심이 없다. "공식 수치는 1989년에 다시 올라가서 2,516건의 사례를 확인했습니다. 하지만 사실은 이 숫자에 3배를 더해야 할 것입니다. 아이티의 에이즈가 대부분 이성 접촉을 통해 전염되는 아프리카 에이즈에 가깝기 때문입니다."

이 병원에는 일반진료 병동에서 멀지 않은 곳에 성소가 하나 있다. 성모 마리아상이 쇠창살의 보호를 받으며 서 있는 곳이다. 오늘 아침에도 수십여 개의 손이 쇠창살에 매달렸다. 머리를 숙인 채 탄원하는 눈빛으로 기도를 중얼거리는 사람들의 손. 마리오 알바레스는 내가 마음을 가라앉힐 새도 없이 더욱더 암울한 그림 하나를 그려 보인다. "남아메리카에 등장했던 콜레라가 우리의 코앞에 와 있습니다. 비행기 한 대, 승객 한 사람이면 족하지요. 전염병학적 관점에서는 콜레라가 에

이즈보다 더 심각합니다. 우리나라는 이 끔찍한 전염병이 출현하기에 이상적인 여건을 갖추고 있습니다. 가난한 백성, 부족한 위생, 불결한 환경 등 말입니다. 일단 상륙만 하면 콜레라는 엄청나게 많은 생명을 앗아갈 수 있습니다!" 아이티에서는 죽음이 전쟁의 정령 '오구 페라이여'와 묘지의 여주인 '그랑드 브리지트' 사이를 오가며 잠시도 배회의 발걸음을 멈춘 적이 없다.

지난날, 사람들은 죽음의 손을 잡았다. 콜럼버스가 '히스파니올라'라고 명명했던 아라와크[4]의 섬 '아이티'는 두 세계의 충돌로 죽었다. 역사가에 따라 수치에는 약간의 차이가 있지만 확인하는 내용은 동일하다. 불과 한 세대 만에 이 섬의 원주민들이 인류사에서 지워져버렸다는 것이다. 피에르 샤뉘는 라스 카사스가 추정한 수치를 택했다. 1492년에 300만 명이던 주민이 1542년에 200명이 되어버렸다는 것이다. 하지만 1971년에 미국인 우드로우 보러는 이 수치들을 훨씬 높게 수정했으며, 그리하여 실로 끔찍한 그림이 그려졌다. 1492년에 7~800만 명이던 주민이 1496년에는 370만 명으로 줄었으며(4년 사이에 절반으로 준 셈이다) 1510년에는 65,800명, 1518년에는 15,600명이 되었다가 1540년에는 250명이 되었다. 이 수치는 500주년을 무색하게 만든다. 이 같은 대학살의 서곡이 된 사건을 어떻게 축복할 수 있단 말인가?

이 문제는 히스파니올라에만 해당되는 것이 아니다. 앤틸리스[5] 전체가 이와 동일한 곤경에 처했었다. 대륙 내, 즉 헤르난 코르테스가 1519년에 정복을 시작한 멕시코에서도 인구 감소 추세가 이와 유사하다.

4 당시 서인도제도에 살고 있던 인디언들을 지칭한다.

5 북아메리카의 플로리다 반도 남쪽에서 남아메리카의 베네수엘라 북쪽까지 카리브 해를 둘러싸고 이어지는 호상열도. 대 앤틸리스와 소 앤틸리스로 나뉜다.

멕시코 영토 내 토착 주민의 95퍼센트가 60년 동안에 사라졌다. 보러는 다음과 같은 수치를 제시한다. 1518년에 2,520만 명이던 주민이 1532년에는 1,690만 명, 1548년에는 740만 명, 1568년에는 260만 명, 그러다가 1608년에는 겨우 100만 남짓으로 줄어들었다는 것이다. 이와 동시에 유럽 이주는 증가한다. 아메리카 대륙 전역에 걸쳐, 콜럼버스의 첫번째 항해에 뒤이은 한 세기 동안 총 6천만에서 1억 명의 아메리카인디언들이 목숨을 잃은 것으로 추정된다. 인류사에서 유례를 찾아볼 수 없는 이 같은 종말에 대해 역사가들은 격정 뒤에 숨어서 설명을 시도한 바 있다.

　　엠마뉘엘 르 루아 라뒤리[6]는 오직 "세균성 대량학살의 가마솥"만이 그처럼 많은 사람들의 죽음을 설명할 수 있다고 말한다. 세계의 통일은 또한 "세균의 통합"이기도 하다. 어떤 전염성 오염체, 이를테면 홍역이나 천연두, 독감, 혹은 성홍열 등과 같은 질병들이 당시까지 한번도 당도한 적이 없었던 별천지 아메리카 대륙에 도착했음을 의미하기도 하는 것이다. 아프리카와 아시아에서 이루어진 첫 접촉 때는 그처럼 근본적인 민족 말살이 야기되지 않은 까닭은 식민지개발의 폭력이 미약해서가 아니라 이미 세균들이 오랫동안 유라시아 대륙과 유라프리카 대륙 양단을 순회하고 있었기 때문이라는 것이다. 반면 고립지대였던 아메리카는 수세기 동안 후천성 면역력을 기를 기회가 없었던 것이다. 역으로 이루어진 매독의 전파 경로가 이 같은 예증을 뒷받침해준다. 사람들은 인디언들의 풍토병에 불과했던 매독이 뱃사람들과 콘키스타도르들에 의해 유럽으로 전파되었다는 생각에 견해를 같이한다.

르 루아 라뒤리는 이렇게 적고 있다. "다른 어느 식민지 개발 못지않게 잔인했던 스페인의 식민지 개발에 면죄부를 주자는 얘기가 결코 아니다. 어떤 경우에는 인디언들이 스스로 생명을 포기하거나 생식을 거부한 사실을 부인하자는 얘기도 아니다. 다만 그런 원인들은 부가적이거나 부분적인 것일 수밖에 없다는 얘기다. 중심 요인은 역시 세균이다." 요약하면 계획되지 않은 대량살상이라는 것이다. 하지만 거기에 수반된 사회 경제적 여건들을 따로 떼어내 생각할 수 없는 집단학살이기도 하다. 이미 16세기에 이런 관점에서 문제가 제기된 바 있다. 세균들에 의한 재앙이 아니라 인간 행위의 문제로 말이다. 새로운 질병들은 강제노역에 시달리는 민족에게 자신들의 타고난 자연환경에서 뽑혀져 나온, 뿌리 뽑힌, 착취당하는, 때로 학살당하기까지 하는 민족에게 타격을 가한 것이다. "사방에서 터지는 인간의 피의 부르짖음이 하늘까지 올라가고 있습니다." 1531년 1월 20일, 당시 스페인의 국왕이자 황제인 샤를 5세 앞으로 수신된 한 편지에 적힌 말이다. 제독을 예찬했던 인물, 식민지 개척자 출신으로 도미니크회 수도사가 되어 인디언 옹호에 앞장섰던 바르톨로메 데 라스 카사스가 보낸 편지였다.

바르톨로메 데 라스 카사스

우리가 추적하는 인물의 이중성과 유별난 모순들에 대해서라면 라스 카사스가 그 산증인이라 할 수 있다. 스페인 반대에 앞장서게 될 이 스페인 사람이 바로 콜럼버스를 망각에서 구하고, 어떻게 그의 꿈이 악몽으로 변해버렸는지를 제시하며 정복자들의 만행을 고발하기 위해 우리의 발견자를 복권시키게 되는 장본인인 것이다. 콜럼버스의 텍스트들 대부분, 특히 그의 첫번째 항해일지는 라스 카사스가 만든 사본들 덕택에 우리에게까지 전해질 수 있었다. 그가 콜럼버스에게 진 빚은 가족적인 것이요 유년 시절의 추억 속에 둥지를 튼 것이다. 즉 콜럼버스가 첫번째 항해를 마치고, 진주와 황금이 상감된 마스크들과 초록 앵무새들을 짊어진 겁에 질린 일곱 명의 인디언들을 대동하고서 환희에 찬 도시를 의기양양하게 가로지르는 콜럼버스의 모습을 바라보는 어린 세비야 소년의 시선에서 비롯된 것이었다. 1484년이나 1485년에 태어났을 것으로 추정되는 라스 카사스는 아버지와 두 삼촌—유대인 출신이나 그리스도교로 개종한 상인들—이 콜럼버스의 두번째 항해에 합류하여 승선했을 때 아직 채 열 살이 되지 않았다.

라스 카사스의 매력은 예측할 수 없는 도정을 만들어 자기 자신에 역행하는 길로 나아갔다는 데에 있다. 1502년 그 역시 히스파니올라로 떠난다. 이때만 해도 그는 부와 권력을 탐하는 콘키스타도르였다. 자신의 아버지로부터 스페인 수도에 필적하는 방대한 영지 산토도밍고를 물려받은 그는 땅과 사람들을 소유하고서 개척지를 능숙하게 경영한다. 그러다가 1505년을 전후하여 수수께끼 같은 최초의 파열이 일어난다. 로마로 가서 사제 서품을 받고 아메리카로 돌아와 히스파니올라 최초의 미사를 집전한 것이다. 라스 카사스는 이렇듯 "성직에 종사하는 식민지 개척자"가 되는 선에서 그칠 수도 있었을 것이다. 십자가와 칼을 합주하는, 당시에 흔히 볼 수 있었던 비둘기 전도사가 되는 것으로 말이다. 더욱이 그는 한동안 쿠바에서 유혈의 '강화' 조치들을 단행하여 실제로 그런 역할을 하기도 한다. 그러던 어느 날, 그의 길은 히스파니올라에 새로이 정착한 도미니크회 수도사들의 길과 교차하게 된다.

　1511년의 어느 일요일, 그 수도사들 가운데 한 사람인 안토니오 데 몬테시노스가 식민지 전체를 감동시킨 선서 하나를 선언한다. 그의 목소리는 실로 당당하다. "나는 사막에서 울부짖는 목소리다." 복음서에 나오는 이 구절에 이어지는 그의 강론은 혈기 넘치는 비상飛翔에 다름 아니다. "이 사막 같은 섬에서 부르짖는 목소리가 바로 납니다. 이 목소리는 한 무고한 민족을 그토록 잔인하게 대한 죄 때문에 여러분 모두가 치명적인 원죄 상태에 빠져 있음을 말하고 있습니다. 그 어떤 정당성으로 여러분들이 인디언들을 그토록 참혹한 노예 상태에 둘 수가 있단 말입니까? 무슨 권리로 여러분들은 자신들의 나라에서 평화로이 살고 있던 사람들과 그토록 잔혹한 전쟁을 벌인단 말입니까? 그들은 사람이 아닙니까? 그들은 이성이 없고 영혼이 없습니까?" 말의 신비라 해야 할까? 라스 카사스는 이때를 자신이 각성한 때로 기록하고 있다. 1514년 그는 자기 소유의 인디언들을 포기하기로 결심한다. 하지만 아직은 노예제에 대한 반항아로 볼 수는 없다. 여전히 그는 평화적 정복의 가능성을 믿고 있었다.

　인도 개혁을 주장하기 위해 스페인 본국을 여러 차례 오가던 그는 1520년에 오늘날의 베네수엘라 북서부에 한 영지를 마련해 자신의 가설 실현 가능성을 입증해보고자 한다. 하지만 이 시도는 스페인의 처벌 원정과 인디언들의 폭동으로 얼룩진 완전한 실패로 끝난다. 2년 후 그는 이 사건의 결론을 내리고서 도미니크회 수도사가 되어 어느 수도원에 은신한다. 고행하듯 틀어박힌 그는 깊이 숙고하며 의문을 되씹는다. 1515년경에 그는 "가없은 인디언들"을 흑인 노예들로 대체하자는 제안을 한 바 있다. 이는 끈질기게 이어져온 전설과는 달리 그가 고안해낸 아이디어가 아니었다. 흑인들은 이미 1501년부터 히스파니올라로 강제 이주되고 있었다. 흑인 노예무역이 이제 막 시작된 시기에 그는 스스로 이를 끔찍한 과오라고 고백한다. 그리고 차후부터는 "인디언들과 동일한 이유가 그들에게도 적용되는 만큼 흑인들 역시 부당하고 폭압적으로 노예가 된 사람들"로 간주하게 된다.

1531년, 마침내 그는 유보적 태도를 떨치고 일어선다. 샤를 5세 앞으로 쓴 편지가 그것이다. 그후 1566년에 임종을 맞이할 때까지 두번다시 무대의 전면을 떠나지 않는다. 1542년에는 문서로 인디언들에게 자유를 되돌려주는 새 법령들을 얻어내고, 현재의 멕시코 영토에서 치아파스 주의 주교가 되었다. 또한 반대파들과 숱한 설전을 벌이며 여러 권의 책을 저술했는데, 이 책들 대부분은 19세기에 가서야 간행된다. 그는 흥분한 투사라기보다는 정치가였다. 황제가 그의 대화 상대였고, 식민지 개척자들과 토착민들의 이익을 다 함께 고려하는 방향을 제의하면서 황제에게 영향력을 행사하고자 했다. 황제를 설득하기 위해 그는 증거들을 수집하고 자신이 직접 목격한 학살 장면들을 들려주었으며, 자신이 직접 책을 쓰기도 했다. 그의 책『인도 파괴에 대한 아주 짧은 보고서』에는 어머니들이 자식들과 함께 쇠창에 꽂힌 이야기며 바위에 머리가 터져 죽은 아이들, 배가 갈라진 임산부들, 사람을 산 채로 잡아먹도록 조련된 그레이하운드 사냥개들, 쇠망 위에서 약한 불에 구워진 추장들 등, 온갖 끔찍한 이야기들이 등장한다.

사실 그는 때를 놓친 명분을 옹호하고 있었다. 인구 감소 수치가 증명하듯이 이미 때가 너무 늦어버렸으며, 그의 화해 시도들은 실패가 예정된 것이었다. 알맹이가 빠져버린 1542년의 법률들은 1546년에 금세 폐지되었다. 그러나 소위 혁명적인 사상을 기반으로 한 그의 행보는 갈수록 비장해져갔다. 여러 차례의 위기를 겪으며 진화해간 라스 카사스의 사상은 인간의 평등, 타자에 대한 존중, 정복의 거부 등 마침내 급진적으로 현대적인 길들을 열어젖히기에 이른다. "자연법과 인간의 제 권리는 그리스도교국이건 아니건, 그들의 종파나 법, 신분, 피부색, 지위 등이 어떠하건 아무런 차이 없이 모든 민족에게 공통된 것이다." 그는 이러한 대원칙을 선언하는 것으로 만족하지 않고 그것을 구체적 평등으로 옮긴다. "모든 인디언들은 자유로운 사람들로 간주되어야 한다. 우리 자신이 자유로운 것과 동일한 권리로 그들은 자유로운 것이다."

라스 카사스는 여기에서 그치지 않고 국민들간의 서열을 파괴하는 상대성이라는 기준을 마련하기까지 한다. 다르다는 이유로 타자가 멸시받지 않아야 할 뿐만 아니라, 바로 우리 자신도 타자임을 잊어선 안 된다는 것이다. "우리가 인디언 민족들에게서 보게 되는 이상하고 비非문명화된 관습들 앞에서 놀랄 이유는 전혀 없으며, 이상하다고 해서 그 관습들을 멸시할 이유는 더더욱 없다. 왜냐하면 이 세계의 민족들 대부분은, 아니 모든 민족은 그들보다 훨씬 더 이상하고 비합리적이며 타락했기 때문이다. (…) 우리 자신만 하더라도, 선조 때는 스페인 전역에 걸쳐 그들보다 훨씬 더 나빴었다." 또한 시대에 앞선 평화주의자—"전쟁이 살인 행위가 아니면 무엇이겠는가. 전쟁은 모든 권리에 배치된다"—이기도 했던 이 독실한 도미니크회 수도사는 자신의 성찰을 종교의 영역까지 확장시키기에 이른다. "만약 우리의 신이 우리에게

진실로 존재한다면 타자들의 신 역시 그들에게 진실로 존재하지 않겠
는가" 하고 그는 묻고 있다.

그의 이 같은 사상은 반대파들이 내세우는 주장의 핵심과 대적하면
서부터 진보해나갔다. 카리브 연안의 의식인 식인 풍습—히스파니올
라의 아라와크 섬 주민들이 '카니바'라고 부르며 무서워하던 소小서인
도제도 인디언들의 풍습으로, 오늘날의 '카니발'은 여기에서 유래한다
—과 특히 아스텍 문명 같은 아메리카인디언 문명의 인간 제물 등을
언급하는 그들에게 그는 우리 모두가 각자 자기 고유의 가치를 갖고
있다고 주장하면서, 원래 모습 그대로의 타자를 인정하기 위해 일체의
동일시 논법을 거부한다. "자기들의 신에게 인간 제물을 봉헌하는 민
족들은 자기들 신의 가치에 대해 지신들이 품고 있는 고매한 관념을
그런 식으로 나타낸 것이다. (…) 종교적인 측면에서 그 민족들은 다른
모든 민족들을 초월한다. 그들이야말로 자기 백성들의 안녕을 위해 자
기 자식들을 제물로 바치는, 세상에서 가장 종교심 깊은 민족이기 때
문이다."

몽테뉴를 예고하는 실로 놀라운 비약이다. 몽테뉴는 1580년의 『수
상록』[7]에서 카니발에 대해 이렇게 적고 있다. "이 민족에게 야생적이고
야만적인 면은 전혀 없다. 다만 각자 자신의 관습이 아닌 것을 야만이
라 부를 뿐이다." 또한 라스 카사스의 비약은 교단에서 벌어질 미래의
논쟁들을 예고하는 것이기도 하다. 그는 복음과 그것이 낳는 현실의
분리를 거부하고, 복음 전도의 내용과 그 방법의 분리도 거부한다.

"설교자들이 군대의 소요가 수반되는 복음을 설교한다면 그 자체로
그들은 자신들의 말로써 신앙을 일으키는 데 부적합한 사람들이 될 것

이다. 복음이 포격과 무슨 상관이 있는가?" 한술 더 떠서 그는 인도의 저항을 정당화하기도 한다. "모든 국민은 비록 야만족이라 할지라도, 자신들의 자유를 박탈하고 예속시키려 드는 좀더 개화한 국민의 침략에 맞서 스스로를 방어할 수 있다. (…) 이런 전쟁은 문화적 우월성을 구실로 내세워 벌이는 전쟁보다 훨씬 더 정당하다." 이러한 논리를 바탕으로 그는 자신의 추론을 끝까지 밀고 나간다. 정복전쟁 자체를 고소하는 데까지 나아가는 것이다.

1555년 그는 이렇게 쓴다. "이 모든 악들에 대한 진정한 치유책, 카스티야의 왕들이 신의 계율에 따라 결국 받아들이지 않을 수 없는 치유책, 평화적으로 할 수 없다면 전쟁도 불사할 것이요, 그들이 인도에 소유하고 있는 일시적인 그 모든 재산을 거는 위험을 무릅쓰고라도 받아들이게 될 그 치유책은 바로 인디언들을 속박하고 있는 악마적 권력으로부터 그들을 해방시키는 것이요, 그들에게 애초의 자유를 되돌려주는 것이요, 원래의 영주들과 왕들에게 통치권을 되돌려주는 것이다." 라스 카사스는 왕에게 소유권을 포기하고 옛 국가들을 되살리고, 콘키스타도르들과 전쟁을 벌일 것을 요구하고 있는 것이다! 우리의 상처투성이 성직자는 자신의 유언에서 분명 경건하기 짝이 없는 이 소망을 스페인에 대한 저주로 탈바꿈시킨다.

"너무도 폭압적이고 야만적으로 자행된 이 부도덕하고 간악하고 끔찍한 일들에 대한 벌로써, 신은 스페인에 분노의 벼락을 내릴 것이다. 크든 작든, 스페인 전체가 그토록 많은 파괴와 학살의 대가로 찬탈한 유혈의 부에 책임이 있기 때문이다."

밀물이 있으면 썰물이 있다. 많은 비극과 재앙을 낳은 발견은 또한 그에 대한 고발을 잉태하고 휴머니즘을 예고하고 나아가 인권을 예고한다. 스페인을 용서하기에 족할 패러독스 하나. 스페인 아닌 다른 어느 식민지개발 국가가 이토록 완벽한 검사들을 배출하여 그들로 하여금 자유롭게 자신들의 의사를 표명할 수 있게 하고 때로는 그들의 얘기에 귀를 기울이기까지 했다는 점을 자랑스러워할 수 있겠는가? 이 근본적인 사건은 현대에까지 영향을 미치고 있다. 그것이 바로 현재의 라틴아메리카 교단이 안고 있는 여러 갈등들의 밑그림이 아닐까? 우리가 국경 너머 산토도밍고의 대주교를 만나러 간 것은 바로 이 질문을 던져보기 위해서다.

도미니카
공화국

아메리카의 추기경

산토도밍고 그것은 가벼운 자존심의 발로 같은, 눈감아줄 수 있는 죄다. 니콜라스 데 예수스 로페스 로드리게스 추기경의 전신을 담은 그림의 초점은 온통 그 오연한 시선에 모아지고 있다. 층계를 따라 벽 한가운데쯤에 걸린 초상화의 시선은 1층 거실에 앉아 있는 방문객을 뜯어보고 살핀다. 옛 산토도밍고의 식민지시대 양식의 저택에서 추기경은 직접 모습을 드러내기에 앞서 우선 그렇게 초상화로 여러분을 영접한다. 자신이 원하는 바가 무엇인지 알고 있고, 말 또한 분명하고 간결하게 할 것임을 예고하는 한 방식이라 할 수 있을 것이다. 성직자의 흰 셔츠에 십자가 목걸이를 걸치고 검은 옷을 입고서 등장한 장신의 건장한 50대 추기경은 초상화의 모습 그대로다. 손목이 억센 데다 목소리 또한 힘있다. "이 세상 누구도 이 대륙에 가톨릭 신앙이 뿌리내린 일을 기념하는 행사를 가로막지는 못할 것입니다. 우리의 500주년은 아메리카 대륙의 복음전도를 기념하는 행사가 될 것입니다."

아이티에서 도미니카 공화국으로 넘어왔으나 여행은 여전히 종교에 머무르고 있다. 그러나 해방신학자에 가까운 아리스티드 사제 대통령과 CELAM[1]의 대주교 의장은 성직 계급상으로나 세속 정치 양면에서 이율배반의 관계에 있다. 아메리카 대륙 내 가톨릭 교단의 공식 대변인으로, 요한 바오로 2세에 의해 추기경으로 임명된 로페스 로드리게스는 자국 내에서 '아메리카 대륙 발견과 포교 500주년 기념을 위한 영구 위원회'를 주관하고 있다. 이 직무를 그는 자국 내 또 한 명의 실력자인 호아킨 발라게르 대통령과의 완벽한 공조를 통해 수행하고 있다. '발견', '복음전도'……. 유럽에서 흔한 표현상의 조심스런 선택들을 포기한 것은 의도적이다. 이곳에서의 기념사업은 정부나 교회 양쪽 모두에게 전쟁에 다름아니다. 서로 비방하는 사람들간의 대적이요 미션사업 예찬이다. 로페스 로드리게스가 지휘하는 이 십자군 전쟁의 정점은 콜럼버스가 신세계에 당도한 일을 기념하기 위해 1992년에 교황이 산토도밍고를 방문하는 사건이다.

책과 신문과 서류들이 가득한 집무실에서 부유한 지주 가문 출신의 이 고위 성직자는 질문을 미리 앞지른다. "식민지 개척자들의 일부 태도는 분명 그리스도교 신앙이 요구하는 바에 못 미쳤던 게 사실입니다. 하지만 많은 종교인들이 토착민들의 권리를 용기 있게 옹호했었습니다. 처음으로 접촉했으며 그후에도 오래 지속되었던 이 섬의 경우, 복음전도사들에게 전적으로 유리합니다. 교황의 방문은 이 최초의 복음전도를 상기시키는 계기가 될 것이며 또한 우리를 새천년으로 향하게 할 특별한 계기가 될 것입니다." 그에게는 적이 너무나 분명하다.

"이 기념사업에 반대하는 이들은 아무런 자격이 없는 이데올로기에 의거하고 있습니다. 그들은 모두 마르크스주의에 공감했던 이들입니다. 한데 마르크스주의는 우리의 기념사업에 반대할 만한 어떤 도덕적 권위도 갖고 있지 못합니다. 그 이념 때문에 고통받은 나라들은 그것이 더이상 믿을 만한 것이 못된다는 사실을 온 세상에 말해야 할 의무가 있습니다."

로페스 로드리게스 추기경

그러고 나서 추기경은 곧 경고로 넘어간다. "토착민 집단들은 그들을 한번도 보살핀 적 없는 마르크스주의 진영의 조종을 받아왔습니다. 동구에서 완전한 실패를 맛본 후 이 진영은 인디언 옹호론과 생태주의와 페미니즘 속으로 은신하고 있지요. 500주년 기념사업에 반대하지 않는 것, 가톨릭 신앙의 적들과 공동보조를 취하지 않는 것은 모든 종교인의 의무라고 생각합니다. 교황께서 이 대륙으로 선언하러 오시는 그 새로운 복음전도에 동참하는 것을 포함해서 말입니다." 대주교는 매우 정치적인 공격에 나선다. 민중그리스도교 공동체들의 정반대 위치에서 그는, 표면상으로는 은퇴 중이나 막 뒤에서 현존하고 있는, '신의 작품'에 매우 가까우며, 영향력 있는 하나의 '교회'를 상징하고 있다.

그가 설명을 시작한다. "종교인의 사명은 정치적 소명을 맡는 데 있는 것이 아닙니다. 그런 외도를 하면 교회 전체의 목자로서의 사명을 타락시키게 되지요. 그러므로 우리는 가톨릭 평신도들을 양성하여 그들이 공익적 책무들을 맡을 수 있도록 준비시켜야 합니다. 도처에 팽배한 낙담과 비관적 분위기, 대외 부채, 뜀박질하는 인플레이션, 급증하는 실업, 기초 공공서비스의 결핍 등에 직면한 우리로서는 그 어느 때보다도 많은 위안의 말들을 사람들에게 들려주어야 하는 처지에 있습니다. 정치가들이 이 대륙에 희망을 되돌려줄 능력이 없기에, 교회가 나서서 필요한 사회적 변화들을 자극하고 새로운 세대들을 양성하고 기본 틀을 짜야 하는 형편이지요. 오직 예수 그리스도에 대한 믿음만이 우리에게 희망을 되돌려줄 수 있습니다."

콜럼버스의 궤적을 추적하는 도정의 이 중간 지점에서, 이제 과거는 결정적으로 역사를 떠나 현대를 침범한다. 가사 상태의 남아메리카는 이제 사람들의 따뜻한 시선을 받는 사치조차 거부하고 있다. 5세기가 흘렀으나 마치 어제의 일처럼 생생하게 기억 속에 각인된 그 폭풍에 대한 되새김질은 지금도 여전히 사람들의 넋을 빼놓고 있다. 이 개종의 땅에서 우리는 간밤에 아이티에서 만난 대속代贖자, 성직자들의 명예를 구한 성직자 바르톨로메 데 라스 카사스에 대한 예찬을 기대했다. 그러나 이 인디언 옹호자의 메시지들이 오늘날에 일으키는 반향들은 추기경의 세계에서는 빛을 발하지 못했다. "물론 그는 뛰어난 사제였습니다. 하지만 그의 많은 주장들은 분명 과장된 것들이었습니다. 그리고 흑인종을 옹호하는 이들은 그가 인디언들을 보호하기 위해 흑인 노예무역을 촉발시켰다는 이의를 제기할 수도 있을 것입니다." 라스 카사스는 우리를 곤혹스럽게 한다. 스페인을 경멸하는 이들이 '레옌다 네그라' 즉 스페인이 최대의 유혈 정복에 연계되어 있다는 검은 전설을 만들어내기 위해 위선적으로 그를 이용한 것은 아닐까?

로페스 로드리게스가 수장을 맡고 있는 이 교회는 500주년을 계기로 하부에서 상부까지 심하게 분열된 양상을 보이고 있다. 멕시코의 치아파스 지방, 라스 카사스가 주교로 일한 바로 그곳에서는 가톨릭이

“가난한 이들의 교회”를 탄생시켰고, 1959년에 주교가 된 이 교회의 대표자 돈 사무엘 루이스 가르시아는 대다수 인디언 영토에 복음을 전하고 있다. 주교에 따라 말들이 그 의미를 달리한다. 지배 엘리트들의 양성에는 “토지를 위한 투쟁”이란 말로 대응하고, 위로의 말들에는 새로운 “사회구성체”를 창설하자는 호소로 대응한다. 1989년, 해방신학 이론가의 한 사람인 살바도르의 이그나시오 엘라쿠리아는 바르셀로나에서 500주년에 관한 강연을 한 바 있는데, 이 강연에서 그는 대발견이 사실은 제3세계가 서양과 서양 문화, 그리고 당시 서양 교회의 “부정적 관행들”을 발견한 것에 다름아니었다고 평가하면서 “제1세계의 자기 고해”를 제의했었다. 그 몇 달 후 그는 조국에서 피살되었다. 그러한 대립이 단지 이론적인 것에 그치지 않고 있음을 말해주는 증거라 할 것이다.

이에 관한 논쟁은 대륙 내의 국경들 너머로 번지고 있다. 세계그리스도교 연맹은 성경의 ‘50년절’에서 영감을 얻어 50년마다 노예들을 해방시키고 토지를 재분배할 것을 내다보면서 “착취와 약탈”의 500년이 끝나는 1992년에 라틴아메리카 정부들의 부채를 백지화하자는 제안을 1990년 서울에서 했다. 1988년에는 프랑스의 에체가레이 추기경이 주교위원회 ‘정의와 평화’에 제출할 인종주의에 관한 자료의 편찬을 맡은 바 있다. 그때 그는 자신의 작업이 야기하게 될 항의를 짐작이나 했을까? 자명한 사실들—“콜럼버스 이전 문명의 대량 파괴”, 노예로 전락한 흑인들과 인디언들—을 상기시키고 나서 그는 다음과 같은 체제 위협적인 보고를 했다. “신세계 성직자의, 권력에 대한 과도한 의존

이사벨라 여왕

은 교회가 어떤 필요한 결정들을 내려야 할 때 그렇게 하지 못하게 한 경우가 없지 않았다." 500주년을 위한 성직자 위원회의 의장인 세비야의 대주교는 이 보고에 불만을 나타냈다.

유럽의 이러한 불협화음들이 하나의 상징적 사건으로 집약된 일이 있다. 카스티야의 여왕이자 아라곤의 페르난도 왕의 아내였던 가톨릭 신자 이사벨라의 시복식이 그것이다. 로페스 로드리게스는 이사벨라의 시복식을 열렬히 지지하는 사람들 가운데 한 명이다. "어쩌면 지금은 계제가 좋지 않은 건지도 모르겠습니다. 좀더 평화로운 여건에서라면 사람들은 그녀가 대단한 덕을 지녔던 여성이요, 그런 인정을 받아 마땅하다는 점을 깨닫게 될 것입니다." 이에 대한 결정은 무기한 연기되었다. 로마 교황청의 표현으로는 정확히 '딜라타dilata' 되었다. 일이 그렇게 된 데는 교회의 장녀(프랑스)도 무관하지 않다. 교황청에 반대 의사를 표명했던 것이다. 스페인에서도 감정이 갈렸다. 이 계획이 좋지 않은 감정을 떠올리게 했기 때문이다. 이사벨라 시성식에 관한 공론화의 첫발이 프랑코 정권 때 시작되었던 것이다. 하지만 이 계획을 반대하는 이들이 무엇보다 문제점으로 내세운 것은 대발견의 이중성이 아니라, 1492년의 스페인 내 유대인 추방사건과 스페인 종교재판의 방식들이었다.

역사는 대양 양편 기슭 사이에 보이지 않는 선을 하나 그어두고 있는 것 같다. 라틴아메리카는 지금도 자신을 상처 입은 대륙으로 보고 있고, 유럽은 옛 상처를 다시 건드리는 일을 거부하고 있다. 사실 이사벨라는 추방 결정에 주동적인 역할을 한 게 아니었다. 그녀는 그 역할을 자신의 남편에게 넘겼다. 그녀를 옹호하는 이들은 그녀의 1477년 선언을 상기시킨다. "왕국 내의 모든 유대인들은 나의 신하요 나의 보호를 받는 사람들이다. (…) 그들에게 폭력을 가하거나 살해하거나 상처를 입히는 일을 금하는 바이며 그들에 대한 공격을 눈감아주는 행위도 금한다." 그러나 그녀는 페르난도의 편에 서서 추방조약에 서명했다. 페르난도는 마키아벨리가 "새로운 왕"의 모델로, 자신이 이론화한 국가 견유주의의 한 모델로 삼게 될 인물이다. 페르난도에 대해 그는 이렇게 적는다. "우리 시대의 왕은 오직 평화와 충성에 대해서만 말한다. 하지만 이 둘보다 더 큰 적은 없으며, 만약 그가 이 둘을 잘 준수했다면 여러 차례 자신의 권위나 국가를 희생시키게 되었을 것이다." 왕을 경계하고 여왕의 비위를 맞추고자 한 콜럼버스의 생각은 옳았다.

페르난도 왕

1493년 정월, 스페인으로 돌아가는 배에서 그는 이사벨라 여왕을 생각했을까? 아니면 인디언들이 황금의 땅으로 지칭하던 왕국 '시바오'를 생각했을까? 공교롭게도 로페스 로드리게스 추기경은 도미니카 공화국 북부에 있는 바로 그 지방 출신이다. 이로써 신학적 빗길 타기를 멈추고 이제는 아이티 북부 연안에 좌초한 '산타마리아'와 씨름하고 있는 콜럼버스에게로 되돌아가야 한다는 사실이 상기되었다. 1492년 12월 24일, 그는 처음으로 '시바오'라는 말을 들었으며 이 금광을 찾아 떠나기로 결심하고서 연안을 따라 동쪽으로 배를 몰았다. 그의 육중한 대형 범선이 어느 모래톱을 들이받은 것은 그가 자고 있던 한밤중이었다. 공교롭게도 크리스마스 날에 벌어진 신의 섭리에 의한 묘한 사고로서, 역사는 신세계 최초의 유럽 식민지를 이 사고에 빚지고 있다.

콜럼버스의 기록에 의하면 그날의 당직 선원은 키를 애송이 신참 선원에게 넘겨주었다고 한다. 수위가 낮아져 배가 한쪽으로 기울자, 선

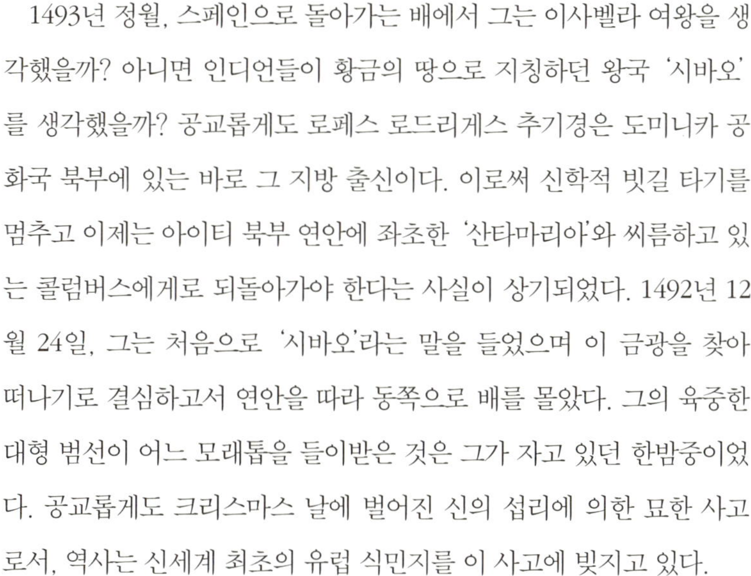

장 후안 데 라 코사는 갑판을 떠나 일부 선원들과 함께 낡은 배로 옮겨갔다. 혼자 남은 콜럼버스는 최악의 사태를 피하기 위해 메인마스트를 유지해보려고 애를 썼으나 돛 가장자리를 꿰맨 솔기들이 풀려버렸다. 새벽이 되자, 개종한 수부들의 딸을 의미하는 '갈레가'에서 '산타마리아'라는 경건한 이름으로 개명되었던 그 배는 결국 끝장이 나고 말았다. 날이 밝자 구아카나가리 추장이 사람들을 보내 난파선에 실려 있던 짐을 옮기는 일을 도와주었다. "바늘 하나 비는 게 없었다"고 콜럼버스가 감탄할 만큼 인디언들은 정직하게 하역 작업을 도와주었다고 한다.

식민지 탄생일의 이 뒷이야기는 하느님의 신호일 수밖에 없다. 어쨌든 우리의 발견자는 그것을 그렇게 해석했다. 이제 운항 가능한 배라곤 캐러벨선 '니나'뿐이었다. 빌어먹을 마르틴 알폰소 핀손은 이미 쿠바에서 행렬을 이탈하여 따로 황금을 찾아 떠나버렸던 것이다. 이를 구실로 콜럼버스는 자신이 스페인으로 갔다가 되돌아와 '나비다드'라고 명명한 요새를 건설할 때까지 39명의 선원을 이곳에 남겨두기로 한 자신의 명백히 논리적인 결정을 정당화한다. '나비다드'라는 요새 이야기는 꾸며낸 이야기가 아니다. 미국 고고학자들이 1987년에 아이티 갑동쪽에 위치한, '보르-드-메르-리모나드'에서 멀지 않은 '앙-바-살린'에서 그 유적을 찾아냈기 때문이다. 하지만 난파 이야기는 일부 역사가들에게 의심의 여지를 남기고 있다. 그들은 그것을 연출일지도 모른다고 생각한다. 의문 부호가 달린 새로운 수수께끼다.

첫번째 이상한 점은 콜럼버스나 그의 승무원들 어느 누구도 그리스도교 축일인 크리스마스 축제를 예상하지 않았다는 것이다. 기이하게도 콜럼버스는 이 불행한 사태에 전혀 상처를 입지 않은 듯이 보이며 슬쩍 빠져나간 후안 데 라 코사에게 화를 내는 듯이 하다가 이내 이 운명의 장난을 '행운'으로 탈바꿈시킨다. 이 갑작스런 태도 변화에 대해 그는 이렇게 적고 있다. "이 여행에서 나는 선원들을 여기 남겨두고 싶지 않았다. 그리고 그렇게 됐더라도 나로서는 그들에게 생필품과 충분한 군사 용품, 요새를 짓는 데 필요한 장비와 기본 물품 등을 제공할 수 없었을 것이다." 그러고는 이렇게 덧붙인다. "하지만 나와 함께 있던 많은 사람들이 이곳에 머무를 수 있게 해달라고 내게 간청했다." 한데, 미국의 여성 사학자 앨리스 굴드 이 퀸시는 그 39명의 자원자들 대부분이 스페인에서 출발할 당시에는 승무원 명단에 없던 사람들이라며, 이는 그들이 밀항 승객들이었음을 말해주는 것이라고 주장한다. 그들 무리의 선두에, 코르두에에 있는 그의 정부의 사촌 동생이자 콜럼버스가 자신의 보좌관들 가운데 한 사람으로 임명한 인물인 디에고 데 아레나가 있고, 라비다 승원의 승려 친구들 가운데 한 명의 조카로 원정대의 공증인으로 일한 로드리고 데 에스코베도, 그리고 대집사의 시종이자 왕실 장교 출신의 페드로 구티에레스가 있다. 이들 가운데 적어도 두 명은 개종한 유대인들이다.

그렇다면, 신세계 최초의 식민지 개척자들은 추방 칙령에 의해 내쫓긴 유대인들이 아니었을까 하는 가설이 가능해진다. 가톨릭 왕들이 정한 만기일이 마침 콜럼버스의 출항 일자와 일치하여 배를 탔다가 박해를 피하기 위해 카스티야로 되돌아가지 않기로 한 유대인들 말이다. 만약 이 가정이 사실로 밝혀진다면 참으로 잔인한 아이러니라 하지 않을 수 없을 것이다. 히스파니올라는 인디언들의 무덤이 되기에 앞서 망명의 땅이었다고 할 수 있을 터이기 때문이다. 이 사람들과 헤어지기 무섭게 돌연 콜럼버스가 앞으로 자주 되풀이하여 언명하게 될 계획, 즉 인도의 황금을 '신성한 집'을 정복하는 데 이용한다는 계획을 상기시키기 시작하는 것도 의혹을 더하는 점이다. 그것은 예루살렘을 지칭하는 유대인들 고유의 표현인 까닭이다.

'시바오'라는 이름 하나와 '신성한 집'이라는 꿈 하나. 1493년 1월 4일, 콜럼버스는 2개월 3주간에 걸친 탐험[2] 끝에 마침내 되돌아가기로 결심하고서 닻을 올렸지만 왕들에게 줄 게 별로 없었다. 경이로운 체험담과 증인용의 몇몇 인디언들, 그리고 미끼로 쓸 약간의 사금이 전부였다. 1월 6일, 바다에서 '핀타' 호와 가엾은 핀손—그는 끝내 금을 찾지 못했다—을 다시 만난 뒤, 어느 인디언이 "남자는 없고 여자들만 살고 있다"고 말한 마르티노 섬(오늘날의 마르티니크)을 잠시 찾아보기로 계획한 그는 1월 16일, 어느 갑 앞바다에서 히스파니올라를 완전히 시야에서 잃는다. 라스 카사스의 증언에 의하면 그 갑은 그후 '속임수'의 갑으로 명명되었다고 한다. 콜럼버스가 자신의 발견을 장식하기 위해 많은 것을 꾸며내었던 만큼 타당성이 없지 않은 명칭이라 하겠다. 예를 들어 그는 대황大黃을 발견했다고 주장하고 그것이 황금처럼 귀한 것이라며 왕들에게 자랑하고 있으나, 사실 대황은 아메리카에서는 나지 않는 식물이다! 하지만 하느님이 그를 돕는다. 비록 물질적으로는 실망을 안겨줄 위험성이 있으나, 그는 자신의 발견을 영적 약속들로 풍요롭게 하게 된다. 이사벨라 여왕에게 그는 이 세상의 모든 황금보다도 더 귀중한 것, 바로 그리스도인들을 바치게 되는 것이다.

---

2 1492년 10월 12일 바하마 군도에 도착한 이후의 탐험 기간.

"그리스도교의 영광과 선전, 그리고 이 지역에서 훌륭한 그리스도교가 아닌 그 무엇도 용인하지 않는 것, 그것이 이번 탐험의 원칙이자 목표였다"라고, 재치 있는 우리의 거짓말쟁이 모험가는 적고 있다. 바로 이 같은 이중성과 패러독스의 항적 안에서, 모든 분파와 나라들을 아우르는 범우주적 그리스도교를 꿈꾸는, 어쩌면 유대인일지도 모를 한 사람의 제노바계 스페인인의 비호 아래, 혼종과 혼혈의 라틴아메리카 교회가 탄생하게 된다. '하나된 세계에 대하여', 혹은 '전인류를 진정한 종교로 이끄는 유일한 방식에 대하여' 이것이 바로 종교적 영감마저도 콜럼버스에게 충실한 라스 카사스가 쓰게 될 한 논문의 제목이다. 하나된 세계? 그러나 더이상 하나가 아닌 이 섬을 생각해보면, 길은 아직도 먼 것 같다. 오늘날의 히스파니올라는 둘로 잘려 있다. 나쁜 추억들에 의해 양분되어 있다.

잘린 섬

산토도밍고 클로델은 좋아했을까? 이 시대착오적인 기념물 '파로 아 콜론' 앞에서 여행자는 비명을 질렀을 것이다. 자신의 혐오감을 가라앉히기 위해 그는 비타협적인 가톨릭 신자를 반대자로 내세워, "신의 땅을 일통한 이"요 십자가를 휘둘러 "피와 어둠의 끔찍한 신들"을 물리치고 지상에 빛을 가져다주는 그리스도를 받드는 이라는 영예의 훈영을 두른 콜럼버스를 설치한 개종자의 공격적 열성에 맞서게 했을 것이다. 그렇다, 어느 모로 생각해보아도 폴 클로델이 이런 기념물을 좋게 생각했을 리는 없다. 시인으로서도 외교관으로서도 동료였던 생-종 페르스가 "신자들 중에서 가장 덜 신비적"이라던 폴 클로델이다. 이 『비단 구두 *Soulier de satin*』의 저자는 다른 세기의 이 무례한 기념물을 음미하기에는 지나치게 현대적인 사람이었다. 산토도밍고 구시가지를 마주보면서 리오 오자마 강 왼쪽 기슭을 따라 드러누운, 100여 미터가 넘는 하나의 거대한 십자가. 가로대와 세로대가 교차하

는 부분에서 등을 하늘로 치켜올리고 있는 어떤 거대한 곤충같이, 돌
과 시멘트로 만들어진 수평의 십자가 하나. 높이 10여 미터에 달하는
그 돌출부에서 1992년에 콜럼버스를 기리는 명예의 불길이 솟아오를
것이다.

파로 아 콜론

'파로 아 콜론' 즉 '콜럼버스의 등대'라고 명명된 이 파라오식 건축
물은 아메리카 대륙 '복음전도' 및 '대발견' 500주년을 영원히 기리기
위해 만들어진 것이다. 의아스러워하는 눈치의 일본인 관광객 무리와
함께 이미 공사가 상당히 진행된 건설 현장을 방문하여 십자가의 네
군데 각각의 내부를 따라 걸어본다. 내부는 텅 비어 있으나 콜럼버스
의 여행을 상기시키는 글들이 장식되어 있고 라틴아메리카 대륙의 각
나라들을 위해 지하에 마련된 장소로 통하는 문들이 나 있다. 눈을 들
어 장방형의 하늘을 올려다보면서 이 프로그램의 후속을 상상해본다.
의전장의 예정대로라면 빛나는 십자가 하나가 레이저 빔으로 하늘에
쏘아질 것이다. 불꽃이 솟아오를 그 플랫폼 아래에서 사람들은 콜럼버
스의 화려한 능 주위를 맴돌게 될 것이다. 400주년인 1892년 이후 '하
느님의 집' 중앙 홀 한가운데에 군림해온 그것은 성당에 걸맞지 않는
바로크적 기상의 소산이다. '하느님의 집'에서 언제나 변함없이 두 명
의 군 경비원이 지키고 있는 그 콜럼버스의 유해—우리는 세비야에서
그의 또 다른 무덤과 마주친 적이 있다—는 1992년에 이 새로운 거처
로 자리를 옮기게 될 것이다.

이 기념물은 거짓말을 하지 않는다. 그것은 이제 곧 84세가 되는 호
아킨 발라게르가 통치하는 도미니카 공화국의 상징물이다. 발라게르

산토도밍고의 콜럼버스 무덤

는 이 대륙이 낳은 독재자들 가운데 가장 지독했던 독재자 라파엘 레오니다스 트루히요 장군의 그늘에서 정계에 입문한 인물이다. 이 등대에 대한 발상은 지난 세기로 거슬러 올라가지만 그 첫 구상이 그려진 것은 금세기 30년대의 일이다. 이제 더이상 폭정은 찾아볼 수 없다. 그것은 표면적인 민주주의, 정치학자들의 아이러니컬한 표현에 의하면 복수정당제가 반대파들의 신체적 배척을 가로막지 못하는 "저低강도" 민주주의로 대체되었다. 하지만 독재의 이념적 향기는 가시지 않았다. 대서양의 다른쪽 연안에서 꽃핀 것과는 달리, 이곳에서는 스페인성 hispanité이 시간을 거슬러오르는 기계로 작용한다. 스페인의 어느 사회주의자가 "태양왕 이래 가장 총명한 부르봉 왕족"이라 말한 바 있는 후안 카를로스[1]가 1992년에 산토도밍고를 방문하지 않기로 마음을 굳힌 것이 그저 하나의 우연일까?

이 체제의 제전에 콜럼버스가 맡은 역할은 이렇다. 1986년부터 시작된 500주년 준비는 대로들을 뚫고 많은 건물들을 세우는 갖가지 대공사의 구실이었다. 역사 속에 수도의 새 건설자로 남고자 하는 대통령의 바람에 따른 일이었다. 반대파는 "국민은 배가 고프다. 시멘트는 음식이 아니다"고 외쳐대고 있으나 아직도 그들은 이 세습적 군사 독재자를 뒤흔드는 데 성공하지 못하고 있다. 변호사로 시작해 트루히요 장군 치하에서 여러 차례 국무장관을 지내다 1930년부터 이 독재자가 살해된 해인 1961년까지 부통령을 지냈으며, 1965년 미국의 군사 개입 이후에는 미국의 관리 체제 속에 안착하여 암살사건에 연루되지 않고 살아남아 그후 1966년, 1970년, 1974년, 1986년, 1990년, 이렇게 다섯 차례나 대통령에 재선된 그다. 목요일마다 발라게르는 자신이 이

---

1 1938~. 1975년 프랑코 사망 후 즉위한 스페인 국왕.

룩한 어느 건설사업의 완공식에 참여하러 이동한다. 그는 지금 맹인이
된 처지다. 그의 보좌관들이 완공된 건축물의 색깔과 규모와 아름다움
을 이야기해준다. 종종 공사는 삽과 곡괭이가 어느 빈민굴의 울타리를
허물어버린 뒤에 시작되곤 한다.

호아킨 발라게르

범죄와 궁핍의 괴물들, 이 도시 속의 도시들은 베트남이나 카탕가
등의 이름으로 불린다. 도미니카 공화국의 생활수준은 아이티보다 두
배나 높지만 그래봤자 가난하기는 매한가지다. 물론 신흥부자들이 모
여 사는 호사스런 동네들이 있고, 관광객들을 정성스레 모시는 호텔들
이 있고, 사업가들이 싼 노임을 들여 일을 할 수 있는 면세지대가 있고,
카스트로와 관계를 단절한 다비도프 시가 회사들에겐 새로운 기업들
이 있다. 히스파니올라의 다른 정부인 아이티에서는 찾아볼 수 없는
실로 많은 것들이 있다. 하지만 이곳 역시 저쪽 나라와 마찬가지로 도
로들이 패어 있고 대중 교통수단이 없고 식수가 부족하고 전기는 걸핏
하면 끊긴다. 그러면 어떤가? 콜럼버스가 그 모든 것을 화려하게 뒤덮
어버리니 말이다! 화폐발행 기계가 그런 신기루를 공고하게 해준다.
올 4월, 정부는 1억 7천 3백만 페소를 유통시켰다. 화폐 발행이 매달
3~4억 페소에 이르던 것이 불과 얼마 전까지의 일이다. 통화량이 두
배가 되면 구매력은 절반으로 줄어든다는 계산이 나온다. 그리하여 이
나라는 의존의 악순환에 빠져들고 있다. 대외 부채가 41억 달러에 이
른다. 아이티의 경우는 '겨우' 8억 4천만 달러에 불과한데 말이다.

호아킨 발라게르는 또한 문체가 화려한 다작의 작가이기도 하다.
『달빛』『트루히요와 그의 작품』『자유의 그리스도』『문학의 선구자 콜
럼버스』『국경의 초병』『빛나는 십자가』등 1920년부터 40여 편의 책

을 펴냈다. 왕년의 산토도밍고를 꿈꾸듯 산책하는 책『낭만적 도읍의 감상적 가이드북』에서 그는 인디언들의 사도使徒 라스 카사스를 문명의 사도 니콜라스 데 오반도와 대립시킨다. 히스파니올라의 세번째 총독—첫번째 총독은 콜럼버스다—오반도는 16세기 초 수도를 건설한 진정한 건설자였으며 이 수도의 유적은 콜럼버스의 두번째와 세번째 여행 사이에 형의 요청을 받은 바르톨로메오 콜럼버스에 의해 발견된 바 있다. 그리 은폐되지도 않은 이 사실을 새삼 투명하게 밝히면서 발라게르는 이 "대중의 인도자"의 "불굴의 성품"을 자랑한다. 도미니카인(라스 카사스)의 "엄청난 과오들"을 총독의 "풍요로운 과업"과 대조하면서, 이 위인이야말로 자신의 품은 뜻을 "유토피아의 꿈" 속이 아니라 "냉엄한 현실" 속에 각인시킬 줄 알았던 인물이므로 "빛나는 불멸자"로 길이 남아 마땅하다고 말한다.

콜럼버스의 전기는 바로 그 "현실"을 조명하고 있다. 1503년, 가장 비극적인 그의 네번째이자 마지막 여행 때, 콘키스타도르들에 의해 이미 역사의 갓길로 밀려난 콜럼버스는 오반도의 엄격한 감독하에 놓인 히스파니올라에 발을 들여놓을 수 없는 처지였다. 그리하여 또 다시 자신의 선박들을 잃어버리고서 자메이카에 발이 묶여 꼼짝 못하게 되었을 때, 그의 가장 충실한 선원 한 사람이 카누를 타고 산토도밍고에 들어갔다. 이 디에고 멘데스라는 선원은 거기에 1년 가까이 억류되어 있었다. 그것은 구입할 배를 찾는 데 걸린 시간이기도 했지만, 그가 남긴 유언장에 의하면, "총독이 섬의 가장 강력한 여왕 아나카오나를 위시하여 영주들과 가신들 등 84명의 추장들을 불태우거나 목매달아 죽일 때까지" 머물러야만 했던 모양이다. 그후 히스파니올라의 도미니카 대지는 또 다른 학살들을 겪었다. 이를테면 1937년의 대학살이 그 한 예다.

이 슬픈 해의 어느 날, 트루히요 장군은 자국의 영토를 '세탁'하고자 했다. 그리하여 그는 남녀노소 불분하고 도미니카 공화국에 정착한 무수한 아이티인들—어떤 이들은 1만 5천 명이라 하고 또 어떤 이들은 3만 명이라고 하나 누구도 그 정확한 숫자는 모른다—을 그러모았다. 군인들의 놀이들 가운데 하나는 그들로서는 발음이 불가능한 스페인어 '페르실persil'을 발음하도록 그들에게 강요하는 것이었다. 발음이 훌륭하다고 해서 달라질 것은 없었다. 그들은 모두 대검帶劍으로 살해되었다.

"도미니카-아이티 문제는 너무나 중대하여 교육이나 건강 문제를 초월하는 것이다." 호아킨 발라게르의 이 선언은 1991년 2월 27일, 교육과 위생체계가 엉망이 된 나라의 국경일에 공표되었다. 1984년에 대통령은 『뒤집힌 섬』이라는 책을 발간한 바 있다. 도미니카의 반反아이티주의의 성경이라 할 만한 책이다. 발라게르는 '평화적 침략'을 불안하게 여기고 '자국의 정신적 융합'을 두려워하며, 이웃나라에서 온 이민자들이 "도미니카의 숲을 황폐화하고 도미니카 공화국을 자기 나라처럼, 이를 테면 바위나 사막으로 만든다"고 비난한다. 과거는 예견할 수 없는 잠재된 지역 갈등들을 그리면서 여전히 현재의 발목을 붙들고 있다. '오르데나'(질서)라는 어느 극우파 비밀조직이 최근 아이티 대사관 앞에서 대중을 선동하려 들다 노출된 일이 있다. 아이티인들의 추방을 호소하는 전단들이 나돈다. 그들의 인구가 전체 주민 700만 명 가운데 100만 명에 달한다고 과장되고 있다. 실제는 50만 명에도 못 미

트루히요

치는데 말이다.

그 배경에는 역사와 경제 문제가 있다. "도미니카의 독립은 스페인이 아니라 아이티를 상대로 이루어졌습니다. 그래서 트루히요 장군 시대 이후 오늘날에 이르기까지 아이티에 반대하면서 스페인을 예찬하는 경향이 생겨난 것입니다." 후안 보슈가 임시 의장을 맡고 있는 도미니카 해방당 PLD의 의원이자 사회학자인 막스 퓌그는 자신의 나라가 '실패를 기정사실로 받아들이는 허약한 나라, 섬 속의 한 섬'으로 부정적으로 규정되는 데 대한 경각심을 품고 있다. 19세기에는 아이티가 히스파니올라를 지배했다. 1821년 스페인으로부터 가까스로 독립을 쟁취했을 때 이웃의 정부가 침략하여 1844년까지 이곳을 통치했다. 그 이후의 세월은 온갖 무력대결로 점철되었다. 그러다 금세기 초, 도미니카 공화국에 대한 미국의 점령 통치가 시작된 지 8년 만에 양쪽의 힘의 관계가 역전된다. 양국의 독재자들은 국민들의 의사를 등진 채 한 가지 화해의 장을 마련했다. 그리고 계약에 따라 아이티 정부가 이웃 나라에 징집 노동력을 제공했다. 오늘날에도 도미니카 정부는 건설 현장이나 사탕수수 농장에 주로 아이티인들을 고용하고 있다.

이 아이티 출신 '브라세로스'[2]들은 집단농장 '바테이스'에 실려와 노예처럼 혹사당하고 있다. 행동이 자유롭지 못한 상태에서 초병들의 감시를 받고 있으며 달아나려 들면 군대가 일제 단속에 나선다. 지나친 그림이라고? '노예제를 반대하는 런던 협회'나 '아메리카스 와치', '국제노동기구' 등은 이곳의 상황을 현대판 노예제에 비교했다. "아이티인들을 옹호하려 든다면 조국을 배반한다는 비난을 받습니다. 두 나라의 운명이 서로 연결되어 있다는 사실을 이해하지 못한다는 건 말도 안되는 얘깁니다. 하지만 정부는 국민의 인종주의를 이용하려 하죠."
도미니카의 가장 중요한 노동조합인 CTU를 이끄는 페르난도 델라 로사는 간호의 부재와 초병들의 감시, 수확물을 달일 때 농간 부리는 십장들, 힘에 부쳐하는 부모들을 돕는 아이들 등, 자신이 '바테이스'를 방문하여 본 일들을 이야기해준다. 튼실한 일꾼이 하루에 1톤 반의 사탕수수를 자르고 받는 대가는 12~14페소 정도로, 이는 공식 환율로 1달러 남짓한 돈이다.

이들 두 섬 조각은 서로를 잘 모르는 상태에서 잦은 왕래를 하고 있다. 아이티에는 도미니카 언론의 특파원이 단 한 명도 없으며, 도미니카 역시 마찬가지다. 하지만 밀수는 국경 이편과 저편에서 횡행하고 있고, 왕년의 마쿠트들은 뒤발리에 반대파들이 인정을 받지 못하고 있는 산토도밍고에서 복수를 되새김질하고 있다. 언젠가는 대화가 이루어질 수 있을까? 이는 유럽과 관계된 물음이다. 두 나라는 최신 로메협정[3]에 가입했으며 CEE[4]와의 상호협력과 교류라는 동일한 틀에 참여하고 있다. 하지만 오랜 세월을 통해 형성된 정신적 자세가 문제인 터에 출자자들의 논법만으로 충분하겠는가? 도미니카의 반反아이티 정서, 무엇보다 노예의 후손인 흑인을 백색 스페인성에 대한 하나의 위협으로 간주하여 적대시하는 이 정서는 스페인이 없애기 위해 그토록 골머리를 앓았던 바로 그 '림피에자 데 상그레'[5]의 변형된 메아리가 아닌가 싶다.

특정 일자리에 취직할 경우 조사를 거쳐 확증받는 과정을 야기하는 이 "순수 혈통"이라는 신분은 스페인 종교재판 이후 수십 년간 존속되었으며, 1834년에 이르러서야 사라졌다. 이러한 신분 규제는 종교재판

3 유럽공동체 9개국과 아프리카·카리브해·태평양지역의 개발도상국 46개국 사이에서 맺어진 경제협력협정.

4 12개국간 유럽경제 공동체.

5 '피의 세척'이라는 뜻.

에서 유죄 선고를 받은 이들과 무어인들과 유대인들의 후예들을 겨냥한 것이었다. 1492년의 추방령이 발동되기 12년 전에 제도화된 종교재판은 중세의 종교재판들과는 다른 것으로, 진보의 양면성이 새삼 도드라지는, 그 퇴행적 이면과 분리될 수 없는 하나의 발명이다. 콜럼버스가 활짝 열어젖힌 스페인은 취약성과 동의어인 덧없는 순수성을 추구하면서 자기 자신 안에 웅크리게 되는 것이다. 종교재판은 전체주의적 근대를 예고한다. 넓은 의미에서의 이단—신新그리스도인들은 물론 프로테스탄트들과 동성애자들, 중혼자들 등—사냥에 나서서, 정부의 통제하에 장소를 막론하고 누구든 뒤쫓을 수 있는 권한을 휘두르게된다. 썩은 피를 사냥한다는 명목으로 특정 가문에 대한 수세기에 걸친 박해를 강요하게 된다. 바스크인[6]들은 바로 종교재판을 이용하여자기들 나라의 두 지방에 신그리스도인들과 집시들과 아메리카인디언들과 흑인들이 발을 내딛지 못하도록 금족령을 내리게 되는 것이다.

이 인종주의는 아메리카의 충격이 사람들의 의식을 흔들고 있는 때에 발전한다.

여기서 오늘날의 도미니카인들이 품고 있는 두려움을 더 한층 케케묵은 것으로 만드는 새로운 패러독스 하나가 등장한다. 대발견으로부터 새로운 반계몽주의에 대한 답, 계몽주의의 거부와 부정에 대한 답으로 혼혈이 탄생한 것이다. "그것은 코르테스의 천재적인 발명입니다! 그는 히스파니올라 대량학살에서 교훈을 끌어낸 최초의 인물로서, 열대지방 아래쪽에 스페인을 재건한다는 시나리오가 터무니없다는 것을 깨달았습니다. 그의 강박적인 생각은 바로 혼혈입니다. 여러 문화를 보존하고 녹이고 융합시키는 것이지요. 그의 정책은 대규모로 시행되는 체계적이고 강제적인 짝짓기였죠! 사실 그는 반反스페인 정서가 뿌리 깊이 박힌 사람이었고, 아메리카 최초의 독립주의자였습니다." 이 콘키스타도르에 대한 찬사를 늘어놓으며 우리의 허를 찌르는 크리스티앙 뒤베르제는 프랑스의 대표적인 신세대 아메리카 연구가다. 학위 없이 연구자로 활동하면서, 현지 대사관 소속 문정관으로 잠시 산토도밍고에 체류한 바 있는 그는 '프랑스의 집'이 헤르난 코르테스의 옛 거처를 점유한 사실을 알았을 때 참을 수가 없었다고 털어놓는다.

"코르테스는 양심에 대한 시험의 결과물입니다. 자신이 참관한 바 있는 히스파니올라 대재앙이 되풀이되는 일을 어떻게 피할 것인가 하는 문제 말입니다. 혼혈은 유일한 생존 기회였습니다. 인디언들은 갇힌 상태로 살 수가 없었습니다. 항유고래들이 해변에서 죽는 것처럼 그들의 역사는 좌초하고 말았습니다. 그 뒷일은 필연적 귀결입니다. 인디언이자 인디언이 아닌, 그렇다고 히스패닉도 아니요 로마 가톨릭도 아닌 오늘날의 멕시코를 탄생시킨 종교적 융합이라는 복잡한 작용을 통해서 말이죠. 멕시코는 아직도 이 단계에 머무르고 있지만 말입니다. 멕시코는 역逆모델입니다. 도미니카 공화국은 침식 뒤의 잔구殘丘이고 말입니다." 복권復權은 후세의 신망을 얻은 이들을 뒤엎게 마련이다. 그래서 뒤베르제는 라스 카사스를 좋아하지 않는다. "스스로에게 양심을 부여하기 위한 서구 신화일 뿐, 뒤늦게 잠에서 깬 자기중심주의자"라고 그는 말한다. 콜럼버스 역시 마찬가지다. "그는 생각을 하지 않습니다. 사람들에게 관심이 없죠. 민속학자라면 어떻게 그를 사랑할 수 있겠습니까?"라고 그는 반문한다.

산토도밍고에서는 '콜마도'[7]도 혼혈이다. 바, 채소가게, 게임살롱 등

[7] 해물을 주로 파는 식품점.

이 혼합되어 있다. 흑백의 텔레비전으로 방영된 도시 게릴라와 시가전의 추억이 솟아오르는 동네, 치우다드 누에바에는 그런 곳이 여러 곳 있다. 1965년, 2만 명의 미국 해군들과 낙하산 부대가 1963년 쿠데타로 물러난 후안 보슈 대통령의 복귀를 요구하는 '입헌주의' 도미니카 민병대들의 끈질긴 저항에 부딪혀 극렬한 전투를 벌인 곳이 바로 치우다드 누에바다. 미국은 쿠바와 같은 곳이 또 하나 생겨날까봐 두려워했다. 그들은 대부분이 도미니카 시민인 3천 명의 목숨을 대가로 치르고 그러한 사태를 피했다. 당시 프랑스인 앙드레 리비에르가 양키 특등 사수의 총에 목숨을 잃었다. 과거 알제리의 산악과 디엔비엔푸의 낙하산 부대원이었으며 공산주의자와 전혀 거리가 멀었던 싸움꾼이 여기서 최후를 맞이한 것이다.

역사는 이런 예기치 못한 굴곡들을 좋아한다. 발라게르가 재현하고 싶어하는 오반도 총독의 뒤를 콜럼버스의 장남인 디에고 콜럼버스가 승계했다. 식민지 박물관으로 남은 그의 저택은 구시가 끝, 강 위에 돌출해 있다. 그는 아버지로부터 야망은 물려받았으나 광기는 물려받지 않았다. 하여, 인디언들의 운명을 동정하는 종교인들을 적대적으로 대하는 평범한 인도 부왕이 되는 것으로 만족했다. 그의 작은 궁전 앞에 1992년의 축제를 위한 너른 광장이 마련되어 있다. 요한 바오로 2세가 이곳에 방문할 것이다. 오는 길에 그는 틀림없이, 콜럼버스와 라스 카사스를 연구하는 역사가로 우리가 파리에서 만났던 매력적인 노부인 마리안 만-로의 간청은 잊어버릴 것이다. 어느 크리스마스 날 밤 갑자기 가톨릭교도가 된— "클로델에게서처럼 내게도 그런 일이 생긴 거죠"—그녀는 '보편주의 교회'의 상징인 라스 카사스의 축성祝聖을 지지해달라고 그에게 간청한 바 있다. "바로 콜럼버스가 나를 라스 카사스에게로 인도했어요. 이미 그는 인간에게서 신의 이미지를 보고 있었기 때문이죠."

콜럼버스, 이제껏 우리는 그의 첫번째 항해의 단계들을 충실하게 뒤따랐으나 앞으로는 무질서하게 그의 뒤를 추적할 것이다. 나머지 세 차례에 걸친 대서양 횡단의 연대순을 따르는 일 없이, 그의 도피 욕구와 끊임없는 항로 이탈 욕구를 살피며 그의 뒤를 추적할 것이다. 카리브 해에서 보트 피플을 가장 많이 제공하는 나라가 도미니카 공화국임을 말해주듯 많은 이들이 이 나라를 떠났다. 히스파니올라 남동쪽 끝, 라 보카 드 유마의 암반들은 파도에 떠밀려온 다양한 색깔의 천 조각들로 장식되어 있다. 어부들은 그것을 '상어 떼가 남긴 잔해'라고 말한다. 약속의 땅 푸에르토리코까지 가는 데 성공하지 못한 이들에게 상어 떼가 남긴 잔해라는 얘기다.

푸에르토리코

잉여의 깃발 하나

산후안 "그들은 프랑켄슈타인을 만들었고, 이제 그 괴물은 그들의 손아귀에서 벗어났습니다." 섬이 바뀌면서 우리의 여행은 돌연 공상과 학의 길로 접어든다. 쿠바와 아이티와 산토도밍고를 거쳐, 그 비참과 궁핍을 거쳐, 푸에르토리코에서의 이 일요일의 휴식은 종적을 흐려놓는다. 지금 우리는 어디에 있는가? 카리브라는 동일한 세계 속에 있는가? 아니면 우리 세계와 너무나 유사한 다른 세계 속에 있는가? 지난밤 이곳에 도착했을 때 우리는 이민국의 심사를 받아야 했다. 뉴욕 공항의 입국심사를 판에 박은 듯한 심사였다. 까다로운 여성 관리에게 '저널리스트 비자'라는 것이 없다는 사실을 납득시키느라 많은 애로를 겪어야 했던 우리로서는 심사가 더욱 더 불편하게 여겨졌다. 그날 저녁, 어느 관광지의 네온사인 아래를 돌아다니던 우리는 한 카지노를 골랐다. 그곳 역시 다른 경쟁업체들과 마찬가지로 넘쳐나는 자유의 흥분 속에 손님들로 대만원을 이루고 있었다. 그리고 오늘 아침, 수도인

산후안

산후안을 방문하고 남쪽의 폰세로 나아가던 우리는 마치 거울의 이면으로 옮겨온 듯, 가난 없는 전혀 다른 사회 속으로 불쑥 잠겨드는 느낌이었다. 물건들이 가득한 슈퍼마켓들, 나무랄 데 없는 공공서비스, 반들반들하게 닦인 도로들, 번쩍이는 자동차들이 흔히 보는 주말의 이동 행렬을 이루고 있었다.

빅토르 가르시아에게 ‘프랑켄슈타인’이란 서구의 시선에 길들여진 이 ‘다른 곳’, 바로 그의 조국을 가리키는 말이다(그는 프랑켄슈타인을 만든 이와 프랑켄슈타인을 동일인으로 혼동하고 있다). 갈 길 바쁜 여행자에게 일요일은 불운한 날이다. 담당자들이 쉬는 날이라 면담이 불가능한 까닭이다. 다행히도 가르시아는 시간이 있었고, 의무적이고 우호적인 가이드 역을 자청했다. 마치 그것은 어떤 고약한 우연이 우리에게 선입견을 강요하는 것과 같았다. 왜냐하면 이 율사는 다수를 대변하지 않는 표본 같은 존재이기 때문이다. 그는 독립주의자로서 이제 더이상 ‘커먼웰스’(미연방)를 원하지 않는 이들 가운데 한 사람이다. 1952년 이후 푸에르토리코를 미국에 연합된 하나의 정부로 만든 조약, 반세기에 걸친 직접 식민통치 이후에 이루어진 그 정체政體를 더이상 원하지 않는 이들 가운데 한 사람이다. 1898년의 파리 조약은 스페인-미국 전쟁에 종지부를 찍었고, 이 조약에서 스페인은 자신의 마지막 식민지들인 쿠바와 필리핀과 푸에르토리코를 잃었다. 워싱턴에 말 그대로 매각당했다고 할 수 있는 푸에르토리코는 전형적인 식민통치의 과정을 겪은 뒤 자치정부 쪽으로 통치의 방향전환이 이루어진 나라다.

1917년부터 푸에르토리코인들은 미국 시민권을 얻었으며, 그들 가운데 20만 명에게 그것은 곧 군인이 될 수 있는 권리를 의미하게 된다.

하지만 그들에게는 자신들의 지도자를 선택할 권리가 없었다. 제2차 세계대전이 끝나고 나서 부분적인 탈식민지화가 이루어진다. 그후 푸에르토리코는 보통선거로 선출한 총독을 수장으로 가질 수 있었고, 상원과 하원 의원들로 구성된 국회를 수중에 넣을 수 있었다. 하지만 푸에르토리코인들은 워싱턴 의회에서 어떤 의원도 선출할 수 없고, 미국의 선거에 참여할 수도 없다. 미국 성조기의 50개 정부 가운데 어느 한 곳에 살지 않는 한 말이다. 요컨대 그들은 미국인이면서도 완전한 미국인이라 할 수 없으며, 국적과 부분적 시민권을 공유하면서 두 개의 깃발로 찢어져 있는 것이다.

성조기와 유사한
푸에르토리코 국기

일견 그들은 잘 적응하고 있으며, 미국 내 거주자들의 수가 점점 더 불어나고 있다. 대부분 미국 동부 연안의 대도시들에 거주하는 250만 푸에르토리코 이주민들이 350만 섬 거주민들의 수를 따라잡고 있는 상황이다. 쿠바인들에게 푸에르토리코는 자신들이 될 수도 있었던 것 혹은 될 수도 있는 가능성을 상징한다. 쿠바의 거듭된 공격들은 유엔의 '탈식민지 위원회'를 뒤흔드는 데 성공하지 못했다. 미국의 입지는 별로 위협받고 있지 않으며, 유엔에서 레이건 행정부를 대표하는 키르크패트릭은 솔직하게도 그것을 이렇게 한마디로 요약한다. "푸에르토리코는 협상의 여지가 없는 군사적이고 전략적인 지정학적 보루다." 활처럼 휘어진 카리브 연안 한가운데, 대 앤틸리스와 소 앤틸리스 사이, 베네수엘라의 수도 카라카스와 동일한 위도상에 위치한 장방형의 이 섬은 미 해군의 모든 항공모함들에 필적하는 가치가 있는 것이다.

비록 푸에르토리코 지식인들 가운데는 빅토르 가르시아 같은 인물이 많긴 하지만 점점 감소하는 추세에 있다는 사실은 전혀 놀라울 게 없다. 그는 이 사실을 부정하기는커녕 흔쾌히 인정하면서 그러한 쇠퇴를 유리한 논법으로 전환한다. "그들은 우리를 잿더미로 만들었습니다. 1952년에 내가 이끌던 독립당은 총선에서 25퍼센트를 득표했습니다. 그것이 오늘날엔 6퍼센트로 줄어들었죠. 푸에르토리코에서 독립주의자는 거의 괴짜 취급을 당합니다. 하지만 역설적이게도 바로 이러한 변화는 우리가 옳았음을 입증합니다. 우리는 미국의 침략을 받았고, 미국의 야만적인 식민 통치를 받으면서 미국화하는 과정을 겪었죠. 그결과, 이제 푸에르토리코인들 대부분이 완전하게 미국인이 되고 싶어합니다. 반쪽 혹은 4분의 1쪽 미국인이 아니라 말입니다! 그들은 미국의 51번째 주정부가 되고 싶어합니다. 그런데 미국은 이를 거부하고있고요. 막다른 골목이죠. 이 현상이 50년간 유지되면서 점점 더 많은합병주의자들을 양산했습니다. 한 편의 드라마요 비극입니다. 바로 프랑켄슈타인의 비극, 다시 식민지가 되기를 요구하는 식민지의 비극 말입니다. 제가 다시 독립주의자가 된 까닭이 여기에 있습니다. 달리 출구가 없기 때문이지요."

사실 빅토르는 드문 사람들 중에서도 드문 사람이다. "후위의 전위"라고 그는 웃으며 말한다. 15년 전만 해도 그는 열렬한 '스테이트 룰러', 즉 합병파였다. 그래서 그는 자신의 변화를 현실주의의 기치 아래에 둔다. 사회주의 인터내셔널과 연계된 독립당인 PIP 지도부의 보좌관으로서 그는 최근 몇 년간 워싱턴에서 열린 섬의 지위에 관한 토론들에 참여한 바 있다. 공화당 의원들과 민주당 의원들의 의견이 갈렸으나, 그는 그들 대부분이 선거와 경제적 이유들을 들어 합병에 반대한다는 확신을 얻었다. "이 나라는 벽을 향해 돌진하고 있습니다. 국민

투표를 실시한다면 51번째 주가 이길 겁니다. 아무리 사람들이 영어를 쓰지 않고, 미국에서 어떻게 생계를 꾸릴 것인지 알려고 하지 않고, 거기서 받을 차별 대우를 걱정하면 무슨 소용입니까. 이미 자신을 미국인으로 상상하고 있는 걸요. 우리의 경제는 연방 기금에 의해 인위적으로 유지되고 있습니다. 우리는 우리가 소비하는 것을 생산하지 않고, 우리가 생산하는 것을 소비하지 않습니다. 그리고 우리 사회는 범죄나 실업, 마약 등 나쁜 것만 미국화되어 있죠."

폰세 데 레온

구舊산후안을 나서는 길목에 자리잡고 있는 경찰사령부 벽면은 창문들이 모두 폐쇄되어 있고 움푹 팬 총알 자국들로 뒤덮여 있다. "갱들과의 총격전 때문이지요." 빅토르가 설명해준다. 마이애미의 사촌들이라 할 현대식 주거지역들을 가로지르기 전에 우리는 구시가를 방문했다. 스페인의 손녀인 이 요새 같은 조용한 도시는 거리마다 포석이 깔려 있고 전체적으로 파스텔 색조가 묻어난다. 신세계 고딕건축 양식의 드문 예로 꼽을 수 있을 성당 건물과 폰세 데 레온(콜럼버스가 1493년 두번째 항해 때 잠시 지나쳤던 이 섬을 폰세는 1508년에 탐험하게 된다)에 의해 건축된 카사블랑카 사이에서, 우리는 세계사의 한가운데에 머무르기 위해 언제라도 앞으로 헤쳐나갈 채비를 하고 있는 콜럼버스와 맞닥뜨렸다. 산토도밍고와 마찬가지로 산후안은 500주년을 기념한다는 구실 아래 한창 새롭게 꾸며지고 있는 중이다. 물론 관광도시여서기도 하지만—산후안 항은 기항지로서 홍콩과 경쟁 중이다—이 같은 공사에 대해서는 무엇보다 정치적인 설명도 가능하다.

합병주의자들의 득세를 막기 위해, 콜럼버스와 이름이 같은 현 총독 라파엘 헤르난데스 콜론을 앞세워 1984년에 권력을 쟁취한 현상유지

파가 주로 내세우는 것은 바로 스페인의 유산이다. 이를 상징하듯 몇 달 전에는 스페인어가 공식 국어로 선언되었다. 여기서는 스페인성이 하나의 정체성을 나타내는 깃발이요, 미국과의 차이성에 대한 권리주장이요, 통합과 이탈의 중도에 있는 지위에 대한 변론이다. 콜럼버스는 이러한 대립의 한가운데에 있다. 다음 총선은 아메리카 대륙 발견을 기념하는 축제가 시작되고 나서 한 달쯤 뒤인 1992년 11월 6일에 실시된다. "우리는 독립주의자들인 만큼 스페인 식민지 체제를 좀더 비판적인 시각으로 바라보아야 마땅합니다. 하지만 오늘날 스페인은 자신의 영향력을 확장하려는 의지를 갖고서 게임을 좀더 복잡하게 만들고 있습니다. 1992년은 진실이 드러나는 시간이 될 겁니다" 하고 가르시아는 설명한다.

산이 많으나 착 가라앉은, 무성해서 슬픈, 열대 풍경을 가로질러 마침내 폰세에 도착하자 우리의 길 안내를 맡은 동반자의 비관론도 좀더 안으로 잦아든다. 괴상하게 생긴 가로들이며 야트막한 집들이 점점이 흩어져 있어 거의 지중해 분위기가 나는 이 제2의 도시는 오후가 끝나갈 무렵의 나른한 한가로움 속으로 우리를 초대한다. 하지만 빅토르는 고집을 부려 자신의 아버지가 목격했다는 "1937년의 학살"(20여 명의 애국지사가 목숨을 잃었다고 한다) 현장을 보여주고, 합병파의 어느 백만장자가 세웠다는 미술관으로 우리를 데려간다. 그야말로 이국적인 그림들을 수집해둔 곳, 푸생과 루벤스의 작품으로 스스로를 영예롭게 하는 한 "순응주의자의 꿈"이 엿보이는 곳이다. "아메리카인의 꿈"이라고 표현을 고쳐주면서도 우리의 독립주의자는 박물관 분담금(입장료)을 지불한다.

그러나 500주년을 계기로 미국에서 야기된 논쟁을 뒤쫓다 보면 아메리카의 꿈들은 다양하게 드러난다. 히스패닉하고 라틴적인 성향의 기념행사가 됨으로써 제2열로 밀려난 영어권 아메리카는 콜럼버스를 맹렬히 비난한다. 키르크패트릭 세일이 1990년 『낙원의 정복』이라는 제목의 두꺼운 책을 출간함으로써 맨 먼저 적의를 폭발시켰다. 이 책에서 콜럼버스는 자연과 조화를 이루며 살고 있는 균형 잡힌 세계에 불균형을 초래했으며, 산림 황폐화와 침식, 오염과 학살 등 "용기 잃은" "불건전한" 유럽의 악들을 전파했다는 비난을 받고 있다. 그것이야말로 "2억 년 전 고생대 이후"의 가장 심각한 파괴였다고 평가하면서 그는 콜럼버스를 매인 데 없는 고독한 떠돌이로 고발한다. "신, 황금, 영광"의 세 가지 가치에만 눈이 먼, '홈, 스위트 홈'에 부적합한, 끊임없이 이동하는 "뿌리 뽑힌 소요逍遙자"라는 것이다. 시대착오의 원죄를 스스럼없이 범하는—"5세기가 지난 후인 오늘의 우리는 대발견의 결과들을 심판할 수 있는 특별한 위치에 있다"—이 환경론적 비난은 혼혈과 혼합에 대한 거리감과 자기만의 집에 대한 향수를 드러내고 있다.

북아메리카는 이 인디언들에게 죄책감을 느낀다. 그들에게 혼혈의 문화적 생존 공간을 마련해주지 못했던 것이다. 세일은 결론으로 이렇게 적고 있다. "아메리카에 사는 유일의 방식은 아메리카인으로 사는 것, 본래의 아메리카인으로 사는 것이다. 그것은 바로 아메리카 대륙이 요청하는 바이기 때문이다. 우리는 지난 5세기 동안 이 기본적인 진실에 저항하고자 노력했다. 더이상 저항한다는 것은 그 대륙을 위기에 빠트리는 것이요, 나아가서는 그것을 파괴할 위험성이 있다." 최근, 미

카를로스 푸엔테스

국의 인디언 대표단이 트리폴리에서 〈카다피 인권상〉(뉴욕에서 25만 달러의 상금을 받는다)을 수상하는 동안, '콜럼버스 서클'에 복원되는 콜럼버스의 동상 기공식이 시청에서 해고된 노동자들의 시위로 훼방을 받은 일이 있다. 소더비 경매에서는 어느 부유한 상속녀가 인디언 마스크 세 개를 39,050달러에 구입했는데, "정당한 소유주들인 호비 민족과 나바조 민족"에게 돌려주기 위해서였다고 한다. "교회 전국 평의회"에게 대발견은 "점령과 대학살과 경제적 착취와 제도화된 인종주의와 도덕적 타락을 정당화한 식민지화요 침공"에 다름아니다.

그들에게 "수정주의자"라는 말은 가스실의 존재를 부정하는 사람들이 아니라 식민지 개발을 비판적인 눈으로 재평가하는 이들을 특징짓는 거짓 친구를 가리킨다. 이 학파의 대변인인 마칼레스터 칼리지의 잭 웨더포드 교수는 "콜럼버스는 당대의 가장 나쁜 악을 대표한다"라고 한마디로 요약한다. 아메리카 원주민 운동의 책임자 러셀 민스는 "콜럼버스에 비하면 히틀러는 유치한 망나니에 불과하다"라는 극언으로 최종 공격을 가한다. 이에 대한 반격은 더없이 신중하다. 서부 정복에 관한 축복어린 비전이 19세기 회화에 어떻게 표현되었는가를 제시한 미국 국립미술관의 한 전시회에 대해 워싱턴 전체가 격렬한 논쟁에 휩싸인 일이 있다. 공화당 의원들은 권위 있는 스미스소니언 협회[1]를 "역사적으로 부정확한, 사악하고 파괴적인" 정치 행위에 빠져들었다며 비난했다. 스미스소니언이 "이방인이자 마르크스주의자"인 멕시코 작가 카를로스 푸엔테스가 구상한 500주년 기념 다큐멘터리의 제작을 지원한다는 사실에 떼를 지어 들고 일어난 것이다. 만약 그들이 푸엔테스가 갓 출간한 『크리스토퍼와 그의 달걀』을 읽었더라면 아마도 공포에 떨었을 것이다.

대발견 기념일인 1992년 10월 12일에 탄생하는 태아 크리스토퍼 팔로마르가 중심인물로 등장하는, 현대성에 대한 지독한 풍자라 할 이 책은 북쪽의 거대한 이웃에게는 달가울 리 없는 책이다. 책에서 태아와 그의 부모들은 일본인 라이벌의 힐난하는 듯한 유혹의 말들에 저항하는 데 어려움을 겪는다. "우리와 함께 '파시피카'로 갑시다. 신세계는 이제 더이상 여기가 아니라오. 언제나 그것은 다른 곳에 있지요. 당신들의 낡은 세계, 부패와 불의와 어리석음과 이기심과 뻔뻔스러움과 경멸과 굶주림의 그 세계는 내팽개쳐버리고 500주년을 축복하세요. (…) 대서양 세계를 향한 당신들의 그 지긋지긋한 매혹은 이제 그만 끝내세요. 그런 과거에는 등을 돌리고, 미래로 눈길을 돌리세요. 저기에서 우리는 이겼습니다. 영광의 얼굴 뒤에는 죽음의 얼굴이 숨어 있다는 사실을 깨달았기에 말입니다. 영광을, 힘을, 지배를 버립시다. 권력을 거부하는 법을, 힘을 예찬하지 않는 법을, 적들에게 두 팔을 활짝 벌리는 법을, 죽음이 아니라 삶을 선택하는 법을 서양에게 다시 가르쳐주어 서양을 그 자신으로부터 구합시다."

아메리카 분열의 북-남 경계를 긋고 있는 콜럼버스, 미국 환경론자들로부터 망신당한 콜럼버스는 이리하여 멕시코의 설욕전의 연합군이 된다. "우리 모두는 우리들 상상 속의 현실에 돈을 거는 콜럼버스이며, 우리는 이긴다"라고 푸엔테스는 적고 있다. 할리우드라는 아무나 들어갈 수 없는 사냥터에 뛰어든 로셀린 보쉬의 마음에 든 것도 바로 이 콜럼버스임에 틀림이 없다. 출발 전 파리에서 만난 33세의 이 젊은 여성은 콜럼버스가 후세에 야기한 그 놀라운 열정들 가운데 하나를 직접

영화 〈콜럼버스〉
프랑스판 포스터

체험한 바 있다. 1987년 당시《푸엥 *Point*》기자로 일하면서 보물 사냥꾼들에 대한 탐방 기사를 쓰기 위해 세비야의 인도 고문서관을 뒤적이던 그녀는 콜럼버스의 편지들을 보고 그만 그에게 빠져버리고 말았다. 그것은 정체성과 관련된 매혹이었다. "우리 둘은 출신이 유사합니다. 그는 독학자에 이주민이었죠. 여러 종교들간의 다리가 되고자 한, 유대인 같지 않은 유대인이었고 자신에게 어떤 운명이 있음을 알았던 사람입니다. 저 역시 독학을 한 데다, 이탈리아인 어머니와 카탈로니아인 아버지에게서 태어났습니다. 게다가 저도 항해를 좋아하죠."

그러한 운명에 끌려 그녀는 자신의 직업을 버리고 할리우드의 밀림과 싸우며 시나리오 각색에 뛰어들었다. 그리고 도박에서 이겼다. 그녀의 '콜럼버스'는 〈에이리언〉과 〈블레이드 러너〉를 감독한 리들리 스콧 감독에 의해 제라르 드 파르디유 주연으로 제작될 것이다. 하지만 할리우드가 이를 좌시하지 않고 앙갚음을 해왔다. 마리오 푸조 각색에 제임스 본드 역을 한 티모시 달턴을 주연으로 하여 〈슈퍼맨〉과 〈람보 2〉를 만든 제작팀이 전형적인 미국판 경쟁작 제작에 들어간 것이다. 콜럼버스에 대해 "사람들이 예기치 못했던 인물"이라고 말하는 로셀린 보쉬, 알고 보니 그녀 역시 자신의 시나리오에 프랑스어 저작권 계약으로 빗장을 지르고 자신의 제작 참여를 강요한 예상 밖의 여성이었다. 그러므로 1992년은 우리에게 불-미 전쟁을 약속하고 있으며, 이 전쟁을 통해 영화 애호가들은 둘 중 과연 어느 영화가 내일의 신세계 혹은 구세계를 잘 구현하고 있는지 가늠해보는 즐거움을 누릴 수 있을 것이다.

과들루프인들은 어느 것을 선호할 것인가? 산후안으로 되돌아온 우리는 카피톨리오(워싱턴 국회의사당의 소형 복제건물)에서 일하는 빅토르 가르시아에게 인사를 한 뒤 두 개의 깃발을 가진 이 섬에 작별을 고했다. 그러고는 발길을 돌려 소 앤틸리스에 떠 있는 유럽의 색종이 조각 같은 섬, 미국-프랑스 교역지인 한 섬으로 향했다. 1493년 콜럼버스가 두번째 여행길에 얼핏 발견했던 섬, 1992년이 몹시도 불안하기만 한 섬으로.

과들루프

늑대 공포

푸엥트-아-피트르 섬은 망명을 부른다. 돌아옴을 포기하지 못하는 떠남, 이 망명이라는 말을 생-종 페르스는 끊임없이 피하고자 했다. 그러나 그는 열두 살 때인 1899년 유년기의 왕국이었던 과들루프를 떠나 프랑스로 망명했다. 1940년에는 성년기의 조국인 프랑스에서 미국으로 망명을 떠나야 했다. 우리는 그를 제노바로 떠나는 우리의 배에 태운 바 있다. 순수한 즐거움 때문이기도 했지만 유럽의 시인이자 아메리카의 시인이었던 그의 생애가 이 여행에서 솟아오르는 질문들과 은밀하게 공명하고 있기 때문이기도 했다. 레옹 블룸의 친구요 아리스티드 브리앙의 오른팔로 양차 대전 사이 프랑스 외교부의 중심 인물이었던 외교관 알렉시스 레제르(생-종 페르스의 호적상 이름)는 '국가협회'에서 초기 유럽연합 구성을 시도한 인물이다. 비시 정권에 반대한 공화당원으로서 애국자이면서도 세계주의자이기도 했던 그는 자신의 대륙적 이상이 좌초하자, 그의 취향에는 지나치게 개인적인 권

생-종 페르스

"

메종 수크 파주

력을 누리는 듯이 보이던 드골의 제의들을 사양한 채 스스로에게 20년 간의 미국 망명생활을 부과했다.

가족 일부가 그를 기다리고 있었지만, 생-종 페르스는 두번 다시 고향에 돌아가지 않았다. 다행히도, 공산당 소속의 푸엥트-아-피트르 시청이 그의 사후 귀환에 공모하여 오늘 아침 우리를 기쁘게 해주었다. 노지에르 가街의 '메종 수크 파주'. 흰색의 덧창들과 철 세공 난간으로 꾸민 발코니, 장밋빛 함석으로 지붕을 얹은 이 아름다운 저택 안에다 시인을 기리기 위한 최신 시립박물관을 들어앉힌 것이다. 밀짚모자, 두구頭球 달린 지팡이, 비망록, 편지들, 광고 전단들, 데생들, 기사들, 비밀들, 열정들과 거짓부렁들 등, 우리 방랑의 동반자의 온갖 속임수와 꾀들이 사람들의 무분별한 호기심에 적나라하게 노출되어 있다. 시인이란 "언제나 진실을 말하는 거짓말쟁이"라고 했던가. 이 박물관을 관리하는 '루브르 미술학교' 출신의 실비 테르상은 그가 발송을 하고 나서 다시 수정하고 가필한 편지들을 보여준다. 작가가 오려낸 글들을 뒤적거리는 재미가 만만찮다. "그는 대단한 유혹자였습니다.《피가로Figaro》의 사교계 소식란에서 자신의 옛 정부들 가운데 한 명의 결혼 공고를 읽게 되면 꼭꼭 그것을 오려두곤 했죠. 미스 앤틸리스 선발 관련 기사들과 사진도 보관했구요."

콜럼버스가 발견자를 돕기 위해 속임수를 썼던 것처럼, 그는 시인을 보호하기 위해 사기를 쳤다. 이미 그는 플레이야드 판 전집 첫머리에 들어가는 저자 소개란을 자신이 직접 기술하는 특권을 얻어 제 입맛대로 감출 비밀은 감추면서 자기 얘기를 3인칭으로 서술한 바 있다. 그

글 맨 앞을 보면 그가 푸엥트-아-피트르 항구 앞바다에 있는 생-레제르-레-퓌이여라는 작은 섬에서 태어난 것으로 되어 있다. 실비 테르상은 이 말을 전혀 믿지 않는다. "섬 속의 섬 얘기는 그가 꾸며낸 전설이었습니다. 그 잎사귀 섬이라는 곳은 사람이 살기 어려운 아주 작은 땅 조각으로 오늘날에는 물결 아래로 사라지고 없죠. 천만에요, 그는 도시에서 태어났습니다. 가정 주택에서 말이죠." 생-종 페르스는 언제나 바다에서 끝나는 땅, 유토피아와 무기력, 가장 대담한 꿈들과 가장 절망적인 현실이 결합하는 땅, 바로 섬의 신비 속으로 우리를 끌어들인다.

1987년 그의 탄생 100주년을 위한 심포지엄이 열렸을 때 이 도시 시장 앙리 방구는 "알렉시스 레제르의 고향은 여기다"라고 선언했다. 프리메이슨 단원인 변호사 아버지와 식민지 농장을 경영하는 가문의 후예인 어머니 사이에서 태어나 생-종 페르스라는 분신을 만들게 될 이 크레올 백인은 그의 몇몇 선조가 노예들을 번성시킨 땅의 요청을 받고 있는 것이다. 드레퓌스 지지자에 자유주의자였던 아버지가 있었기에 그는 빅토르 쉘세르의 반노예주의자 단체를 자랑할 수 있었고 인력거의 사용을 도입하고자 한 총독과 싸울 수 있었다. 표면적인 어둠 속에 섬과 바다의 투명한 언어를 감추고 있는, 여러 세계의 만남에서 탄생한 어떤 야생의 사상을 품고 있는 그의 작품은 그로 하여금 혼혈이라는 그 유랑의 세계에 뿌리내릴 것을 요구하고 있다. 훗날 폴 클로델이 그를 두고, 앤틸리스 출신이라는 점 때문에 이 도서島嶼인은, 망명을 자임하되 그것에 길들여지는 일 없이, 끊임없이 "비난과 원상회복"을 요구하게 된다고 쓴 것은 옳다.

"섬을 얘기한다는 것, 그것은 이미 망명을 얘기하는 것 아니겠는가." 끊임없이 항해를 하면서 생-종 페르스는 여러 차례 자신이 태어난 섬을 스쳐갔지만 한번도 감히 그곳에 기항할 생각을 하지 못했다. 접어서 포갠 항해 책자들, 푸엥트-아-피트르의 지도들, 끊임없이 꿈꾼 귀향의 흔적들, 쌍안경으로 과들루프 연안을 살펴보고자 했음을 고백하는 편지들 등, 박물관에 소장된 세세한 문서들이 이러한 그의 감정을 증언하고 있다. 그의 분신인 시인이 시인의 창조주인 인간 생-종 페르스에게 강요하는 이 불회귀의 원칙 안에서, "한 앤틸리스인에게 완전한 고독 속에 침잠"하는 "방어진지"와도 같은 섬의 갖가지 쾌락과 드라마가 표출된다. 어렸을 적 그의 집안일을 도운 어느 일꾼이 그에게 "내게 대기를, 공간을 다오"라는 뜻의 '방-무엥-레'라는 크레올어 별명을 붙여준 바 있다.

푸엥트-아-피트르의 거리를 걷다가 몇몇 가게들에서 '프랑스 엥테르' 방송의 〈전화벨이 울린다〉라거나 필립 부바르의 〈그로스 테트〉 같은 프로그램들이 귓가에 울릴 때 외치고 싶어지는 소리가 바로 이 '방-무엥-레!'다. 여러 언어와 상황들의 다양성 아래에서 단일성이 흔들리고 있는 이 카리브에 잠겨들면 우리는 길을 잃은 듯한 느낌을 갖게 된다. 그만큼 프랑스령 앤틸리스는 뒤바뀐 듯하다. 풍족한 소비를 꺼입히는 경제적 특권에다 도처에 편재하는 프랑스와의 관계가 덧붙여진 것이 이곳의 지리적 섬 근성을 문화적 고독으로 배가시키고 있다. 하루이틀 저녁 CNN으로부터 쏟아지는 정보들을 포기하는 기쁨을 누리는가 싶었다. 하지만 비록 시차는 있다고 해도, 프랑스 제2 TV의 '8시 뉴스'를 이곳에서 보게 된다는 건 놀라운 일이다. 결국 우리는 전화 역시 아주 잘 작동한다는 사실을 잊고 있었던 셈이었다. 거리는 멀리 떨어져 있으나, 파리에 전화를 걸려면 지역번호 16번만 누르면 된다는 사실을 말이다. 이런 세부 사실들, 일상의 이런 사소한 것들은 결국 이 섬의 미래가 이곳 주민들에게서 벗어난다는 사실을 말해주는 것이 아닐까? 한마디로, 프랑스의 이런 DOM(해외 도道)들은 아메리카의 풍경에 어울리지 않는 엉뚱한 것들이 아닌가?

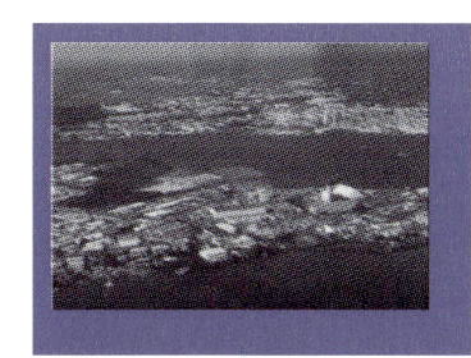

푸엥트-아-피트르

"천만에요, 그것은 소외가 아니라 바로 열림입니다!" 우리의 질문에 문화부 국장 다니엘 막시멩이 펄쩍 뛰며 말한다. 그는 글이라는 것이 끊임없는 말에 다름아닌 나라에서 작가로 활동하고 있다. "프랑스발發 속보는 세계의 최신 뉴스들입니다. 게다가 대부분 프랑스에 사촌이 하나쯤은 있죠. RATP[1]나 '빈민 구제국'의 파업과 무관한 앤틸리스 가정은 하나도 없습니다! 간디 암살에 대해서는 인도인 이웃과 얘기를 나눕니다. 베이루트 문제는 레바논 상인과 토론을 하죠. 에티오피아에도 우리의 뿌리가 있습니다! 그 모든 뉴스들이 우리와 무관하지 않은 거지요." 막시멩은 독립주의 운동의 태동 이후의 지식 세대를 대변하는 사람이다. 이 세대는 정체성에 건 도박은 성공했으나 민족에 건 도박은 복잡한 상황임을 납득하고 있다. 자기 자신을 향한 내향內向을 고집하고 있으나 이 세대는 폐쇄와 동의어일 국수주의와는 뚜렷이 구분된다.

"이 나라 국민으로서 나는 우리의 미래를 불안하게 여기지는 않습니다. 여느 자메이카인이나 쿠바인처럼 나 역시 나의 정체성에 대해 의문을 품지 않기 때문이죠. 우리를 단련시켜준 아우슈비츠의 경험이 있기에, 우리는 지금 감각이 무뎌져 있습니다. 사람들이 우리에게 가한 그 끔찍한 일들을 곱씹는 태도는 의존성을 증가시킵니다. 독립이 지름 길입니다. 탈주한 흑인들의 반동과 앤틸리스인들이 원초적으로 기여 한바, 그것은 반항할 줄 알았다는 데 있습니다. 지나치게 주인의 자리 를 차지하려 드는 일 없이 말입니다. 프랑스 정부와의 관계에서, 우리 는 우리만의 자유 공간을 갖고 있습니다. 더 바랄 게 없을 정도는 아니 지만 현실에 맞는 정도죠. 큰일이 날 거라는 식으로 민심을 선동하는 일은 그만둡시다. 실제로 독립이 이루어진다면, 그것은 아주 자연스럽 게 이루어질 것입니다. 어느 캄캄한 저녁이 아니라 아주 환한 어느 대 낮에 말입니다!" 섬의 남쪽에 자리잡고 있는 '바스-테르' 지역의 최근 화산 분출을 중심으로 전개되는 최근작 『유황갱 Soufrières』에서, 막시 맹은 근본적인 정치적 단절들과는 대립되는 '자연의 메시지'를 전개하 고 있다. "'고독 여인'은 우리에게 샘의 신화들이 불의 신화들 못지않은 시조始祖들임을 상기시켜준다"라고 그는 적고 있다.

지옥의 업화業火가 춤추는 종말론적인 이 화산 이야기에다 그는 정 기적으로 태풍들이 휩쓸고 가는, 그리하여 내일들이 언제나 폐허와 갱 생의 기운이 공존하며 세계 재창조의 양상을 취하는 그런 영원한 재시 작의 지리를 대립시킨다. "우리는 사이클론의 아이들이다. 그것의 이 름이 '콜럼버스'가 되었건 '나폴레옹'이 되었건 말이다"라고 그는 결론 을 짓는다. 또한 그것은 '유럽'일 수도 있다. 비록 막연한 것이긴 하지 만, 분명 두려움이 엄존하고 있기 때문이다. 막시맹은 이를 부인하지 않는다. 이곳에서 보면 1992년이라는 것이 500주년을 기념하는 해가 아니라, 프랑스령 과들루프가 단일 시장으로 무장한 유럽의 대미국 전진기지로 탈바꿈되기에 앞서 최종 역산逆算이 이루어지는 해일 수 있는 것이다. "우! 우! 늑대가 온다"라는, 마지막 카니발 때의 후렴은 장난이 아니었다. 늑대, 달리 말해 유럽이 상업적이고 인간적인 침공을 통해 정체성을 쇠퇴시키는 위협으로 느껴지고 있는 것이다.

겉보기에는 농지거리 같지만 사실 '재의 수요일'[2]의 행렬들은 매우 진지하다. 얼마 전에 어느 행렬이 장-마리 르펜을 비꼰 일이 있다. 그 몇 달 뒤에는 이 '국민전선'의 리더가 활주로를 점거한 시위대들 때문에 어쩔 수 없이 발길을 돌려야 하는 사태가 생겼다. 한데 뤼크 레네트는 유럽과의 관계가 앞으로 더욱 나빠질 것으로 예상한다. 1989년에 특사로 풀려난 이 독립투사는 장기도피 행각으로 대중에게 널리 알려진 인물로서, 석방 후에도 그의 격정은 조금도 누그러들지 않았다. "1992년에 서양인들은 인디언들의 운명에 애도를 표할 겁니다. 물론 사후 애도 표명인 거죠. 하지만 우리의 경우는 현재의 문젭니다. 규모는 물론 작지만 위협 내용은 동일합니다. 우리의 자문을 구하지 않은 일방적 행위, 우리나라를 유럽에 강제 통합시키는 행위는 국민들의 이탈을 초래할 겁니다. 사람들의 자유로운 왕래에는 찬성이지만, 우리로서는 우리 자신에게 이주국가가 되는 사치까지 제공할 수는 없습니다. 우리의 구성원들은 흑인, 인디언, 혼혈, 백인 등 다양하지만 모두는 공통된 정체성을 지니고 있습니다. 밀려드는 독일인들과 이탈리아인들 앞에서 우리는 경제적으로 저항할 수가 없습니다. 확대중인 하나의 유럽 앞에서 우리의 힘은 미미합니다. 여전히 사람들은 남아 있겠지만 더이상 과들루프 국민도 정체성도 남아 있지 않게 될 겁니다."

비싼 생계비가 말해주는(그리고 오직 공무원들만이 잔뜩 부풀어오른

---

2 사순절 첫날.

임금으로 보상받는) 소비경제의 책략이 레네트에게 그런 재앙 시나리오를 더욱 확실히 느끼게 해준다. "유럽의 기술 관료들은 이 땅을 보급기지로 보고 있습니다. 카리브와 아메리카를 상대로 유럽 상품들을 전시해놓는 진열장 같은 곳으로 말입니다." 그는 최근에 푸엥트-아-피트르의 항구와 공항의 활동들을 총괄하는 유럽-카리브 종합단지 CECA가 기공된 것을 '재再식민지화'의 첫걸음으로 느끼고 있다. 국민의 대다수가 프랑스와의 단절을 바라지 않는다는 사실을 인정하면서도, 독립단체들은 모두 유럽통합에 대한 거부를 어떤 과도적 지위 획득을 위한 발판으로 삼고자 한다. 레네트는 해방 쪽으로 보조를 맞추어 사회당과 은밀한 논의들이 있었음을 알고 있다. "그들은 우리에게 프랑스의 소유가 문제 되지 않는 한 지위 혁신에 반대하지 않는다고 말했습니다. 그래놓고는 유럽통합으로 우리에게 한 방 먹인 거죠. 우리의 공동주택은 바로 카리브인데 말입니다! 그들은 이에 관한 대화를 받아들여야 합니다. 그렇지 않으면 여러 가지 사태가 벌어질 겁니다."

누구의 말을 믿어야 할까? 막시멩의 말인가 아니면 레네트의 말인가? 강인가 불인가? 아니면 둘 다인가? 그들의 섬은 그 천진함에서 깨어나, 정복당하고 병합되었다가, 연결되고 점유되었다가, 이제 대륙과의 관계에서 자신을 정립할 것을 촉구받고 있다. 그들은 이 도서島嶼적 속성의 모호한 동일 변증법을 서로 다르게 표현하고 있는 게 아닐까? 이주와 경제와 문화에 의해 너무나 가까워진, 그러면서도 언제나 타자요 너무나 먼 대서양 저 너머 세계에 있는 유럽 대륙에 대한 그 의존성, 식민지 유산이 악화시키고 있는 관계. 전대前代의 앤틸리스 작가, 마르티니크 섬 출신의 에두아르 글리상은 아프리카에서 '지리적 무한'의 계시를 느꼈노라고, "여러분을 떠받치고, 여러분을 침범하고, 여러분을 녹이는 대지를 소유한다는 것이 무엇을 의미하는지"를 느꼈노라고 털어놓는다. 앤틸리스의 정체성이 지닌 모순을 다음과 같은 그의 말보다 더 잘 표현한 것은 없다. "우리 도서島嶼인들은 대지의 그러한 현기증을 알지 못한다. (…) 우리의 터는 바다다. 한정지으면서도 또한 열어젖히는 바다다. (…) 우리는 언제나 뒤로 물러나는 한계들에 끝없이 방황할 수는 없을 것이다. (…) 섬은 바다를 계단식 좌석으로 가진 원형극장이요, 이곳에서의 상연은 곧 세계의 유혹에 다름아니다."

에두아르 글리상

그러므로 글리상의 초기 작품들 가운데 하나인 『인도 *Les Indes*』가 대발견으로부터 물려받은 열상裂傷의 시라는 점은 전혀 놀랍지 않다. 콜럼버스는 사실 섬들과 대륙의 비장한 대화를 개시한 장본인이다. 두 번째 아메리카 체류 때 그는 카리브 군도를 따라 끊임없이 마주치게 되는 그 많은 섬들에 진력이 난다. 1493년 9월에서 11월까지 그는 앤틸리스 남쪽 끝에 도달한 뒤에 히스파니올라로 거슬러오른다. 그러고는 다시 출발하여, 1494년 4월에서 9월까지 자메이카를 발견하고 쿠바의 지중해 연안을 방문한다. 하지만 페이지를 넘겨 새로운 장을 펼치고 싶은 욕구가 그를 괴롭힌다. 아무리 아름답다 할지라도 물에 갇힌 이 땅들이, 그에게는 북아메리카에 다름아닌 아시아의 남쪽에 있을 미지의 대륙에 대한 그의 은밀한 탐색을 충족시키지는 못한다. 끝장을 보아, 아시아의 문을 확실하게 닫아버려야 한다. 바로 그래서 그 놀라운 쿠바 서약이 탄생하는바, 여기서 우리는 현실을 자신의 욕망에 맞추기 위해 수단과 방법을 가리지 않는 콜럼버스의 건달 내지는 사기꾼

같은 면모를 다시 발견하게 된다.

　1494년 6월 12일, 이미 한 달 전부터 쿠바 연안을 따라 서쪽으로 가고 있던 콜럼버스는 히스파니올라로 돌아가기로 결심한다. 한데 그전에 그는 이번 원정에 오를 세 척의 캐러벨선을 방문하여 공증인 각각에게 "이 대지가 인도가 시작되는 육지라는 데 대해 추호의 의심"이라도 갖고 있는지 물어보도록 명했다. 모든 승무원들은 다음과 같은 가차 없는 말들에 서약해야만 했다. "차후부터 이와 반대되는 말을 하는 자는 누구를 막론하고 혀가 잘릴 것이요 1만 마라베디의 벌금형에 처해질 것이다! 또한 소년 견습 선원들이 그런 우를 범할 경우에는 낡은 밧줄로 100대를 치고 역시 혀를 자를 것이다." 쿠바가 섬이라는 사실을 그들 역시 확신하고 있었음을 몇몇 증인들을 통해 알고 있는 우리에게는 참으로 해괴한 장면이라 하지 않을 수 없다. 콜럼버스 자신도 첫번째 여행 때 그렇게 주장했었다. '니나'호의 선원들 가운데 한 명으로 나중에 뛰어난 지도제작자가 된 후안 데 라 코사—첫 항해 때의 '산타마리아' 호의 갑판장과 동명이인인 듯하다—도 훗날 쿠바를 대륙으로부터 떨어진 섬으로 그리지 않는가.

　이 터무니없는 에피소드에 대한 유일한 논리적 설명은 콜럼버스의 마지막 두 항해로 주어진다. 이때 그는 궁형의 카리브 열도를 무시한 채 곧장 대륙으로 직행한다. 시간이 급했다. 포르투갈이 마침내 잠에서 깨어났고, 다른 발견자들이 그가 발견한 항로를 차용하고 있었다. 그로서는 앤틸리스를 괄호 속에 묶어버리고, 비록 거짓말이 될지라도, 아시아가 연결되어 있었노라고 큰소리로 외쳐야 했다. 마침내 그가 자신의 "신세계"를 발견할 수 있기 위해서는 말이다. 왜냐하면 그가 항해하는 동안, 당시의 유일한 초국가적 권위 기관인 교황청의 보호 아래, 마치 현대의 얄타 회담을 예시하듯 스페인과 포르투갈이 땅이라는 과자를 나누고 있었기 때문이다. 실제로 콜럼버스는 과거의 균형을 무너뜨린다. 1481년 교황은 포르투갈의 진출을 법적으로 인정하여 리스본에 "카나리아 제도를 넘어 기니 쪽으로" 확장하는 통수권을 부여하지 않았는가?

아메리카의 발견이 알려지자마자 스페인은 막연하기만 한 그 "넘어"의 분명한 명시를 요구했다. 콜럼버스의 압박 아래 교황의 첫 옥쇄는 아조레스 군도로부터 서쪽으로 100해리쯤 떨어진 곳에 가상의 선을 하나 그었다. 이 경계선의 동편은 포르투갈인들의 영역이었고, 서편은 스페인 사람들, 당시는 콜럼버스 부왕의 영역이었다. 하지만 1494년 6월, 토르데실라스 조약 때, 리스본은 그 선이 서쪽 340해리까지 물러난다는 약속을 받아냈다. 분명 이 사실을 알 수 없는 처지임에도 콜럼버스는 쿠바의 난바다에서 이미 예감했던 게 아닐까? 일단 발견되면 포르투갈의 것이 될 브라질의 미래의 운명이 걸린 결정. 그리하여 대륙을 걸고서 서로 선두를 차지하기 위한 경주가 벌어졌다.

앞으로도 4년을 더 기다려서야 콜럼버스는 이 경주에서 승리함과 동시에 패배하게 된다. 일착으로 도착하지만 잔인하고도 아이러니컬한 역사의 요술에 의해 2등으로 선언되는 것이다. 그전까지 그는 섬들을 돌보고 있었다. 유능한 발견자이나 통치에는 서툴렀고 그를 특히 애먹인 것은 히스파니올라였다. 1493년 그는 아라와크인들이 두려워하는 용감한 전사들이자 식인종인 카리브 원주민들을 접촉한다. 어느

일요일, 과들루프와 마르티니크 사이에 있는 섬에 가까이 다가가던 그
는 그 섬을 '도미니카'라 명명한다.

도미니카
연방

카리브 비망록

로조 대장은 수염을 기르고 있다. 오귀스트 이르벵스는 유럽의 연대기 작가들이 묘사한 선조들, 그 수염 없는 전사들과는 달리 수염을 밀어버리지 않았다. 이제 겨우 스물여덟 살의 나이로 화려한 경력을 쌓고 있는 인물. 뒤로 땋아 넘긴 긴 흑발이 그의 도도한 풍모를 더욱 당당하게 만들어주고 있다. 물론 그는 관리에 능한 인물이기도 하다. 젊은 나이에도 불구하고 카리브 섬 공동체의 주민 3천여 명이 1984년과 1989년 두 차례 연속 그를 수장의 자리에 앉혔기 때문이다. 오늘 아침 그는 지붕의 경사가 심하게 가파르고, 커브 길의 낭떠러지 위에 기적적으로 얹혀 있는 아주 작은 집 1층에서 고문과 협의를 한다. 아래쪽에서는 대서양 연안에서 일렁이는 파도들과 낭떠러지에 부딪혀 되돌아가는 파도들의 웅성거림이 들려온다.

오귀스트를 만나기 위해 우리는 큼직한 부락 형태를 이루고 있는 수도首都 로조를 일견한 뒤, 앤틸리스에서 가장 험한 산간지방을 대각선

로조의 숲

으로 가로질러야 했다. 로조는 태풍 '다비드'가 휩쓸고 간 뒤 서서히 회복되고 있는 중이었다. 1979년에 도미니카에 상륙한 이 태풍은 8만 명 남짓한 주민들 중 6만여 명을 집 없는 신세로 만들어버렸다. 인간은 자연보다 회복이 더디다. 길을 가는 도중에 우리는 '세 봉우리'라는 이름의 작은 산을 휘감고 있는 국립공원 기슭에서, 무성한 숲 속의 거대한 고사리들에 에워싸여 귀를 멍하게 하는 폭포소리를 따라 잠시 고독한 산책을 즐겼다. 무한한 뉘앙스를 가진 녹음에 절로 취하게 되는 땅, 너무나 잘 보존된 이 땅을 자랑하기 위해 관광안내 책자들은 "콜럼버스가 도미니카에 되돌아온다면 예전과 조금도 달라지지 않은 섬을 발견하게 될 것이다"라고 말하고 있다. 물론 과장이다. 사실은 여기저기에서 보이는 푸른 얼룩들—새들이 쪼아 먹지 못하도록 바나나 송이들을 감싼 비닐봉지들—이 조화를 깨트리고 있다. 하지만 작은 봉우리와 여러 계곡들로 이루어진 이 화산 요새가 뿜어내는 원시적 아름다움을 망치기에는 그런 사소한 얼룩들로서는 어림없는 일이다.

옛날 이 난공불락의 지형은 카리브인들에게 유예 기간을 제공해주었었다. 17세기 말, 프랑스와 영국군들이 서로 앞을 다투어 앤틸리스를 차지하려고 오랫동안 그들과 싸웠으나 결국 성공하지 못한 채 지쳐버리고는 도미니카의 운명을 그 주민들에게 맡겨버렸다. 다시금 정복 욕구에 사로잡힐 때까지 중립지역으로 선언해버린 것이다. 그러다 이웃나라들에 비해 한참 뒤늦게인 1805년에 영국의 식민지가 되긴 하지만 프랑스령 앤틸리스의 크레올어와 유사한 언어를 그대로 간직한다. 이 같은 유예에서 생겨난 잔구 하나가 바로, 1903년에 동쪽 연안의 부락인 바타카, 살리비아, 시네쿠를 중심으로 지정된 '보호구역'이다. 지그재그로 이어지는 외길의 입구와 출구에 서 있는 푯말 하나만이 이 지역이 자치지역임을 알리고 있다. 광주리들을 늘어놓은 몇몇 진열장들을 제외하고는 초라한 가건물들만 이어지는 그 경관에서 색다른 점은 전혀 찾아볼 수 없다. 하지만 얼굴만은 속일 수 없다. 매끄러운 검은 머리카락과 밝은 빛깔의 피부 등 아마존 원주민들을 닮은 그 얼굴들에는 혼혈 유형과 아메리카인디언 유형이 교차하고 있다.

"1992년의 일로 그들은 실수를 하고 있습니다. 우리에게 발언할 기회를 주니까요." 대장은 500주년을, 1978년 이후 형식상 독립국가가 된 자국 정부로부터 여러 가지 양보를 받아낼 절호의 기회로 여기고 있다. 그는 내년의 여러 기념사업들에 제출할 '인디언 단일안'을 규정하기 위해 에콰도르에서 개최될 차기 회합에 동참할 것을 호소하는 홍보물을 대륙이 보내는 전조로 여기고 있다. 보호구역의 집단주택인 어느 오두막의 쓸쓸한 차양 아래에서, 오귀스트는 연령별 학교 교육 프로그램, 위생 서비스 개선, 고용에 있어서의 인종차별에 대한 투쟁 등, 자신의 청원서 파일을 늘어놓는다. 최근의 협상 결과들을 의기양양하게 선언하는 것으로 끝을 맺는 노동조합원의 전형적인 담론 같다. 앞으로 보호구역은 두 출입구를 통제하여 관광객들을 담당하게 될 것이다. "지금까지는 우리의 통제를 벗어나 있었습니다. 운전수들이 우리를 끔찍한 식인종으로 소개하는 일까지 있었죠!"

자기 시간을 모조리 바쳐 일해야 하는 우리의 대장은 몹시 바쁘다. 그의 고문은 다음 '카리브 데이' 때 초청할 인사들 명부에 관해 아직 논의할 게 있어서 그를 기다리고 있다. 전통은 그의 전문이 아닌 것 같다. 기껏해야 그는 여성들은 공동체 바깥에서 결혼할 수 없다는 사실을 확인해줄 뿐이다. 남자들은 누구와도 마음껏 희롱하며 혼혈을 강화해도 좋지만 말이다. 그들의 혈통에서 남아 있는 것이 무엇인가? 정체성에 대한 권리요구와 습관들의 껍질, 전통의술, 고유의 장례풍습들, 세계사를 재해석하는 전설들이다. 예를 들면 우리의 머리 위에 똬리를 틀고 있는, '보아 신'을 상징하는 저 긴 뱀이 그렇다. 바다에 면한 '개머리' 곶은 바로 이 뱀 신이 섬 중앙부에 있는 작은 구릉 디아블로텡 깊은 곳으로 몸을 숨기러 갈 때 남긴 흔적이라고 한다. 오귀스트 이르벵스는 흐릿한 추억들과 급한 당면과제들을 함께 관리한다. 전자를 후자의 논거로 쓴다. 우리를 굶주린 채로 남겨두는 세련된 정치가. 우리의 배를 채우는 일은 과거만으로도 충분할 것이다.

하지만 그것은 전혀 확신할 수 없는 일이다. 이 기록 없는 민족에 대해 우리가 알고 있는 것은 다만 첫 접촉 때 서양인들이 쓴 이야기들에 바탕을 둔 것이기 때문이다. 어쩔 수 없이 여러 가지 편견들이 묻어 있을 그 이야기들은 거두절미하고 '식인풍습'이라는 한 단어로 요약된다. 그리하여 대번에 소小앤틸리스의 카리브인들은 씨를 말려버려야 할 흉측한 '타자'의 신분으로 고정된다. 이 '타자'는 또한 이해도 차별화도 추구하지 않는 파괴적 논리의 흐름 안에서 식인풍습이 전혀 없는 대大앤틸리스의 타이노스족이나 아라와크족마저 동일한 운명을 겪게 하는 알리바이가 된다. 사람들은 죽은 이의 시신을 먹는 이들을 끔찍하게 여기면서도 산 채로 화형에 처하는 일은 매우 인간적인 것으로 판단하게 된 것이다. 1496년 말 히스파니올라에서 있었던 일이다. 어떤 의식

끝에 토착 원주민 몇몇이 그리스도교의 그림들을 탈취하여 땅바닥에 내팽개치고는 그것들을 흙으로 덮고 위에 오줌을 내갈기며 이렇게 외쳤다. "이제 너의 열매들은 크고 맛있을 것이다!" 제독의 동생 바르톨로메오 콜럼버스는 그리스도교의 상징물 위에 풍요를 기원하는 의식임이 분명한 그들 행위의 의미에 대해 단 1초도 자문해보지 않았다. 즉각 그는 대중이 보는 앞에서 그들을 산 채로 불태워 죽임으로써 이 "신성모독"을 처벌했다.

소 앤틸리스의 카리브인

첫 항해 때 콜럼버스는 이 카리브인들과 그들의 살인적 만행들에 대한 얘기를, 다만 그들의 적인 아라와크인들을 통해서 들었다. 두번째 항해 때는 도미니카와 과들루프, 그리고 푸에르토리코 남쪽의 생트-크루아에서, 먼 거리 혹은 화살의 사정거리에서 그들을 경험했다. 매우 불분명한 것이긴 하지만, 이들 "식인종들"과의 첫 접촉에 관해 우리에게 전해지고 있는 유일의 이야기는 함대의 의사였던 알바레즈 샨카의 이야기뿐이다. 첫번째 섬에 정탐을 간 선원들은 "인간의 팔다리뼈 네댓 개"를 가지고 돌아왔다. 그 다음 섬에서는 "물건들을 담아두는 작은 단지처럼 사용하고 있는 두개골들과 무수한 인골들이 집안에 걸려 있는 것"을 발견한다. 세번째 섬에서는 수적으로 우월한 유럽인들이 그들을 잡으려 한다는 것을 깨닫고서 카리브인 남자 네 명과 여자 두 명이 활로 방어를 하여 원정대원 두 명에게 상처를 입힌다.

두번째 항해에는 통역인이 함께했다. 스페인 귀향 때 살아남은 인디언들 가운데 한 명으로 콜럼버스가 디에고 콜론이라는 이름을 준 인디언이다. 끌려온 여자들은 자신들이 카리브인들의 포로였다고 이야기한다. 그녀들의 이야기를 바탕으로 의사는 이렇게 기록하고 있다. "그

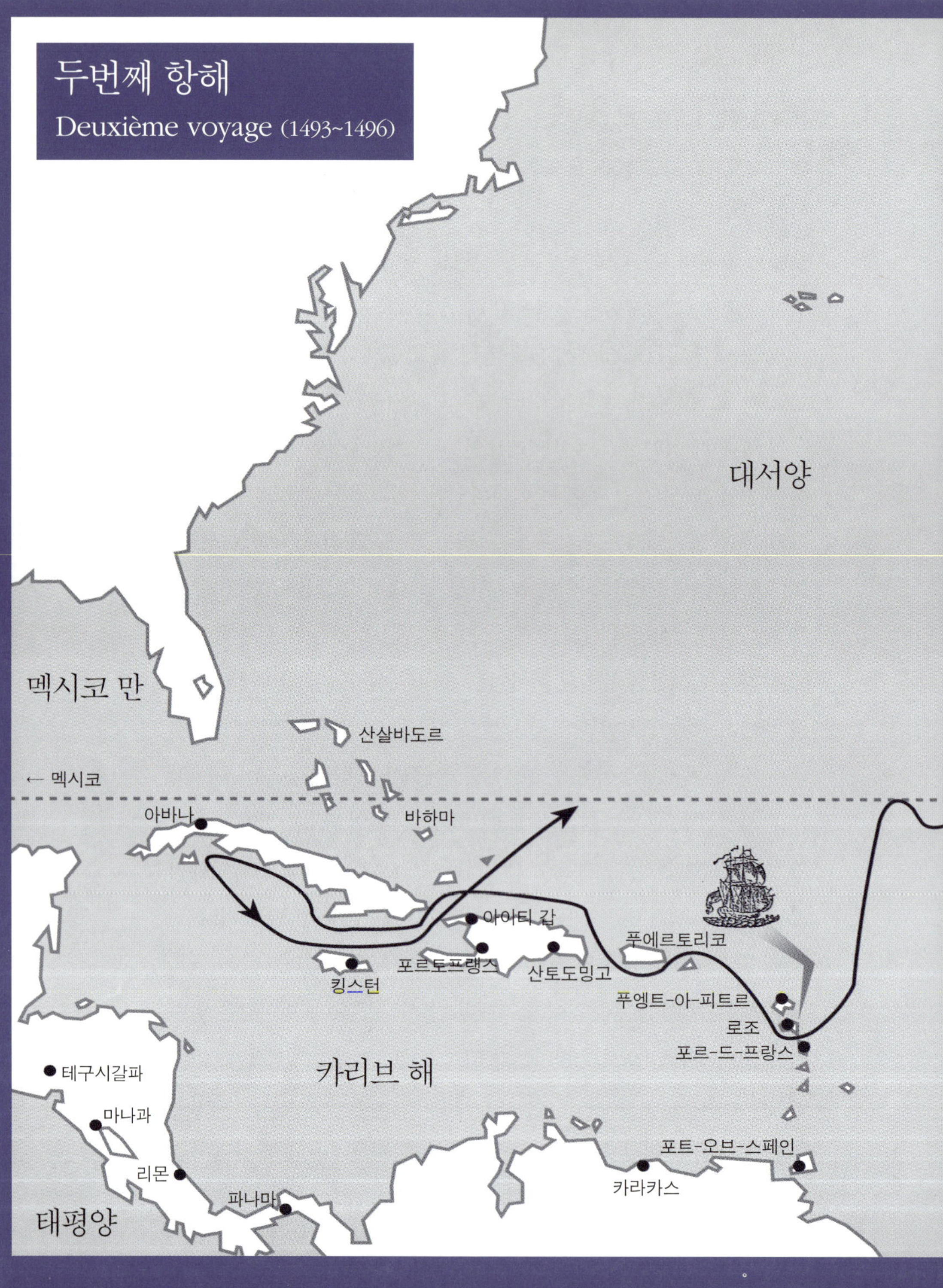
두번째 항해
Deuxième voyage (1493~1496)
대서양
멕시코 만
← 멕시코
산살바도르
바하마
아바나
아아티 갑
푸에르토리코
포르토프랭즈
산토도밍고
킹스턴
푸엥트-아-피트르
로조
포르-드-프랑스
테구시갈파
카리브 해
마나과
리몬
파나마
포트-오브-스페인
카라카스
태평양

카리브 해 식인 인디언들과의 첫 접촉.

들은 다른 섬들을 공격하여 사로잡은 여자들, 특히 젊고 예쁜 여자들
을 납치해 가서는 노예로 부리거나 첩으로 삼는다고 한다. (…) 또한
그 카리브인들은 믿을 수 없을 만큼 잔혹한 사람들로서, 그녀들과의
관계에서 낳은 아이들은 잡아먹고 단지 그들 섬의 여성들이 낳은 아이
들만 키운다고 한다. 남자들을 산 채로 잡는 경우에는 자기들 섬으로
데려가 푸줏간에 넘기며, 죽은 이들의 경우는 그 자리에서 잡아먹는다
고 한다. 그들은 세상에 사람 고기만큼 맛있는 것이 없다고 말한다고
한다.”

　　이제부터 대발견은 “우상숭배자들”을 갖게 되며, 이들의 존재는 온
갖 그릇된 행위들을 이유 불문하고 정당화한다. 이미 첫번째 스페인
귀향 때 왕들에게 보낸 편지에서 콜럼버스는 “자신의” 그리스도교 인
디언들을 몹시 칭찬하면서도 다른 한편 “인육을 먹는 매우 잔인한 사
람들이 살고 있는 섬”에 대해 언급한 바 있다. 한데 몇 문장 뒤 그는 히
스파니올라의 장래성을 열거하다가 모든 것을 뒤섞어버린다. 면이며
알로에 나무, 계피 등을 얘기하다가, “그 우상숭배자들 중에는 우리가
취할 수 있는 노예들도” 있다고 호언하는 것이다. 1493년 말 히스파니
올라에 도착한 그는 1494년 1월 30일, 카리브 포로들을 태운 몇 척의
배를 스페인으로 보내면서, 항해의 수익을 올리기 위해 노예조약을 제
도화할 것을 강력히 권하는 보고문서도 함께 보낸다. “많은 식인종 주
민들을 위해서나 이곳 주민들을 위해서도, 그들을 되도록 멀리 보낼수
록 좋을 것이요, 그리하여 그들이 폐하께 봉사할 수 있으리라는 생각
이 우리의 뇌리에 떠올랐습니다”라고 그는 적는다. 히스파니올라의 보

급품을 실은 배들을 운송하는 이들에게 줄 보수를 "잔인하지만 쾌활한 데다 말도 아주 잘 듣는 사람들, 비인간적인 환경에서 벗어난다면 나쁜 관습을 버리고 최고의 노예가 될 이 식인종 노예들"로 "지불"하려는 것이 그의 생각이었다.

"우리는 그들을 많이 사로잡을 수 있습니다"라고 그는 덧붙인다. 이 제안의 여백에다 가톨릭 왕들은 "결정 유예"라고 쓰게 한다. 스페인에서 콜럼버스는 실패하고 있다. 그리스도인들을 들이겠다고 약속한 그가 노예들의 수송을 제시하고 있는 것이다. 얼마간 신중한 태도를 취한 뒤 군주들은 1503년, 카리브인들에 국한하여 인디언들을 노예화하는 일을 허락한다. 하지만 현장에서는 이쪽저쪽 간에 차이를 두지 않은 지가 이미 오래였다. 1494년 9월 쿠바 원정 이후부터 1496년 3월 스페인으로 돌아가게 되기까지, 콜럼버스는 히스파니올라에 꼼짝없이 매이게 되며, 이 두번째 체류 기간 동안 그는 제 위치를 잃고 만다. 선원들을 거느리는 일에는 뛰어났으나 뭍에서 통치를 하는 일은 그에게 적합한 일이 아니었다. 1493년 9월, 17척의 선박과 1천 5백 명의 사람들을 거느리고 의기양양하게 카디스를 출발했으나, 이후 그는 낙담만 거듭한다. 사나운 카리브인들을 겪고 난 뒤, 아이티 북쪽에 방치해둔 기지 나비다드로 돌아간 그가 다시 보게 된 것은 불에 탄 대지와 시체들뿐이다.

이제 화합은 육체와 영혼의 타락에 의해 가라앉아버린 먼 추억 속의 일일 뿐이다. 콜럼버스를 포함하여 많은 이들이 병에 걸리고, 식민지는 점점 더 비싼 대가를 치르게 하고, 여전히 황금은 희망사항일 뿐이며, 새로 온 식민지 개척자들은 콜럼버스가 부과하는 일을 딱 잘라 거절한다. 대발견이 알려지면서 무능한 스페인 귀족들은 자격 있는 장인들을 돈으로 매수하여 그들의 자리를 취했다. 인도에서는 그들을 통치하는 '이방인'이 일을 시작하라고 말하면 엉뚱한 소리를 해댔다. "지금 저는 이제껏 제가 한번도 보지 못한 사람들과 함께 있는 자신을 봅니다. (…) 이 사람들은 어떤 봉사도, 어떤 일도 하려 들지 않습니다. 말을 타는 기사 노릇 외에는 말입니다. 하지만 그런 일은 지금 당장에는 아무런 쓸모가 없는 일이지요." 1494년 초에 이사벨라와 페르난도에게 이런 편지를 쓴 것을 보면 이미 그는 속수무책의 부왕이 되었음을 알 수 있다. 그가 다른 해결책을 꾸며내는 것이 바로 이때다. 카리브인들의 노예화가 그 예다. 사실은 종족 구분 없이 그냥 인디언들의 노예화라고 함이 옳다. 1495년, 히스파니올라의 한가운데에서 벌어진 전투에서 그는 1천 6백 명을 포로로 잡는다. 그들 가운데 500명은 스페인으로 보내지지만 도중에 200명이 사망한다. 사보네 태생으로 콜럼버스의 충복이었던 미슐레 데 쿠에노는 섬에 남은 포로들을 "누구든 원하기만 하면 원하는 만큼 취할 수 있었다"고 전한다.

같은 해에 시바오의 금광이 마침내 발견된다. 그러나 기쁨은 잠시였을 뿐, 이 금광은 식민지 개척자들에게 착취당하던 수천 명 인디언들의 무덤이 되고 만다. 이 금광의 발견으로 마침내 수익을 내고자 한 콜럼버스가 개척자들에게 황금으로 조공을 바칠 것을 요구했던 것이다. 식민지 사회가 혼돈 속에서 탄생한다. 도미니카 북쪽에 세운 새 기지 '이사벨라'에 기근과 질병들이 만연하자 곧 산토도밍고로 기지가 옮겨진다. 카스티아에서 콜럼버스는 '모기들의 제독'이라는 별명으로 통한다. 1495년 10월, 스페인에서 파견된 왕의 조사관 후안 아구아도가 도착한다. 우리의 주인공에게 이것은 쇠락의 시작이다. 그의 천부적 요소인 바다가 탈출구가 되어줄 것이다. 그 사이, 히스파니올라의 인디언들은 하늘에서 떨어진 이 수염 달린 사람들이 가져다준 변화를 깨닫는다. "옷을 입은 사람들이 와서 우리를 지배하고 우리를 살해할 것이다." 처음에 그들은 이 신탁이 식인종과 관계된 얘기인 줄 알았으나 그 장본인이 바로 콜럼버스와 그의 동료들임을 곧 알게 되었다.

이 예언을 수집한 라몽 파네라는 인물은 카탈로니아 수도사로, 콜럼버스는 두번째 항해 때 인디언들의 관습과 신앙 등을 샅샅이 조사하는 일을 그에게 맡겼다. 다시 한번 콜럼버스는 우리의 예상을 벗어난다. 일부 연구자들 얘기로는, 사실事實에다 자신의 편견들을 껴입히는 것으로 만족했다는 바로 그 제독이 실은 '신세계' 최초의 민족지학民族誌學적 조사로 간주할 수 있을 일을 지시한 것이다. 츠베탕 토도로프는 『아메리카 정복Conquête de l'Amérique』에서 이렇게 적고 있다. "콜럼버스는 아메리카를 발견했지만 아메리카인들을 발견한 것은 아니다. 인간의 타자성이 드러남과 동시에 거부된 것이다." 그러나 아메리카 연구가 세르주 그루진스키는 좀 다르다. 그는 콜럼버스와 특히 파네가 "관찰을 행함에 있어 결코 상투성이나 편견에 굴하는 일 없이 그들의 신체와 주검, 미래에 대한 비전, 소유 상태, 기원신화 등을 탐구"함으로써 "민족지학의 감각"을 드러냈다고 평한다.

"파네, 그는 최초의 민족지학자입니다. 그가 없었더라면 우리는 아무것도 이해할 수 없을 겁니다. 종교재판의 정신에 영향을 받아서인 듯, 그의 이야기는 사실들에 바탕을 두고 있습니다." 앙리 프티장 로제

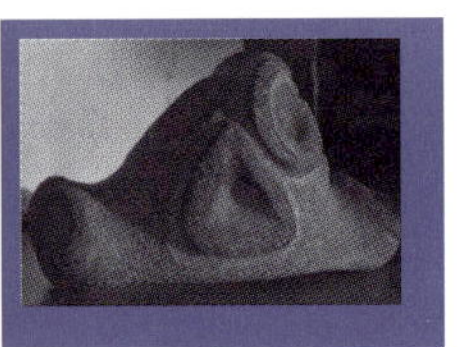

삼각 돌

의 말이다. 우리는 그가 골동품과 유적 발굴 지역책임자로 있는 과들루프에서 그를 만났다. 파네 덕택에 "삼각三角 돌들"의 신비를 밝힐 수 있었던 그는 이 수도사에 대한 찬사를 끊임없이 늘어놓는다. 타이노 세계의 중심이 되는 오브제들—나중에 콜럼버스 역시 "수확과 임신한 여성들과 비와 태양"에 도움을 주는 것들이라고 명시하는—을 지칭함에 있어 파네는 우상이라거나 물신이라는 말로 그것들의 가치를 떨어트리는 대신 "세미" 혹은 "제미"라는 토착어를 그대로 다시 사용했다. 여러 섬에서 많이 발견되는, 종종 끄트머리가 조각되어 있는 그 수수께끼의 삼각형 돌들에다 이 수도사의 이야기를 대조시킴으로써 프티장 로제는 앤틸리스의 아메리카인디언 문화의 밑바탕이 된 기원신화를 재구성해냈다. 간략히 말하면, 물이나 습기와 연관된 여성적 요소인 개구리와, 공기나 가뭄과 동일시되는 남성적 요소인 박쥐라는 두 상징에 의거하는 한 가지 정밀한 전통이 바로 그것이다.

최근에 정립된 학문 분과인 '콜럼버스 발견 이전의 앤틸리스 고고학'은 1960년 이후부터 급성장했다. 이 고고학은 이들 도서 지방에 주민이 유입된 과정을 먼저 라틴아메리카 북동부, 다음으로 오리노코 삼각주, 마지막으로 아마존 분지, 이렇게 3단계를 거친 것으로 구분한다. 카리브족은 기원후 600~700년경에 도착한 세번째 단계의 무리를 대표한다. 이는 히스파니올라의 왕국들이 버린 식인풍습의 전통을 그들이 간직하고 있었음을 설명해준다. "카리브족은 매우 훌륭한 종족입니다. 훌륭한 선원들이요, 뛰어난 전사들이죠. 식인풍습을 가졌지만 그것은 완전히 의식儀式화되어 있었습니다." 프티장 로제의 말이다. 1990년에, 소小앤틸리스 인디언들에 관한 최고最古의 증언으로 알려진 카르

팡트라 고문서들이 발굴되었다. 그것은 바로, 난파를 당해 1619년에서 1620년까지 도미니카와 마르티니크 등지에서 거의 1년 가까이 그들과 더불어 생활한 어느 익명의 프랑스 해적이 들려주는 이야기다.

도덕론이 개입되지 않은 그의 간결한 시선은 남자와 여자가 각기 상이한 언어를 사용하는, 놀라운 성적 분리를 특징으로 하는 복잡한 사회 하나를 우리에게 보여준다. 자신이 받은 "훌륭한 대접"을 자랑하면서 저자는 자신이 동참했던 인육 축제를 세세하게 묘사한다. 오직 남자만을 먹었는데, 바로 그 적의 힘을 취하기 위함이다. 그들은 제물에게 음식을 주지 않고 굶긴 상태로 두었다가 둔기로 쳐서 죽인 다음 여러 조각으로 자른 뒤 훈제하여 먹는다. "제가 왔습니다. 여러분의 양식이 왔습니다." 16세기 중엽, 지금의 브라질 영토인 대륙 내 투피남바족의 땅에 들어서면서 이런 문장을 내뱉어야 했던 한스 스타덴은 식인종들의 친구였던 그 해적보다 훨씬 더 자신의 운명에 대해 불안해했다. 포르투갈군 소속의 독일 용병이었던 그는 적의 진영에 사로잡히는 신세가 되었다. 그러다 기적적으로 생존하여 1557년에 "식인풍습을 가진 잔혹한 벌거숭이 야만인들"의 땅에 체류한 경험담을 책으로 출간했는데, 이들에게서 우리는 카리브족과 동일한 의식을 발견하게 된다.

종교전쟁의 그 까닭 없는 잔혹성을 감히 식인종들의 잔혹한 의식과 비교한 몽테뉴는 혹시 이 책을 읽었던 것일까? 한스 스타덴은 이렇게 적는다. "죽은 사람을 먹는 것보다는 생사람을 먹는 것이 훨씬 더 야만스런 짓이요, 숨이 넘어간 사람을 구워 먹는 것보다는 온갖 감정들이 충만한 상태의 육체를 극도의 고문으로 찢어놓는 것이 훨씬 더 야만스런 짓이라고 나는 생각한다." 의식의 위기와 혼란의 시기……. 프랑스를 자신들의 동맹군으로 여기는 그 식인종들에게 자신을 프랑스인으로 속여 넘기려던 한스 스타덴은 참으로 놀랍게도, 인디언 친구들을 방문한 조상들 가운데 어느 한 사람이 그들에게 이렇게 외치는 소리를 듣게 된다. "그를 죽여 잡아먹으시오, 이 악당은 여러분의 적이자 나의 적인 진짜 포르투갈인이니까 말이오." 그런 터에, 에메 세제르라는 어느 훌륭한 시인이 마르티니크에서 어느 날 이렇게 적는다고 여러분은 놀랄 것인가. "유럽은 변호의 여지가 없다."

마르티니크

세계들의 기슭

포르-드-프랑스 크리스토퍼 콜럼버스는 걸프전도 치렀다. 마르티니크에 내리니 그런 얘기가 들린다. 마르티니크는 별난 나라다. 이곳에서는 정치가 언제나 상위 언어였다. 다시 말해 정치는 한번도 자신들의 장래를 소위 '민중적'이라는 언사의 선동 속에서 퇴화하도록 내버려둔 적이 없는 국민이 배출한 이야기꾼들과 재담가들의 몫이었다. 이곳에서는 허구를 짓는 이들이 실제를 휘젓고, 주무르고, 꿈과 뒤섞는다. 언어적 허구가 때로는 터무니없는 일, 즉 상궤를 벗어난 일까지 허용한다는 점에서 그것은 분명 위험한 장난이다. 비슷한 맥락에서 작가 라파엘 콩피앙은 "크리스토퍼 콜럼버스와 조지 부시, 혹은 백인의 인권"이라는 제하로 글을 발표했다. "사막의 폭풍"이 한창이던 때에 《프랑스-앤틸리스*France-Antilles*》의 자유기고란을 통해 "하나의 제3세계 국가를 상대로 벌인 유대-그리스도교 백인들의 인종주의 전쟁"을 고발한 것이다. "서양인들이 '인권'이라 부르는 것은 사실 백

포르-드-프랑스

인의 인권일 뿐이다. 크리스토퍼 콜럼버스와 조지 부시, 그들은 똑같
은 싸움을 하고 있는 것이다!"

콩피앙은 일부 마르티니크 지식인들이 "콜럼버스나 코르테스 같은
흡혈 정신병자들이 저지른 반인륜 범죄들"의 500주년을 추모하려는
생각을 품을 수 있다는 생각에 분노했다. 그는 "모든 수단을 동원하여
이 수치스러운 기념식을 저지"하겠다는 자신의 의도를 분명히 하면서
다음과 같은 노골적인 비교 속으로 몸을 던진다. "어떤 마케팅의 의미
를 곁들여 크레올어로 '이치 맨 로스차일드yich man Rothschild'라
불리는 이들은 자국민의 집단학살을 전세계 50대 집단학살의 반열에
올려놓는 데 성공했다고 말할 수 있다! 서양인들은 제2차 세계대전의
5년이라는 세월 동안 600만 명을 가스로 질식사시킨 일에 대해 끔찍할
만큼 죄책감을 느끼고 있으면서도, 3세기에 걸쳐 무려 5천만 명에 달
하는 니그로-아메리카인디언들을 학살한 일은 자신들의 기억에서 까
맣게 지워버렸다! 이것이 뜻하는 바는, 인권이라는 것은 다카우¹의 희
생자들에게 해당하는 말이지 우리에게 해당하는 말이 아니라는 것이
다." 읽는 이의 폐부를 찌르는 이 상처 입은 글들의 저자는 평단의 찬
사를 받은 『흑인과 제독Le Nègre et l'Amiral』이라는 희비극 장편소설
의 작가다. 열대熱帶판 비시 정부를 겨냥한 소설로, 여기서의 제독이란
대양의 제독을 가리키는 것이 아니라 페텡 원수가 전권 특사로 파견한
로베르 해군대장을 가리킨다.

지구의 만화경과도 같은 우리의 주인공은 당대의 온갖 증오와 열정
들을 비출 수밖에 없는 존재다. 우리의 항해가 시작된 이후 어떤 기항
지에서도 1992년과 관련하여 이곳처럼 많은 소요와 논쟁이 들끓지는

않았다. 1502년에 콜럼버스가 자신의 네번째이자 마지막 항해 때 살펴보았던 이 땅의 소리는 우리가 잠시 둘러보았던 세네갈의 소리와 공명하고 있다. 여러 정복들과 보조를 맞추어 '신세계'로 강제 이주되었으나 히스파니아 대서사시에 대한 이번 기념식에서 대폭 망각된 그 아프리카 땅의 메아리를 들려주고 있는 것이다. 상처가 흉터로 남지 않았다는 사실이, 역사의 한쪽으로 밀려나고 세계의 추이로부터 아직도 배제되고 있는 데 대한 감정을 그나마 달래주고 있다. 하지만 이 섬의 소우주에서는 말들의 폭력이 줄곧 무한한 관용으로 삭아든다. 임페라트리스 호텔 발코니에서 페테 피에—사람들이 '불'이라 부르기도 하고 '폭죽'이라고도 하는 펀치의 일종이다—를 홀짝거리노라면 언제라도 우리는 라 사바네 광장에 우뚝 서 있는 조세핀 드 보아르네—남편 나폴레옹이 노예제도를 복원시킨 일과 무관했다고 할 수 없는—의 동상을 볼 수 있으며, 한 편의 시를 통해 과다하게 되새김질되던 말들을 떠올리는 시간을 갖게 된다. "사람들은 우리를 가축처럼 사고팔았다, 우리의 이빨들을 헤아렸고, 우리의 음낭을 주물렀고, 우리 피부의 광택을 살폈고, 우리를 손으로 만져보고 무게를 쟀으며, 길든 가축 같은 우리의 목에다 별명이 적힌 노예의 목걸이를 걸었다."

이 시편의 저자를 만나러 가다 보면 무력감이 뒤섞인 조바심의 상징물 '미완의 자유에 바치는 기념비'와 마주치게 된다. 포르-드-프랑스 시청 입구에 있는 이 기념비를 통과하자, 문학과 정치 등 이곳에서는 그 모든 것의 기원과도 같은 존재 에메 세제르가 우리를 맞이한다. 일흔여덟 살의 이 검소하고 조용한 인물은 세상으로부터 은거해 있으면

조세핀 드 보아르네 동상

서도 또한 중심에 있는 그 특유의 방식으로 사람들을 곤혹스럽게 한다. 이 섬의 최고령 당선자로, 종신 시장이자 의원이며 이 지역 정계를 주도하는 마르티니크 진보당의 아버지이기도 한 이 "빛의 이삭"은 1941년, 당시 아메리카 망명길에서 어둠에 짓눌려 있던 앙드레 브르통을 사로잡고 매혹시킨 바 있다. 그는 깨어 있는 의식의 여러 모순들이 서로 화친하는, 그런 고독한 길을 개척해온 선구자였다. 식민지 개발을 비난하는 무서운 검사였으나, 또한 마르티니크를 프랑스의 해외 道로 만드는 것을 옹호한 변호사이기도 했다. 그의 행보는 의존을 강화시킴과 동시에 새로운 평등관계를 정립시키는 데 기여했다. 14년간 공산주의자로 활동하다가 1956년부터 스탈린주의와 관계를 단절한 그는 스탈린주의에 대해 오늘날 이렇게 말한다. "우리가 틀렸던 것이 아닙니다. 속았던 거지요. 그것은 하나의 거대한 사기였습니다." 대개는 인터뷰를 사양하면서 웬만해선 입을 열지 않던 그였기에 우리는 더 한층 기쁜 마음으로 그의 얘기를 경청한다.

"우리는 화산이 토해낸 존재들입니다. 어쩌면 언젠가는 바닷새가 되기 위해 사라져버릴지도 모르지요. 그래도 한동안은 살아남을 겁니다. 우리는 대재앙에서 탄생했으며, 그것을 극복해낼 겁니다. 나의 이성은 비관적일지 몰라도 나의 본능은 그렇지 않습니다." 이 흐릿한 정체성은 모호한 불행의 딸이다. 식민지 개발과 흑인 노예무역에서 생겨나 돌이킬 수 없도록 뿌리가 뽑힌 뒤에야 스스로를 정립할 수밖에 없었기 때문이다. "물론 우리에게도 숱한 조상들이 있지만 절대다수의 앤틸리스인들에게 정체성의 열쇠는 아프리카 대륙에 있습니다. 마르티니크 청년은 현재까지도 전혀 회복되지 못하고 있는, 길을 잘못 든 이 강간

당한 대륙을 우회하지 않고는 자신의 조국을 이해할 수 없습니다. 그
것은 우리 마음속의 지리요, 우리의 원초적인 정신적 외상입니다. 나
는 아프리카 대륙과의 만남을 통해 나를 발견했습니다. 앙드레 말로와
함께 세네갈에서 세베스 데 카사망스 여왕을 보았을 때, 나는 나의 할
머니가 바로 이 땅에서 온 게 틀림없다고 생각했죠. 그만큼 할머니는
여왕을 빼닮아 있었습니다. 동일한 힘과 동일한 카리스마를 지닌, 촌
락의 왜소한 흑인 여성 말입니다. 또한 부富와 지知의 상징물인 거울과
뿔이 달린 붉은 가면 하나가 앞으로 나아가는 것을 보았을 때, 나는 그
것이 우리 카니발의 악마임을 알아보았습니다. 거기에서는 신입니다
만, 우리나라에서는 악마가 되었죠. 패자들의 악마 말입니다."

에메 세제르

　세제르는 천부의 비관주의를 미래의 설득 논거로 돌리는 그 조용한
방식으로 대화 상대를 당혹시킨다. "아직도 마르티니크 정체성이란 것
이 있는가? 이는 앤틸리스 사회의 가장 심각한 악이 바로 소외이기에
제기되는 질문입니다. 하지만 나는 그렇다고 대답합니다. 게다가 그것
이 다른 어느 때보다도 강렬하다고 생각합니다. 그것이 스스로 위협당
한다고 느끼고 있기 때문에 말이지요. 우리는 이제 아무것도 생산하지
않습니다. 빈곤화의 길을 가고 있는 방관자들이 된 거죠. 우리를 노리
고 있는 가장 큰 위험은 바로 우리가 우리 자신의 역사에 방관자가 되
는 겁니다." 이즈음에서 대화는 프랑스의 아메리카 해외 도道들과 파
리 간의 임박한 긴장관계의 윤곽을 그리는, 과들루프에서 이미 환기된
바 있는 그런 불안한 정세들 쪽으로 옮겨간다. "우리는 사방에서 위협
을 느끼는 소국小國의 비극을 겪고 있습니다. 우리는 누구이며, 어디로
가고 있으며, 유럽이라는 기차가 우리를 깔아뭉개버리는 것은 아닐까

불안해하죠. 유럽과 우리의 관계는 매혹과 공포가 뒤섞인 모호한 관계입니다. 나는 로마 협정에 반대표를 던졌습니다. 그때 사람들은 우리가 만든 럼주가 화주에 길든 바타비아[2] 사람들의 목구멍을 타고 넘어갈 것처럼 몰아갔죠. 오늘날 우리는 매우 불리한 처지에 있습니다. 출구 없는, 사면초가의 지경에 빠져 있죠. 우리가 생산하는 것들은 모두 다른 데서 훨씬 나은 여건하에 생산될 수 있는 것들 뿐입니다. 프랑스인들은 우리에게, 안과 밖에 동시에 있을 수는 없으니 선택을 하라고 말합니다. 나의 대답은 이렇습니다. 하지만 기슭에 있을 수 있다. 우리는 세계들의 기슭에 있다고 말입니다."

1981년에 사회주의자들의 지방분권 작업을 지지하면서 규정에 따른 반환 청구에 있어서의 '모라토리움'을 시사한 바 있는 세제르는 이제 그러한 지방분권의 시기는 끝났다고 평가한다. "이제 우리는 유럽을 상대로 우리의 특수성으로부터 여러 가지 경제적·문화적·정치적 결과들을 끌어내는 그런 예외적 지위를 획득해야 합니다. 지방분권을 초월한 시대가 된 겁니다. 이제 독립은 전혀 부끄러울 것 없는 자연스런 요청입니다. 하지만 아무 때나 무엇이건 할 수 있는 건 아니죠. 오직 국민만이 할 수 있는 일을 국민의 의사에 반하여 할 수는 없습니다. 미테랑은 차이성에 대한 권리를 인정했고, 저는 그런 개방적 태도를 지지했습니다. 하지만 지금은 새로운 요구가 있습니다. 나는 마르티니크와 앤틸리스를 위해, 자신들의 일은 자신의 손으로 해결할 수 있는 마르티니크 국민의 존재와 그들의 특수성을 인정해줄 것을 요구합니다. 자치지구가 되는 것이 나로서는 아주 좋을 것 같습니다만……."

그가 프랑스 사회주의자들에게 전하는 메시지다. 그들과 정책적으로 연합하고 있는 이 의원은 "파벌들이나 지배세력들 간의 알력"을 전혀 이해할 수 없노라고 털어놓는다. "기만이나 파벌 등을 생각한다면 이데올로기들이 사라지는 건 좋은 일이죠. 하지만 그 잔해 속에서 그래도 이념들은 건져야 하지 않을까 싶습니다. 한데 그 이념들이 나의 눈에는 많이 보이지 않는군요. 코끼리들만 보인다면 이거 끔찍한 일 아닌가요?" 우리에게 작별을 고하기 전 그는 정치가에서 잠시 시인의 위치로 자리를 옮긴다. 전쟁 전에 생고르와 함께 《검은 학생 L' Étudiant noir》이란 잡지를 만들 때 고안한 '흑인성négritude'이란 개념에 관한 얘기를 다시 꺼낸다. 그러나 사실 그는 지금껏 한번도 배타적 '흑인주의'를 정치적 무기로 삼으려 한 적이 없다. "나의 흑인성, 그것은 도시의 신들이 아니라 가정의 신들, 수호신들의 차원에 속하는 것입니다." 세월이 흐를수록 점점 과작寡作이 되어가는 시 얘기가 나오자 그는 다만 이렇게 말한다. "정치와 시는 함께하기가 어려운 것 같습니다."

끝으로 재미난 촌평을 곁들여 생-종 페르스를 상기시킨다. "그는 위대한 시인이지만 역시 '베케' 시인입니다." 여기서 말하는 '베케'란 크레올 백인을 말한다. "그에게는 카스트 정신이 있었습니다. 고귀한 족속이라는 의식이 있었죠. 그는 '프로스페로'이고 나는 '칼리반'입니다." 프로스페로는 『폭풍』에 등장하는 섬의 주인이요 칼리반은 그의 노예다. 세제르는 이 셰익스피어의 극작품을 각색할 때 그 노예를 흑인으로 등장시켰다. 태생의 상처들은 여전하다. 그로 하여금 1955년에 「식민지주의에 관한 담론」이라는 글에서 "유럽은 도덕적으로나 정신적으로나 변호의 여지가 없다"라는 말을 토해내게 한 것도 바로 이 상처들이다. 앤틸리스에서는 그 무엇도 단순하지가 않다.

이를테면 500주년이 어째서 이 땅에 그토록 많은 소명召命들을 야기하는지 이해하는 것부터가 쉽지 않다. 벌써부터 공식적인 두 위원회가 발언을 쏟아내고 있다. 둘 모두 세제르가 이끄는 당인 PPM의 책임자들이 주도하고 있다. 첫번째 위원회는 지방평의회의 뜻에 기초하여, "두 세계의 충돌에 대한 회상"을 제목으로 정했다. 모든 것을 인용문으로 시작하는 이 문학의 나라에서, 주최 측은 최근에 〈노벨문학상〉을 수상한 멕시코 시인 옥타비오 파스의 문장을 제사로 내걸었다. "인간과 사회는 자신들의 모순 때문에 죽는 것이 아니라 그 모순들을 해결할 수 없는 자신의 무능 때문에 죽는다." 이 위원회 주동자의 한 명으로서 《문화유산 연구지 *Cahiers du patrimoine*》 주간으로 일하는 롤랑 쉬베롤은 그러한 선택을 이렇게 설명한다. "시복식도 적대감도 없다는 뜻입니다. 1992년이 우리에게는 '폴빌' [3]이여, 우리 포옹합시다' 일 수밖에 없지만, 그렇다고 그것이 식칼을 꺼내 들어야 할 이유는 아니죠. 25년 전부터 앤틸리스의 지식인치고 정체성에 대한 언급 없이 입을 여는 사람은 한 사람도 없었습니다. 그러나 그것은 새로운 소외 속으로 가라앉는 일일 뿐이죠. 예전에는 백인이어야 했고 백인의 인간성을 가져야 했습니다. 하지만 지금은 흑인이어야 하고 북을 두들겨야 합니다. 사람들은 우리에게 우리의 뿌리를 되찾아야 한다고 말합니다. 하지만 나무는 뿌리만 갖고는 위로 자라나지 않습니다. 그저 박혀 있을 뿐이죠. 나무란 응당 자신을 활짝 열어젖혀 꽃을 피우고 열매를 맺어야 합니다."

자신을 여는 것, 그것이 바로 두 세계의 상봉 500주년을 위한 또 다른 조직 '프랑스-카리브 위원회'가 세운 목표다. 대서양 양안兩岸 관계의 "현실성"에 희망을 걸고 있으며 "이념들의 환상적 발전의 열쇠"인 대발견에 대한 긍정적 평가를 택하고 있으나, "자기에게로, 자기 자신이 되는 그 황혼의 시간에게로 되돌아가자"라는 의지 표명에서 내비치듯, 자기 정체성에 관한 그 변함없는 우울은 여전히 드러난다. 마르티니크는 혹시 문학에 취하는 우를 범하고 있는 게 아닐까? 아닌게아니라 이 위원회의 부의장 이사벨라 그라티앙은 질베르 그라티앙이라는 시인의 손녀딸이다. 언젠가 세제르는 그 시인에 대해, "공장과 부의 앤틸리스"에 반대되는 "땀과 반항의 앤틸리스"를 상징한다고 말한 바 있다. 하지만 그녀를 반항하게 만드는 것은 바로 사람들이 "불행만 되씹고 있다"는 점이다. "중요한 것은 사람들이 우리에게 한 짓이 아니라, 그것을 가지고서 우리가 무엇을 할 것인가 하는 것입니다. 우리는 역사의 무대에 무단침입을 한 사람들입니다. 바로 그렇게 해나갑시다!"

미래의 유럽과 지방 선거들과 500주년 사이에서 가까스로 존립하고 있는 이 가사상태의 섬에게 1992년은 소란스런 한 해가 될 것 같다. 어쨌거나 자신을 "변호의 여지가 없는" 유럽의 상속자로 느끼는 이들과, 동일한 이유에서 그것을 격렬하게 거부하는 이들 사이로 카리브와 라틴아메리카 쪽을 바라보는 제3의 사람들이 끼어든다. 마르티니크인이나 과들루프인이 아니라 앤틸리스인이길 원하는, 즉 이제 더이상 섬 출신이 아니라 군도群島 출신이라는 새로운 정체성을 꿈꾸는 작은 독립단체 '사회주의 혁명 그룹'이 그들이다. 이곳에서 드러나고 있는 문제들은 바로 섬이 된 데 따른 불행인 까닭이다. 최근에 알랭 메닐이란 마르티니크인은 어느 아이티 잡지에다 "세계는 다양하며, 섬 근성이란

망상과 질적으로 같은 것이다"라고 적음으로써 앤틸리스의 상처에 고 춧가루를 뿌렸다. "우리는 지금 우리의 현재 모습을 감히 정시하지 못 한 채 우리가 우리 자신에 대해 품고 있는 드높은 관념을 추종하고 있 습니다. 학교에서 진실을 배울 수 없었기에, 문학적 환상을 우리 역사 의 중심어로 만들어 실제 역사와 그 허구를 구분하는 모든 지표들을 지워버린 것입니다."

이 화살은 대륙을 위해 섬들을 포기하는 데 마침내 성공함으로써 자 신의 꿈과 현실을 혼동하게 될 콜럼버스를 향한 화살일 수도 있을 것 이다. 머지않아 지상낙원을 창조해낼 제독, 이 사양길의 제독이 맹렬 한 문학적 광채를 번뜩인다. 진작부터 엿보이던 그의 귀여운 메시아적 광기가 곧 활짝 피어나 그를 여느 다른 정복자들이나 왕국, 황금사냥 꾼들과는 다른 존재로 부각시키며 영원히 그를 구하게 되는 것이다. 히스파니올라에서의 실패가 준 충격으로 인해, 총독의 면모는 자취를 감추고 발견자가 그 자리를 대신한다. 바로 몽상가로서의 발견자 말이 다. 1496년 6월에 스페인으로 되돌아온 콜럼버스는 1498년 5월 세번 째 항해에 나서기까지 2년을 기다리게 된다. 이 2년 동안 그는 새로운 옷차림새로 조정을 놀라게 하는바, 그것이 실제로 그가 어떤 신비지경 에 빠졌음을 말해주는 것인지 아니면 코미디언의 새로운 책략인지는 영원히 알 수 없다. 그는 수염을 기르고, 프란체스코회의 수도사처럼 허리에 그저 줄을 하나 매는 거친 승복을 걸친다. 자신이 쓴 글들 아래 에 수수께끼 같은 서명을 하나 하는데, 이 서명은 오늘날까지도 역사가 들을 당혹시키고 있다. 그것을 성삼위일체를 약호화한 것으로 보는 이 들이 있는가 하면, 은밀한 유대성의 비밀 표지로 여기는 이들도 있다.

```
            .S.

          .S.A.S

          X M Y
```

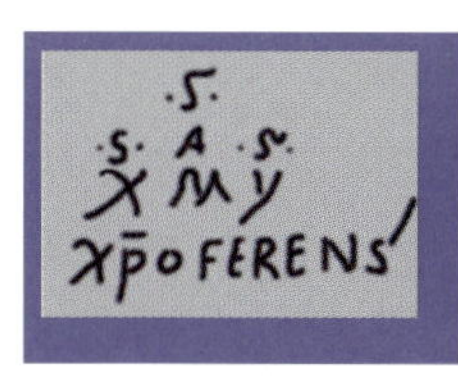

콜럼버스 사인

그 아래에는, 그가 늘 쓰던 XpoFERENS―그리스도를 품은 이―
나, 간결하게 '엘 알미란테'[4]를 적어 넣는다. 바다로 다시 떠나기에 앞
서 그는 유언장을 작성한다. 장남 디에고를 상속자로 지명하고, 자신
이 죽은 뒤 그가 동일한 서명을 사용하되 그 수수께끼의 문자들을 순
서에 따라 아래에서 위로 적을 것을 명시한다. 그리하여 마침내 그는 6
척의 배와 300명의 선원들을 이끌고 다시 바다로 나선다. 그 300명 중
에는 처음으로 여자도 30명 끼어 있다. 이제까지의 항해 도정을 버리
고서, 그는 좀더 남쪽으로, 캅-베르의 섬들과 그 너머, 시에라 레오네
위도까지 내려간다. 그런 다음 서쪽으로 방향을 틀어 남아메리카 대륙
을 향해 직행한다. 그는 자신이 찾는 것을 알고 있으며, 그것을 "매우
거대한 육지"라고 적고 있다.

4 '제독'의 뜻.

트리디나드-
토바고

진정한 인도

포트-오브-스페인 그것은 열대 계절풍의 냄새다. 열대가 황홀한 무감각 상태의 향기를 내뿜는 귀중한 순간, 소나기와 아스팔트의 혼례에서 생겨난 자극적인 악취다. 함석을 때리는 규칙적인 빗방울 소리가 트리니다드 최남단의 모루가로 향해 가는 우리의 도정을 달래고 있다. 이따금 강렬한 소나기가 쏟아질 때는 풍경들이 지워진다. 아시아의 어렴풋한 추억들이 지워지고, 초록과 노랑이 뒤섞인 선명한 색조들, 힌두사원 돔들의 흰 빛깔, 대나무 장대들 꼭대기에서 펄럭이는 기도용 깃발들의 색채 교향악이 지워진다. 교차로에 서 있는 표지판들은 또 다른 역사를, 푸엥트-아-피트르, 산 페르난도, 프린스 타운 등, 대서양 유럽의 방위각을 말해주고 있다. 앤틸리스에서 온 식민지 개척자들을 추억하는 듯, 우리 목적지의 유일한 광장에는 '랑스 미탕' '그랑 슈맹' '라 뤤' 등의 길 이름들이 프랑스 문화가 이곳에서 우세를 점하고 있음을 말해준다. 곱슬곱슬한 머리에 검은 몸체, 그리고 마치 도미

포트-오브-스페인의
힌두 사원

에가 그린 관헌들 같은 거동을 취하고 있는 해변의 저 맹금들이 이곳에서는 "까마귀"라고 불린다. 비가 그치자 어부들은 고기잡이배를 꺼내놓고 샘으로 가 샤워를 한다. 모루가는 바다에 면한 길의 끝자락에 있다. 몇 군데 행정 지국들이 있고, 경찰서가 하나 있고, 상점이 셋 있는 작은 부락이다.

1498년 8월 1일, 콜럼버스는 물과 나무를 다시 채우고 "너무나 오랫동안 시달린" 선원들의 피로를 풀어주기 위해 이곳을 정박지로 택했다. 카디스를 떠날 때 몰고 온 6척의 배 가운데 3척은 '신세계'에 이주하는 최초의 유럽인 30명과 함께 곧장 히스파니올라로 가버렸다. 지난 밤, 콜럼버스는 남동 방향으로 섬을 우회했으며 그때 "인접한 세 개의 산"을 보았다고 말한다. 그는 그것을 이 섬에 트리니테'라는 이름을 붙이라는 신의 계시로 받아들였다. 그러나 트리니다드 주민들은 이 이야기를 별로 믿지 않는다. 이곳에는 그렇게 높은 언덕들이 거의 없기 때문이다. 하지만 모루가 주민들은 1986년에 '발견의 날'이 '해방의 날'로 바뀐 것을 심히 유감스럽게 생각한다. 8월 1일은 여전히 휴일로 남아 있지만, 콜럼버스의 도착을 기념하는 이날이 노예해방 기념일로 대체되어버린 것이다. "사람들은 실망하고 있습니다. '발견의 날'이던 때는 찾아오는 방문객들과 더불어 수입이 있었지요. 그때 사람들은 콜럼버스의 초상을 실은 배를 한 척 몰고 바다로 나가는 행사를 가졌습니다. 1992년에 대해서는 지금껏 누구도 뭐라 얘기하는 소리를 듣지 못했습니다. 아시다시피 그건 무엇보다 스페인 이야기지요."

말콤 갤트 신부는 주말 미사를 위해 매주 포트-오브-스페인을 왕래한다. "제가 백인 같아 보이지 않습니까? 하지만 다른 모든 트리니다드 사람들과 마찬가지로, 저 역시 세계주의자입니다. 스코틀랜드인과 아일랜드인과 프랑스인의 피가 섞인 혼혈이지요. 저의 조카와 질녀들은 포르투갈인, 아프리카인, 레바논인, 심지어는 중국인의 후손들과도 결혼했습니다! 이곳은 세계의 소우주라 할 수 있습니다. 통합의 한 모델로서 온 세상에 교훈을 던져주고 있죠." 오랜 세기에 걸쳐 스페인인, 프랑스인, 아프리카인, 영국인, 중국인, 그리고 인디언 등이 뒤섞여온 인류의 바벨탑, 트리니다드는 자취를 흐려버린다. 불과 6천여 년 전에 육지에서 떨어져 나온 이곳은 침식한 산들과 경사가 완만한 평야들의 평화로운 풍경들을 제공하면서, 카리브 아치의 남쪽에 따로 무리를 이루고 있다. 라틴아메리카의 갑문과도 같은 이곳은 격앙된 열정을 지닌 화산 같은 앤틸리스와는 너무나 거리가 먼, 아직도 대륙의 추억들을 선명하게 간직한 일시적인 섬 같다. 그 자체로 하나의 또 다른 세계 같다.

트리니다드토바고 공화국—북동부에 위치한 트리니다드 섬과 토바고 섬으로 이루어졌다—의 인구 비율은 현재 아프리카 공동체와 인디언 공동체가 거의 비슷한 비율로 나누어 갖는데, 각각 전체 인구의 45퍼센트 정도에 해당하는 인구를 갖고 있다. 이러한 분할은 때로 갤트 신부의 목가적 그림을 뒤엎어버리곤 한다. "정치인들은 선거 때 아프리카인들과 인디언들 간의 대립을 이용합니다. 이때가 되면 한편에서는 정부를 좌지우지한다며 아프리카인들을 비난하고, 다른 한편에서는 사업계를 장악하고 있다며 인디언들을 비난해대기 시작하죠. 그들은 인위적 인종주의를 만들어냅니다. 우리 모두는 통합이 유일한 해결책이라는 것을 알고 있습니다. 더욱이 사람들이 '두글라'라고 부르는, 인도 사람들과 흑인들 간의 결혼도 있지요." 모루가는 '발견의 날'을 잃어버렸다. 하지만 그 대신, 우리가 도착하기 몇 주 전, 인디언 공동체는 1845년에 최초의 인디언 노동자 수송선단이 도착한 날을 기념하는 '도착의 날'을 화려하게 경축했다. 노예제의 폐지와 더불어 고갈된 식민농장들의 흑인 노동력을 충당하기 위한 수송선단이었다. 콜럼버스가 마침내 아시아에 대한 자신의 환상을 포기한 땅에서 이렇듯 진짜 인도를 만난 것은 놀라운 역사의 눈짓이라 하지 않을 수 없다. 그러나 이 세번째 항해, 그가 마침내 자신의 꿈을 실현한, 그가 보기에 결정적 중요성을 갖는 이 항해는 오늘날까지도 왜곡된 채로 남아 있다. 그것은 아메리카를 훔친 도둑 아메리고 베스푸치라는 인물 때문이다.

"이 강은 지상낙원에서 흘러나오는 것이거나, 아니면 분명 남쪽에 자리잡고 있는 어느 무한한 땅, 지금까지 전혀 알려진 바 없는 대지에서 오는 것이라고 저는 말씀드립니다." 경이로운 욕망, 천재적 직관 등 그 모든 것이 이 몇 마디 말 속에 고스란히 담겨 있다. 1498년에 콜럼버스가 가톨릭 왕들에게 보낸 편지에서 털어놓은 이 확신은 야유꾼들과 비방꾼들을 비웃고 있다. 그것은 우리의 주인공이 바보로 죽은 것이 아님을 증명한다. 1506년, 세상을 뜨기 8년 전에 이미 자신이 세번째 항해 때 더이상 아시아가 아니라 어느 미지의 대륙을, "전혀 알려진 바 없는 무한의 대지"를 찾아냈다고 주장하고 있는 것이다. 자신을 내려다보는 궁정의 오만한 학자들 앞에서 우리의 독학자가 증명을 시도하는 이 아찔한 발견, 조화로운 인류에 대한 향수와도 같은 이 눈부신 '낙원' 발명은 역사의 법정에서 그에게 정상참작의 여지를 주기에 족할 것이다. 콜럼버스는 지상의 에덴을 상상함으로써 정복의 지옥을 예고하고 있다. 바로 이 에덴에서 훗날 그의 계승자들은 살인적 광란을 펼치며 엘도라도를 찾게 되는 것이다.

아메리고 베스푸치

오늘날의 베네수엘라 땅에서 이 엘도라도에 접하기 전, 콜럼버스는 트리니다드 남쪽 연안을 따라가다가 대륙을 발견했다. 이 대륙을 그는 "은총"의 땅이라 불렀으며, 번개 같은 추론을 통해 "어느 시점엔가는 트리니다드 섬과 은총의 땅을 잇는 대륙이 있었을 것"이라는 가정을 세웠다. 그런 터에 언제쯤이나 역사는 우리의 주인공에 대한 편견을 버릴 것인가? 전혀 예상하지 못했던 어떤 신세계를 우연히 맞닥뜨렸다는, 그런 우연한 발견자라는 편견 말이다. 콜럼버스는 자신이 찾는 것을 매우 정확하게 알고 있었다. 그것을 그는 대양의 다른 쪽에서 우연히 만났을 그 '미지의 선원'을 통해 알게 되었던 것일까? 어떻든 그는 자신의 의향을 숨기지 않았으며, 항해 도중에 이렇게 적고 있다. "나는 국왕이 주장한 바를 확인하고 싶다. 서쪽으로 가면 아주 큰 육지가 있을 거라던 얘기를." 이 문장은 역사가들에게 의혹의 여지를 남기지 않는다. 이 말은 콜럼버스를 붙잡지 못한 채 스페인에 봉사하러 가는 것을 지켜보아야 했던 포르투갈의 주앙 2세 국왕에게 이 미지의 대륙에 대한 정보가 이미 있었음을 의미하는 것이다.

스페인 역사가 후안 만자노는 콜럼버스가 선원들에게 큰 섬을 육지로 탈바꿈시킨 그 거짓 선서를 강요했던 쿠바 항해를 끝낸 뒤인 1494년에 이미 이 대륙에 들렀을 거라고 주장하여 수수께끼를 한층 더 가중시킨다. 4년 전에 이미 그는 진주조개 잡이에 능한 주민들이 살고 있는 베네수엘라 북부의 섬들을 발견했을 거라는 얘기다. 해양 모험가들의 작은 세계에서 이 소식은 곧 널리 퍼져 여러 경쟁자들을 자극했을 것이고, 다른 이들이 진주 길을 좇을 채비를 하자 콜럼버스는 그들에 앞서 자신이 1494년에 남몰래 발견한 내용을 공식화하게 되었을 거라는 가정이다. 옳건 그르건, 이 가정은 이 대륙이 그동안 발견한 섬들과 이어져 있다는 콜럼버스의 두번째 발견을 둘러싼 혼란과 잘 맞아떨어진다. 그리고 '아메리카'라는 이 대륙의 이름 역시 바로 그 혼란에서 탄생한다. 콜럼버스의 잠재적 경쟁자들 중에 피렌체 출신의 아메리고 베스푸치라는 인물이 있다. 세비야로 와서 콜럼버스의 친구가 된 그는 이 제노바인보다 세 살 연하다.

　친구치고는 기묘한 친구라 해야 할 것이다. 콜럼버스를 배반했다는 악명을 얻게 되기 때문이다! 이 슬픈 에피소드에서 프랑스는 아름답지 못한 역할을 맡았다. 이야기는 생-디에의 보주라는 마을에서 펼쳐지는데, 이곳에서 로렌 공公은 보주 김나지움이라는 한 지식 센터를 후원하고 있었다. 세계의 소식들에 주의를 기울이는 학자들의 지방 살롱인 셈이다. 1450년경에 인쇄술이 발명되면서부터 지식의 보급은 비약적인 발전을 이루었다. 이 김나지움은 인쇄기를 한 대 갖추고서, 구성원들의 호기심을 자극하는 이야기들을 번역하여 간행하고 있었다. 그들 가운데 독일 출신의 참사원으로 우주형상지에 대한 열정을 가진 마르틴 발트제뮐러라는 인물이 있었다. 어느 날 피렌체에서 갓 출간된 소책자 하나가 그의 수중에 들어간다. 그 소책자에서는 아메리고 베스푸치라는 인물이 네 차례에 걸친 자신의 신세계—이 '문두스 노부스(신세계)'는 베스푸치의 이름으로 바로 이전에 발간된 피렌체 소책자의 제목이기도 했다— '항해' 얘기를 전하고 있었다. 신이 난 발트제뮐러는

이 내용을 자신의 서문까지 곁들여 간행하고자 한다. 그리하여 1507년
에 그는 뜻을 이룬다.[2] 베스푸치가 죽기 5년 전의 일이요, 콜럼버스가
스페인에서 사망한 지 1년 뒤의 일이다. 그리고 이 책의 서문에서 신세
계는 다른 대륙들의 이름과 마찬가지로 여성화된 세례명을 얻게 된다.
"세계의 이 네번째 대륙은 아메리고에 의해 발견된 만큼 마땅히 아메
리카로 명명되어야 한다."

　라스 카사스가 쓴 『인도의 역사』가 간행될 때까지 3세기 동안이나
인류는 이 거짓말을 믿게 된다. 진짜 발견자는 제독이 아니라 그 피렌
체인이 돼버린 것이다! 이 불순한 '특종'이 간행된 이후의 25년 동안
베스푸치의 공적에 관한 간행물들은 콜럼버스에 관한 간행물들보다 3
배가 더 많았다. 이는 다음과 같은 거짓말을 기반으로 한 사기다. 그 소
책자 『신세계』에서 베스푸치는 1497년, 그러니까 자신의 '친구'보다 1
년 앞서, 멕시코 만에서 베네수엘라에 이르는 장기간의 연안탐험 항해
에 성공한 것으로 얘기하고 있다. 오늘날의 역사가들은 이것이 순전히
꾸며낸 이야기라는 데 하나같이 동의한다. 이 피렌체인이 트리니다드
쪽 항해에 참여한 것은 분명한 사실이긴 하지만, 그것은 1499년, 그러
니까 콜럼버스가 낙원과 육지의 발견을 고지한 후의 일이다. 콜럼버스
의 비장한 이력에 혼선이 빚어진 것은 바로 이 점 때문이다. 1499년의
이 원정은 사실상 대서양 발견에 관한 콜럼버스의 독점에 종지부를 찍
는 것이기 때문이다. 또한 바로 그러한 목적으로, 왕궁 내 콜럼버스의
적대 세력 가운데 한 명인 후안 로드리게스 데 폰세카라는 인물에 의
해 기획된 탐험이기도 하다. 그는 새로운 식민지들의 무역관인 '카사
데 콘트라타시온'을 설립하고자 한 페르난도 왕의 신비적 도취에 별로

2 『세계지 입문』.

공감하지 않은 권력 실세였다.

　콜럼버스에게는 끔찍한 모욕이었다. 이 항해의 주역들—베스푸치, 알폰소 데 호예다, 후안 데 라 코사—은 바로 콜럼버스가 세번째 항해 때 직접 그린 지도를 사용한 그의 실제 친구들이거나 동료들이었기 때문이다. 한마디로 그것은 배신이었다. 한데, 콜럼버스가 1505년에, 그러니까 죽기 1년 전에 자신의 아들 디에고에게 보낸 한 편지에서, "오늘날까지 재물운이 없는" 인물이나 "언제나 한결같이 나를 기쁘게 해주려는 마음을 품어"온 "착한 사람"이라며 아메리고 베스푸치를 천거한 일은 어떻게 설명할 것인가? 스페인 역사가들, 특히 최근에 베스푸치의 유언장을 발견한 콘수엘로 바렐라는 이 수수께끼를 풀었다고 생각한다. 사실 이 피렌체인은 우리의 제노바인과 같은 부류의 사람이다. 사회적으로 신분이 상승하고 있는 이민자로, 기회가 오는 대로 붙잡는 모험가에 허풍쟁이인 것이다. 1499년에 스페인을 위해 항해한 그는 다음의 두 차례 항해는 포르투갈을 위해 봉사하게 되며, 그러다 마지막에는 세비야에서 '카사 데 인디아스'[3]의 '마스터 파일럿'이 된다. 문제의 그 책자와 관련하여 스페인 역사가들은 베스푸치가 그 책의 저자가 아닐 것으로 추측한다. 세 차례에 걸친 베스푸치의 진짜 항해 이야기를 우리 제노바인의 특권이던 '네 차례' 항해의 4라는 마술적 숫자에 맞게 보충한, 제노바의 경쟁 도시 피렌체에서 기획한 교묘한 편집의 결과일 거라는 얘기다. 요컨대 그것은 표절에 의해 만들어진 베스트셀러 같은 책으로, 앞에서 말한 보주 지식인들의 찬사어린 평이 이 책에 날개를 달아주었던 것이다. '베스푸치 사건'은 지독히 현대적인 불멸의 사건이라 할 것이다.

현대성에 대하여, 트리니다드는 어느 정도 그 비결을 소유하고 있다고 믿었다. 검은 황금, 바로 그것이 이곳에서는 진보의 원동력이요, 독립의 열쇠요, 행복의 왕국을 여는 주문이었다. 국유화된 회사들이 통제하는 석유라는 하늘의 선물은 70년대 이 나라에 카리브 해의 다른 나라들과는 비교조차 할 수 없는 높은 생활수준을 보장해주고 있었다. 그러다 석유파동이 환상을 깨트렸고, 1986년 원유가의 붕괴가 최후의 일격을 가했다. 그리하여 80년대 자유주의 경제 강국들의 전형적인 시나리오가 펼쳐졌다. 독립의 아버지 에릭 윌리엄스가 창설한 당, '피플 내셔널 무브먼트'가 1956년부터 지켜오던 권력을 1986년 12월에 상실했고, IMF는 아더 나폴레온 로빈슨이 이끄는 새 팀을 고문단에 영입하여 선임자들의 '복지국가 정책'에 종지부를 찍었다. 실업률은 활동인구의 22.6퍼센트에 이르렀고, 국내총생산은 1982년과 1989년 사이 42퍼센트가 추락했고, 석유에서 오는 수입은 60퍼센트나 떨어졌다. 그리하여 국제 출자자들은 트리니다드를 훌륭한 학생들의 반열에 들게 하는 충격 요법을 동원했다. 15퍼센트의 부가가치세 도입과 공무원들의 구매력 축소, 생계비 보조금 지급의 폐지, 사회보장비용의 감소 등이 그것이다.

어떤 환자들은 의사의 말을 잘 듣지 않는다. 돌아오는 길, 모루가와 포트 오브 스페인의 중간쯤에 자리잡고 있는 산 페르난도에는 강력한 석유노동자 조합 OWTU 본부가 있다. 할리우드식 이름으로 불리는 파라마운트 빌딩 앞에 급히 차를 세우니, 넓은 안마당에서 "국민적 대화"의 하루가 펼쳐지고 있다. "만인을 위한 정의와 빵과 평화를 향하여"라는 말들이 적힌 색색의 현수막들과, 유니폼을 입고 방문객을 맞이하는 안내원 등이 오랜 전통을 지닌 한 노동운동조합의 면밀한 조직성을 말해준다. "우리의 경제적 독립은 과거 정치적 독립을 이루지 못하고 있을 때보다도 더 못합니다. 걸프 지역의 그들은 가능한 최대량을 생산해대기 시작했습니다. 곧 석유가격이 떨어질 것이고, 이는 트리니다드에 끔찍한 결과를 안겨줄 겁니다." 조합장의 발언에 이어 정부 반대파 대변인들이 단상 위에 오른다. 이곳 역시 1992년은 선거의 해다. 정부의 정책을 반대하는 이들은 정부 소유 석유회사들이 재편되는 그 배경에 국가 재산의 덤핑판매 음모가 깔려 있는 게 아닌지 의심한다. 한 연사가 이렇게 외친다. "나라가 식민지 시대로 되돌아가고 있습니다. 정부는 우리의 자원들을 1956년 이전에 그것을 소유했던 자들의 후손들에게 되돌려줄 준비를 하고 있습니다!"

포트-오브-스페인, 임시 사무실로 사용하고 있는 힐튼 호텔의 한 스위트 룸에서 프랑스인 장-폴 고리아는 직책이 직책인지라 남들과 공유하기 어려운 여러 가지 불안들을 내비친다. 그는 1990년에 '토털' 사社가 트리니다드와 인근의 라 귀야나에 창설한 석유탐사 회사들의 총 책임자다. 1년 전부터, 즉 걸프 만의 지정학적 불안정성이 드러난 이후부터 카리브 해 남부는 석유탐사 회사들간의 경쟁과 욕심을 야기하고 있다. "매장량이 베네수엘라만큼 많지는 않습니다만, 깊지가 않아요. 다시 말해 돈이 적게 든다는 얘기지요. 그래서 이 지역은 다른 지역에 비해 전망이 밝습니다. 탄화수소를 발견하게 될 게 확실하니 좀더 센 조건도 받아들일 수 있는 거지요. 또한 바로 그것이 우리의 모든 계란들을 한 광주리에 담을 수 없게 하는 점이기도 합니다." 탐사에 드는 비용과 위험은 모두 외국회사들의 부담이며, 발견된 석유의 채굴은 이 나라의 국유회사들과 합작해야 한다. "이곳 사람들은 석유 '중독 자'가 되어버렸습니다"라며 고리아가 말을 잇는다. "1975년에는 평균 소득이 프랑스와 막상막하였죠! 그러다 낙원이 악몽으로 탈바꿈한 겁 니다."

V. S. 네이폴

그가 전쟁터의 지도를 펼쳐 보인다. '오픈'이라는 말이 적힌, 네모나 게 잘려 줄이 쳐져 있는 경쟁에 개방된 한 해역이 있고, 현재 시추가 진 행 중인 모루가 근처 남쪽에는 거의 원시림에 가까운 숲들이 있다. "소 규모 지진동地震動들을 야기해서 5킬로미터 길이의 케이블로 그 진동 을 기록합니다. 탐사 팀은 700명 정도의 일손을 필요로 하는데, 매주 300명 정도를 교체해야 합니다. 어느 부락민도 손실을 입는 일이 없도 록 말입니다. 그렇게 하지 않으면 그들이 손도끼로 케이블을 절단하거 나 연장통들을 훔치거나 해서 일을 할 수가 없습니다. 실업 때문이지 요. 모든 이들이 소득을 가져야 합니다! 25년 전의 수마트라가 연상되 는 상황이죠." 돈의 세계는 야만의 세계다. "트리니다드에서는 싸움판 이 매우 끔찍합니다. 값을 두 배나 주고 현지에서 물자를 조달하는 까 닭이 거기에 있죠. 달아나는 사람들도 있습니다. 저도 그럭저럭 잘 견 디고 있습니다만, 8일 내로 폐쇄할 수도 있습니다." 이 나라를 이해하 기 위해 그는 V. S. 네이폴의 책들을 읽고 있다. 탈식민지화의 내일에 대한 냉혹한 초상을 그리고 있는 네이폴은 고집쟁이 영국인이 된 힌두 가문 출신의 트리니다드인이다. 네이폴의 책과 자신의 체험을 바탕으 로 그는 "인디언들과 아프리카인들 간의 인종 갈등이 심각"하다고 말 한다. 모루가의 말콤 갤트 신부가 그린 낙관적 그림은 엉터리라는 애 기다.

자메이카를 닮은 어느 섬을 배경으로 씌어진 네이폴의 소설『게릴레로스』의 주인공은 "이제는 나 자신이 이방인이 된 것처럼 느껴"진다고 털어놓는다. 그러고는 이렇게 덧붙인다. "과실은 여기에서 시작되었어. 노동을 위해 구성된 게 아닌 이 사회에서 말이야." 아프리카를 배경으로 한 동일 저자의 또 다른 소설『강의 굽이에서』에 등장하는 인디언 주인공은 "거짓말"을 무서워한다. "백인들의 거짓말을 자신들의 것으로 하고 있는 흑인들"을 두려워하는 것이다. 트리니다드를 제집처럼 느끼며 살고 있는 P. K. 미스라가 이에 동의할까? 미스라는 포트-오브-스페인의 웨스트인디스 대학 인도학과 정교수직을 맡고 있는 인도 출신 인디언이다. 인류학자로서 그는 두 공동체, 즉 정계와 노동계를 지배하는 아프리카 공동체와 상업과 농경세계를 지배하는 인디언 공동체, 동일하게 이식되었으나 문화적으로 상이한 이들 두 공동체를 하나의 교과서적인 케이스로 연구하고 있다. "이들간의 문화적 혼합이 있어야 합니다"라고 그는 말한다. "두 공동체는 하나의 나라를, 단일성을 이룰 수 없습니다. 이 문제는 특히 인디언들과 관계가 있는데, 그들은 이곳에다 카스트 세계를 그대로 다시 만들어놓았죠. 인디언들의 가치관에서는 순수純粹라는 것이 대단히 중요합니다. 영혼과 육체의 순수성 말이죠. 그러한 가치관은 자신이 끊임없이 불순함의 공격을 받고 있는 것처럼 느낀다거나 타인들과의 관계에서 자기 자신을 배제하는 위험성을 안고 있습니다."

이 해역에 들어선 콜럼버스를 매료시킨 것이 바로 순수였다. 트리니다드를 대륙으로부터 분리시키는 파리아 만 해역으로 나아갈수록 점점 더 연수軟水화하는 바닷물의 순수함. 이를 확인하는 데서 그는 낙원

이 가까웠음을 추론해낸다. 지구는 먹는 배처럼 생겼으며 그 위에 낙
원이 '여성의 젖꼭지'처럼 얹혀 있으리라는 시 같은 이야기…….

베네수엘라

낙원의 젖꼭지

　카라카스 이곳 수도에 체류하고 있을 때 다비드는 이곳에서는 사람들이 다른 사람들의 머리를 밟고 다닌다는 사실에 놀란 바 있다. 또한 이곳에서는 인간이 물을 존중하지 않고 물에 오줌을 누고 똥을 싼다는 사실에 충격을 받기도 했다. 하지만 다른 것들은 그의 마음을 기쁘게 해주었다. 그만의 독특한 춤으로 뭇사람들의 갈채를 받았던 나이트클럽에서의 일도 그랬고, 영화 속 앵무새의 대화가 재미있었던 영화관도 그랬고, 전도사는 거짓말을 하고 민속학자는 참말을 한다는 사실을 일깨워준 교회도 그랬다. 다비드는 논리적인 '야노마미'[1]다. 신령한 지식을 지닌 샤먼인 그가 이번 카라카스 여행을 원했던 것은 자신의 민족에 대해 몹시 호기심을 느끼는 사람들을 낳은 세계는 대체 어떤 곳인지 알아보기 위해서다. 장이 이에 응하여 그를 자신의 집에 묵게 하고, 벽장을 열어 뭐든 원하는 대로 골라 입으라고 말해주고, 한 달 동안 도시 산책을 시켜주었다. 그후 오리노코의 원천인 아마존 숲으로

1 아마존 밀림지역에 사는 원주
민 부족.

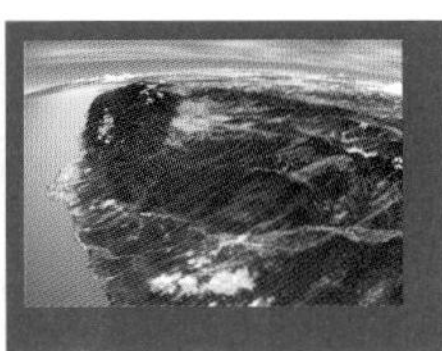

카라카스

되돌아간 다비드가 사람들에게 무슨 얘기를 들려주었을까? 장은 아직 답신을 받지 못했다. 우리와 만났을 때, 그는 그 샤먼 동료를 다시 만나러 떠날 채비를 하고 있었다.

장 치아피노는 '야노마미 연구가들'이라는 매우 폐쇄적인 클럽 소속 회원이다. 야노마미어를 쓰건 아니건, 이들에 관한 어휘사전과 백과사전을 만드는 데 부심하고 있다고 그는 특히 강조한다. 이 은밀한 클럽은 전세계적으로 회원수가 10여 명에 불과하며, 이들은 때로 공모를 하기도 하지만 대개는 경쟁관계에 있다. 그들 모두는 베네수엘라 남부와 브라질 북부에 흩어져 살고 있는 인구 1만 8천여 명의 인디언 공동체에 들어갈 수 있는 특권을 누리고 있는데, 60년대까지만 해도 이 공동체는 외부와의 접촉이 전혀 없었다. 의사이자 호기심 많은 여행가인 치아피노에게 그것은 오랜 항해 뒤의 결실이었다. 흔히 그렇듯이 방랑의 욕망은 유년기의 비밀에서 움튼다. 그의 경우는 아르헨티나 남부에서 태어난 할머니(외증조부가 그곳으로 가서 마을을 세운 모양이었다)로부터 라 크뢰즈의 깊은 오지에서 들었던 인디언 콩트들이 그 불씨였다. 그리하여 이 손자는 70년대 초 아마존의 어느 외진 곳에서 하차한다. 아무런 미련 없이 그는, 혼자서 『슬픈 열대 *Tristes tropiques*』를 읽다가 마주친 인디언 '수루이'족을 만나러 떠나기로 결심했던 것이다. 이들은 클로드 레비-스트로스도 결국 접촉하지 못한 인디언들이었다. 장이 마침내 그들을 찾아냈을 때, 그들은 전염성 결핵으로 절반이나 사망한 상태였고, 그로서는 속수무책으로 바라볼 수밖에 없었다.

이 재난에서 그는 이미지 하나와 교훈 하나를 도출하게 된다. 교훈은 "문을 닫는 한이 있더라도 안에 머무는 법을 배워야 한다"라는 것이다. 당시 그 젊은 프랑스 의사는 "문을 열어", 인디언들의 유기遺棄 상태를 알리고, 그들 땅의 헐벗음을 폭로했으며…… 그 결과 곧바로 브라질에서 내쫓기는 신세가 되었기 때문이다. 그리고 이미지는 "원시림, 그것은 사막과 같다. 걷노라면 그저 포근할 뿐, 그 무엇도 당신을 쏘지 않는다"라는 것이다. 레비-스트로스 역시 늘 그 "땅"에 매료되었던 것은 아니지만, "지상의 어떤 신세계"와도 같은 이 "기념비적 세계"에 압도된 바 있다. 어떻든 그래서 치아피노는 침묵하는 법을 배웠으나 그 숲을 버릴 수는 없었다. 현재 '해외 과학기술 연구센터 ORSTOM' 베네수엘라 지국을 책임지고 있는 이 우연의 민족지학자 겸 모험가 의사는 야노마미들의 샤먼의 세계에 입문하는 데 성공했다. 그는 이에 관한 지식을 드러내지 않으나—다비드의 인디언 이름을 알려주는 것조차 거절한다—이것 덕택에 현대의 위생체계와 전통의학 사이에 다리를 놓을 수가 있었다고 한다.

야노마미

물론 그렇게 할 수 있기까지 어려움이 없었던 게 아니다. 야노마미들이 그가 어떤 사람인지 알고 싶어했기 때문이다. 그래서 장은 쿠라레[2]에 중독된 적도 있고("정말 끔찍하도록 아팠습니다. 토하려고 해도 토할 수가 없었죠. 하지만 전 그들의 샤먼을 거절하고 스스로 주사를 찌르는 데 성공했습니다"), 또 한번은 인디언의 사냥감이 된 일도 있었다("몸을 움직이지 않고, 그가 쏘는 독화살을 피하는 것이 관건이었습니다. 모든 부족이 지켜보는 가운데 세 시간이나 지속되었죠"). 보급품을 실은 비행기가 5개월에 한번 왕래하는 상황에서 정어리 궤짝을 도둑맞은 일은 말할 것도 없다. 그 모든 시험들에서 늙은 샤먼들은 그의 반응에 대한 얘기만 나누며 잠자코 지켜보기만 했다. "어쩌는가 보려고 갈 데까지

2 남미 토인들이 화살촉에 바르는 독.

가게 하는 거지요. 흔히 있는 일이라고는 하지만 가끔씩은 정말 그들을 증오하게 됩니다!" 호기심의 대상이 증오의 주체가 되는, 인류학자들의 널리 알려진 신드롬이다. 치아피노는 이국취미에 그리 빠져들지는 않았다. "지금은 야노마미들이 유행입니다. 가장 최근에 발견된 '야만인들'인 데다 몸에 그린 그림들로 멋진 모습을 하고 있고, 또 엉덩이에 깃 장식을 달고 다니니까요. 하지만 그들의 현실은 세계적 전염병들이요, '가림페이로스'들이요, 전도사들입니다."

세계 제일의 전염병인 말라리아는 지금도 계속 아마존에서 확산되고 있다. "지수指數적 증가추세에 있지요. 그러나 우리의 주요 적은 무엇보다도 가장 위험하고 가장 저항력이 강한 '플라스모디움 팔시파룸'입니다. 그것은 치료에 따라 변형되고, 예방약인 니바킨도 아무런 효력이 없으며, 게다가 치명적입니다." 밤에만 공격하는 소리 없는 암모기들에 의해 전염되는 이 전염병의 확산을 더욱 부채질하는 것은 숲의 생태학적 균형을 훼손하는, 브라질에서 오는 황금 사냥꾼들인 가림페이로스들의 난입이다. 그리고 '뉴 트리브 미션'의 신도들, 미국에서 온 이 프로테스탄트 근본주의자들은 인디언 문화의 부정을 기반으로 하는 혹독한 선교활동을 펴고 있다. 치아피노는 이렇게 설명한다. "끔찍하지요. 그들은 비행기를 갖고 있고, 부적합한 지침서를 사용하고 있습니다. 인디언들에게 세상에는 오직 하나의 종교가 있을 뿐이며, 그들이 불행한 것은 그들의 신들이 악마이기 때문이라고 말합니다."

콜럼버스의 낙원은 야노마미들의 지옥이 될 것인가? 1951년에야 발견된 오리노코의 원천은 1498년에 이미 파리아 만에서 베네수엘라 동쪽 연안을 따라가던 콜럼버스가 지상낙원으로 지정한 곳이다. 그로부터 5세기가 흐른 지금, 그의 주장은 사람들의 비웃음을 사기 십상이지만 그것은 잘못된 생각일 것이다. 무엇보다도 이 낙원 이야기는 곧 용도 폐기될 지식들의 수인囚人인 동시에 유토피아라는 탈출구를 통해 해방되고자 하는, 중세와 근세 사이에 놓인 전환기 인물로서의 콜럼버스의 어쩔 수 없는 이중성을 잘 드러내준다. 15세기의 상식으로는 성경이 거짓말을 할 턱이 없었다. 아담과 이브가 추방된 지상낙원 에덴은 반드시 지구상 어딘가에 존재하는 곳이었다. 그리고 그 장소는 대홍수에 잠기지 않은 어느 산봉우리, 광대한 바다가 한번도 덮어버릴 수 없었던 높은 산일 수밖에 없는 것이다.

오리노코 강

콜럼버스는 파리아 만으로 나아갈수록 바닷물이 점점 더 연수軟水화한다는 사실에 주목한다. 게다가, 만을 출입하기 위해서는 대륙과 트리니다드 사이의 좁은 협곡들, 그가 "뱀의 입"과 "용의 입"이라고 명명하게 되는 그 협곡들을 통과할 수밖에 없었으므로, 그는 "민물과 소금물의 싸움"에서 생기는 "바다의 강력한 노호"를 수반하는 "물살"과 "높은 파도들"에 직면해야 했다. 또한 그가 정탐하러 보낸 일부 선원들이 오리노코라는 "대단히 큰 강"의 삼각주를 발견한다. 어쩔 수 없이 그는 다음과 같이 추론할 수밖에 없었다. 큰 강이 있고 강한 물살이 있다는 것은 그 강의 원천이 있고 급한 물살을 만드는 산이 있다는 뜻이다. 그 "다른 세계"는 지금까지 알려진 바 없기에, "신의 뜻이 아니고서는 누구도 이를 수 없는 그 지상낙원"이 있을 산을 찾아야 할 곳은 바로 여기다.

그리하여 이 항해가는 우리를 즐겁게 해주기 위해 시인이 되어, '등

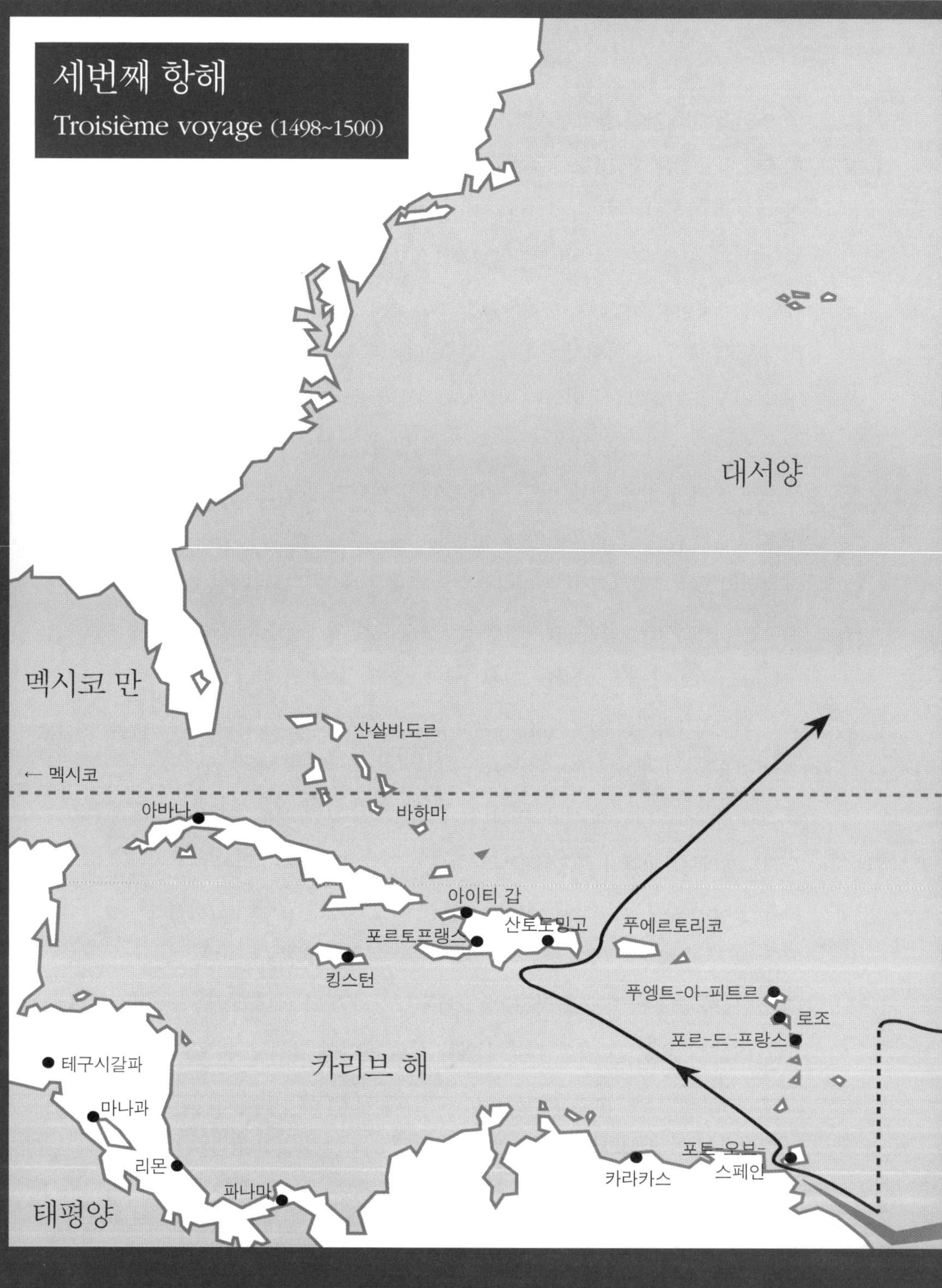

세번째 항해
Troisième voyage (1498~1500)
대서양
멕시코 만
← 멕시코
산살바도르
바하마
아바나
아이티 갑
포르토프랭스
산토도밍고
푸에르토리코
킹스턴
푸엥트-아-피트르
로조
포르-드-프랑스
테구시갈파
카리브 해
마나과
리몬
포토-오브-스페인
카라카스
파나마
태평양

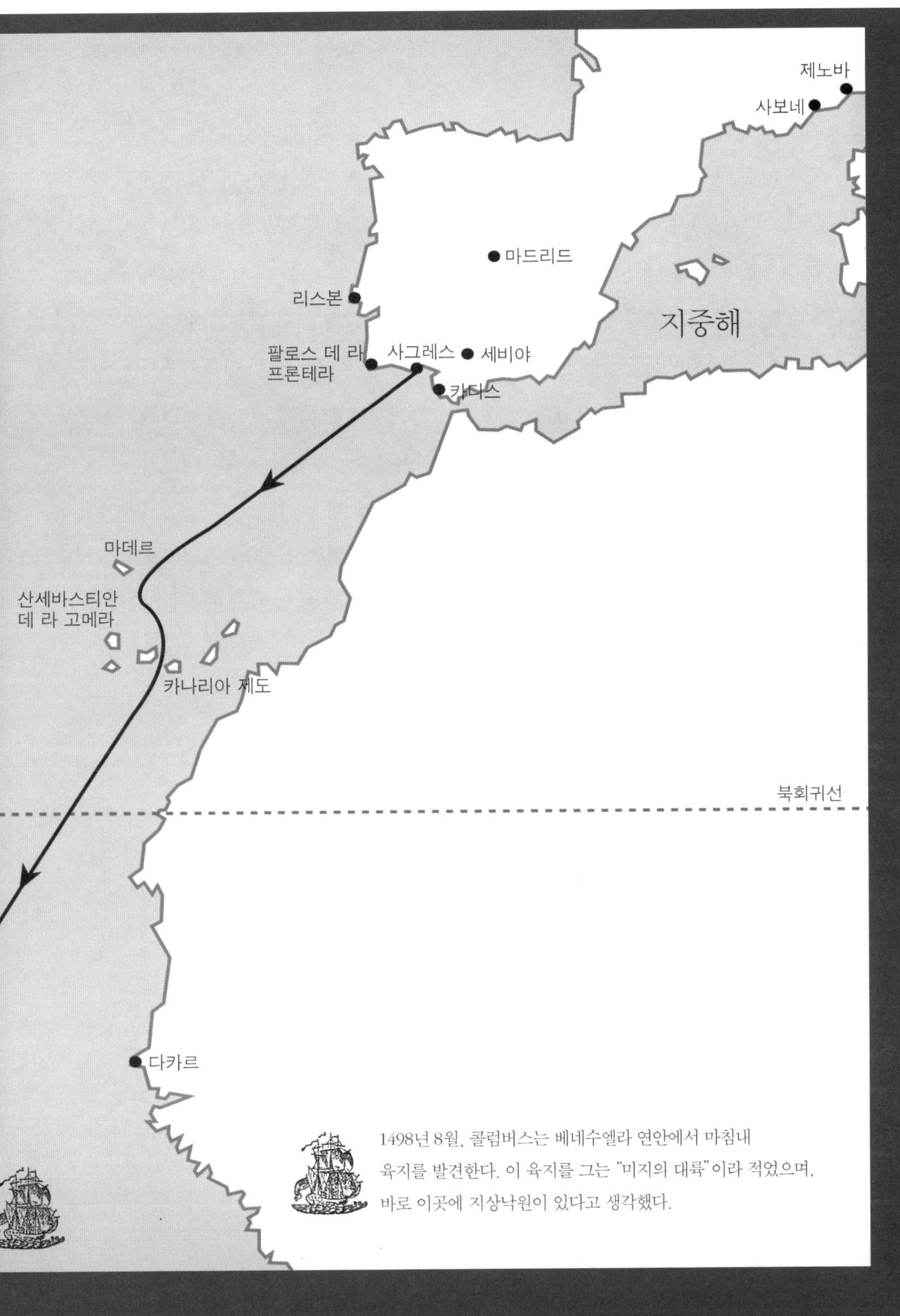

제노바
사보네
마드리드
리스본
지중해
팔로스 데 라
프론테라
사그레스
세비야
카디스
마데르
산세바스티안
데 라 고메라
카나리아 제도
북회귀선
다카르
1498년 8월, 콜럼버스는 베네수엘라 연안에서 마침내
육지를 발견한다. 이 육지를 그는 "미지의 대륙"이라 적었으며,
바로 이곳에 지상낙원이 있다고 생각했다.

근 덩어리' 같고 그 위에 '여자 젖꼭지 하나'—낙원을 두고 하는 말이다!—가 얹혀 있을 거라고 서술한다. 그는 이렇게 적고 있다. "이 세계는 사람들이 서술하는 바와 같이 원처럼 둥근 게 아니라 먹는 배 모양으로 둥글다. 물론 배도 퍽 둥글다고 할 수 있으나, 가장 뾰족이 솟아 있는 지점인 꼬리 부분은 예외다. (…) 지상낙원은 배의 젖꼭지 모양을 이루고 있는 산꼭대기에 있는바, 이곳을 향해 우리는 아주 멀리서부터 경사를 타고 조금씩 오르게 된다." 이 항해가의 모험의 비밀을 발견하기 위해서는 그의 세번째 여행을 기다려야 했다. 콜럼버스가 아메리카를 발견한 것은 이 낙원의 존재를 굳게 믿었기 때문이다. 그가 몽상가가 아니었다면 그 신세계를 암흑에서 빼내지 못했을 것이다. 콜럼버스는 유토피아가 만들어낸 인물이다. 좋은 것이건 나쁜 것이건 인간으로 하여금 결여된 것, 부재하는 것을 찾아나서게 하는 그 끝없는 불만족이 만들어낸 인물인 것이다. 이러한 면모는 나이가 들어갈수록 더욱 도드라져 전리품보다는 기적에 대한 욕망이 우선하고, 추락을 모면한 어떤 자연의 고립 영역에 대한 추구를 이상화하게 된다.

이 같은 내밀한 충동을 누구보다 잘 이해한 이는 독일 철학자 에른스트 블로흐다. "희망의 원리"를 지닌 몽상가 세계로의 그 멋진 여행에서 그는 오리노코 삼각주에 이른 콜럼버스를 그러한 세계의 상징적 인물로 꼽는다. 그는 이렇게 적고 있다. "지상낙원이 존재한다는 데 대한 믿음, 오직 그것만이 이 탐험가의 열정을 불타오르게 했고, 위험을 무릅쓰고 서쪽으로의 여행을 감행하게 했다. (…) 그후 대륙을 침범한 이들이 백색 피부의 신들이 아니라 코르테스나 파자레 같은 범죄자들이라 할지라도, 또한 지상낙원이란 것이 사실로 존재하는 것이 아니라

잠재태의 문제요 희망의 문제라 할지라도, 그렇다고 콜럼버스의 의도
가 지닌 그 힘과 위대성이 훼손되는 것은 아니다." 그런 점에서 1948년
의 콜럼버스는 오직 세속적인 것에만 뜻을 둔 여느 정복자들과는 분명
히 구분된다. 이 세번째 여행에 관해 왕들에게 보낸 편지에서 그는 사
람들의 비난과 부당한 말들을 되씹으며 긴 불평을 늘어놓는다. 그는
자신의 '탁월한 계획'을 공격하는 이들의 '중상'을 원망하면서 그 저열
한 물질적 논법을 부각시킨다. "이 계획을 중상하기 위해 그들이 내세
우는 것이라고는 그저 비용을 많이 쓴다거나 황금을 실은 배들을 즉각
후송하지 않는다는 따위의 얘기들뿐입니다." 낙원은 이 세상의 모든
황금보다 더한 가치를 지닌 것 아닌가?

　　오늘날의 베네수엘라는 콜럼버스의 낙원 쪽으로 눈을 돌리고 있다.
"우리는 아직도 정복 도상에 있는 나라입니다. 자신의 영토 확장을 완
성하지 못한 나라죠." 토착민 관련 업무를 주관하는 마리아 루이사 알
라이스는 물과 불의 결합을 시도하고 있다. 석유 위기로 인해 흔들리
고 있는 베네수엘라 정부는 당연히 수입의 원천을 다양화시키고자 한
다. 금, 석유, 다이아몬드, 보크사이트, 철, 은 등, 이 나라의 지하에는
많은 자원들이 묻혀 있다. 한데, 대부분의 경우 그 부의 원천들은 25여
종의 인디언 종족들이 살고 있는 땅 아래 묻혀 있다. 이 인디언들은 전
체 인구의 1퍼센트에 불과하지만 광대한 영토에 흩어져 살고 있는 반
면, 이 나라 주민의 80퍼센트는 도시인들로서 대부분 카리브의 좁은
연안 지대 도시들에 집결해 있다. 어떻게 하면 이 나라의 경제적 재건
에 지장을 주는 일 없이 토착민 공동체들을 보존할 것인가? "인디언들

은 환경체계가 극도로 취약한 지대에 살고 있습니다. 채집과 수렵 등, 오직 그들의 생활 방식만이 생존과 양립할 수 있다는 점이 입증된 바 있습니다. 브라질이 줄곧 보여주고 있는 바와 같이, 만약 여기를 건드린다면 붉은 흙의 사막만이 남게 될 것입니다. 이곳은 우리의 허파 같은 곳이죠."

남쪽의 이웃나라와는 달리 베네수엘라는 모범을 보이고자 한다. 최근에 정부는 숲을 보호하는 방대한 생태공원들을 만들기로 결정했다. "하지만 사람들은 그런 공식 담론이 다른 관심사들을 숨기고 있을 것으로 생각합니다" 하고 마리아 루이사가 말한다. "아직도 행정부에는 인디언들을 문명화시켜야 한다는 생각이 퍼져 있으니까요. 그들이 그저 과거의 유물이라는 듯 그들을 통합시켜야 한다는 생각 말입니다. 물론 인디언들도 변화해야 합니다. 박물관처럼 되어버린 그 고립 영역 안에만 머무를 수는 없죠. 하지만 그것은 그들 자신이 결정해야 합니다. 스스로 미래를 결정해야지요." 묘하게도 교육부 산하기관으로 있는 토착민 사업부는 여전히 특별예산을 배정받지 못하고 있다. "우리에게 가장 급한 문제는 도시들입니다"라고 명철한 루이사가 말한다. 1989년에 카라카스 주변 지역에 살고 있는 '바리오스'들이 도시를 공격했다. 군대가 발포를 했고, 시체 더미들이 발견되었으며, 공식 집계에는 300명이 사망한 것으로 되어 있으나, 어떤 이들은 1천 명은 죽었을 거라고 말한다.

장차 세상을 놀라게 할지도 모를 묘한 나라. 잠재적으로는 부유하기에 베네수엘라는 지역 강대국이 될 것으로 자부하고 있다. 그것은 '해방자' 시몬 볼리바르가 품었던 대륙의 꿈을 통해 드러난 바 있다. 그의 유해는 카라카스의 만신전에 안치되어 있다. 오늘날의 대통령 카를로스 안드레스 페레스는 라틴아메리카의 정부 수반들 가운데 가장 국제적인 대통령임이 분명하다. 아이티 위기 때 서슴없이 직접 개입한 것을 그 예로 들 수 있을 것이다. 휴대폰을 끼고 사는 젊은 간부사원들의 호사와, 연이며 라이터, 먼지떨이, 톱 등을 늘어놓은 거리의 무허가 노점상들의 가난이 뒤섞여 있는 도시, 고속도로들이 관통하고, 양 옆으로이 가파르게 깎아지른 계곡 속에 자리잡은 괴물 도시 카라카스는 야망과 절망을 다 함께 품고 있다. "우리는 너무 오래 기다렸습니다. 세계은행이 강력한 해결책들을 제시하러 왔을 때 우리로서는 전혀 반대할 수가 없었죠. 그것은 죽어가는 사람에게 약을 주는 것과 같습니다. 그에게는 선택의 여지가 없죠."

전前대통령 로물로 베탕쿠르의 외동딸로서, 대륙 내에서 가장 현대적 도서관인 국립도서관 관장으로 일하는 비르지니아 베탕쿠르는 베네수엘라의 야망이 그녀가 북아메리카 문화와 대립시키는 역동적 스페인성에 그 뿌리를 내리고 있다고 본다. "이곳의 우리는 세계에 열려 있습니다. 라틴아메리카를 스페인, 포르투갈, 푸에르토리코, 도미니카 공화국 등과 하나로 묶는 이베로-아메리카의 단일성이 있죠. 당신들의 앤틸리스 사람들과는 전혀 다릅니다. 그들은 아프리카인들보다는 유럽인들에 더 가깝습니다. 우리와 가까워지려고 노력하지 않는다면 그들은 소외되어버릴 겁니다." 500주년을 맞이하여 이 나라에는 스페인 선전 열기가 후끈 달아올랐다. "라틴아메리카는 제3세계와는 공통점이 거의 없다"라고, 펠리페 곤살레스는 콜럼버스 축제 행사에 안성

맞춤인 잡지 《아메리카 92》에서 선언한 바 있다. 이 말은 아메리카 대륙에 길을 제시하는 라틴 유럽인 새로운 이베리아 반도를 품고 있다고 상상하는 베네수엘라 지배층의 꿈과 잘 공명한다.

하지만 그러한 부활이 가능하려면 이 나라를 좀먹는 해악으로부터 해방되어야 할 것이다. 부패라는 말은 모든 신문의 지면과 모든 이들의 입에 오르내리고 있다. 게다가 최근 들어서는 그것이 마약이라는 말과 하나가 되고 있다. 아닌게아니라 베네수엘라는 콜롬비아 암거래의 특권적인 전초기지 같은 곳이 되었다. 전문가들은 현재 유럽 보급품의 핵심 물량이 바로 콜럼버스가 항해했던 그 파리아 만을 통해 유통되고 있다고 본다. 경비행기가 싣고 와서 던져주면 배들이 그것들을 회수해서 트리니다드로 빠져나간다는 것이다. 게다가 콜롬비아 카르텔의 돈까지 이 매판 브로커 국가 안으로 숨어들기 시작하는 경향이 있다. 부동산·은행·대농장 매입 등을 통해서, 그리고 행정 고위관료들의 공모를 수반하면서 말이다.

돈, 인공낙원의 손쉬운 돈. 그것을 많이 가져다주지 못했기에 콜럼버스는 왕으로부터 버림받게 된다. 마지막 항해는 파나마 지협으로 그를 이끈다. 병들고 기력이 쇠하고 계시에 눈뜬 그가 죽음과 함께하는 비장한 항해다. 야노마미들이 시신을 불태워 그 재를 바나나죽에 섞어 마심으로써 친숙해진다는 죽음. 그의 재산은 망가졌고, 그의 이름은 망각되었다. 죽음과 망각…….

"나는 바다를 일구었다." 자신이 그토록 갈망했던 '위대한 콜롬비아' 건설에 실패한 볼리바르는 임종 직전 그렇게 말했다고 한다. "바다의 영웅은 죽음의 영웅이다"라고 바슐라르는 적었다. 사람을 잠재우기

도 하고 질겁시키기도 하는 돈, 부패를 낳고 독을 품은, 덧없는 권력인
돈 역시 때로는 죽음을 상기시킨다. 돈이라는 것, 여기서는 파나마가
그 신종 해적들의 소굴이며 사원이다.

파나마
공화국

파나마 스캔들

파나마 시티 "파나마에서는 어떤 일도 가능합니다. 불가능까지도 말이죠. 여기서는 허구를 꾸며낼 필요가 없습니다. 현실이 그 일을 하니까요." 파나마의 사업가 미구엘 안토니오 베르날이 말을 할 때는 그의 넥타이 매듭이 다 풀어진다. 듣는 이의 혼을 빼놓는 달변에다 요란한 제스처, 연신 터져나오는 웃음과 격식 없는 담론. 우리가 만나게 된 이유는 법대 교수인 미구엘 안토니오가 파나마 정치에 있어 특이한 케이스이기 때문이다. 그는 예나 지금이나 오마르 토리호스라든가 뒤를 이은 마누엘 노리에가 등의 군사 독재에는 여전히 반대하지만, 1989년 미국의 개입 이후에 들어선 정권에 대해서도 그 못지않게 반대하고 있다. "그들은 알리바바는 잡아주었지만 40명의 도적들은 풀어주었지요!" 그는 생을 즐길 줄도 안다. 그가 당면한 투쟁에 관해—어느 '노리에가 추종자'가 대학 학장으로 선출되는 것을 저지하는 일—저널리스트들에게 답변을 하고 있는 동안 우리는 파인애플과 쌀을 섞어 만

파나마 시티

든 요리 '아로스 콘 피나'를 맛본다. 엉뚱하면서도 참신한, 그의 이미지에 어울리는 칵테일이다.

모든 일이 가능하다. 불가능한 일까지도, 심지어는 도저히 있을 것 같지 않은 일까지도……. 프랑스가 연관된 것으로 추정되는 한 파나마 스캔들과의 우연한 만남이 바로 그런 일이다. 우연찮게도 우리의 이번 도정은 귀국을 예고하는 아주 난처한 소포꾸러미 하나를 보존하고 있다. 그것은 두 통의 편지다. 하나는 파나마 공화국 대통령 명의로 프랑스 대사 앞으로 보내진 편지. 1984년 4월 25일자—노리에가가 집권하고 있을 때다—의 이 편지는 프랑스 대사에게 "프랑스 정부가 제의한 재정의정서의 조항들을 협상하기 위해 가능한 한 빠른 시일 내에 프랑스에 사절을 파견하는 일에 대해 파나마 정부가 관심을 갖고 있음"을 확인해주고 있다. 텔레커뮤니케이션 설비, 200명의 환자를 수용할 수 있는 병원, '슈퍼-퓨마' 헬리콥터들을 포함한 첨단기술 장비 등, 관련 계획들에 소요되는 총액과 세목이 그 뒤를 잇는다. 여기까지는 전혀 놀라울 게 없다. 어떻든 1984년만 해도 이 부패한 독재자—마약 밀매업자이기도 했다—는 많은 나라들에게 사귈 만한 사람으로 간주되고 있었다. 그 선두 그룹에 자신들의 이 파나마 요원에게 지지를 아끼지 않은 미국이 있었다. 노리에가는 레이건 행정부의 CIA로부터 매우 정기적으로 연간 20만 달러의 급여를 받고 있었다.

두번째 편지는 우리를 더욱 곤혹스럽게 한다. 파나마 주재 프랑스 대사관 명의의 이 편지는 1987년 5월 18일자로 발송되었다. 프랑스인 서명자가 당시 집권 독재자의 당인 민주혁명당 PRD의 어느 지도급 인사 앞으로 쓴 편지다. 그 내용은 다음과 같다. "본인은 귀하께, 프랑스 정부와 파나마 정부 간에 책정된 재정의정서의 3퍼센트에 해당하는 금액을 프랑스 사회당에 기부할 것을 골자로 하는, 파나마 시티 주재 프랑스 대사(대사의 이름이 적힘)와 파리 주재 파나마 대사(대사의 이름이 적힘) 간에 이루어진 합의를 상기시키기 위해 이 편지를 쓰는 바입니다. 귀하께서는 이 돈이 본국의 1988년 선거 때 PRD와 친구인 당의 선거비용을 원조하는 데 쓰이기를 바라시는바, 이를 위해서는 의정서가 금년 7월 이전까지 수정되어야 하며, 그러면 두 정부 간의 우호관계가 더 한층 돈독해질 것입니다. 기금과 관련해서는, 지정된 구좌들에 어떻게 입금할 것인지에 대해 빠른 시일 내에 귀하께 알려드리겠습니다." 빌어먹을! 이번 항해 여행이 프랑스의 정치 및 재정의 늪으로부터 아주 동떨어진 것이길 바랐으나, 이렇듯 1988년 프랑스 대통령 선거 때 파나마에서 일정 비용을 댔다는 고약한 소문과 마주친 것이다. 하지만 이런 소문은 아무리 경계해도 지나침이 없다. 이런 일은 이곳에서는 너무나 일상적으로 빚어지는 일이요, 스캔들이 파나마에서 조작되었을 수도 있기 때문이다.

'기밀'이라는 도장이 찍힌 이 편지는 현재 비르길리오 코레아의 수중에 있다. 이 편지를 그는 권좌에서 물러난 독재자의 주변 인물들 가운데 친하게 지낸 어느 인사에게서 얻었다고 말한다. 1987년에 어쩔 수 없이 조국을 떠났다가 최근에 되돌아온 이 파나마 사업가는 자신이 대표로 일했던 프랑스 회사 '호스피텍스'가 어떤 이유 때문에 자신으로 하여금 환자 200명을 수용하는 그 병원 관련 계약을 포기하게 했는지 알고 싶어했다. "사람들은 두 정부 수뇌부간의 합의에 의한 것이라고 내게 설명했지요. 이 편지를 입수하고서야 저는 깨달았습니다. 제 생

마누엘 노리에가

각에 편지의 서명자는 그후 귀국의 외교업무를 맡지 않게 된 것 같습니다. 제가 그를 알게 된 것은 그가 이곳에서 무역 업무를 맡고 있을 때입니다. 그는 많은 활동을 했고, 귀국의 대통령과 가까운 사이라고 주장했지요. 병원은 전혀 건설되지 않았고, 돈이 입금되었는지에 관해서는 아는 바 없습니다. 당신들이 한번 알아보셔야 하겠지요. 어떻든 저도 여기서 멈추지는 않을 겁니다." 그렇게 말하며 그는 여러 이름들과 그들의 종적, 그리고 세부 사실들을 제공한다. 이번 여행의 목적이 오직 콜럼버스의 열정을 탐문하는 것이 아니었다면, 아마도 우리는 이에 관해 좀더 알아보기 위해 도정을 연장하려고 했을 것이다. 이를테면 어째서 이 편지가 1987년에 씌어졌는지를 알아보려 했을 것이다. 당시는 좌우 동거정부 시절로서, 사회당이 더이상 정부 업무를 관장하지 않게 되었을 때다. 나중에 파리로 귀향한 우리는 프랑스 사회당이 노리에가 정부로부터 한 푼도 받은 바 없다는 사실을 단호하게 밝히고 있으며, 이 기묘한 편지의 서명자는 1987년에 파나마 주재 프랑스 대사관을 떠나 중앙아메리카의 다른 나라, 즉 살바도르 대사관으로 옮겼다는 사실을 알게 된다. 특히 우리는 이 편지가 수상쩍은 동기에서 비롯된 가짜 편지임을 알아챘다. 무엇보다 그것이 엄밀하게 파나마 내에서만 사용된 것이 분명해보이기 때문이다. 파나마 시티에서는 허구가 현실을 자처하게 되는 것일까?

비르길리오 코레아가 가식으로 꾸며서 말을 한 것은 아니다. 그가 이 편지를 굳게 믿고 있는 이유는 파나마 사람에게는 사태의 그러한 급전이 너무나 흔한 일이기 때문이다. 126개의 은행—1972년만 해도

16개뿐이었다—과 무수한 법률사무소들이 있는 태평양 연안의 이 나라 수도에 들어서면 이 세상의 이면을 볼 수 있을 듯한 느낌을 갖게 된다. 호사가의 자잘한 술책들이 숨어 있는 무대 장식의 이면을 속속들이 볼 수 있을 듯한 느낌을 갖게 되는 것이다. 어린아이들에게 동화를 들려줄 때 같은 제스처를 해보이며 미구엘 안토니오 베르날이 설명한다. "콜럼버스가 다녀간 후 해적단의 시대가 오자, 모든 해적들이 '거북 섬'에 모여들었습니다. 그들은 섬에서는 전쟁을 금했습니다만, 일단 바다에만 나가면 서로 모르는 사람이 되어 치고받았죠. 저의 조국은 독재 치하에서—아직 끝난 것도 아닙니다만—바로 그런 신종 '거북 섬'이 되었습니다. 미국과 쿠바, 이스라엘과 리비아, 스페인 사회당과 프랑스 사회당 등 모두가 이 섬을 이용했습니다. '이란-콘트라게이트'는 이곳에 여러 회사들을 소유했지만 토리호스는 '산디니스타'를 지지한다고 주장했습니다. 프랑스는 아르헨티나에 '엑조세미사일'을 팔기 위해 우리를 이용했고, 동시에 영국의 전함들은 말루앵 군도로 가기 위해 이곳 운하를 통과했죠. 자신의 쿠바 친구들을 기반으로 CIA에 정보를 주고 있던 노리에가 덕택에 카스트로는 미국 시장에 자신의 재산을 진출시킬 수가 있었고 말입니다."

파나마의 변호사 사무실이라면 어느 곳이든 단 5분 안에 현대판 해적질의 동료들을 여러분들에게 펼쳐 보여줄 것이다. 마치 마술사의 집에서처럼, 진정한 비밀이란 그런 비밀이 존재하지 않는다는 것뿐이다. 모든 것이 투명하고, 즉각적이고, 분명하다. 우리는 의뢰인들로 붐비고, 권리 증서들이 넘쳐나는 그런 사무실들 가운데 하나를 방문해보았다. '크리스토퍼 콜럼버스 Inc.'라는 회사를 설립한다는 기괴한 아이디어를 짜내서 말이다. 그런 일은 시간이 오래 걸리는 일이다. 법적 절차들을 밟기까지 적어도 2주는 소요되는 일이다. "하지만 우리에겐 완벽하게 준비된 여러 회사들이 있습니다. 여기 리스트가 있습니다. 어떤 이름이 마음에 드십니까?" 우리는 그래도 뭔가 콜럼버스와 관계된 이름을 정했으면 하는 생각에서 바다를 상기시켜주는, 아니면 적어도 천문학은 상기시켜주는 이름 '메리디언 캐피털 Inc.'을 골랐다. "모든 권리를 당신의 명의로 하시고 싶습니까? 구좌를 열기 위해 분담금을 내시겠습니까? 문제없습니다. 서류는 내일 준비될 겁니다." 그 어떤 서명도 할 일이 없었고, 신분증조차 제시할 필요가 없었으며, 단지 이름의 철자만 불러주면 되었다. 어떤 이름이었어도 무방했을 것이다. 다음날, 650달러를 지불하고 제대로 된 확실한 영수증을 받은 우리는 허용자본금 1만달러의 우리 소유 파나마 회사 서류들을 가져올 수 있었다.

물론 우리가 한번도 만난 적이 없는 세 명의 파나마 차명借名인들은 서류상의 소유권자들로 남아 있으나 우리에게 '무제한의 전권'을 위임하고 있으며, 이에 대한 자세한 내용이 두 쪽 가득 명시되어 있다. 새 집행부에 대한 주주로서의 동의서와 함께 날짜도 명시하지 않은 양도증서들에 서명을 해두었던 것이다. 담당자가 새 가입자를 위한 권고사항과 함께 건네주던 지참인불 유가증권들도 마찬가지였다. "주의하세요, 그걸 잃어버리면 모든 걸 잃어버리는 겁니다!" "특히, 절대 단 하나의 이름도 적지 마세요" 하고, 각서장을 첨부하면서 그가 명시한다.

회사의 목적에 관해서는 최소한 17개 조항에 걸친 약관이 꼼꼼한 법률 문구들로 열거하고 있으며, 그 기본 정신은 맨 마지막 조항에 요약되어 있다. "일반적으로 파나마의 법률들—비록 그 법률들이 회사 약관에 명시적으로 언급되지 않았다 할지라도—이 허용하는 모든 상거래 · 매매 · 사업 · 행위 및 활동들의 실천"이 그것이다. 한마디로 모든 것이 허용되어 있다는 얘기다. 법률 연구가 매우 비싼 대접을 받고 있는 이 나라가 법을 픽션과 같은 것으로 만들고 있다. 법규들의 잡목숲을 만들어 금지들을 유기해버림으로써 실제로는 어떤 법규도 존재하지 않는 것과 같이 만들어버리는 것이다. 다른 세무 천국들에 계열사 한두 개 설립하는 일도 사흘이 채 걸리지 않을 것이다. 오로지 흔적을 흐리는 데만 관심을 두기 때문이다. 베르날의 이야기는 끝이 없다. "이 나라 학교에서는 우리가 세계의 항구요 우주의 심장이라고 가르칩니다. 내가 보기에는 부패의 심장이요 마약의 항구라고 해야 할 것 같습니다. 전세계가 바로 우리나라를 그렇게 만든 거지요."

프랑스도 이와 무관하지 않다. '파나마 운하 유니버설 컴퍼니'의 작업감독으로 일한 프랑스인 필립 뷔노-바릴라가 바로 뇌물 스캔들이 난무하는 가운데 1903년에 이 회사를 미국에 넘겨준 장본인이기 때문이다. 그후의 일은 널리 알려진 대로다. 달러화貨를 발보아화貨와 등가의 유통화폐로 강제화한 사실이 예시하듯이 이 나라는 보호령하에 들어 주권을 조롱당했으며, 오늘날에도 파나마 정부는 군대를 없애기로 결정했으나 미국은 상당한 군사력을 이 땅의 열두 개 기지에 분산 주둔시키고 있다.

점입가경으로 마약 밀수 역시 독재자의 몰락과 더불어 중단되기는커녕 새로운 형태들로 발전하고 있다. "칼리의 볼리비아 카르텔이 메들린 카르텔의 대통을 이어받았죠." 어느 외교관의 설명이다. "노리에가 정부가 주관하던 암거래에서 시장경제 차원의 암거래로 옮겨간 겁니다. 거래꾼들의 수가 불어나고 소비량만 늘어났지요. 한마디로, 전혀 나아진 게 없습니다." 그리고 이곳에는 언제나 변함없이 폐쇄적이고 강력한 소수 지배집단이 하나 있다. 그 소굴이라 할 '유니언' 클럽은 여전히 흑인 방문객들에게 이곳은 그들이 올 곳이 못된다는 점을 주지시키고 있다. 이곳에 있는 권력 성소들 중의 성소는 인간 내장을 먹는 사람들의 '클럽'으로, 클럽 회장은 전통적으로 '독재자'라고 불린다.

베르날의 유머는 절망에 대한 알리바이다. 그는 과거에 극좌파 단체를 이끌다가 방향을 바꾸어 어느 중도파 당에 가입했었다. 지금의 그는 "동구의 나라들에서처럼 마침내 민주주의를 발명해나가는" 운동을 꿈꾼다. 두 차례 망명생활을 해야 했고, 1979년에는 노리에가의 하수인들에게 붙잡혀 죽도록 맞고 버려진 바 있으며, 어느 자동차에 치여 다리 하나가 부러진 일이 있고, 독재에 항거하는 최초의 거리 시위자들 가운데 한 명이었고, 미국의 은신처에 머무르며 조국에다 팩스로 독재반대 글 세례를 퍼부었을 만큼 악착스레 독재에 반대했던 그는 오늘날 좌파와 우파를 다 함께 비판한다. "목숨을 걸 만한 가치가 있는 일 앞에서 몸을 사린" 우파를 비판함은 물론, 토리호스와 그 계승자의 반反제국주의 담론에 넘어간 '카스트로-노리에가주의' 좌파 역시 비판하고 있다. "미국은 노리에가가 미칠 때까지 기다렸다가 1989년에야 깨어났습니다. 그제서야 개입해 우리의 승리를 훔쳐갔지요. 노리에가를 자신들의 나라로 몰래 데려감으로써 우리 손으로 일을 마무리짓지 못하게 했습니다. 사람들은 첫날에는 박수를 쳤습니다만, 아마도 한 세기 동안 이를 원망할 겁니다."

대서양 연안에 자리잡고 있는 포르토 벨로 교회에는 놀랍게도 검은
색 그리스도상이 하나 있어, 매년 10월 21일만 되면 많은 순례자들을
운집시킨다. "우리에게 예수는 건달들의 예수요, 불량배들의 성자입니
다. 그들은 용서를 빌러 오는 거지요"라고, 미구엘 안토니오의 친구인
우리의 가이드 두아르테가 설명해준다. 법률 공부를 한다고 모두가 성
공하는 것은 아니요, 실업률이 활동인구의 25퍼센트에 달하며, 주민의
52퍼센트가 빈곤층의 문턱을 넘지 못하고 있다. 그래서 두아르테도 낡
은 폴크스바겐을 몰고 운전사로 나서서 월세 부담을 덜고 있다. 첫 열
대 홍수가 닥치면 곧바로 두 발이 물에 잠기는 집에 살면서 말이다. 포
르토 벨로는 1503년의 네번째 항해 때 콜럼버스가 눈여겨보았던 멋진
항구를 따라 반원형으로 이루어진 작은 마을이다. 폐허 상태의 건물
하나가 현재 스페인의 원조로 개축 중에 있다. 이 '아두아나'는 절도를
상징하는 건물이다. 잉카 왕국이 항복한 뒤 페루의 황금과 재산들이
바로 이 건물의 담벼락 사이로 빠져나갔다. 사람과 노새의 등에 실려
한 세계가 다른 한 세계의 곳간을 채우기 위해 비워졌던 것이다. 정복
의 연통관이랄까.

또 다시 돈 얘기다. 1887년에 한 프랑스인이 돈을 피해 이 나라로 도
망온 일이 있다. 그러나 이곳에서 그가 발견한 것은 질병과 강제 노동
뿐이었고, 그는 운하건설 현장에서 막노동을 해야 했다. "돈 없이도 물
질생활을 영위할 수 있는 곳"을 꿈꾸었던 천진한 인물 폴 고갱은 "나는
야생의 생을 위해 파나마로 간다"라고 적었었다. 그곳이 바로 대서양

포르토벨로 교회의
검은 그리스도

아두아나

동쪽에 위치한 대도시 콜론이었다. 콜럼버스의 스페인식 이름을 지닌 대륙 유일의 도시다. 지금의 콜론은 헛간들만이 단조롭게 이어지는 '자유지대'라는 보호구역과, 가난과 범죄가 숨어드는 발코니 딸린 목재 주택 등, 화려한 잔해들이 대립되는 해적들의 도시다. 오직 상인들과 외국인들에게만 개방된 대륙의 수출입 사원寺院에는 자동차, 향수, 비디오, 의류, 시계 등 없는 것이 없으며, 각종 물품들 중에서도 특히 사치품들이 단연 우위를 점하고 있다. 명목상의 화물 수송이라든가, 말이나 의료품들의 무역, 그림 밀매, 실거래가보다 높은 액수의 계산서를 발행하는 체계적인 허위계약서 발행 등, 콜론은 천태만상의 경제적 꼼수가 펼쳐지는 곳이다. 콜론에 있는 어느 해외 상관商館은 콜롬비아-시리아-레바논 피가 뒤섞인 묘한 혼혈 가문이 경영하고 있는데, 이 가문의 아들들은 베카 평원에 남아 있는 족장과 위성통신으로 의사를 교환한다고 한다. 파나마는 아메리카 대륙에서 일본의 투자 규모가 미국 다음으로 큰 나라다.

파나마 시티로 돌아오는 길에 두아르테는 조국의 숲을 자랑하고, 미라플로라 수문 앞 운하를 따라 육지에 얹힌 듯한 모습으로 깊은 열대림 속으로 나아가는 거대한 컨테이너 운반선들의 전형적인 광경을 구경시켜준다. 또한 미군 기지들을 둘러보는 일도 절대 빼먹지 않는다. 깨끗한 잔디가 깔린 미군 기지들은 그에게는 금지 구역이다. 오늘은 고깃값 인상에 대해 학생들이 시위를 벌인 날이다. '도베르만'—이 지역 CRS(보안기동대)의 별칭이다—들이 최루탄을 발포했다. 미국 대사는 언론을 통해 경찰이 "올바른 대처"를 했으며 "젊은이들은 정치를 정치인들에게 맡겨두어야 한다"고 선언했다. 아직도 파나마 시티는

‘정당한 명분’ 작전의 상흔들, 독재자 사령부의 잔해를 그대로 방치하고 있다. 나무로 된 집에서 일생을 보내는 가난한 사람들로서는 드물게 보는 신식 건물들이다. ‘빠스 이 후스티시아’(평화와 정의)라는 문구가 금속판들마다 아로새겨져 있다.

바스코 누네스 데 발보아

　덧문들이 닫혀 있고 빈틈없이 철조망이 둘러쳐진 미국대사관에서 멀지 않은 곳에 바스코 누네스 데 발보아의 동상이 태평양을 마주보고 서 있다. 발보아는 콜럼버스가 네번째의 그 마지막 항해 때 서로 통하는 길을 찾아 하나로 연결시키고자 했던 두 대양을 처음으로 한눈에 바라본 인물이다. 이를 위해 발보아는 27일간을 걸었으나, 그 길 끝에는 참수형이 그를 기다리고 있었다. 콘키스타도르들의 적의 때문이었다. 그는 새 총독의 마음에 들지 않았던 것이다. 분명 소설 같은 나라다. 하지만 이곳의 소설가들은 길을 잃고 헤매고 있다. 1968년에 군사독재 정권을 수립하여 민족주의자 행세를 하며 CIA를 유리하게 이용한 토리호스 장군에게 가르시아 마르케스나 그레이엄 그린은 너무나 허약했다는 죄가 있다.

　그린에게는 이 나라에 막역한 친구가 한 명 있었다. 그린보다 4개월 먼저 사망한 슈슈 마르티네스는 장군을 위해 일한 정치색 강한 지식인이었다. 그린의 그런 결점이, 우스꽝스런 오해를 낳으며 세계 곳곳에서 끊임없이 작가 친구로 행세한 이 수수께끼 같은 분신의 것이었으면 좋았을 것이다. 폴 고갱은 앞질러서 그를 용서한 바 있다. 그는 파나마에서 이렇게 적었다. “우리의 그 모든 환상적 결점들과 더불어 오직 우리만이 유령선을 타고 나아가고 있다. 어떤 규정되지 않은 사물 앞에서는 오히려 무한이 한결 더 접촉 가능한 무엇으로 느껴지지 않는가!" 콜럼버스의 무한이었던 연안, 1503년에 그가 북쪽으로 거슬러오른 그 고난의 길이었던 연안은 지금 '모스키토 연안'으로 불리고 있다. 이 시대에는 맞지 않는 이름이다. '바나나 연안'이라는 이름이 더 나을 것이다.

코스타리카

바나나 연안

리몬 '치키타' 왕국에 있는 에스트렐라 계곡은 여러 공국公國들 가운데 하나다. 마을 하나 마주치는 일 없이 30분 가량 내륙으로 파고 들어가면 붉고 흰 철제 다리 하나가 국경검문소 역할을 하고 있다. 허리에 권총을 찬 초병이 '진보, 복지, 평화, 노동'이라는 이곳 좌우명이 적힌 나무판 아래에서 햇살을 피하고 있다. 그 뒤로 보이는 철책 울타리를 두른 지대는 바로 냉방장치를 갖춘 호화빌라들이 모여 있는 곳으로, 각 빌라마다 나팔처럼 벌어진 넓은 화관들, 위성방송수신 안테나들이 솟아 있다. 그 아래쪽에는 관리사무소들이 감시하는 녹색의 호수, 바나나나무들의 바다가 시선이 미치지 않는 멀리까지 펼쳐져 있다. 대서양 연안에 위치한 리몬의 남쪽, 카후이타 주변에 자리잡고 있는 이 '바나네라'는 코스타리카의 바나나를 지배하는 다국적 기업 '돌-스탠더드 과일 회사'의 영지다. 현재 코스타리카는 에콰도르를 앞질러 세계 제1의 바나나 생산국으로 부상하는 중이다.

바나나 농장

오늘은 일요일, 휴식의 날이요 조용한 날이다. 이해를 하기 위해서는 소리를 상상해야 한다. 줄지어 나란히 매달린 10여 개의 리프트들이 내는 소리, 도르래를 긁는 수백 개의 철제 케이블들이 내는 소리, 벌채용 큰 칼을 가는 소리를 뒤덮는 쨍그랑거리는 소리, 일꾼들의 분주한 발걸음 소리. 아침 6시부터 저녁 6시까지 끊임없는 웅성거림이 있다. 하루 열두 시간 일하며 세 차례 휴식을 갖는다. 바나나를 자르는 일꾼들의 보수가 가장 싸다. 그들이 바나나 송이들을 자르면, 그것들을 끌어가는 인부들이 통로마다 10여 미터 간격으로 설치된 아치형 문에 매달린 삼밧줄에 바나나들을 걸고는 포장공들이 있는 곳까지 뛰어서 밀고 가는데, 이 일련의 과정은 13~14시간까지 걸릴 수도 있다. '카파타스' 혹은 십장들은 각각 4~6명의 인부를 통제하며, 모든 일은 감독자가 책임을 진다. 생산은 지속적으로 이루어지며, 여러 가지 색깔의 리본이 묘목의 성장 정도를 가리키고 있다. 묘목이 완전히 성장하기까지는 12~14주가 소요된다.

"사람들 모두가 서로 연관되어 있는 일관공정 작업 같은 일이죠. 첫 번째 사람이 리듬을 주면 그 리듬을 따라가야만 합니다." 이 '바나네라'의 신부 크리스 F. 뮈제르는 성 뱅상 드 폴이 설립한 수도회의 일원으로 성 나자로회 수도사다. 연신 시가를 피워대면서 그는 폐허가 된 교회 한쪽 옆에서 우리를 맞이한다. 1991년 4월 지진 때 피해를 입은 건물은 농장 일대에서 이 교회뿐이다. 종이 떨어지면서 무너져내린 것이다. "지금 당신들이 서 계신 곳이 돌 회사 소유가 아닌 유일한 땅입니다." 그가 웃으면서 말한다. "그 밖에 나머지는 모두 회사 소유지요. 가게들, 주택들, 활주로, 학교들, 트럭들, 축구장, 묘지 등등……"

15여 년 전 그가 이 계곡에 도착했을 때, 사제관은 온통 바나나나무들에 포위되어 있었으며 잎들이 창문을 뚫고 들어왔다고 한다. "제가 처음으로 결심한 일은 그것들을 20미터 바깥으로 밀어내고 대신 다른 나무들을 좀 심는 것이었습니다. 숨통을 트기 위해 말이죠."

뮈제르 신부는 바나나가 직업생활뿐만 아니라 가정생활마저 지배하는, 온통 바나나가 지배하는 세계 한가운데에서 살고 있다. 오로지 바나나 생산을 중심으로 이루어진 이 세계 속으로, 좀더 나은 보수에 매료된 남녀들과 그 자녀들이 마을에서 멀리 떨어진 객지에서 몰려들고 있다. 대부분 인디언과 백인의 혼혈인 그들은 이 근처에 사는 사람들이 아니다. 대서양 연안의 아프리카인들은 이 일을 하려 하지 않는다. "노예가 되지 않기 위해서"라고 말하면서 그들은 악마숭배 의식이며 살인이며 강간에 관한 소문 등, 이 바나나 숲에 얽힌 끔찍한 이야기들을 수군거린다. 이 농장에 대한 그들의 거부감을 보여주는 온갖 소문들이 다 있다.

뮈제르는 그들의 이 거부감에 공감하는 편이다. 그는 1954년 이후부터 중앙아메리카에 살고 있다. 예전에 파나마와 니카라과에서 장관직을 수행한 바 있는 이 네덜란드인 사제가 이곳에 있는 동기는 정치적인 것이 아니다. 그는 자신이 어느 한쪽 진영을 편들기 위해 있다고 생각하지 않는다. "우리는 갈등이 빚어졌을 때 중재에 나서는 사람들입니다"라고 그는 말한다. 하지만 그는 내심 '이런 솥에서 좋은 그리스도교도들을 요리해낼 수 있겠는가'라는 문제를 고민하고 있는 것 같다. "우리가 부닥친 문제는 회사의 가부장적 정신상태입니다. 이곳 사람들은 물, 전기, 집 등 모든 것을 회사에 의존하고 있지요. 가장이 가장 노

바나나 농장의 인부

롯을 할 수 없으니 가정이 흩어지고 개인주의가 발전합니다."

거의 체념한 듯한 슬픈 목소리로 이 예순다섯 살의 사나이는 월급날 독수리 떼처럼 몰려드는 행상들 이야기를 들려준다. "월급이 몽땅 털립니다. 외상은 말할 것도 없지요. 도시의 가게들보다 배나 비싼값에 말입니다." 술, 도박, 마리화나에다 근래에는 코카인까지 들어온다고 한다. "산을 통해 들어오는데, 경찰이 코카인 만드는 곳을 수색중입니다." 하루 일에 기진맥진하여 신경이 곤두선 부모들에게 학대당하는 아이들과 많은 미혼모 등, 한마디로 재앙 그 자체다. "'바나네라'는 압박이 항존하는 별세계입니다. 노동자들의 절반은 임시직이지요. 이곳으로 오는 사람들은 매우 가난한 사람들입니다. 돈을 좀 벌어 돌아갈 때 밭뙈기라도 하나 장만하겠다는 희망을 품고 옵니다. 그러고는 짐승처럼 일합니다. 요즘 같은 세상에 마땅히 기계화되어야 하는 일일 겁니다." 그는 모든 것이 개인을 압살하게끔 안배된 세계에서 그리스도교 공동체를 구축하는 일의 어려움과 자신이 사제로서 실패한 것 같다는 이야기를 보기에 딱할 만큼 진지하게 털어놓는다. 이제는 나이 때문에, 2~3일씩 산길을 타고 가야 만나볼 수 있는 인디언들에게로 가서 위안을 구해볼 엄두도 내지 못한다. 그들에게서는 지진—리히터 지진계로 강도 7.4의 지진이었다—이 발생한 직후 성공을 거둔 바 있다. "사람들이 일치단결하여 위원회를 구성했고, 원조를 요청하기 위해 자신들이 필요로 하는 품목들을 정했죠. 그러나 농장 사람들은 자력으로 단체를 구성하지 않습니다. 그들은 회사가 모든 걸 해주길 기다립니다."

이렇다 할 실제적인 그리스도교 공동체도 없고 노동조합도 없다. 지난 10년간 회사는 그런 것들을 파괴하고 회사에 헌신적인 기구들, 회사와의 연대를 중시하는 단체들로 대체했다. 이 연대주의는 1947년에 처음 코스타리카에 출현한 이후 끊임없이 그 세를 확장하고 있으며, 여러 다국적 기업들 특히 과일류 회사들과 코카콜라의 적극적인 지지에 힙입어 중앙아메리카의 다른 나라들로까지 확산되고 있다. 이 운동의 창설자는 그 목표가 "대중자본주의"를 발전시켜 "공산주의의 위협을 극복하고 자본주의 체제의 이점들을 보존하는 데" 있다고 말한다. "그건 가짜 노동조합입니다"라고 뮈제르 신부가 설명한다. "회사도 참여하고 있는데, 그건 회사가 자기 자신과 대화하는 것과 같죠. 그런 단체들은 서열화된 여러 범주들을 하나로 묶고 있습니다. 하지만 우리는 독립적인 노동조합을 구성할 수 있는 노동자들의 권리를 옹호하죠. 물론 회사는 이를 원하지 않습니다." 그는 우리에게 리몬 대주교의 서한을 보여준다. 그 편지에는 "교회의 사회적 교의敎義"가 반항의 외침으로서가 아니라 현실에 의해 부과되는 하나의 의무로 표현되어 있다. "가톨릭 신자로서 저의 소명은 가난한 이들을 위하는 데 있습니다. 그리고 이곳에서는 다른 선택의 여지가 없습니다. 우리로서는 노동의 인간화, 노동자의 존엄, 분배 정의를 옹호하는 수밖에 없죠." 돌 회사는 그에게 교회 재건에 필요한 총액의 6분의 1만 지원하겠다고 약속했다.

바나나 농장을 떠나기 전에 우리는 살롱처럼 나무로 된 마룻바닥과 둥근 테이블들이 있는 어느 바에 잠시 들렀다. 벽에는 에로 잡지들에서 오려낸 듯한 벌거벗은 여자들 사진이 몇 장 걸려 있다. 맥주잔들 주위에 몇몇의 사내들이 보인다. 화장을 진하게 한 선정적인 차림새의 아가씨들도 있다. 주크박스에서는 도어스의 팝송이 흘러나오고 있다.

좀 떨어진 곳에서는 어린아이들이 살충제의 위험을 아는지 모르는지 농장의 한 용수로에서 목욕을 하고 있다. 환경 보호를 위해 미국의 에이전시가 사용금지 조치를 내렸음에도 불구하고, 과거 '스탠더드 과일'은 DBCP라는 독성이 매우 강한 살충제를 사용한 것으로 알려져 있다. 수백 명의 코스타리카 노동자와 온두라스 노동자들은 이를 평생 잊지 못할 것이다. 이 살충제 때문에 불임이 되었으니 말이다.

회사 약호 'Dole'의 'o'자가 눈부신 태양처럼 표현되어 있다. 1993년의 유럽 회기가 다가옴에 따라 프랑스에서는 점점 더 자주 언급하게 될 태양이다. 이 중앙아메리카산 바나나 '치키타'는 사실 프랑스령 앤틸리스의 생산업자들에게는 공포의 대상이다. 드골주의의 유산인 시장보호 기간이 끝나면, 생산 단가가 훨씬 낮은—자체 결속력이 거의 없고 훨씬 온순하며 노임이 싼 덕택에—미국 다국적 기업들의 이 '바나나-달러' 공세를 무엇으로도 저지하지 못할 것이다. '바나네라'들에서는 공격이 준비되고 있다. 농장들이 확장되고 생산량이 증가하고 있는 것이다.

회사는 푸에르토 리몬에 자체 선착장들을 소유하고 있다. 배들이 트럭이나 기차로 운반되어온 바나나들을 실러 오는 곳이 바로 이곳이다. 지진이 발생한 이후 생산이 지연되지 않는 방향으로 모든 일이 추진되어왔다. 매출이 상승하고 있었고, 이는 놓쳐서는 안 될 호기였다. 하지만 도로는 여전히 망가져 있다. 하천은 범람했고, 다리들은 물살에 떠내려갔으며, 아스팔트가 벌어지고 맨땅이 올라와 해변의 폭이 5미터나 늘어났다. 수도 산호세의 도로들에 익숙해져 있는 자신의 번쩍거리는 자동차가 행여 망가질세라 운전수는 조심스레 차를 몰고 있다.

오는 길에는, 걸어서 건너거나 아니면 차로 두 동강 난 다리의 상판
이 이루는 45도 경사를 내려가야 했다. 우리로서는 천연의 관광을 제
공하는 시골 오두막들에 매료되어 이 카리브 연안에서 좀더 시간을 보
냈으면 하는 마음이었으나, 한편으로는 그런 오두막을 경영하는 이들
은 국제구호기금이 다 어디로 새버렸는지 궁금했다. 녹이 슬어 붉은빛
을 띤 함석지붕들이 얹힌 리몬의 나무집들과, 삼바와 칼립소가 혼합된
이곳 음악이 또한 우리에게 발길을 멈추라고 청한다. 하지만 산호세로
돌아가는 네 시간의 귀로가 그 모든 탈출욕구를 가시게 한다.

크리스토퍼 콜럼버스가 1502~1504년의 네번째 항해 때 온두라스,
니카라과, 코스타리카, 파나마의 연안들을 북에서 남으로 따라가다가
잠시 항진을 멈춘 곳이 바로 이 리몬이다. '부유한 연안'이라는 뜻의
'코스타리카'는 콜럼버스가 지어준 이름이다. 물론 황금이 풍부하다는
뜻이다. 우리가 얼마 전에 떠나온 베네수엘라에서의 그 기막힌 낙원
발명 이후부터 다시 황금이 그의 제1의 관심사로 떠올랐다. 이 마지막
대항해에 관해 왕들에게 보낸 1503년 7월 7일자의 편지에서처럼, 적
어도 공식적으로는 그렇다. 세번째와 네번째 여행 사이, 고약하게도
바람은 그에게 불리한 방향으로 불고 있었다. "물방울이 돌 위에 떨어
지는 한 언젠가는 돌에 구멍을 내게 마련"이라고 했던가. 1498년 8월
말, 파리아 만에서 히스파니올라로 돌아가는 길에 이런 격언이 그의
붓끝에서 씌어진 걸 보면 그는 이를 미리 예감했던 게 아닐까?

묘하게도 아주 서두른 귀향이었다. 이제 막 육지를 발견했고 진주
섬들이 아주 가까이 있음을 알면서도 그는 지체하지 않는다. 이 연안

산호세

탐험은 2주를 채 넘기지 않는다. 물론 그를 좀먹고 있던 병을 고려해야 할 것이다. 동맥염을 앓고 있던 데다 염증이 생긴 눈은 소금기 때문에 따끔거리고 붉게 충혈이 되었다. 그래서 직접 뭍에 발을 내딛지 않고 선원들을 시켜 주위를 살펴보게 하는 일이 점점 더 잦아졌다.

1498년 8월 31일, 그의 동생 바르톨로메오가 막 기반을 다진 산토도밍고에 도착한 그는 그 큰 섬을 가로질러본 후 이곳이 과연 자신의 부副왕국인지 알아보지 못한다. 조짐이 아니라 이미 폭동이 터져버린 상태였다. 콜론들이 서로 전쟁을 벌이고 있었던 것이다. 크리스토퍼가 자신의 부재중에 섬에 대한 전권을 갖도록 '아들렌타도'[1]로 임명한 바르톨로메오는 콜론들의 많은 불만을 사고 있었다. 콜롬버스의 말에 의하면 '알카데 마요르'[2]인 프랜시스코 롤단이 70명의 콜론들을 이탈시키고 그들에게 '그들 마음대로 행동할 수 있고, 더이상 일을 하지 않아도 되며, 많은 먹을거리와 여자들을 갖게 될 것'을 약속했다고 한다. 인디언들도 이 같은 내분을 틈타 폭동을 일으켰다. 콜럼버스는 어찌해야 할지 몰라 유화책을 썼다가 강경책으로 급선회하는 등 오락가락한다. 롤단의 조건들을 받아들이고 폭동 가담자들을 처벌하지 않고 그들에게 통행증을 주는 한편, 다른 스페인 사람들이 그들의 예를 좇자 신속하게 진압하는 선택을 하는 것이다. 스페인 귀족들이 자신의 명령을 따르지 않고 시골로 흩어졌다는 이유로 그들의 목을 매달았다. 제노바 일족에 대항해 봉기할 것을 외쳤던 아드리엔 무지카라는 콜론은 콜롬버스의 명령에 따라 탑 꼭대기에서 아래로 내동댕이쳐졌다. 교수형 시간을 지체시키기 위해 고해를 거부했다는 것이 그 이유였다.

1500년 8월 23일, 스페인으로부터 가톨릭 왕들의 특사인 보바디야가 온다. 그는 귀족 시신 여섯 구가 교수대에 매달려 있는 것을 보고 놀라움을 금치 못한다. 콜럼버스의 적들에게는 좋은 구실이었다. 보바디야가 콜럼버스의 직위를 대신하기 위해 다시 온다. 크리스토퍼를 비롯하여 그의 두 형제 디에고와 바르톨로메오는 카스티야와 아라곤 왕국의 귀족층을 업신여긴 대가가 어떤 것인지를 알게 된다. 보바디야는 그들을 감옥에 가두고 콜럼버스의 왕국에 자리를 잡고는 그의 문서들과 보물에 손을 댄다. 콜럼버스는 드디어 마지막 시간이 닥쳤다고 생각한다. 1500년 가을, 콜럼버스 일가는 스페인으로 송환된다. 귀로의 배에서, 그는 족쇄를 풀어주겠다는 제의를 의연하게 거절한다. 본국으로 송환된 뒤, 자신의 발라돌리드 거처에서도 족쇄를 차고 지내며, 인간적 배신의 기념으로, 족쇄를 채운 채로 자신을 매장해달라고 요구하게 된다.

족쇄에 묶인 콜럼버스

12월 17일, 마침내 그는 그라나다에 있는 왕들에게 받아들여진다. 항해가가 군주들 앞에 엎드려 온몸으로 미친 듯이 눈물을 쏟는 진풍경이 펼쳐진다. 왕들이 그를 달랜다. 특히 이사벨라 여왕이 그를 달래주지만 그러나 영광은 끝났다. 전설과 달리 콜럼버스는 재산을 완전히 박탈당하지는 않았지만, 이제 그는 더이상 인도의 '주인'이 아니었다. 발명가의 자리에는 공직자들이, 발견자의 자리에는 경영자들이 들어선 것이다.

1년 반이나 수단을 부린 끝에, 쉰 살이 넘은 나이에 그는 마지막으로 다시 한번 항해를 떠나도 좋다는 허락을 받아낸다. 1502년 5월 11일에 시작되어 1504년 11월 7일에 끝난 이 네번째 탐험은 그의 가장 긴 항해이자 폭풍과 난파, 질병과 고독 사이를 오가는 가장 비극적인 항해가 된다. 그의 동생 바르톨로메오와 겨우 열세 살 난 그의 어린 손자 페르난도가 그와 동행했다. 네 척의 배에 나눠 탄 140명의 사람들. 콜럼버스는 악착같이 신세계로 도피하고자 하나, 그 신세계가 이제 더이상 그의 것이 아니라는 것을 통감하게 된다. 히스파니올라의 새 총독이 그의 산토도밍고 입항을 금지시킨 것이다. 그는 다시금 이방인이 되었다. 자신의 과업에서도 이방인이 되었고, 그 과업으로 덕을 보는 나라에서도 이방인이 되었다. 어느 구두변론에서 그는 "인디언들에게 신앙을 가져다주기보다는 그리스도인들의 신앙을 개혁하는 데 급급했던 몇몇 독실한 신자들"에게 그 책임이 있다고 아무런 망설임 없이 지적한 바 있다. 총결산의 시간, 이 네번째 항해에 관해 왕들에게 보낸 마지막 편지에서 그는 다음과 같이 정곡을 찌르는 진단을 내린다. "저는 눈물 없이는 히스파니올라와 파리아와, 그밖에 다른 대지들을 머릿속에 떠올리지 못합니다. 그것들은 지금 땅에 엎어져 있으며, 비록 죽지는 않을 테지만, 병이 치유불능의 상태이거나 적어도 매우 뿌리 깊습니다. 파괴에 있어서는 모두가 주인입니다."

코스타리카의 흑인들과 인디언들 역시 자신들의 조국에서 이방인이 되었다. 40년대까지만 해도 대서양 연안의 아프리카인들은 중앙 계곡 한가운데에 있는 수도 산호세로 들어갈 수가 없었다. 2만3천 명의 인디언들이 신분증을 가질 권리를 인정받은 것은 최근의 일이다. 지금까지는 그들의 출생이 법적으로 등록되지 않았으며, 따라서 그들은 진정한 시민권을 박탈당해온 셈이었다. 대부분의 중앙아메리카 정부들과 마찬가지로, 코스타리카도 둘로 나뉜 것처럼 보인다. 스페인성과 권력의 영역인 태평양 측이 가난과 혼혈의 카리브 영역인 대서양 측과 대립하고 있다. 우리에게 이 같은 정보를 주는 소니아 피카도는 이 상처 입은 대륙에서 이 나라가 구현하고 있는 예외적 지위를 상징한다. 그녀는 10여 년 전에 산호세에 설립된 '통합아메리카 인권재판소'를 보완하기 위해 창설된 '통합아메리카 인권연구소'의 집행부장이다. 이 두 기관이 코스타리카에 '라틴아메리카의 스위스'라는 남다른 이미지를 부여하고 있다.

1949년부터 군대가 없어졌고, 1941년에 사회보장제가 제도화되었으며, 기대수명이 훨씬 길어지고, 위생체계가 한결 발전했으며, 1987년에는 대통령이 〈노벨평화상〉을 받았고, 1990년에는 "인간적 발전"을 위한 그 노력들로 유엔의 찬사를 받았다. 이 나라는 태풍권 한가운데에 있는 고요한 안식처가 되고자 하는 것이다. 하지만 소니아 피카도가 증언하고 있듯이, 그렇다고 비판의 소지가 없는 것은 아니다. "지난 2년간 우리 대륙에 열네 번의 총선이 있었습니다. 모든 사람들이 이 같은 민주주의의 도래를 축복합니다. 누구보다도 우리가 더욱 그렇지요. 한데 민주주의란 게 무엇입니까? 오로지 정치적 권리와 시민으로서의 권리만 주어지면 다인가요? 라틴아메리카에서는 그것만으로는 만족할 수가 없습니다. 사회적 권리와 경제적 권리들 또한 생각해야 합니다. 그리고 이 점에 있어서는 변한 게 아무것도 없습니다. 우리는 오히려 전보다 더 가난하지요. 유럽 사람들은 이런 점도 고려해야 합니다. 선거만으로는 충분히 행복하지 않습니다."

그녀가 열거하는 수치들은 우리를 놀라게 한다. 지난 10년간, 250만 명, 즉 중앙아메리카 인구의 10퍼센트에 해당하는 인구가 전쟁 때문에 고향과 조국을 떠나거나 거처를 옮겨야 했다. 생활수준 또한 지난 10년간 25퍼센트나 추락했다. 1990년의 통계를 보면, 남미와 북미 대륙 사이에 끼어 있는 이 작은 땅의 주민 40퍼센트가 빈민으로 살고 있다. 그리고 1978년부터 지금까지 16만 명의 중앙아메리카인이 전쟁이나 정치적 폭력 때문에 사망했다. "살바도르에서 20명이 죽으면 당신네 신문들에서는 짧은 단신에 그치지만 바르샤바에서 2명이 죽으면 신문의 1면을 장식하지요!" 중앙아메리카는 점점 더 예측이 불가능해져가는 역사의 갓길로 밀려나고 있다. 이 소란스런 세기말에 펼쳐지는 세계의 온갖 근심거리들 가운데 맨 꼴찌로 밀려나고 있다. 그러기에 프랑스는 오늘날까지도, 아우슈비츠에서 살아남은 한 미국인이 주관하는 '소니아 피카도 연구소'를 지원하는 기부자들의 대열에 동참하지 않고 있는 것이다.

이따금 혁명을 일으키는 참을성 없는 태도들이 돌출하는 것도 가난 때문이다. 1990년, 60년 만에 처음으로 민주주의 선거를 경험한 니카라과의 경우가 바로 그렇다. 10년간의 전쟁 끝에 이루어진 일이다. 니카라과를 아메리카 대륙에서 아이티에 이어 두번째로 가난한 나라로 만든 10년이다.

니카라과

상어 호수

마나과 평화는 나무들을 위협한다. 니카라과 지도를 펼쳐놓고 알폰소 로블레스는 생태학 강의에 몰입해 있다. 그가 중앙아메리카에서 가장 비가 많이 내리는 대서양 남부를 거쳐 다시 중앙으로 거슬러오르는 까닭은 '천연자원연구소' 신참 부책임자로서 자신의 주된 근심거리, 즉 숲에 대한 얘기를 하기 위해서다. 그가 두려워하는 것은 가난한 사람들이 땔감을 마련하기 위해 하는 마구잡이 벌목이 점점 더 숲을 황폐화시키고 있다는 사실이다. 이어서 그는 북쪽 지역으로 간다. 그곳에는 아직 흰 반점들이 곳곳에 흩어져 있지 않다. 북부지역은 거의 10년 동안 '콘트라'와 '산디니스타 인민군' 사이의 주요 격전지가 되고 있는 곳이다. 그제야 그는 자신의 속생각을 털어놓는다. 전쟁이 숲을 얼마나 파괴하는지에 대해 묻자 그는 이렇게 대답한다. "아닙니다. '콘트라'의 존재는 숲을 보호하고 있습니다. 주민들을 도시로 내몰았기 때문이죠. 오늘날 문제가 되는 것은 이제 평화가 찾아왔다는 겁니다. 물

산후안 강

론 완전한 평화라고 할 수는 없지만요."

알폰소 로블레스는 이제 막 숲을 떠나온 참이다. 지난 8년 동안 그는 콘트라 진영, 온두라스 후방기지에서 미국의 지원을 받으며 싸웠다. 1979년 소모사 독재정권이 무너졌을 때, 그는 중앙은행의 총재였다. 평화라는 것을 그는 믿지 않는다. 아니, 평화 쪽으로 전향하지 않는다고 해야 할 것이다. "아니요, 난 평화롭지 않습니다." 그가 문득 격한 어조로 말한다. "아무도 평화롭지 않습니다. 당신들 역시 평화롭지 않죠! 천만에요, 나는 끝까지 싸울 겁니다, 내가 죽는 날까지!" 은행가에서 전혀 뜻밖의 길로 전향한 까닭을 묻자 그는 그저 이렇게만 대답한다. "재정에 관한 일은 이제 더이상 흥미가 없어졌습니다." 아마도 그의 말을 그대로 믿어야 할 것이다. 이 투사 겸 생태학자는 그저 단순히 숲을 떠나고 싶지 않은 것일 것이다……. 강의를 마치면서 그는 니카라과의 거대한 중앙호수와 카리브 해를 연결하는 산후안 강을 가리켜 보인다. "바로 이 강을 통해 상어들이 수세기째 드나들고 있죠." 니카라과에는 상어가 서식하는 세계 유일의 호수가 있다. 호쾌한 성품의 알폰소 로블레스는 자신이 평화로울 수 없는 또 하나의 이유이기라도 하다는 듯이 이 소식을 전한다.

『땡땡의 모험』을 영화화한 시나리오 작가들이 어쩌면 영감을 얻었을지도 모르는 이 상어 호수는, 우리가 지나는 동안에도 계속 발작을 일으키고 있는 이 복잡한 나라를 요약해주는 것이라 할 수 있을 것이다. 전국토의 70퍼센트가 화산 지질인 분화와 지진의 땅 니카라과는 자신의 지질에 걸맞는 정치를 갖고 있는 듯하다. 숙명과 희망, 함정과 탈출의 이미지들. 지질학자들의 견해에 의하면 이 호수는 태평양 어느 만의 일부였으며, 화산의 용암이 흘러내려 고립시키면서 상어들을 가두게 되었다고 한다. 남쪽에 위치한 솔렌티나메 군도는 과거 산디니스타 정권 때 문화성 장관을 지낸 시인 에르네스토 카르데날이 그리스도교 공동체를 구축한 곳이다. 탐욕스런 상어들의 대륙에서 도망쳐 찾아가는 은둔의 섬. 그후 정권이 바뀌었고 독재정치는 몰락했으며, 소모사를 몰아낸 승자들 역시 1990년 민주주의 선거에서 패배했다. 군부에서 나온 권력이 투표 결과를 수용한 라틴아메리카 최초의 국가가 되었다는 위안만으로는 그들의 행복은 충분하지 않다.

어째서 선거에 졌는가? 산디니스타 투사들이 곱씹는 이 물음은 아메리카인디언들에게 바친 카르데날의 다음과 같은 시구들을 상기시킨다. "그들은 과거와 미래를 동일한 주기로 헤아렸다. 그들은 별들의 순환이 되풀이되는 것과 마찬가지로 시간이 반복된다고 믿었기 때문이다. 한데 그들이 경배하던 그 시간이 문득 멈추었다." 이곳에서 콜럼버스의 도정을 좇기란 불가능하다. 그만큼 대화 상대들은 패배의 충격에서 헤어나지 못하고 있거나, 복수를 다짐하고 있거나, 아니면 당장의 논쟁거리에 정신이 팔려 온통 현재에 몰입해 있기 때문이다. 우리는 말의 뉘앙스를 파악할 새도 없이 그들의 얘기를 좇게 된다. 어린시절의 친구들과 옛 투쟁동료들과 형제자매들을 증오로 대립하게 하는, 거의 가족적 성격을 지닌 정계의 복잡성에 어리둥절해하면서 말이다. 1만2천 명 이상이 사망한 데다 주민 다섯 중 네 명을 집 없는 처지로 만든 1972년의 그 끔찍한 지진을 겪은 이후 마나과가 한번도 재건되지 않았다는 사실이 그 복잡성을 반영하고 있다.

가로 25킬로미터에 세로 15킬로미터의 장방형으로 펼쳐진, 휴경지들이 점점이 있고 중심은 따로 없는 들판 같은 도시, 끝없이 공사가 계속되고 있는 이 도시에는 아직도 지진의 잔해들이 대통령 집무실이 있는 국립왕궁 곁에 산재해 있다. 멀지 않은 곳에 사회주의적 사실파의 냄새가 나는 기념물 하나가 서 있다. 한 민병대원이 기관총과 곡괭이를 흔들고 있고, 국민 저항의 상징적 존재인 아우구스토 산디노의 말 — "오직 노동자들과 농부들만이 끝까지 싸울 것이다"—이 아로새겨져 있다. 챙이 넓은 모자, 작달막한 키, 종아리에 각반을 감고 있는, 이 나라에서는 국기보다도 더 친숙한 산디노의 실루엣이 인터콘티넨탈 호텔 뒤편 하늘 위로 솟아 있다. 그의 동상이 세워진 곳은 예전에 소모사의 벙커가 있었으나 지금은 군 총사령부로 바뀐 언덕 위다. 과거 산디니스타 정권 때 국방부장관을 역임한 움베르토 오르테가가 지금도 군을 통솔하고 있다.

반反미국 게릴라부대의 대장이었던 산디노는 '타쵸'라고 불리던 아나스타시오 소모사 휘하의 국민병에 의해 1934년에 암살되었다. 바로 이 암살과 이에 얽힌 맥락은 1979년까지 니카라과의 역사를 지배했다. 1903년에 미합중국의 26대 대통령에 취임한 시어도어 루스벨트는 공산주의의 유령이 모습을 드러내기 훨씬 전에 이미 아메리카 대륙의 헌병 노릇을 할 수 있는 자국의 권리를 선언했다. "자립에 지속적으로 어려움을 겪는 경우나, 문명화한 사회와의 연계가 총체적으로 풀어져 무능함을 보이는 나라의 경우"에는 "문명화한 나라"의 개입이 정당하다고 평가하면서 말이다. 이 독트린은 중앙아메리카의 지협을 미국의 전용사냥터로 만들었고, 니카라과를 독재 왕조가 감시하는 중앙아메리카의 헌병으로 만들었다. 아나스타시오 소모사의 권력은 1957년에 그의 아들 루이스에게 넘겨졌고, 1963년에서 1967년까지 짧은 기간 어느 심복에게 이양되었다가, 그후에 다시 소모사와 마찬가지로 아나스타시오라는 이름을 가진 그의 둘째 아들에게로 넘어갔다.

아우구스토 산디노 초상화

산디노 대對 소모사, 1979, 80년까지는 외국에 굴종하는 독재 권력에 맞서 매우 광범위한 민족주의 연합이 결성되는 이 이분법에서 모든 것이 흘러나온다. 지난 10년 동안 해체된 것이 바로 이 블록이다. 소모사 정권 국민병 출신의 몇몇 생존자를 제외하고는, 주로 지식인들인 야당연합의 주요 인물들이 1990년의 선거에서 승리했다. 얼마 전까지만 해도 자신들의 적 산디니스타들과 얼마간 함께 길을 걸었던 사람들이다. 그 사이 민족 일체주의가 사회적 문제로 인해 뒤흔들린 것이다.

산디노 동상

그리고 지금은 자신들의 특권에 집착하는 이들과 보다 공정한 분배를 요구하는 이들, 그리고 대결구도를 자신들의 축재에 이용하는 이들이 서로 얽히고설키어 모든 것이 꼬여 있다. 1979년의 통계를 보면, 니카라과인의 5퍼센트가 국민 소득의 28퍼센트를 가져가고, 50퍼센트의 극빈자들이 전체 소득의 15퍼센트를 가져간다. 토지의 경우는 대지주 1.8퍼센트가 전체 영농지의 47퍼센트를 차지하고 있으며, 41.6퍼센트의 소작농들이 전체의 2.2퍼센트를 차지하는 데 그치고 있다.

프랜시스코 로살레스는 이 수치들을 알고 있다. 그는 루이 알튀세르의 말을 인용하면서 아무런 망설임 없이 마르크스주의 문화를 떠들어댄다. 하지만 그는 산디니스타들의 후보인 다니엘 오르테가를 제치고 당선된 여대통령 비올레타 차모로 정부의 노동부 장관이다. 지금은 산디니스타들이 주도하는 파업의 표적이 되어 있으나 70년대 초까지만 해도 산디니스타 해방전선의 지휘부에 속해 있던 사람이다. 1970년에는 요르단으로 가서, 쿠바인들의 뒤를 이어 게릴라들의 훈련을 맡아준 팔레스티나인들을 만나기까지 했다(그는 이런 얘기를 그리 달가워하지 않는 눈치다). 그가 일하는 장관 집무실에는 1967년의 전투에서 살해된 형의 흑백사진이 걸려 있다. 그럼에도 그는 옛 동료들에 대해 가혹한 비판을 가한다. "그들은 도둑들입니다! 권력을 이용해 신흥부자들이 되었지요! 그들은 권력이양이 이루어지기 전, 1990년 2월 25일부터 4월 24일 사이에 온 나라를 도둑질해갔습니다. 현재 그들은 정부 기업 451개 중 300개의 주주들입니다. 호텔들, 땅, 주택들의 소유자들이지요. 산디니스타들이 손을 대지 않은 경제 부문은 없습니다."

'피나타', 이 말은 신新권력이 선임자들에 대해 휘두르는 공격의 기치로서, 그 1회전은 우리가 체류하는 동안 진행되었다. 인민의 옹호자들이 알고 보니 인민의 도둑이었다는 사실을 애써 밝혀내어 패자들의 도덕성에 타격을 가한다는 점에서 이는 실로 무서운 무기라 할 수 있다. '피나타'는 속에 든 사탕 상자를 찾을 때까지 재미로 조각조각 부스러뜨리라고 아이들에게 주는 풀 먹인 딱딱한 종이 구조물을 가리키는 말이다. 사실관계들은 부인할 수 없지만 그래도 모호하다. 권력을 넘기기 전 산디니스타들은 소유 자격을 대규모로 합법화했다. 그중에는 논밭이나 토지를 임의로 차지하고 있던 불쌍한 불법거주자들과 가난한 농부들의 상황을 적법하게 만든 경우도 있다. 또 어떤 경우에는 지도급 인사들과 공무원들과 군인들이 명백한 특권행사로 덕을 본 경우도 있다. 산디니스타의 하급당원들과 관계된 얘기에 이르기까지, 마나과는 여러 가지 소문들로 시끄럽다. 지금은 코스타리카에서 주식투자자로 활동하는 어떤 이는 당규에 매우 엄격했던 '산디니스타 전선'의 간부였으나 세 채의 주택을 자기 것으로 만들어 달러를 받고 세를 주고 있다는 얘기도 있고, 어떤 이는 수천 헥타르의 땅과 600마리의 가축을 자기 것으로 만들었다는 얘기도 있고, 또 어떤 이는 외국으로 자금을 빼돌리는 일을 후원했다는 얘기도 있다.

하지만 '피나타' 싸움은 끔찍한 살인 기계가 될 위험성을 안고 있다. 야당연합에서도 가장 복수심에 불타는 파벌들은 이번 일을 혁명기의 모든 흔적들을 일소해버릴 수 있는 돌파구로 보고 있다. 특히 신권력의 실세로 대통령성省 장관으로 있는 안토니오 라코요와, 군대를 통솔하고 있는 움베르토 오르테가의 산디니스타들 간에 정립되어 있는 취약한 권력 균형을 무너뜨릴 수 있는 돌파구로 보고 있는 것이다. 프랜시스코 로살레스는 '피나타'를 제거하는 법이 그들을 목표로 한 것은 아니요, 그 과녁은 '산디니스타들이 훔친 1만5천 채의 주택에 국한'된다고 안심시키고 있으나, 빈민들과 농부들은 사회적 격변기의 혼란 틈에 취득한 자신들의 얼마 되지 않는 재산마저 혹시 잃게 되는 게 아닐까 두려워한다. "시민전쟁이 일어날 위험성이 잠재해 있습니다. 중앙의 정치적 무게 중심이 야당연합의 우파 쪽으로 기우는 일은 어떻게 해서든 피해야 합니다. 우파는 '피나타' 공격에 나서기까지 1년을 기다렸습니다만, 사실 이건 '전선'의 지도자들이 그들에게 안겨준 선물과도 같습니다. 엄청난 바보짓을 한 거죠! 만약에 그들이 내부 숙정을 하여 자기 진영 내 권력남용의 경우들을 고발했더라면 이런 최악의 사태는 피할 수 있었을 겁니다. 이제는 보다 심각한 패배, 도덕적 패배가 우려되는 상황입니다."

　오스카 르네 바르가스, 그는 얼마 전까지 산디니스타 지휘부의 고문으로 일하던 사람이다. 경제학자에 사회학자이기도 한 그는 특히 니카라과 사회에 대한 최고의 분석가들 중 한 명이다. 그의 평결은 가차없다. "'전선'에 반대표를 던진 이들은 가난한 사람들입니다. 이 실패의 50퍼센트는 전쟁과 미국 개입 때문입니다. 하지만 다른 50퍼센트가 있죠. 그것은 바로 토지 문제에 대한 맹목성, 경제적 과오들, 그릇된 경영 등입니다." 현재 『가난한 나라, 니카라과』라는 책을 준비하고 있는 그는 선거 패배 전의 공식 수치들을 늘어놓는다. 니카라과의 빈곤층 비율이 1980년에는 60퍼센트였으나, 1989년에는 82퍼센트가 되었다. "이 나라 주민 390만 중 80만 명만 가난하지 않다는 얘기죠!" 1979년에 50.6퍼센트이던 문맹률이 문맹퇴치운동을 벌여 1980년에 12.6퍼센트로 떨어졌다가 1989년에 다시 25퍼센트로 상승했다. 유아 사망률 역시 61년의 1천 명 가운데 93명에서 혁명 초기에 1천 명 당 61명으로 떨어졌다가 다시 1천 명당 73명으로 상승했다.

　"만약 제가 선거 전에 이런 수치들을 입수할 수 있었다면 '전선'이 패하리라는 것을 미리 알았을 겁니다. 물론 지도부는 알고 있었죠. 그들은 말을 듣지 않았습니다. 그들은 처음에는 쿠바 모델을 따라 상식에 어긋나는 토지 개혁을 했습니다. 그러다가 전쟁이 한창인 때에 IMF의 방법들을 적용했습니다. 미국이 모든 국제원조를 차단하고 있는 마당에 말입니다. 그건 자살행위였습니다. 인플레이션이 3만 3천 퍼센트나 되었죠! 그들은 '콘트라'가 이제 더이상 소모사의 옛 경비대가 아니라 농부들 속에 사회적 기반을 가진 존재가 되었음을 깨닫지 못했습니다. 그들은 전통적인 군대의 전형적인 오류를 범했죠. 사회적 문제에 군사적으로 대응하는 것 말입니다. 시골에 사람이 없어서 마을들이 징병에 조직적으로 저항한다는 얘기가 들려올 때 어째서 그들은 의무복무제를 폐지하지 않았을까요? 어째서 그들은 기름값이 코카콜라 1리터보다 싸서 프띠부르주아 계급이 언제든 가고 싶을 때 바다로 나갈 수 있는 그런 상황을 방치했을까요? 그들은 자신들이 언제까지나 권좌에 머무를 것이요, 역사가 단선적으로 펼쳐진다는 그릇된 생각을 품고 있었습니다."

살만 루시디

살만 루시디는 『악마의 시』를 쓰기 직전인 1986년에 니카라과에 체류한 바 있다. 그리고 이곳에서의 체험을 바탕으로 매우 정직한 책을 한 권 출간했다. 야수가 자신의 등에 태우고 가던 젊은 아가씨를 잡아먹는다는 아이들의 노래가사에서 영감을 얻은 『재규어의 미소』라는 모호한 제목의 책이 바로 그것이다. 여기서 야수는 신생 혁명국가를 잡아먹는 미국일 수도 있고, 자신의 나라를 삼키는 혁명 자체일 수도 있다. 미국의 뻔뻔스러움도 고발하는 한편 산디니스타들의 자유 침해 또한 비판하면서 그는 "창조와 파괴의 모순적이고 해묵은 힘들이 격렬한 갈등을 일으키고 있는 나라, 미완의 니카라과"를 떠난다고 썼다. 그의 진단은 아직도 유효하다. 1979년 이전까지 한 권의 책도 간행되지 않은 나라에서 혁명이 새로운 에너지를 해방시켰다는, 그가 이미 강조한 바 있는 그런 특수성 또한 여전하다. 이제 마나과에서는 지적 잡지들이 급증하는 한편, 정치가 집단적 열정의 대상이자 만인의 소유가 되어 있다.

이 같은 상황에서 산디니스타 진영은 계산서를 요구하고 있다. "국민 지휘부가 명한다!"가 유행 슬로건이었던, 승리를 구가하던 시절의 "수직적 태도"는 비판받았다. 전 대통령 다니엘 오르테가의 전 부인이자 시인으로, '전선'의 일간지 《바리케이드Barricade》의 문화부록 책임자로 일하고 있는 로자리오 무릴로는 노골적으로 이렇게 내뱉는다. "'전선'의 내부에는 산디니스타들은 물론 비非산디니스타들도 있다. 백만장자들과 가난한 사람들이 함께 있다. 신의 영혼과 악마의 영혼이 함께 있다. 그렇다, (…) 모든 것이 다 있는 이 '전선', 그것은 지금 똥덩어리에 다름아니다." '전선'의 권위 있는 '여지도자', 게릴라로 이름을 떨친 도라 마리아 텔레스는 명철하게도 이렇게 한술 더 뜬다. "선거에 지고도 위기에 빠지지 않는 당은 죽은 당이다."

지금의 긴장이 안고 있는 패러독스는, 자신들의 가문과 연계된 기업들에 계약을 넘긴 장관급들의 권력남용을 공격한 '피나타'가 오랜 역사의 해방운동 지도부로 하여금 진정한 내부 토의를 거쳐 징계로 나아가는 상황을 피하고 서로 다시 접합하게 하는 계기가 되고 있다는 점이다. "지도자들간의 대립을 제거하고자 하는 마음이 앞서 각자가 모두 다른 사람이 범한 과실의 수인囚人이 된 것"이라고 바르가스는 평한다. "그 결과는 의회에 나갈 지도부 후보 리스트가 고정되었다는 겁니다. 새 인물은 둘뿐, 모두가 과거의 인물들이죠. 하지만 미래는 다른 곳에서 이루어집니다. 시민사회에서, 이제 자신들을 동원할 줄 알게 된 주거지역들에서 말이죠. 가난이 핵심문제로 남아 있습니다. 그리고 기초 그리스도교 공동체들도 고려해야 합니다."

예수회와 관계된 잡지로 '중앙아메리카 대학'이 발행하는 《엔비오Envio》의 주간 마리아 로페스 비질은 해방신학이 이 나라에 끼친 영향을 이렇게 증언하고 있다. "그것은 이 신학이 영향을 준 최초의 혁명이자 최초의 정당화입니다. 쿠바 이상으로 제2차 바티칸 공의회가 우리의 원천입니다. 서양의 오류는 우리의 갈등을 동서東西의 갈등으로 보았다는 데 있습니다. 지금의 대립은 정부와 국민 사이의 대립이 아니라 국민들과 세계경제질서 간의 대립입니다. 우파 정권으로 바뀌면 많은 출자를 얻게 되리라고 생각했죠. 하지만 그것들은 오지 않습니다. 차모로가 오르테가와 마찬가지로 우선은 니카라과 사람이기 때문이지요. 미국은 우리나라에 민족주의 부르주아 계급이 구축되는 것을 허용한 적이 없습니다. 라틴아메리카에 살고 있다는 것은 곧 자본주의의 위기를 겪고 있다는 것을 의미합니다. 가난한 사람들이 걸리고 나쁜 위생환경과 생활환경에서 발전하는 콜레라, 우리는 그것마저도 IMF의 자식으로 느낍니다."

산디니스타 해방전선 약호

　　마나과의 언덕들 가운데 하나에는 산디니스타 해방전선의 약호 'FSLN'이 흰색의 거대한 문자들로 새겨져 있다. 선거에서 패하던 날, 어떤 이들은 그 문자들이 세월의 흐름에 마모되어 'FIN'[1]이라는 전혀 새로운 말이 되어 있는 것을 보았다고 한다. 이런 이야기를 듣고 있는 동안 열 살이 안되어 보이는 어린아이 둘이 와서 우리가 먹고 있는 피자 한 쪽을 달라고 졸라댄다. 유토피아는 역사와 숨바꼭질을 하고 있다. "사회주의 유토피아들이 전도되었음이 명백한 지금, 라틴아메리카는 유토피아의 힘을 다시 한번 긍정하려 하고 있습니다." 파리를 사랑했고, 랭보를 스페인어로 옮긴 최초의 번역가였으며, 시인으로서 라틴아메리카의 문학이 세계문학의 틀 안에서 인용될 수 있게 해준 루벤

1 'fin'은 프랑스어로 '종말'을 의미함.

다리오의 나라를 떠나기에 앞서 우리는 한 시인을 만났다.

조각된 십자가들과 성모상이 가득한 자신의 저택에서 우리를 맞이한 훌리오 발레는 "그들의 혁명은 자비의 실천적 화신이다"라는 생각을 품고 있는 전형적 크리스천이다. 도무지 종잡을 수 없는 정치 상황 앞에서 어찌할 바 몰라하면서도, 그는 이 실패로 끝난 시도가 "기만적이고 파벌적이고 관료적인 타락한 사회주의에게 주어진 또 하나의 모델"에 대한 시도였다는 자신의 확신을 거듭 되풀이한다. 물론 이는 시어도어 루스벨트의 계승자라 할 수 있는 로널드 레이건의 견해와는 다른 생각이다. 레이건은 끊임없이 "니카라과의 공산주의 체제"를 무너뜨리고자 했다. 온두라스 군인들의 바람직스럽지 않은 활동들은 눈감아주더라도…….

온두라스

쿠스토디오 의사의 진료실

테구시갈파 공항에서 온두라스의 수도 테구시갈파로 가려면 '푸에르자스 아르마다스'[1]라는 도로를 타는 수밖에 없다. 그러면 자동차는 이곳저곳에 공들여 만든 게시문들로 장식된 어느 다리 아래를 통과하게 된다. 첫번째 것에는 "모든 온두라스 사람은 병사이고, 모든 병사는 영웅이다"라고 적혀 있고, 두번째 것에는 "다 함께 미래를 건설하자"라고 적혀 있다. 둘 모두에 '온두라스 군'이라는 서명이 들어가 있다. 이 환영 슬로건들은 군대가 담장 밖으로 나와 있는 나라, 군대가 진정한 정치적, 경제적, 사회적 힘이 되는 나라를 예고하고 있다. 온두라스 군인들은 은행 'BANFA'와 보험회사를 소유하고 있고, 여러 기업들과 호텔들과 농장들에 주식을 보유하고 있으며, 국립통신회사인 '온두텔'을 관리하고 있다. 또한 프랑스의 국립헌병대 및 경찰대에 해당하는 'FUSEP'의 주인이자, 시민들로 구성되어 있으나 군인들이 실권을 갖는 이민국의 실제 주인으로서 무기 판매의 독점권을 갖는 '아르메리아'를

---

1 군대라는 뜻.

관리하고 있다. 한마디로 정부 속에 있는 또 하나의 정부라 할 수 있을 것이다.

군대는 공식적으로는 온두라스 예산의 10퍼센트를 쓰고 있는 것으로 되어 있지만, 지역 관찰자들이나 저널리스트, 혹은 외교관들 대부분은 실질적인 백분율로 20~25퍼센트 정도를 쓰고 있다는 데 견해를 같이한다. 온두라스의 군은 부유층 자제들이 종종 기피하곤 하는 모병제에서 자신의 정당성을 찾는 국민군이지만, 농촌 청년들에게는 군이 사회적 출세의 희망과 가난에서 벗어날 수 있는 기회를 제공하는 것이어서 사실상 의무제나 다름이 없다. 군인들은 투표를 하지 않는다. 바로 이것이 군대는 정치의 변방에 있다는 사실을 제시하기 위해 공직자들이 휘두르는 논거다. 그러나 사실 이 공언된 탈정치성은 매우 독특한 민주주의관을 숨기고 있다. 최근에 군의 한 수뇌부 인사는 서양의 어느 외교관 앞에서 이렇게 요약한 바 있다. "군은 정치를 하지 않습니다. 그렇기에 우리는 민주주의의 보증인 노릇을 할 수 있습니다. 정당들이 정치에 정치색을 부여합니다. 우리의 개입 없이 정부는 당파성을 갖게 되겠지요."

이론상으로는 온두라스의 국회의원들이 군 총사령관을 선택한다. 그러나 실제로 그들이 하는 것은 군 최고위원회가 선택한 인물을 인가하는 것뿐이다. 위원회가 그들에게 '테르나' 즉 세 명의 이름이 우선순위에 따라 적힌 리스트를 주면 응당 맨 첫번째 인물이 의원들의 투표를 통해 결정된다. 더욱이 고위급 장교들이 1990년 12월, 대통령 궁의 궁내 혁명에 의해 그들 스스로 전임 총사령관을 면직시킨 일도 있었다. 게다가 국방부장관 또한 군인이다. 태평양 연안에 가까운 수도 테구시가파의 거리들에는 대서양 연안의 길들에서와 마찬가지로 언제나 군대가 출정 중인 것 같다. 청소년처럼 왜소해 보이는 순찰대들은 총신이 그들의 어깨를 훌쩍 넘어서는 그 성가신 기관총들을 어김없이 소지하고 있다. 아무런 해명 없이 거듭되는 도로검문들에서 검은 선글라스를 쓴 병사들은 얼굴을 찬찬히 뜯어보는 동안 말없이 기다릴 것을 강요한다.

군인들의 도로검문

하지만 어떻든 온두라스는 자유선거가 있고 반대언론이 있는 민주주의 국가다. 1982년에 제정된 이 나라의 헌법은 모범적이다. 사형제도가 없고, 일련의 조항들이 개인의 각종 권리들을 세세하게 규정하고 있다. '인신 보호'에 대한 보장은 "공격당한 모든 사람"에게 인정되고, 생명권은 "누구도 침해할 수 없는 것"이며, "명예, 개인과 가족의 비밀, 개인의 인격 등에 대한 권리"도 선언되어 있다. "권한을 지닌 기관의 서면 영장" 없이는 누구도 체포되거나 구금될 수 없고 "어떤 성격의 권력 남용이나 폭력도 사람들의 자백을 강요하기 위해 행사될 수 없음"은 두말할 나위도 없다. 한데, 우리가 이 나라를 통과하고 있는 바로 이 순간, 국제사면위원회와 아메리카스워치AW가 각각 「인권 침해의 지속」이라든가 「정부 권력에 의한 살인과 고문의 지속」 등과 같은 제목의 온두라스에 관한 준엄한 보고서들을 발간한 사실은 어떻게 설명할 것인가? 이중적 민주주의는 어디에서 와서 탈脫군사화를 당면과제로 안고 있는 이 대륙 조각 위에 떨어진 것일까?

그 대답은 "국가안전 독트린"이라는 말에 들어 있다. 모든 과잉행위와 권력남용의 알리바이로 쓰이고 있는 이 독트린은 1981년 미국의 후원 아래 이론화되었다. 그 2년 전 미국은 자신들이 보기에 매우 중요한

 쿠스토디오 의사의 진료실

'도미노' 니카라과를 잃었다. 소모사 독재 정권이 무너지고 '반反제국주의'를 원하는 권력이 새로 들어선 것이다. 같은 시기, 중앙아메리카에서 가장 인구가 많은 두 나라, 살바도르와 과테말라에서는 내전이 격화되고 있었다. 그리하여 동쪽으로는 니카라과와 접해 있고, 남쪽으로는 살바도르와 접해 있으며, 서쪽으로는 과테말라와 접해 있는 온두라스가, 아무런 장애 없이 미군의 기지를 발전시킬 수 있고 군대를 증파하고 니카라과의 '콘트라'를 훈련시킬 수 있는 전략 국가로 부상하기 시작한다. 이러한 정세 변화는 온두라스 군에게는 축복의 빵이었다. 1981년부터 1990년까지 온두라스에 대한 미국의 군사원조는 4억 9천 2백만 달러에 달했다. 1946년부터 1981년까지의 원조 총액이 4천 6백만 달러를 넘지 않았음을 생각하면 이는 실로 엄청난 증액이다. 그리고 이 지역에 긴장이 고조될 때는 주민 수가 겨우 500만 명이 될까 말까한 이 작은 나라의 미국대사관이 지구상의 다른 어느 대사관보다 많은 사람들로 북적이게 된다.

내일 살바도르나 과테말라에 평화가 찾아올 것 같지는 않지만, 그래도 혼란한 시기는 이제 끝난 것처럼 보인다. 하지만 온두라스라는 예외는 격동의 10년 세월과 미국의 관용을 증언하는 잔구殘丘처럼 남아 있다. 우리를 맞이할 때 프랑수아 푸이나는 자신의 의무를 다했다는 느낌을 맛보며 짐을 꾸리고 있는 중이었다. 난민들을 상대하는 고등판무관사무소의 대표자인 그는 적지 않은 어려움을 극복하고서 명백한 정상 복귀를 일궈낸 장인들 가운데 한 명이었다. 그가 처음 온누라스에 왔을 때는 인접 3개국으로부터 온 난민 5만 명이 그에게 맡겨졌다. 그러던 것이 지금은 1천 7백 명을 넘지 않는다. 말을 아끼는 편인 그가 유머를 섞어 이렇게 털어놓는다. "난민 프로그램의 경우, 대개 시작은 있습니다만 절대 끝은 없습니다. 이곳에서의 일은 어떻든 긴장을 완화시키는 데는 성공했다고 할 수 있습니다. 적어도 줄일 수 있는 데까지 줄이는 데는 성공한 거지요." 그 사이 이 고등판무관은 오직 '콘트라' 출신 난민들만 진짜 난민들로 여기는 미국 측과, 난민촌에 대한 정치적 통제를 요구하는 살바도르 게릴라 측의 상호모순적인 압력들 사이에서 헤엄쳐야 했다. "양쪽에서 모두 으르렁거리는 것을 보고 바른 길로 가고 있다는 것을 알았지요."

에우게니오 카스트로의 얘기대로라면 온두라스 역시 바른 길로 가고 있다. 대외 관계청의 정보책임자로 일하는 그는 인권옹호가들의 비난을 그리 좋게 평가하지 않는다. 대통령 궁에서 막 발표한 공식 성명을 거론하면서 그는 분명하게 못을 박는다. "우리의 행정하에서는 실종자도 없고 정치범도 없습니다!" 물론 '개선'이 필요하겠지만 그야 어디나 마찬가지가 아니냐고 그는 말한다. "어떤 나라도 완벽한 인권체계를 갖고 있지는 못합니다. 당신들 역시 당신네 경찰과의 문제가 있지 않소. 한데 프랑스 경찰의 월급이 얼마지요? 우리의 문제는 단지 돈 문제입니다. 우리 정부는 가난하죠. 우리도 많은 보수를 줄 수 있다면 더 나은 경찰을 갖게 될 겁니다. 국제무대에서 인권문제로 소란을 떠는 조직은 정치적으로 조종되는 곳입니다." 그러나 우리가 그곳을 떠나온 지 얼마 지나지 않아 공식담화가 바뀌었다. 7월에 온두라스 국회가 공화국 대통령의 동의를 얻어, 에우게니오 카스트로가 없다고 말하던 그 정치범들의 '조건 없는 대사면'을 의결한 것이다. 토지를 되찾았다는 이유로 수감된 무수한 농민들 역시 이 사면의 혜택을 입었다.

온두라스 인권위원회 로고

라몬 쿠스토디오 의사는 이를 만족스러워할까? 전혀 그럴 것 같지 않다. 왜냐하면 이번 사면은 주민들의 실종과 살해에 가담한 군인들의 모든 책임 역시 사면해주는 것이기 때문이다. 실종자가족위원회의 의장인 쿠스토디오 의사의 아들은 입양된 지 열흘 만에 까닭 모르게 살해되었었다. 쿠스토디오 의사는 우리가 처음 만난 날과 마찬가지로 평온하면서도 단호하다. 그는 진료실 2층에서 자신이 1981년에 창설한 '온두라스 인권위원회' 사람들을 맞이하고 있다. "저는 특권층입니다. 아무것도 부족한 게 없죠. 하지만 제가 이 일을 시작하지 않았다면 아마도 저는 의기소침한 사람으로 머물렀을 겁니다. '온두라스 인권위원회'를 창설했을 때는 쉰 살이었죠. 지금 저는 그 어느 때보다도 행복합니다. 위험은 신경 쓰지 않습니다. 피해망상증 따윈 없습니다. 그저 정상적으로 행동하려고 할 뿐입니다. 법에 저촉되는 일은 전혀 하지 않습니다. 그럴 이유가 없으니까요." 그를 도와주던 사람 하나가 1988년에 살해되었고, 위원회의 한 변호사 역시 1990년에 그와 동일한 운명을 맞이했다. 쿠스토디오 역시 폭탄을 받았으나 다행히도 제때에 발견했다. 그는 흥분한 사람이 아니라 다만 자유인일 따름이다.

셔츠 차림에 은빛의 짧은 턱수염을 기른 그가 서류들을 펼친다. 실종자 가족 위원회는 지난 10년간 147건의 정치적 실종을 파악해냈다. 1990년 한 해만도 권력남용에 의한 살인이 85건, 정치적 암살이 5건, 고문이 96건이나 된다. 그는 증거 없이 진행하는 경우는 결코 없다고 말하며 서면으로 된 명백한 증언들을 보여준다. 그 증언들 가운데 하나로, 호세 안토니오 벨라스케스 비질의 증언은 널리 알려진 "두건"이라는 고문을 묘사하고 있다. 이 고문은 흔적을 남기지 않는 '이점'이 있다고 한다. "'두건'이란 입과 코를 덮어 머리 뒤에 묶는 고무조각을 가리키는 것으로, 그렇게 하여 공기가 폐로 들어가지 못하게 막는 데 쓰인다. 고문자들 가운데 한 사람이 내 뒤에 서서 그 고무 조각을 당기면 그것이 얼굴에 찰싹 달라붙어 질식을 유발한다. 그러면 다른 사람들이 나의 얼굴에 물을 끼얹고 발길질과 주먹질을 가한다."

이글레시아 데 라스 돌로레스

쿠스토디오 의사가 속마음을 털어놓는다. "우리의 목표는 정부가 통제하지 못하는 군대의 권력을 축소시켜 시민사회를 건설하는 것입니다. 시대가 변했다는 것이 우리에게는 기회지요. 니카라과와 살바도르 때문에 혼비백산한 미국은 반공제일이라는 명분하에 수수방관했습니다. 하지만 오늘날 어디에 그런 위험이 있단 말입니까? 이 나라 군대는 완전히 구식이 된 정치권력을 보존하길 원합니다. 세계 도처의 슬로건이 탈脫군사화인데도 말입니다. 지금 군은 질 줄 알면서도 싸움을 하고 있습니다." 난처해진 미국은 자신들의 온두라스 비행기지를 계속 보존하고 싶어하면서도, 한편 좀더 바람직한 동맹군을 찾고 있다. 현재의 사령관 루이스 알론소 디스쿠아 역시 이런 방향으로 노력을 기울이고 있다. 하지만 그로서는 테구시갈파에서는 누구나 알고 있는 자신의 과거사를 불식시키기가 어려울 것이다. 1984년, 그는 당시 반대파들과 노동조합원들의 소탕 임무를 맡았던, 온두라스 군에서도 죽음의 중대였던 316첩보부대를 지휘했던 것이다.

쿠스토디오 의사의 거처를 나서니 어느새 날이 저물고 폭우가 쏟아지고 있다. 그의 거처는 수도에서 가장 오래된 교회 '이글레시아 데 라스 돌로레스' 즉 '고통의 교회'와 마주보고 있다. 우산을 파는 행상들이 분주히 오가는 가운데, 쏟아지는 빗속을 걷자니 문득 지겨운 느

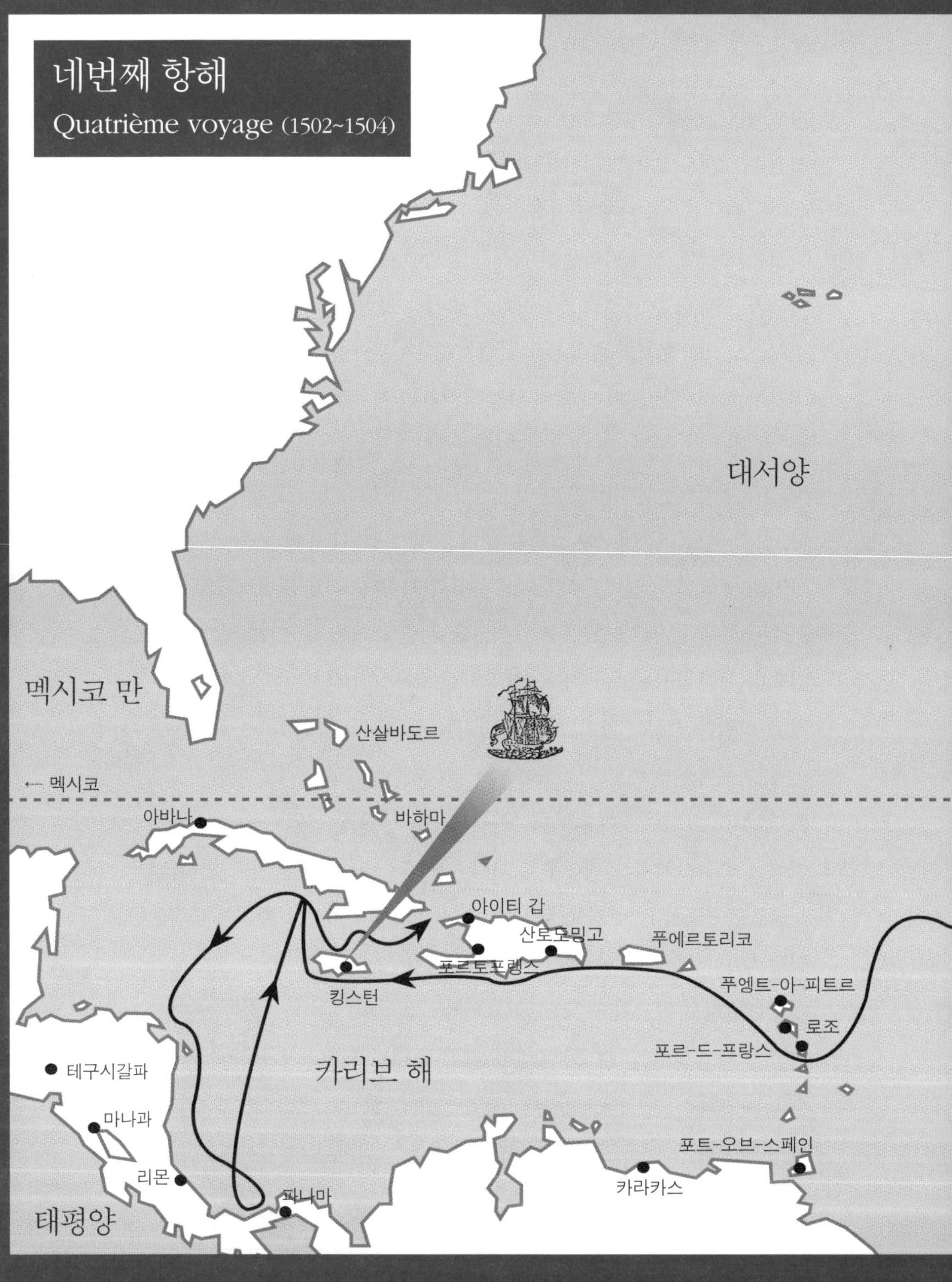

네번째 항해
Quatrième voyage (1502~1504)
대서양
멕시코 만
산살바도르
← 멕시코
바하마
아바나
아이티 갑
산토모밍고
푸에르토리코
포르토프랭스
푸엥트-아-피트르
킹스턴
로조
포르-드-프랑스
테구시갈파
카리브 해
마나과
포트-오브-스페인
리몬
파나마
카라카스
태평양

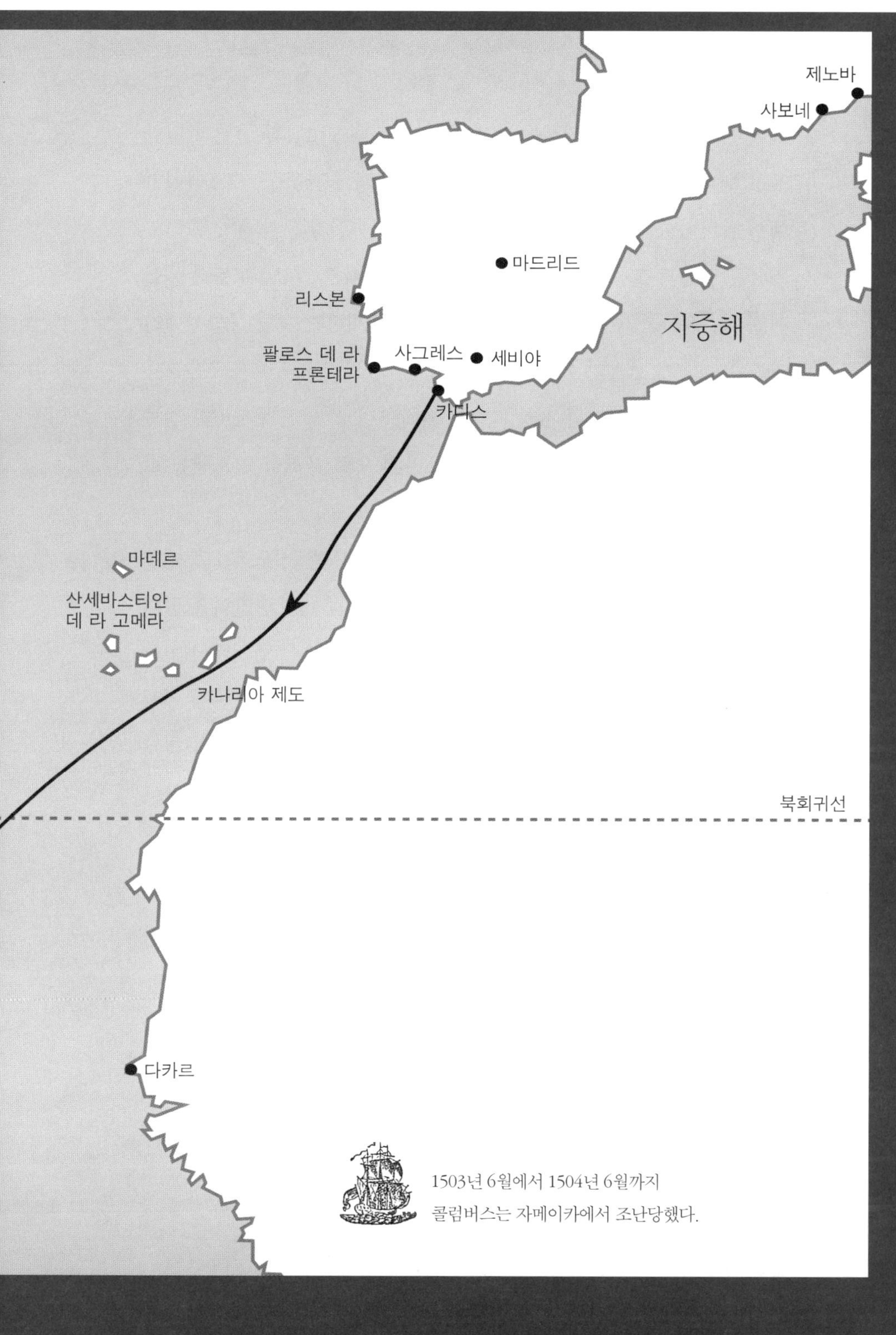

1503년 6월에서 1504년 6월까지 콜럼버스는 자메이카에서 조난당했다.

낌이 든다. 이 대륙에 가까이 오면서부터 여행이 비참과 불행의 일람
표로 탈바꿈해버린 것이다. 파나마에서는 돈과 술책들을, 코스타리카
에서는 바나나 농장의 착취를, 니카라과에서는 전쟁과 가난을, 그리고
지금은 살인과 고문들을 살피고 있다. 유럽의 최근 열정들로부터 동떨
어진 채, 건설중인 한 세계와 따로 떨어져 존재하는 듯한 중앙아메리
카는 우리에게 절망의 메시지를 보내고 있다. 과거에서 현재로 옮겨오
면서 콜럼버스는 이처럼 자기 자신의 쇠락이나 곧 닥칠 무자비한 정복
과 공명하고 있는 듯한 근대의 어두운 면 쪽으로 우리를 인도해온 것
이다.

"그것이 바로 온두라스였다. 굶주림과 소요와 잔혹, 오직 그뿐이었
다." 분명 부당하다고 해야 할 폴 테루의 문장. 대서양 연안의 콜럼버
스를 다시 만나러 가면서 왠지 멍하고 꺼림칙한 마음을 떨쳐버리려 하
는 우리의 뇌리에 문득 이 문장이 떠오른다. 이 여행가 작가는 이 연안
을 '모스키토 코스트'라고 명명했다. 그의 주인공은 폐허의 아메리카
대륙을 피해 환상의 에덴을 찾아나서지만 결국 만나게 된 것은 죽음이
었다. 콜럼버스가 네번째이자 마지막 항해 때 정박했던 세이바와 트루
히요[1]에서, 군인들은 악착같이 우리의 뒤를 좇는다. 처처에 그들의 보
호구역이 있고 그들의 철책이 있고 그들의 경고판이 있다. 한 경고판
은 마약과의 전쟁이라는 미명하에 시민들에게 "수상한 태도"를 보이는
사람들을 신고할 것을 청하고 있다. 무장군인들이 가득한 트루히요에
서는 북부군사고등학교 생도들이 제7회 '크루자다-시비코-밀리타르'[2]
의 주일 사열식 연습을 하고 있다. 우리는 찰리를 만나면서 잠시나마
그들을 잊을 수 있었다. 시련의 흔적이 역력한 얼굴에 찢어진 셔츠, 기

1 베네수엘라 트루히요 주의
주도.

2 군민 성전君民聖戰.

운 바지 차림의 그가 우리에게 '블랙 카리브' 혹은 '가리푸나' 혹은 '가리나구'라고 불리는 자기 백성들의 모험담을 들려준다.

노예가 되는 것을 피해 탈출한 아프리카인들은 카리브 해의 생-벵상 섬으로 숨어들었다. 그리고 이곳에서 그들은 지금도 생존하고 있는 카리브 인디언들과 피를 섞었다. 18세기 말, 영국인들은 여러 번의 실패 끝에 아프리카인들을 복속시키는 데 성공했으나 그들이 너무나 성가시다고 여기고서 이 독기 어린 선물을 스페인에 주어버리기로 결정했다. 그리하여 1797년에 8척의 선박이 인디언 말을 하는 흑인들의 터전이던 온두라스 연안에 상륙했다. 그들의 언어는 아직도 남아 있으나 공동체는 뿔뿔이 흩어졌으며, 오늘날에는 북부의 벨리제에 주로 모여 살고 있다. 자신들의 모권제 전통과 춤과 북을 자랑스러워하는 이 '블랙 카리브'들은 식민지개발을 이겨낸 두 민족의 놀라운 결합에서 살아남은 유일한 생존자들이다. 대양을 향한 열린 마음과 자유로운 태도는 거기에서 비롯되며, 그들 가운데 많은 이들이 장기항해의 선원이 된 것도 그래서이다. 찰리 역시 브라질에서 핀란드, 파나마에서 프랑스 등 각처를 두루 돌아다녔다. 선창 깊은 곳, 기계들의 때와 열기 속에서 말이다.

온두라스 군은 1502년에 콜럼버스 원정대의 사제가 거행한 이 대륙 최초의 미사를 기념하는 기념관을 트루히요에 건설할 계획이다. 테구시갈파에서는 교황의 방문을 기대하고 있으나 불확실하다. 하지만 콜럼버스의 온두라스 체류에서 가장 주요한 사건으로 꼽을 일은 바로 성사되지 못한 한 만남이다. 늙고 병든 콜럼버스는 세이바로부터 배로 한 시간 거리에 있는 바히아 군도에서 마주친 그 거대한 나룻배가 무엇을 의미하는지 제대로 평가하지 못한다. 배에 타고 있던 많은 이들은 섬의 인디언들처럼 알몸이 아니었으며 오히려 훌륭한 의관을 갖추고 있었다. 아마도 그들은 6세기와 10세기 사이에, 현재의 온두라스 유적지인 코판에서 문명의 절정을 구가했던 마야인들이 분명할 것이다. 북쪽의 아시아와 남쪽의 미지의 땅 사이의 통로를 찾는 일에 급급했던 콜럼버스는 그리하여 장차 콘키스타도르들이 발견하게 될 그 놀라운 세계, 유럽의 지식에 도전하는, 성경이 몰랐던 그 고도로 문명화한 사회들과의 유일한 첫 대면 기회를 놓치게 된다.

"여행이란 집으로 돌아가는 것이다. 모든 여행은 자신의 집으로 돌아가는 오랜 도정에 다름아니다." 폴 테루가 곧잘 하는 말이다. 돌아가는 길에도 우리는 콜럼버스의 마지막 거처까지 따라가야 한다. 가련하게도 자메이카 해변에서 조난당해 카리브 해의 로빈슨이 된 콜럼버스를……

자메이카

쇠락의 세기

킹스턴 날씨가 복수를 한다. 화산과 지진과 태풍과 폭풍 지대에서는 마땅히 기상학적 우연들을 고려해야 함을 상기시켜주기 위해서인 듯, 자연은 여러 세계와 세기들을 넘나드는 우리의 이 뜀박질 여행에 벌을 내렸다. 디아블로 산을 가로질러, 북쪽 연안의 콜럼버스 유적지 리오부에노와 디스커버리 베이로 우리를 인도해주어야 할 도로가 잘려 있다. 길을 가는 도중에 우리는 그러한 사실을 발견했다. 그 사이 도로는 황량한 풍경 속에서 어느새 진창길로 변해 있고, 자동차가 미끄러져 타이어 하나가 펑크 났다. 저 아래쪽에는 마그노 강이 범람하여 거센 물결 속에 나무와 다리와 포장도로와 배관망들을 휩쓸어가고 있다. 세 명의 노동자가 진창 속을 철벅거리며 강물에 쓸려온 칡덩굴이 엉켜 있는 기중기차를 똑바로 세우려고 애쓰고 있다. 그들 가운데 하나가 하던 일을 잠시 멈추고서 마리화나를 우물우물 씹으며 우리에게 돌아가는 길을 가르쳐준다.

리오부에노

벌써 여러 날째 대홍수의 폭우가 자메이카에 쏟아지고 있다. 우리가 얼마 전에 떠났다가 지금 되돌아가고 있는 '스페니시 타운'에는 끝없이 물이 흐르고 있다. 운명의 윙크랄까. 자신의 네번째이자 마지막 여행 끝무렵 자메이카에서 꼼짝도 할 수 없게 된 콜럼버스와 마찬가지로, 우리 역시 킹스턴에 갇혀 주말을 보내야 하는 처지가 되었다. 하지만 이는 전혀 비교가 되지 않는 비교다. 난파당한 콜럼버스는 1503년 6월 부터 1504년 6월까지 1년간을 꼬박 분노를 억누르며 갇혀 있어야 했으니 말이다. 이 지역 운전수들의 목숨을 건 운전에 질겁한 우리는 갱들이 여행사들에 공포감을 주고 있는 이 격하고 소란스런 도시를 걸어서 돌아다니기로 했다. '국민영웅들의 공원'에서 사진을 찍으며 한가로운 시간을 보내고 있는 신혼부부들도 만나고, 토요일 저녁의 수많은 콘서트들 가운데 한 콘서트장으로 확성기들을 가득 싣고 가는 트럭들도 보면서, 우리는 수도의 천연 항구를 보호하는 반도 끝자락의 포르-루아얄까지 걸어갔다.

인간이 세운 권력이었으나 자연의 변덕이 무너뜨린, 땅 속에 묻힌 한 세계에 대한 추억. 1692년 6월 7일, 자정 20분 전에 발생한 지진이 귀족들과 노예들과 악당들을 모두 같은 지옥으로 끌고 가면서 이 국제 거래와 해적단의 수도를 지도상에서 지워버린 것은 스페인이 이 섬을 영국에 막 양도하고 난 직후였다. 그 잔해가 있는 곳에 이르기 직전, 깨어진 비석들이며 버려진 무덤들, 가시들과 선인장들이 무성한 황폐한 어느 묘지가 갓길에서 전염병 혹은 태풍들에 의해 중단된 일시적인 여러 성과들을 상기시키고 있다. 포르-루아얄은 마지막으로 이곳을 휩

쓴 태풍 '길버트'의 상흔을 아직도 간직하고 있고, 길 끝에 자리잡고 있는 포르 샤를은 매년 바닷속으로 조금씩 가라앉고 있다. 우리는 최초의 레게춤 세계 경연대회를 구경하러 가는 여유를 부리기로 했다. 땀과 망각이 한데 어우러진 사라방드 춤. 음악에 흠씬 젖어들면서도 그것을 표현할 줄은 모르는 이 구경꾼의 뇌리에 문득, 과거 미국의 크라이슬러 자동차 공장 노동자로 일하다가 자신의 별을 좇아 이 나라로 온 밥 말리의 초기 곡들 가운데 한 반항적인 가사가 떠오른다. "당신들이 거대한 나무라면 / 우리는 작은 도끼다 / 당신들을 쓰러뜨리기 위해 갈고 닦은."

이곳은 콜럼버스의 집이 아니다. 아메리카 대륙에 있는 이 나라의 무게중심은 유럽에서 아프리카로 이동했다. '500주년위원회'의 일원으로 일하는 파트릭 브리앙은 매우 조심스런 행보를 하고 있다. "미묘한 주제입니다. 우리로서는 머리를 낮추는 수밖에 없습니다" 하고 털어놓으며 그는 이 지역 신문들이 콜럼버스에 대해 소나기 공격을 퍼붓고 있다고 말한다. 《자메이카 레코드》가 특히 라스타[1] 지도자인 레흐켄 세막의 필치 아래 공격을 주도하고 있다. 고전적인 논법을 그대로 따르고 있다. 노예들의 강제수용과 인디언 말살을 초래한, 그런 파괴의 장본인을 어찌 추모할 수 있느냐는 것이다. 그러나 이 논법은 새로운 논거를 밑바탕으로 하고 있다. 1976년 미국에서 간행된 한 권의 책이 그것으로, 이는 아프리카의 원천으로 돌아갈 것을 주장하는 지식인들에게 성경처럼 읽히고 있다. 이반 반 세르티마가 쓴 『그들이 콜럼버스보다 먼저 왔다*They came before Columbus*』는 아프리카인들이 유럽인들보다 먼저 아메리카 대륙에 왔음을 제시하고자 하는 책이다.

포르-루아얄

1 하일레 셀라시에 황제를 흑인의 새 메시아로 섬기며 흑인들의 아프리카 복귀를 제창하고 레게 음악으로 미사를 드리는 아프리카 흑인.

반 세르티마는 아메리카인디언 문명과 아프리카 문명 간의 문화적 유사성, 말과 직물, 나무들과 동물들의 유사성, 여행기들, 흑인을 닮은 해골들, 아스텍 조각상들에서 보이는 흑인 얼굴들 등, 사용 가능한 모든 수단을 다 동원한다. 그는 1310년에 말리 왕국이 적어도 400척의 배를 아메리카 연안으로 원정 보냈다고 주장한다. 하지만 그러한 논거가 "말리 그리오²들의 구전口傳을 바탕으로 한 것임을 그 스스로 인정하고 있으니 우리로서는 확신이 가지 않는다는 것을 어찌 숨길 수 있겠는가? 아메리카 대륙에서 흑인은 노예로서가 아니라 주인으로서 생을 시작했다." 맨 마지막 장의 제사로 쓰인 이 문장은, 유럽의 우선성을 지움으로써 패배의 수치를 지운다는 이 책의 정신을 요약하는 것이다. 반 세르티마는 이렇게 적고 있다. "아프리카인이 콜럼버스보다 먼저 아메리카 대륙에 있었다는 사실은 모든 위대한 문명과 종족들은 서로 무거운 빚을 지고 있으며 어떤 종족도 모험 정신과 발명의 정신을 독점하지 못한다는 것을 말해준다."

자메이카 섬에 이르기 무섭게 콜럼버스에 대한 이 같은 조롱과 마주치게 되는 것은 어쩌면 불가피한 일일 것이다. 이 섬은 아메리카 대륙에서 흑인 저항의 상징으로 남아 있으며, 그 영향력과 메시지는 섬에 국한되지 않고 카리브 해 저 너머까지 전파되고 있기 때문이다. 영국 콜론들은 '마룬들', 즉 노예로 봉사하기를 거부한 이 갈색 피부 흑인들의 저항 고립지대를 결코 뿌리 뽑지 못했다. 1738년에 그들은 쿠드조에, 아콤퐁, 나니 등의 이름으로 불린 무서운 족장들이 이끄는 공동체들의 자치권을 인정해주기까지 한다. 노예제 체제가 끝날 때까지 이 '마룬'들은, 유럽 중심의 우리 역사는 잊고 있으나 자메이카의 영혼에 영원히 아로새겨진 인물들—타키(1760년), 코피(1798년), 샘 샤프 (1831년)—의 지도 아래 굳건히 견뎌낸다. 이 유산은 섬에 국한되는 것이 아니었다. 장차 미국에서 '블랙 파워'로 표현될 흑인 정체성에 대한 권리요구의 뿌리 하나가 이 카리브 땅에서 탄생한 뜻밖의 한 인물에 의해 아프리카 대륙에 심어진 것이다. 더구나 그것이 음악이라는 상품으로 전해지기 훨씬 전의 일이다.

마커스 가비

그의 이름은 마커스 가비. 그는 콜럼버스가 선택한 항구들에서 멀리 떨어지지 않은 북쪽 연안의 작은 어촌 세인트 앤스 베이에서 1887년에 태어났다. 식자공 출신의 이 '블랙 모세'는 최초의 흑인 민족주의 이론 가이자 실천가가 된다. 그는 중앙아메리카, 콜롬비아, 베네수엘라 등 지를 여러 해 동안 여행한 뒤 "아프리카로 돌아가자!"고 외친다. 런던 에 잠시 체류했다가 돌아온 그는 유럽이 분열될 준비를 하고 있던 시 점인 1914년 끝없이 긴 명칭 'The Universal Negro Improvement Conservation Association and Africain Communities League' 의 약 호인 UNIA를 창설한다. 그는 할렘에 정착하여 미국 내에 700개소의 지부를 발전시키고, 전세계 40여 개국에 대표부를 파견하며, 회원 수 가 600만 명에 이른다고 주장한다. 실용주의자인 그는 '블랙스타라인' 이니 '블랙스타 증기선' 같은 이름을 내건 해운회사들을 창설하고, 제 조회사들, 상점들, 레스토랑 등 모두가 흑인 고객을 상대로 하는 협동 조합기업을 창설한다. 1940년 런던에서 사망한 그의 유해는 현재 최초 의 국민영웅 자격으로 킹스턴에 매장되어 있다.

이 설욕의 모험은 먼 이국의 이야기로 그치는 것이 아니라 뜻밖의 방식으로 현재까지 연장된다. 가비가 뉴욕 흑인가의 중심인물로 있던

콜린 파월

1920년대 당시, 자메이카 출신의 한 이민 커플이 할렘에 정착한다. 1937년에 그들은 아들을 하나 얻는데, 물론 당시만 해도 그가 장차 장군이 되어 미국군 서열 제1위가 되리라고는 상상도 하지 못한다. 걸프전의 중심인물 콜린 파월, 그가 바로 이 이민 커플의 아들로, 출신 때문에 받은 수모를 그는 한번도 감춘 적이 없다. 포트 베닝 군주둔지의 카페들 절반이 그에게 햄버거 팔기를 거절했고, 그의 가족이 살고 있던 버밍햄 가의 모텔들이 그에게 문을 열어주지 않았다고 한다. 이 세기말은 우리에게 역사는 단선적으로 펼쳐지는 것이 아니요 뜻밖의 왕복들로 이루어지며 또한 아이러니한 우회들로 짜이고 있음을 말해준다.

기준점들과 기원들을 찾고자 하는, 왠지 비장해보이는 자메이카의 이러한 뿌리 찾기는 카리브 해의 많은 국민들이 공유하는 느낌, 즉 다시 역사의 관객이 되어버렸다는 느낌을 표현한다. 창구가 닫혀버린 역사의 무대가 또다시 유럽과 서구 중심으로 되돌아갔다고 느끼는 것이다. 세계의 동서東西 균형을 뒤흔드는 폭풍이 이편에서 보면 때로는 어떤 이국적 춤처럼 보인다. 남부가 여러 가지 절박한 일들에 짓눌려 있을 때 종종 북부는 그것들에 무관심하다. 사람들은 공산주의의 운명에 눈물을 흘리는 것이 아니라, 그 종말이 저 너머 다른 곳 어느 까마득한 망각 속에 고정되어 있을 역사를 불안해한다. 보편적 가치들이 쇠퇴하고, 꿈들이 허물어지고, 위선들이 드러난다. 인간들의 행보가 지구 구원이라는 종교의 그 교조적 족쇄로부터 해방되어 좀더 세속화한다는 점에서 그것은 차라리 다행스런 일이다. 그렇게 함으로써 역사는 우연과 불확실성을 되찾고 예상치 못한 길로 접어들게 된다. 그 길가에는 평등과 타인에 대한 존중, 경제적 독립과 권력의 유혹, 세계들간의 연대 등, 이 사라진 신화들에 의해 휴경지에 남겨진 물음들이 여전히 널려 있다. 이러한 방황 덕택에 발견된 하나의 메시지가 있다면, 그것은 이 쇠락의 세기가 끝날 즈음 지구가 상식 밖의 온갖 고루한 생각들을 떨쳐버릴 수 있으리라는 희망 기다림은 끝내 고통받는 인류의 여러 가지 곤란한 물음들을 지워주지는 못한다는 것이다.

"그것은 이 세상의 모든 표면으로 부는 거대한 바람이었다. / 영역도 머물 곳도 없는, 온 세상으로 통하는 환희에 찬 매우 거대한 바람이었다." 여전히 우호적인 울림을 주는 생-종 페르스의 시다. 콜럼버스 역시 이와 같은 바람들을 겪었으나 마지막 항해에서는 환희가 아닌 고난을 맛보았다. 1503년 6월 25일 자메이카의 북쪽 연안에 좌초했을 때, 콜럼버스와 그의 선원들은 끊임없이 몰아쳐대는 바람 한가운데에서 수개월째 항해하느라 완전히 지쳐 있었다. 그는 이렇게 적고 있다. "인간의 눈이 이토록 엉망이 된 끔찍한 바다를 본 적은 없었다. 사방에 온통 흰 거품뿐이다. 나는 마치 가마솥의 물처럼 끓고 있는 바다 위에 서 있었다. 하늘은 가마처럼 뜨거웠고, 벼락은 너무나 세차게 수직으로 떨어져 우리의 배들을 찢어버릴 듯했다. 그러는 동안, 새로운 대홍수라도 일으키려는 듯 비는 세차게 쏟아져내렸다. 배들은 이미 두 차례나 보트와 닻과 로프를 잃어버리고, 돛도 없이 무방비 상태로 누워 있었다."

그는 네 척의 배 가운데 두 척을 도중에 버릴 수밖에 없었다. 그 배들의 늑재는 "거품 떠내는 국자처럼 구멍이 숭숭 뚫리고 좀조개들에

쏠려 완전히 썩은" 상태였다. 그리하여 그는 "벌레들에 의해 봉방蜂房보다도 더 구멍이 많이 난" 두 척의 캐러벨선과 "공포에 얼이 빠져 이성을 잃은" 선원들을 이끌고 자메이카 기슭에 닿는다. 다시 떠나기 위해서는 대체 선박들이 필요한 상황이었다. 다행히도, 그의 가장 충직한 동료들 가운데 한 명인 카스티야 출신의 디에고 멘데스가 카누를 타고 히스파니올라까지 가는 데 성공한다. 그곳에서 그는 8개월을 기다려서야 콜럼버스가 준 돈으로 캐러벨선을 한 척 구입하여 조난자들을 찾으러 되돌아올 수 있었다.

이 멘데스라는 선원은 놀라운 데가 있다. 임종 때 그는 에라스무스의 저작들이 가득한, 진보된 정신을 엿보게 하는 장서들을 남긴다. 에라스무스는 태동하는 휴머니즘의 중심인물로서, 그가 샤를 5세를 위해 쓴 책『그리스도교 군주의 교육』은 당시의 반反마키아벨리즘을 대표하는 저술이다. 나치에 대한 두려움 때문에 망명하여 결국 브라질에서 죽음을 맞이한 유럽인 스테판 츠바이크는 1935년 에라스무스에 대해, "유럽의 불화와 전쟁의 혼란 한가운데에서, 열정의 이기적 허영심을 압도하는 찬란하고 공정한 이성의 승리, 미래의 불가피한 인류 교화敎化에 대한 신화와 종교들의 되살아난 오랜 꿈을 후세에 전한" 인물이라고 적었다.

콜럼버스는 치미는 분노를 삭이며 멘데스의 불확실한 귀환을 기다린다. 철저한 고독 속에서 그는 악몽 같은 일을 겪는다. 1504년 1월 2일, 50명의 조난자들이 들고 일어나, 몸이 아파 꼼짝도 못하고 있는 그를 에워싸고는 무기로 위협을 가한다. 그들이 길을 잃었음을 간파한 인디언들은 더욱더 거리를 두고서 비우호적인 태도를 보인다. 물물교환거리도 다 떨어지고 양식도 바닥이 나기 시작한다. 바로 그때, 그 절망의 한가운데에서 콜럼버스는 다시금 천재적 사기꾼의 면모를 보인다. 유대인 학자 아브라함 자쿠토의 천측天測력 덕택에 그는 1504년 2월 29일 밤에 월식이 일어난다는 것을 알고 있었다. 그리하여 그는 실제로 즉흥 마술사가 되어 인디언들에게, 그들이 조난자들을 열심히 돕지 않아 하늘의 신이 벌을 내릴 채비를 하고 있다고 알린다. 달이 예상대로 자취를 감추자 인디언들이 질겁한다. 콜럼버스는 그들이 다시 조난자들에게 양식을 대준다면 돌아와 보답하겠노라고 약속한다.

1504년 6월 29일, 콜럼버스와 그의 선원들은 무사히 산토도밍고에 도착한다. 그가 용서해준 폭동 가담자들도 함께. 그러고는 두번 다시 볼 수 없을 그 신세계를 떠나 11월 7일 스페인에 도착한다. 이제 그에게 남은 생은 1년 반뿐이다. 꼼짝없이 자메이카에서 생을 마감해야 할 처지였으나 월식이란 마술로 얻은 유예된 삶이다. 그 월식은 멕시코인들에게 스페인인들이 올 것을 알린 하늘의 신호이기도 하다. 연대기 작가들은 그것을 "10년 전 하늘에 나타난 불길한 징조", "불의 칼 같은 그 무엇, 오로라 같은 일종의 불꽃"이라고 말한다.

멕시코에는 유럽이 파괴시킨 문명들이 콜럼버스의 마지막 탄원과 투쟁을 좇는 우리를 기다리고 있다. 이 멕시코 민족에 대한 기억은 J. M. G. 르 클레지오의 말에 의하면 "우리에게까지 이른 그 불가능한 희망"을 나타낸다. 그의 책 『멕시코의 꿈 *Rêve mexicain*』은 일몰과 새벽, 쇠락과 빛의 우리 시대에 메아리치는 멕시코의 영광에 대한 언약인 『코덱스 플로렌티누스 *Codex Florentinus*』의 다음 문구들로 끝맺는다. "다음번에는 그러할 것이다. 어느 다른 시간, 어느 다른 장소에서, 다음번에는 일들이 그러할 것이다. 오래 전에 일어났던 것, 지금은 더이상 일어나지 않는 것, 다음번에는 일어날 것이다. 다음번에는 그러할 것이다, 아주 먼 옛날에 그러했듯이. 오늘 살고 있는 이들은, 다음번에도 살 것이다. 다음번에도 있을 것이다."

멕시코

잊혀진 정복자

멕시코 그것은 관광객들의 호기심으로부터 멀어진, 역사의 갓길로 밀려난 은닉된 죽음이다. 가이드들조차 그의 묘지를 아예 모르거나 아니면 철자 몇 개 겨우 언급하는 정도일 만큼, 참으로 들추어내기 쉽지 않은 죽음이다. 우리에게 정보를 준 이는 그저 멕시코 역사센터에 있는 예수 나자레노 교회로 가보라고만 했다. 가서 찾아보라는 얘기다. 아침나절이 끝나갈 무렵, 문들이 활짝 열려 있는 현관으로 일단 들어선 우리는 중앙 홀을 세 바퀴나 돌고 나서야 찾을 수 있었다. 찾는 동안 천장으로 눈길을 들어 호세 클레멘테 오로즈코의 벽화 하나를 감상하기도 했다. 1944년에 그려진 '아포칼립스'의 광경, 전쟁과 정복을 표현한 그림이다. 마침내 우리는 네 명의 교구사제들이 기도를 올리고 있는 이 평화롭고 검소한 장소에 가벼운 소동을 일으키며 주主제단 앞에 멈춰서서, 성소 왼쪽편 중간쯤 높이에 걸려 있는 청동 명패의 글자들을 판독하기 위해 목을 쭉 내밀 수 있었다. 거기에는 '헤르난 코르테

스 : 1485~1547'이라고 적혀 있었다. 다만 이름과 날짜뿐, 다른 언급은 일체 없었다.

멕시코의 정복자가 지금은 페스트 환자처럼 모두가 기피하는 인물이 되어 있다. 1521년 그가 마음껏 정복한 바로 그 도시에서 말이다. 패한 승자라 해야 할 것이다. 코르테스가 세운 신세계 최초의 병원과 나란히 서 있는 이 교회 밖 표지판 하나가 1519년 11월 8일 바로 이 장소에서 아스텍 제국의 군주인 목테주마와의 첫 만남이 이루어졌음을 알리고 있다. 한데 이 사건을 상기시키는 명구에서도 그는 본래의 자리로 되돌려져 있다. 목테주마는 '세뇨르 드 멕시코', 즉 멕시코의 주인으로 표현된 데 반해, 그는 그저 '엘 콘키스타도르'로 표현되어 있는 것이다. 사후에도 코르테스의 영혼은 그가 파멸을 재촉한 문명에 대한 추억 때문에 귀신이 들린 듯, 누차 뒤엎어지고 이리저리 옮겨 다니느라 평화로이 안식을 취하지 못했다. 그의 시신, 그의 유골, 그의 유해는 4세기 동안 아홉 차례의 이장을 겪는다. 환상소설에나 나올 법한 시신 순례라 할 것이다.

1547년 세비야에 매장된 그의 유해는 1550년에 처음 발굴되었다가 같은 장소에 다시 매장되었다. 1566년에 누벨 에스파냐—정복된 멕시코의 이름—로 옮겨진 유해는 두 군데의 묘지에 들어갔다가 1794년에 예수 나자레노 교회에 안치된다. 그러다 멕시코 독립 2년 뒤인 1823년에 같은 장소에 은밀하게 매장된다. 반反스페인 감정의 처벌로부터 구하기 위함이었다. 1836년에 새 장례식이 비밀리에 거행되었다. 마지막으로 1946~1947년에, 그의 유해를 되찾아 진위를 확인하기 위한 발굴 작업이 있었다. 이에 관한 세세한 내용은 멕시코 작가 호세 루이스 마르티네스가 쓴 그의 전기에 담겨 있으며, 이 꼼꼼한 책은 정복자의 두 개골과 뼈들과 척추의 사진들까지 담고 있다.

템플로 마요르 유적지

차풀테펙의 상징, 돌 메뚜기

　그의 이러한 사후 운명은 무엇보다도 이 나라의 상징적 보복을 예시하고 있다. 어제만 해도 스페인 왕관의 보석이었던 멕시코가 오늘은 스페인성이 없는 역사를 무대에 올리고 있다. '멕시카', 즉 아스텍 세계에 대한 축복과 독립 예찬 사이의 3세기를, 잃어버린 300년으로 치부하고 있는 것이다. 멕시코에는 정복박물관이 없고, 세계의 다양성을 예찬하는 문화박물관이 있다. 특히 '라스 인테르반치오네' 박물관, 직역하면 '간섭' 박물관이라는 것이 있다. 분명하게 말하면, 스페인뿐 아니라 프랑스와 미국 등, 외국의 침공박물관을 말한다. 과거의 재건을 통해 새로운 정체성을 만들고 있는 멕시코 시민은 정복 이전의 세계로 다리를 놓음으로써 자신을 찾고 있다.

　스페인의 기여를 버리고 인디언의 유산을 선택한 이 같은 재검토의 규모를 파악하기 위해 우리는 문명화된 동시에 미개한 이 도시의 무수한 박물관들을 한 바퀴 둘러보는 시간을 갖기로 했다. '헌법' 광장에서 '차풀테펙' 공원까지, 놀라운 인류학박물관에서 '템플로 마요르' 유적지까지, 멕시코는 온통 콜럼버스 이전의 역사에 봉헌된 듯이 보인다. 거기에다 국립혁명박물관이 기리는 판초 빌라와 에밀리아노 사파타의 서사시, 그 혁명적 제스처가 덧붙여진다. 이 돌연한 출현은 정복 이전의 아메리카, 유럽 이전의 아메리카 대륙으로 돌아가는 복귀의 열쇠임이 분명하다. '레부엘타' 즉 반항은 전환, 우회, 복귀며, 이 복귀라는 표현은 멕시코인들의 상상 속에 영원히 아로새겨진 그 단절을 지칭하

콰우테목

기 위해 시인 옥타비오 파스가 선호하는 말이기도 하다.

1934년에서 1940년까지 멕시코 대통령을 지낸 카르데나스 장군이 자신의 아들에게 '멕시카'의 마지막 군주 콰우테목의 이름을 붙인 것이 우연일까? 이 군주는 보물에 혈안이 된 코르테스의 명에 따라 고문을 당하면서도 용기 있게 버티다가 결국 1525년에 처형되었었다. 이 나라에서 혁명은 어제의 민족주의적 대담성에서부터 오늘의 일반화된 부패에 이르기까지 천의 얼굴을 가진 하나의 당-정부를 탄생시켰다. PRI, 즉 '제도혁명당'이라는 이 당의 이름에는 그에 걸맞는 폭동의 소요와 운영상의 고요가 묘하게 뒤섞여 있다. 자신의 내밀한 가족사에 인디언에 대한 추억을 각인시킨 카르데나스는 토지개혁, 석유회사들의 국유화 등 개혁을 완수한 인물이었고, 양차에 걸친 전체주의 전쟁에서 패하여 비자 없이 지구를 떠돌던 추방자들, 파시즘을 피해 도망쳐온 스페인 공화주의자들, 스탈린주의를 피해 망명한 트로츠키주의자들을 영접한 인물이다. 한편 그의 아들 콰우테목은 집권당인 PRI와 관계를 끊고서 현재 좌파인 야당의 중심인물로 활동하고 있다.

이렇게 박물관 산책을 해나가노라니, 이제 끝이 얼마 남지 않은 이 여행이 묘하게도 여행 초의 그 상상세계를 되찾는다. 정복한 신세계와 물에 잠기지 않은 땅들에 대한 꿈, 희망에 부푼 이주와 신화적 섬들에 대한 꿈들을 다시 보게 되는 것이다. 유랑하는 정복민족인 아스텍 사람들은 자신들의 힘을 섬의 표상 속에 각인시켰다. 템플로 마요르 유적지 입구에서 멀지 않은 곳에 마련된 한 수반水盤은 한가운데에 아스텍 왕국의 수도 테노치티틀란의 모형을 전시하고 있다. 원래 이 수도는 지금은 메워져버린 테스코코 호수 한가운데에 있었다. 도로와 수도

水道와 운하가 교차하는 섬도시. 멕시코 북부의 메마른 스텝지대를 건너와 불과 두 세기 만에 중앙평원에다 고도로 발달한 제국을 건설한, 야만 침략자들로 구성된 이 '치치메크' 민족의 서사시는 실로 놀랍다. 아스텍의 전통들은 자신들의 뿌리를 물에 뜬 정원들에 둘러싸인 섬인 아스틀란에 두고 있는데, 혹자는 이 섬이 오늘날의 멕스칼티탄 섬에 해당한다고 말한다. 태평양 연안의 어느 강 하구에 마을이 하나 들어서 있는, 거의 원형에 가까운 둥근 섬이다.

테노치티틀란

　재건축된 멕시코 역사는 아스텍 문명에 대한 강탈과 정복의 과거를 어느 정도 망각하고 있다. 교섭에 능했고, 의사소통에 탁월한 역량을 발휘한 세련된 정치가였으며, 냉소적이면서도 외교적이었던 코르테스는 아스텍 왕국으로부터 핍박받던 민족들과의 끈끈한 유대가 있었기에 정복에 성공할 수 있었다. 코르테스의 무서운 정부 겸 통역이었던 마리나를 포함하여 이 패자들의 지원만이 비록 말들과 화약과 대포 등 인디언들이 한번도 본 적 없는 무기들을 갖추었다고는 하나 수적으로는 절대적 열세였던 이 소규모 유럽군—600명 남짓한 병력이었다—에게 승리를 안겨줄 수 있었다. 500주년 기념을 코앞에 두고 멕시코의 일부 지식인들은 과거에 대한 좀더 복합적이고 보다 현실적인 비전을 요구하고 있다. 정복에 모욕을 가한다고 해서 멕시코인의 정체성과 분리될 수 없는 유산인 혼혈마저 지울 수는 없는 노릇이다. 한 논설기자는 상황을 이렇게 요약한다. "마치 나의 아버지가 어머니를 강간한 격이지요. 저는 그 강간에서 태어난 아이고 말입니다. 하지만 어떻든 아버지는 아버지입니다." 그렇게 말하며 그는 당연히 자신은 어머니와 훨씬 더 가깝다고 덧붙인다.

지금 멕시코는, 물론 어느 정도 과장이 없지는 않으나, 이렇듯 '발송자에게 반송하는 아이러니'를 행하고 있으며, 그것은 대발견이 우리의 현재에 물려준 유산이다. 페르낭 브로델은 "아메리카는 유럽의 작품이며, 이를 통해 아메리카는 자신의 존재를 훨씬 더 잘 드러낸다"라고 쓰면서 이 신세계가 얼마나 유럽에 의해 다듬어지고 동화되고 통합되었는지를 강조한다. 아메리카 대륙에 충격을 가하고 그것을 변형시키고 전복시키면서 말이다. 그 결과는 아메리카 대륙의 라틴화다. 지금은 상처 입고 가사상태에 놓여 있으나, 이 문제는 앞으로의 세기가 간과할 수 없는 사안이다. 그만큼 모호하고 복잡한 혼혈의 문제는 미래의 여러 도전들 중에서도 핵심적인 과제로 주어져 있는 것이다. 신교와 색슨계 뿌리를 가진 북쪽의 거대한 이웃은 끊임없이 이 점을 간파하고 있다. 지금 이 이웃은 남쪽으로부터 파도처럼 밀려와 국경을 넘어 자국 내에 거처를 마련하고 있는 스페인성을 발견하고 있지 않은가?

1990년에 미국은 3천 킬로미터에 달하는 멕시코 국경을 넘어 이주한 밀입국자 1백만 명을 되돌려 보냈다. 잘은 모르지만 한 사람이 잡혔다면 셋에서 열 명쯤은 달아나는 데 성공했을 것이다. 리오그란데 북부에 불법 정착한 멕시코인들의 수가 어림잡아 1,500만 명에 이른다고 한다. 1990년, 스페인계 미국 시민은 공식 통계로 2,240만 명이며, 이는 10년 동안 53퍼센트 증가한 수치다. 한데 더욱 매력적인 사실이 있다. 멕시코는 5세기 전에 이미 세계의 여러 대도시들과 경쟁했다는 사실이다. 어떤 콘키스타도르들은 규모나 아름다움에서 멕시코가 다른 대도시들을 능가한다고 판단했을 정도였다. 누구보다 명석했던 정복

연대기 작가로, 코르테스의 동료였던 베르날 디아스 델 카스티요는 이렇게 적고 있다. "우리 중에는 콘스탄티노플, 이탈리아, 로마 등 세계 각처를 두루 돌아다닌 병사들이 있었다. 그들은 이곳처럼 많은 사람들로 붐비고 예술적으로 잘 정돈되어 있으며 이토록 넓고 질서정연한 곳은 어디에서도 본 적이 없다고 말했다."

한데 오늘날, 신문들이 날마다 지역별 오염도를 발표하고, '딱정벌레'를 모는 택시 운전사들이 매일같이 도로가 새로 생겨나고 있다고 말하는, 사방으로 뻗어나가는 이 거대한 도시 멕시코는 세계의 수도가 되어가고 있는 중이다. 적어도 인구상으로는 그렇다. 한데, 인구야말로 과거에는 권력의 으뜸패가 아니었던가? 인구통계학자들은 2000년이 되면 멕시코 시가 브라질의 상파울로와 상하이를 제치고 지구에서 가장 인구가 많은 도시가 될 것이며, 전체 인구는 1980년의 7천만 명에서 1억 1천 3백만 명이 될 것이라고 전망한다. 프랑스 인구학자 장-마리 푸르생은 이렇게 적고 있다. "지금 미국은 자신의 옆구리에서 다음 세기의 가장 무서운 단절의 진앙震央 하나가 솟아오르는 것을 보고 있다. 리오그란데 강에 가해지는 강렬한 압박이 금방 풀리지는 않을 것이며, 그것은 다음 세기의 가장 골치 아픈 분쟁거리가 될 소지가 있다."

이렇듯 우리의 여행은 1492년에서 1992년으로 넘어오면서, 역사의 우여곡절 하나를 발견하고 있다. 군사적 경쟁자는 없으나 경제적으로 취약해진 미국, 소련 붕괴 이후 권력의 정점에 있는 유럽계 아메리카의 화신 미합중국이 혼혈에 라틴 성향을 지닌 스페인계 아메리카의 인구 및 문화적 도전에 직면해 있는 것이다. 그러한 이곳 과다라자라에 잠재적인 새로운 지정학적 공간 하나를 막 등록하고서 정부 수뇌 차원의 이베리아-아메리카 첫 만남을 야기한 스페인으로서는 참으로 멋진 보복 아니겠는가! 아메리카 대륙 정복은 역설적이게도 그후 스페인에게 치명적인 결과를 안겨주게 된다. 쉽게 얻은 그 부가 정부에 점점 더 많은 부채를 안겨주면서 유럽의 금융시장들 쪽으로 증발해버리는 것이다. 가난과 부, 위기와 그 동인들에 관한 성찰, 새로운 경제사상의 탄생, 아메리카로부터 돈과 황금이 당도함에 따라 치솟는 인플레이션 등과 더불어 모습을 드러내는 것이 바로 우리의 근대다.

추락은 상승보다 훨씬 속도가 빠르다. 역사가 피에르 빌라르는 사태의 그러한 추이가 스페인 사회를 마비시켜 산업혁명에 뒤쳐지게 하는 결과를 만들었다고 강조하면서 이렇게 결론짓는다. "스페인 제국주의는 그것이 파괴시키는 데 기여한 (봉건)사회의 최종 단계였습니다." 17세기에 접어들 무렵, 세르반테스의 『돈키호테』에 쓰일 일종의 프롤로그이듯, 스페인 지식인들은 황금의 폐해를 의식하고서 인도 신화와 페루에 대한 환상에 반대하여 들고일어나 노동을 여유에 대립시키고 생산을 부에 대립시킨다. 그들 가운데 한 사람인 마르틴 곤살레스 데 첼로리고는 이렇게 적고 있다. "스페인이 화폐도 황금도 은화도 갖고 있지 못하다면 그것은 스페인이 그것을 지녔었기 때문이요, 스페인이 가난하다면 그것은 스페인이 부유했기 때문이다. (…) 아마도 사람들은 이 곳을 자연계의 질서를 벗어난 신들린 사람들의 공화국으로 만들고자 한 것 같다."

코르테스는 망각했으나 그래도 멕시코는 콜럼버스만은 사면해주었다. 레포르마 파세오에는 그의 동상이 광장 한가운데에 우뚝 서 있다. 혁명 기념관 바로 옆이요, 다음 광장에 자리잡고 있는 콰우테목의 동상에서 멀리 떨어지지 않은 곳이다. 이곳에서야 우리는 그가 정복의 인물이 아니라 두 세계와 두 시대 사이의 인물임을 깨닫게 된다. 견습 공증인이었던 코르테스는 피사레 같은 건달이기보다는 오히려 마키아벨리의 제자로서 이중의 언어를 구사할 줄 알았던 국정國政인, 즉 국가적 이성을 지닌 사람이었다고 해야 할 것이다. 요컨대 근대의 인물이었던 것이다. 그러나 콜럼버스는 변혁기의 인물로서, 과거의 유산과 미지의 새것 사이의 거대한 틈새에서 모험을 감행하고, 옛것으로 새것을 야기하는 그런 역사적 인물의 전형이다. 연대를 무시하고서, 그를 우리 시대의 정치 풍경 속에 비추어보자. 콜럼버스는 내심으론 왕정주의자이면서도 스스로에게 공화주의자를 강요하는, 제국의 해체를 수반하는 제국인帝國人 드골을 상기시킨다. 즉 공산주의의 이상이 붕괴되는 길을 연 공산주의자 고르바초프를 떠올리게 하는 것이다.

헤르난 코르테스

　그들의 공통된 운명은 조롱을 받다가 명예회복이 된다는 점일 것이다. 1504년 11월 7일, 자메이카에서 돌아온 이후부터 콜럼버스의 머릿속에는 오직 두 가지 관심사, 즉 예루살렘 정복과 자신이 지녔던 특권들의 회복뿐이었다. 그는 자신의 잃어버린 권리들을 최대한 되찾으려고 싸우는 한편, '신성한 집'을 되찾기 위한 새로운 십자군원정의 변호사로 나선다. 그가 되돌아온 지 19일째 되는 날인 1504년 11월 26일, 그의 주된 원군이자 동맹자였던 사람이 그를 버린다. 콜럼버스가 늘 경계해 마지않던 페르난도 왕 앞에 그를 홀로 남긴 채 이사벨라 여왕이 이 세상을 떠난 것이다. 재정에 관한 한 큰 어려움을 겪지는 않는다.

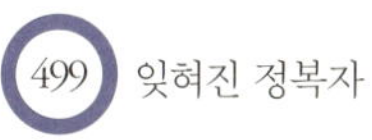

콜럼버스 임종

그가 죽은 뒤, 거의 30년 동안 진행된 한 소송은 콜럼버스에게 양도된 권리들이 이 왕국에 어느 정도의 비중을 차지하는 것이었는지를 잘 보여준다. 그의 후손들이 불평할 일은 그리 많지 않을 것이다. 아들 하나는 히스파니올라의 총독이 되며, 그의 가문은 파나마의 한 지방인 베라구아의 공작 지위를 물려받게 된다. 콜럼버스는 사회복지에 힘쓰기까지 한다. 제노바의 생-조르주 은행 앞으로, 자신이 매년 그리고 "영구적으로", "인도로부터 얻는 수익"의 10분의 1을 자기 고향의 밀과 포도주 세금에 바치겠다는 내용을 고지하는 편지를 쓴 것이다. 과연 그의 맏아들 디에고가 이 명을 이행했는지는 알 수 없다. 제노바의 채권자들이 콜럼버스의 장례식 6개월 뒤 장례식 비용으로 가불한 돈을 되갚지 않는다고 불평하는 것을 보면, 지켜지지 않았을 가능성이 크다.

1506년 5월 20일, 콜럼버스는 발라돌리드의 호화 저택에서 아들들과 충실한 동료들이 지켜보는 가운데, 쉰넷 혹은 쉰다섯 살의 나이로 자신의 침상에서 죽는다. 그는 물질적·재정적 권고들이 빼곡한 유언장에다, 대양의 위대한 제독, 인도의 부왕, 섬들과 대륙의 총독이라는 그 잃어버린 자격들을 자명한 권리로 적시하는 것을 잊지 않았다. 요컨대, '신세계'의 합법적인 유일한 군주가 자신임을 밝히고 있다. 그는 자신이 살았던 세계가 머지않아 멸망에 이를 것이요, 피할 수 없는 적그리스도의 출현과 더불어 종말이 임박했다는 확신을 품고서 평화롭게 사망했다.

그러나 그는 자신이 가장 마음에 두었던 일에는 실패했다. 예루살렘 정복으로 완성될 범세계적 그리스도교의 구현이라는 꿈이 그것이다.

콜럼버스는 서양의 꿈을 위해 일생을 바친 뒤 두 눈을 동양 쪽으로 돌린 채 사망한다. 그러나 그의 뒤를 잇는 사람들에게 아시아는 더이상 최우선 관심사가 아니다. 그만큼 강국들은 아메리카 대륙에 마음을 빼앗겼던 것이다. 그렇다면 아메리카 대륙의 발견은 당장의 탐욕들을 만족시켜주면서 결국 서양의 식민지 개발과 정복으로부터 일본을 구한 것이라고 볼 수도 있지 않을까? 온전히 보존된 문화를 바탕으로 근대성을 이룬 떠오르는 태양의 섬 일본이 오늘날과 같은 경제력을 갖게 된 한 요인은 아메리카 대륙의 발견에 있는 것이 아닐까?

콜럼버스는 죽는 날까지 공들여 손질하던 자신의 『예언의 서』 맨 마지막에서 두번째 줄에 이렇게 적고 있다. "모든 섬들이 달아나고 산들이 자취를 감추었다." 우리에게는 바로 그것이 이 승리한 패자의 마지막 말일 것이다.

패자들의 영광

멕시코 기침 발작 사이사이로, '해방자'의 잠긴 목소리가 그물 침대로부터 솟아오른다. 또다시 피를 토해대기 전에 잠시 찾아든 짧은 휴식이다. 그는 종말이 임박했음을 알고 있다. 그가 희망하던 프랑스에서가 아니라, 이름까지도 그에게 빚지고 있으면서도 그를 버린 이 나라에서의 종말이다. 내일이면 그는 자신의 가장 소중한 친구 안토니오 호세 데 쉬크르가 바로 자신이 출세시킨 사람들의 손에 살해되었음을 알게 될 것이다. 그는 자신을 찾아온 유럽 방문객에게 프랑스어로 말하고 있다. "이곳에서는 인간의 모든 시도가 헛되기만 합니다. 풍경의 현기증 나는 무질서, 거대한 강들, 자연력의 카오스, 숲의 광막함, 지독한 기후 등이 인간의 의지를 망가뜨리고 우리가 당신들로부터 물려받은 생의 그 본질적인 뿌리 깊은 동기들을 해칩니다. 그 동기들은 아직도 우리에게 생기를 주고 있으나, 우리는 모든 것을 파괴하는 유혈 폭력과 수사修辭의 소용돌이에 빠져 중도에 길을 잃고 있습니다. 오

직 우리가 마땅히 해야 할 것을 하지 않고 있다는 의식만 남아, 은연중
에 계속 일하게 하고 우리를 불안정하고 원색적이며 불만에 찬 꾀바른
반도叛徒들로 탈바꿈시키고 있습니다.”

이 여행은 마땅히 그와 더불어 끝이 나야 한다. 시몬 볼리바르, 콜럼
버스를 공화제 자유들의 소란 속에 투영시킨 사람. 그의 범凡아메리카
의 꿈은 콜롬비아로 불린다. 우리가 멕시코라는 도시의 끝없는 미궁을
헤치며, 『마지막 얼굴』이라는 소설을 통해 실망한 ‘해방자’의 유언을
이렇게 상상한 콜롬비아 작가를 만나러 간 것은 그래서이다. 콜롬비아
소설가이지만, 독자들이 즉각 머리에 떠올릴 그런 소설가는 아니다.
그는 가브리엘 가르시아 마르케스가 아니라, 또 한 명의 위대한 콜롬
비아 작가, 멕시코의 또 다른 콜롬비아인 알바로 무티스다. 오랫동안
시인이었으나, 시를 고독한 은신처에 가두는 상업적 추방의 희생양이
된 무티스는 소설 덕택에 보다 많은 독자들에게 알려졌다. 그것도 극
히 최근의 일이다. 하지만 사람들이 잘 모르고 있는 사실은 그가 그의
성공을 공모한 가르시아 마르케스의 그늘 속에 있었다는 사실이다.
『백 년 동안의 고독』이 그에게 헌정되었고, 그는 소설 『미로 속의 장
군』의 아이디어를 마르케스에게 불어넣어주었다. 우리와의 만남이 있
기 전날 밤, 친구들 사이에서 ‘가보’라고 불리는 인물이 자신의 다음 책
의 초고를 그에게 가져다주었다. 부동의 전통대로, 가르시아 마르케스
의 원고들을 검토하는 첫 독자는 무티스이기 때문이다.

1950년으로 거슬러오르는 이 우정은 의아스러운 데가 있다. 두 사람
이 서로 너무나 다르기 때문이다. 무티스는 세상으로부터 은거한 것처
럼 보이는 반면 ‘가보’는 열정적으로 세상을 포용한다. 무티스에게는

알바로 무티스

두 살 때 갔다가 열네 살 때 갑작스럽게 떠나야 했던 잃어버린 유럽에 대한 향수가 있으나, 마르케스는 자신의 취향으로 볼 때 지나치게 미국에 동조하는 듯한 유럽 대륙이 있을 만한 곳이 아니라고 생각한다. 전자는 스스로를 "입헌주의적 왕정주의자"로 규정하나, 후자는 피델 카스트로에게 한결같은 우정을 바치고 있다. 무티스가 우리를 대번에 매료시키는 점은 확산일로의 근대성, 페기가 "온 세상 사람들의 미덕" 이었다고 악의적으로 말했던 그 근대성으로부터 동떨어진 그의 모습, 현실에서 떨어져서 살고 있는 듯한 그의 모습이다. 그리고 그가 좋아하는 인물들 가운데 하나가 바로 선원이라는 점도 우리를 매료시킨다. 선원 중에서도 장루墻樓를 담당하는 선원, 다른 사람들이 간파하지 못하는 것을 보는 사람, 제일 먼저 "육지다!"를 외치는 사람.

고적한 시골 같은 환상을 불러일으키는 정원에 둘러싸인 그의 카탈로니아 스타일 저택에서, 대화는 세 시간 가까이 지속되었다. 예순아홉 살의 무티스는 모든 것이 그대로 남기 위해서는 모든 것이 바뀌어야 함을 알았던 시칠리아인 게파르 데 람페두사를 상기시키는 귀족 무정부주의자 같은 사람이다. 그의 서재 한쪽이 온통 프랑스 관련서, 프랑스의 작가들과 프랑스의 역사에 관한 책들로 장식되어 있다. "유럽의 영광, 그것은 바로 프랑스 문학이지요"라고 그는 말한다. 우리가 방문했을 때 그는 "약간 잘난 체하기는 하지만 자신의 일상적 슬픔인 군인이라는 조건에 관해서는 매우 정확한" 어느 무명 장군의 회고록을 읽고 있었다. 웃음을 터뜨리며 그는 벽난로 위, 몇 개의 밀랍병정 옆에 있는 후안 카를로스의 헌사가 씌어진 사진을 보여준다. "왕은 나의 주군이라오! 하지만 안심하시오. 그렇다고 프랑스에 왕정이 들어서길 꿈꾸지는 않으니까. 이것은 나의 비밀정원 같은 겁니다. 지금도 나는 샹보르 백작의 죽음을 슬퍼하고 있습니다……. '가보'와는 정치 얘기는 하지 않습니다. 그와의 관계는 심지어 문학조차도 때로 부차적인 것이 되어버리는, 존재의 깊은 속내와 연관된 겁니다. 우리는 알게 되자마자 서로에게 푹 빠져버렸지요. 나는 그를 사랑합니다. 그런 터에 피델이 왜 우리 사이를 떼어놓겠습니까? 피델은 그의 개인적인 친구요, 가르시아 마르케스에게 우정은 매우 소중한 것입니다. 그는 대단히 정직한 사람이지요."

가르시아 마르케스

이 격정과 폭력의 땅에서도 문학적 우정만은 끔찍이도 소중하게 여겨지는 것 같다. 무티스에게 그의 다른 두 소중한 친구 옥타비오 파스와 카를로스 푸엔테스의 최근 불화는 여간 안타까운 일이 아니다. 500주년 기념행사에 그는 참여하지 않을 것이다. 기념행사라는 것을 대체로 좋아하지 않기 때문이기도 하지만, 특히나 그는 "공허한 수사, 귀머거리들의 대화"를 두려워하기 때문이다. "세계 역사상 가장 완벽한 항해 성과를 축복하는 것으로 만족해야겠지요. 그밖에는 누구도 진실을 얘기하지 않습니다. 사람들은 유치한 향수에 젖어 토착민들의 문명이 파괴된 것을 슬퍼합니다. 하지만 그 어떤 프랑스인도 로만-골족 문화가 파괴된 것을 슬퍼하지는 않습니다. 그것은 당신들의 일부, 당신들의 혼합의 일부입니다. 사실은 우리 모두가 사라진 문화들의 후손입니다. 스페인의 경우 자신의 옛 식민지들이 없어진 것을 남몰래 슬퍼하고 있지요. 지금까지도 우리는 로맨티스트 볼리바르가 저지른 실수의 대가를 치르고 있습니다. 그는 독립을 쟁취하기보다는 카디스로 가서

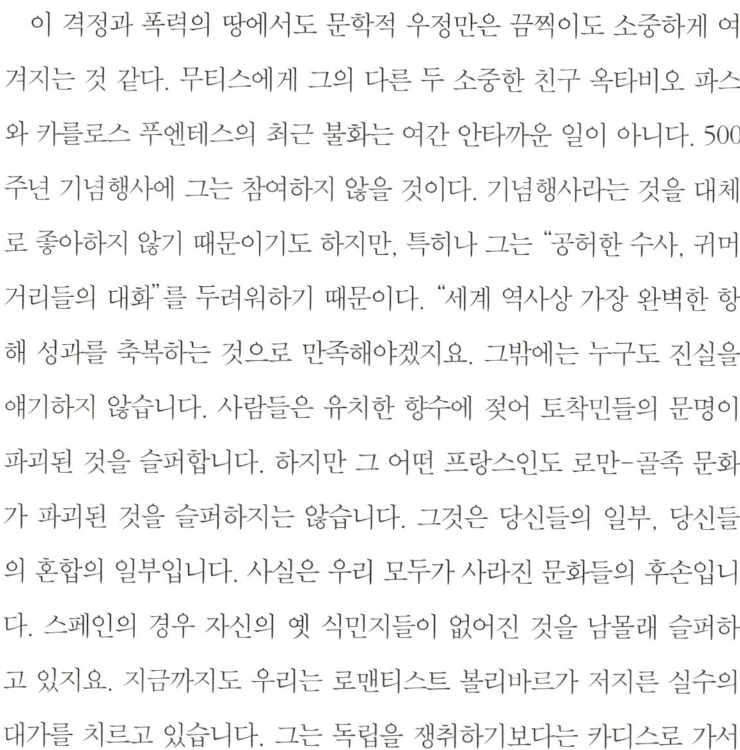

왕이 약해진 틈을 이용해 이베로-아메리카 연합정부를 강요해야 했습니다! 스페인이 프랑스의 침공을 받고 있는 때에 그의 등을 찌른 것은 그리 아름다운 소행이 아니었습니다. 그 결과는 유감스럽게도 자유주의 정신이 뿌리 깊은 우리 스페인계 문화에는 생경한, 북에서 온 퀘이커와 프로테스탄트의 청교도적 모델이 지배하는 세상이 되었지요. '신이 내게 돈을 주었다. 따라서 신은 나를 사랑하고 있으며, 나는 무슨 짓을 해도 무방하다'라는 혐오스런 양심의 모델 말입니다."

무티스는 유럽인이자 아메리카인이다. 반쪽이지만 이를 불쾌하게 여기지 않는다. 그는 자신의 대륙이 어떤 기회들을 놓치고서 오늘날 주변부에 쓸쓸히 방치되어 있는지를 상기시킨다. 이 대륙 구석구석을 방문해본 그다. "지금 우리는 아주 꼴사나운 순간을 맞고 있습니다. 매우 공허한 때를 말이지요. 라틴아메리카 사상 최악의 순간이라 해도 틀림이 없을 겁니다. 우리의 사회 · 경제적 문제들은 19세기에 비해 훨씬 심각하고 해결하기 곤란한 것들입니다. 우리는 아직도 태어나고 있는 중입니다. 언젠가는 우리도 희망의 대륙이 되겠지만 그것이 오늘 내일의 일은 아닙니다. 미숙하게도, 우리는 지금 당장 그 모든 것을 원하고 있지요." 그의 비관론은 일시적인 영광들을 경계하는 한 인간의 결의와도 같은 일종의 고행이다. "여러분은 인간이라는 종種에게 많은 희망이 있다고 보십니까? 죄를 짓는 종이 인간 아닌가요? 하지만 나는 세상을 사랑합니다. 나의 친구들, 나의 꽃들, 순간의 충만을 사랑합니다. 사실 나는 패자들의 진영에 있습니다. 패자는 무슨 일이 일어났는지를 아는 유일한 사람입니다. 패자는 자신을 현명하게 해준 시련을 겪은 사람입니다. 승자는 언제나 자신의 태도를 수정하려고 애를 쓰다

세인트-헬레나에서 종말을 맞이하는 어느 맹인 같은 존재지요. 곰곰이 생각해보면 승자란 존재하지 않습니다. 잠시 승자로 있을 뿐, 오래가지 않습니다. 미국을 한번 보세요. 그들은 자신들을 승자로 여기고 있습니다만, 그들이 의식하지 못하는 엄청난 취약성을 지닌 게 또한 그들입니다. 고르바초프야말로 금세기의 위대한 승자입니다만, 그 또한 곧 패자가 될 겁니다. 아니, 인간이란 승리하기 위해 태어난 존재가 아니라 패배하기 위해 태어난 존재입니다. 세상을 즐기고, 보고, 이해하는 법을 배우기 위해 태어난 존재지요. 나는 승자들을 싫어합니다."

끝으로, 우리는 그가 50년대 이후부터 살고 있는 이 나라에 대한 얘기를 나눈다. 이방인, 추방객, 망명객들이 고향처럼 찾는 멕시코의 접대 전통을 그는 높이 평가한다. 하지만 무티스의 찬사에는 언제나 이중의 의미가 내포되어 있다. "지금 나는 사람들이 우연히 스페인어로 말을 하게 된 어느 아시아 나라에 살고 있습니다. 멕시코는 라틴아메리카에 등을 돌리고 있죠. 그들은 자신들의 것이었던 뉴멕시코와 텍사스와 캘리포니아 땅만 생각하고 있습니다. 이 나라의 절반에 해당하는 땅, 그것을 미국인들에게 팔아넘겼었죠! 지금은 북쪽을 바라보는 외로운 고립 국가 신세입니다. 한데, 정치 문제에 관한 한 나는 대단히 멍청한 사람입니다!" 북-남, 이 새로운 단층선의 경계를 이루는 상징적 존재가 아마 멕시코일 것이다. 우리는 과거의 대립들, 어쩌면 내일도 계속될 그 대립들에 대한 얘기를 끝으로 헤어졌다. "인간들과의 모든 관계는 우리를 죽음에 다가가게 하는 무질서의 싹을 남긴다"라고, 이 작가의 작품 속에서 볼리바르는 말한다. 하지만 적어도 하나의 예외는 있다. 무티스와의 만남이 그것이다.

북–남. 동에서 서를 향해오던 이 여행이 마지막 날 방향을 틀었다. 해외무역의 4퍼센트만이 라틴아메리카와 중앙아메리카에 바쳐질 뿐, 나머지 70퍼센트는 오직 미국 한 곳에만 바치고 있는 이 나라를 어디에 위치시킬 것인가? 우리가 통과하고 있을 때, 이 지역 정치권은 미국과 캐나다와 멕시코를 포함하는 방대한 자유무역지대의 설립에 관한 최근의 합의에 정신이 온통 쏠려 있었다. 냉전 이후의 재배치를 그리는 계획이다. 리오그란데 강 북쪽에서는 부시 대통령의 대담성이 아시아 '호랑이들'의 대용물인 멕시코가 자신들의 집 문턱에서 급부상하는 것을 두려워하는 이들에게 불안감을 안겨주면서 멕시코 집권당인 제도혁명당PRI의 비민주적 결함들—선거부정, 경제 부패, 폭력과 고문 등—을 들먹이게 하고 있다. 카를로스 살리나스 데 고르타리 대통령의 멕시코는 남을 부인하고 북에 닻을 내리고자 하는 것일까? 아니면 정반대로, 남을 북에 수출하는 모험을 시도하고 있는 것인가?

"천만에요, 우리는 라틴아메리카에 등을 돌리는 것이 아닙니다. 정반대로, 우리는 미국과 평등관계로 가는 길을 열고 있죠." 대학교수 레오폴드 제아는 PRI의 정치연구소 창설자다. 그는 이 당의 '당–정부'—"'당–사회'라고도 할 수 있을 겁니다. 그만큼이나 그것은 우리 혁명의 유산입니다"—로서의 모호성을 전적으로 인정하면서도 여전히 당의 충실한 당원으로 남아 있다. 제아는 무티스의 진단을 반박한다. "멕시코는 미국을 라틴아메리카로 만들 겁니다. 우리는 알래스카에서부터 불의 땅에 이르는, 하나의 거대한 혼혈 아메리카 대륙을 향해 가고 있습니다. 미국은 마치 그 속에 하나의 섬나라처럼 뛰어들어와 있는 격이죠. 그들에게는 별수단이 없습니다. 경제적으로나 문화적으로 그들은 이긴 게 아닙니다. 다만 군사력을 가졌을 뿐이지요."

아돌포 질리 역시 대학교수지만 그는 1987년에 PRI로부터 분리되어 탄생한 좌파 정당인 민주혁명당PRD 지도부의 일원이다. 그는 한술 더 뜬다. "웃기는 얘깁니다. 같은 언어, 같은 역사, 같은 문화를 가진 멕시코는 남아메리카권에 속합니다. 인구 절반이 빈민층이요, 1천 7백만 주민이 극도의 빈곤 속에서 살고 있다는 사실 역시 공통점이죠. 부시와 살리나스가 꾸미고 있는 조약은 잘되지 않을 겁니다. 그들은 많은 야생 짐승들을 풀어놓으려 하고 있는데, 이는 미국에 예상외의 파급효과를 줄 겁니다. 그것은 곧 단일노동시장을, 일손의 순환을 의미하기도 하니까요." 남쪽으로 눈길을 돌리고 있는 PRD는 '사오 파울로 포럼'에 집결한 남아메리카 신좌파의 화신으로, 메시아적 이상들의 잔해 위에서 다원주의적 선택을 이루어내고자 하고 있는 당이다. 질리는 이렇게 설명한다. "역사는 변했습니다. 이제는 시간적 여유를 갖고, 현실의 리듬을 타고, 이상주의적 의지론을 포기할 줄 알아야 합니다. 스탈린주의는 나치즘에 대한 승리가 제공해준 집행유예 덕택에 피할 수 없었을 붕괴로부터 구제되었습니다. 자본주의는 아직 이 지상에서 충분히 발전되지 않았고 말입니다!"

사비노 에스트라다 과들루프는 시민들과 함께 북北의 매력에 맞서 싸우고 있다. 극좌파 기구인 PRT의 일원인 그는 코파릴로의 시장이다. 1만 5천 명의 주민이 살고 있는 이 도시는 인구의 90퍼센트가 인디언으로, 회의는 스페인어가 아니라 나후아틀어로 진행된다. 우리가 그를 만난 것은 1992년에 열릴 콜럼버스 축제에 맞서 싸우게 될 이들의 목소리를 듣기 위해서이다. "지금 우리는 문화적 해체과정을 겪고 있습니다. 그 원인은 무엇보다 경제적인 것이죠. 절대 빈곤 속에 살면서 어떻게 자신의 정체성을 유지할 수 있겠습니까? 정복은 특히 보다 나은 땅의 상실을 뜻했고, 산 속으로의 웅크림을 의미했습니다." 인디언 시장들은 500주년 기념행사 반대 시위를 준비하기 위해 잦은 모임을 갖고 있다. 그는 이렇게 예고한다. "우리는 단지 문화를 요구하고 있는 것이 아니라, 권력을, 우리 역사의 주인이 될 수 있는 권리를 요구하고 있습니다."

코파릴로 시는 게레로 주정부에 속한다. 이 시를 떠나며 우리는 곤살로 게레로의 놀라운 모험을 떠올려본다. 그에 관해서는 최근에 멕시코의 프랑스인 프랜시스 피자니가 『하늘의 심장 후라칸 *Huracan cœur-du-ciel*』이라는 아름다운 소설을 펴낸 바 있다. 팔로스 데 라 프론테라 항(港), 콜럼버스가 1492년 8월 3일 출발했던 그 작은 항구에서 선원으로 일하던 게레로는 멕시코 정복이 시작되기 7년 전인 1511년에 유카탄 연안에서 조난을 당한다. 마야인들에게 붙잡혀 일단 노예가 되었던 그는 결국 이 민족과 결혼하고 나아가서는 그들의 명분과도 결혼함으로써 단순히 육체적 혼혈만이 아닌 영혼의 혼혈을 구현한다. 그리하여 결정의 순간이 닥쳤을 때, 스페인인들에 맞서 싸우다 죽기로 결심하며, 결국 자신의 동족인 침략자들에 의해 살해된다. 피자니는 이 소설의 제사로 앙토넹 아르토의 한 구절을 인용했다. 아르토는 에이젠슈테인, 말콤 로리, 트로츠키, 빅토르 세르주 등, 30년대에 멕시코에서 꿈과 좌절을 겪었던 숱한 떠돌이들 가운데 한 사람이다. 그는 이렇게 말한 바 있다. "그렇다, 나는 어떤 힘이 멕시코 땅에서 잠자고 있다는 것을 믿는다."

게레로는 '타자'를 만났고 자신을 그에게 동화시켰다. 이 여행은 무수한 타자들과의 만남이었다. 어떤 부질없는 동일화 속에서가 아니라 그들의 차이성에 귀를 기울이는 가운데 이루어진 만남이었다. 오세아니아 문명들의 몰락을 무기력하게 참관할 수밖에 없었던 빅토르 세갈랑은 이국취미를 "각양각색의 미학", "뭔가가 자기 자신이 아니라는 사실에 대한 인식"으로 정의하지 않았던가? 멕시코에는 밤이 떨어져 있었고, 우리는 삶을 고조시키는 그러한 차이성에 다가갈 수 있게 해준 콜럼버스에게 감사하는 마음을 가득 안고서 마지막 비행기를 향해 떠난다.

사거리에 빨간 불이 켜져 있는 동안 돈 몇 푼을 받고 어릿광대짓을 해주던 가난한 동네의 아이들, 코를 붉게 칠하고 가볍게 화장을 한 그들이 이제는 보이지 않는다. 대신 세차게 쏟아지는 빗줄기 아래에서 웬 어른 한 명이 그들의 자리를 차지하고 있다. 쏟아지는 비에 맞서서, 누더기를 입은 거대한 버팀목 같은 사내가 자동차들이 멈춰 설 때마다 석유를 한 모금 삼켰다가 다시 토해내어 자신의 초라한 횃불에 불을 밝힌다.

빛 하나가 문득 격렬하게 타오르다 사라진다. 인간 화산火山이다.

세계들의 전쟁

프랑스는 세상에 '아메리카'와 '인터내셔널'이라는 두 개의 말을 남겼고, 오늘날 지구의 미래는 이들 둘의 긴장에 달려 있다.

이번 여행을 통해 우리는 1507년에 어느 문사가 신대륙에게 줄 이름으로 베스푸치의 이름 아메리고를 여성화시켜—"유럽과 아시아도 여성의 이름을 땄기 때문"[1]이라고 그는 밝힌다— '아메리카'를 착상해낸 것이 프랑스 보주 지방에 있는 생-디에에서의 일임을 상기한 바 있다. 한편 20세기를 통해 전세계적으로 퍼져나가면서 세계의 서구화에 기여한 '인터내셔널'이라는 말의 경우, 이제는 역사책들이나 그것이 1871년 파리에서 시로 탄생하여 1888년에 릴에서 노래로 불려지게 되었다는 사실을 우리에게 알려줄 뿐이다. 세상의 권력과 세상의 노래, 이들은 인류를 향해 내밀어진 두 개의 거울이요, 맨해튼을 마주하고 선 '자유의 여신상'—가리발디의 옛 동료였던 바르톨디에 의해 파리에서 구상되어 뉴욕으로 온 동상으로, 당시의 노동자들이 코뮌 가담자들과 함

1 『아메리카, 한 이름의 운명: 생-디에-데-보주에서의 신세계 명명식*La Fortune d'un nom : America. Le baptême du Nouveau Monde à Saint-Dié-des-Vosges*』(알베르 롱셍 편저, 제롬 밀리옹. 1991) 참조.

께 그들의 범세계적 박애의 꿈을 추억했으리라고 가정해볼 수 있겠다
―이 지금도 변함없이 하나로 결합시키고 있는 두 희망이다.

아메리카와 인터내셔널, 오늘날 우리는 어떻게 이 둘을 다시 연결시
킬 것인가? 어떻게 끈을 다시 연결하고, 관계들을 짜고, 통로들을 열
것인가? 미국이 반反테러리즘 전쟁을 구실로 제국적 도취에 빠져들고
있는 터에 말이다. 또한 그들이 보복하는 그 국제화된 테러리즘이 인
간의 생명만이 아니라 인류가 보존할 수 있는 유일의 원칙, 즉 하나의
'지구-조국'이라는, 유일하고도 동일한 소속과 연대에 대한 인류 공통
의 의식마저 위협하고 있는 터에 말이다.[2] 답은 아닐지 모르겠지만, 적
어도 한 가지 방법은 제의해볼 수 있지 않을까. 복합적이고 혼혈적인,
어떤 세속적 이성을 공작工作해내는 것이 그것이다. 자신들의 지식과
권능, 권리와 기술을 확신하는 기계주의와 과학주의의 그늘에서 벗어
나는 것, 또한 인문주의 정신을 너무나 오랫동안 베일로 가리고 진보
라는 기만적인 미명하에 가로막았던 그늘에서 벗어나는 것, 그리하여
'인문주의의 빛'의 그 본래 정신을 되찾고 그 회의懷疑들과 그 주의력
들을 되찾는 것, 그것은 하나의 프로그램이라기보다는 커다란 계획이
라 해야 할 것이다. 그러므로 그것은 현재와 과거의 시간 사이에서, 현
시대의 정신과 사유의 시대들 사이에서 이루어질 어떤 공작일 것이다.
그것은 숱한 우발적인 움직임들, 서로 근접해 있는 유추들, 서로 떨어
져 있는 메아리들, 공명하는 인용들을 통해 추론하는 이미지들[3] 등을
통해 관념들을 표현한 『야생의 사고 *La Pensée sauvge*』에서 클로드 레
비-스트로스가 부여하는 바로 그런 의미에서의 공작일 것이다.

그러므로 절대 과거를, 현재를 너무나 무겁게 짊어진 과거를 일소해

버려서는 안된다. 이성은 지금도 계속 자신의 분화구 속에서 천둥소리를 내고 있으며 어쩌면 용암은 이성을 삼켜버릴지도 모른다. 아직까지 그것은 상대할 국가적 동맹이 없는 세계적 이성이라 말해질 수 없으나, 2001년 9월 11일 바로 다음날 미국이 선언한 전쟁은 이미 세계적 규모의 전쟁이다. 더구나 그것은 본능적으로 그리고 인위적으로 상대를 글로벌화化함으로써 동양과의 분열뿐만 아니라 서양 자신과의 분열을 초래할 위험성을 안고 있는 세계들의 전쟁이다. 사실 1945년 이후부터 미국의 전략은 더디고 불완전하게나마 이 세계에 대해, 이 세계의 상호의존성과 연대성에 대해 사람들이 상상해온 그 모든 것으로부터의 단절이다. 내적으로는 근본적으로 오만하고, 외적으로는 끔찍하도록 간섭주의적인 이 아메리카는 분명 세계주의를 지향하는 나라가 아니다. 9.11을 냉전후 세계의 불확실성에서 벗어날 유일한 기회로 파악하는 지금의 미국 지도부가 채택한 독트린은, '빛'을 포격으로 유럽 전역에 가져다주려 한 '위대한 국가'의 군대, 바로 프랑스의 군대를 떠올리게 하는 독트린이다. 나폴레옹의 모험 역시 바로 동양에서 시작된 기마행렬이었으며, 샤토브리앙은 당시 시리아에서 어떤 전쟁 범죄들이 저질러졌는지를 상기시킨 바 있다.[4] 그것은 많은 약탈들로 장식된 멋진 이념들을 퍼뜨렸고, 특히 쓸데없는 많은 희생자들을 뒤에 남겼다. 공포라고? 미슐레는 먼저 그렇게 반문한 뒤, "나폴레옹이 지휘하는 전장에 단 하루만 있어보라!"고 대답하곤 했다. 그는 수많은 사상자에 대해 얘기했으며, 지금도 사람들은 그런 얘기를 하고 있다. 총손실에 대한 총손실, 우방의 피해에 대한 테러 공격 얘기를 하고 있다. 우리가 그동안 오랜 답보 상태에 있었다는 증거다.

4 샤토브리앙, 『무덤 저 너머의 회상 *Mémoires d'outre-tombe*』(갈리마르, '플레이야드 총서', 1951, 제1권, 719~732쪽)

‘행복’을 새로운 이념으로 만들고자 했던 우리의 “장화 신은 혁명”에 대한 추억과 선을 전세계에 퍼뜨리고자 하는 “장화 신은 윌슨주의”의 현실 사이에 있는, 또 다른 어떤 제국 근성에 대한 나의 이러한 비유는 피에르 아스네에게서 빌린 것이다. 절제된 섬세한 정신의 소유자인 이 여러 세계의 유럽인은 엄밀한 예증을 통해 “한편으로는 전략적이요, 다른 한편으로는 정치적이자 법률적이자 도덕적인 이중의 혁신”을 명백히 밝힌 바 있다. 그 속에는 신보수주의자들이 우리가 보는 앞에서 신제국주의자들로 탈바꿈하고 있는 미국의 방향 전환이 함축되어 있다. 그는 이렇게 적고 있다. “전략적 관점에서 볼 때, 단념 유도의 시대 다음에는 선점先占의 시대가 이어질 것이다. 모든 핵 논리가 피하고 싶어하는 기습 공격이 규칙이 되어버릴 것이다. (…) 법률적 관점에서 볼 때는, 정당방위가 예방 전쟁으로 확대될 것이요, 평화적이고 민주적인 국가들에게는 주권이 유보될 것이다. (…) 범세계적 관할 기구가 없기에, 몇몇 국가들, 특히 미국 같은 국가에게는, 테러국으로 의심이 가는 나라들의 내적 체제와 독립성을 마음대로 소유하는 것이 하나의 절대적 권리처럼 여겨지게 될 것이다. (…) 적을 꼼짝 못하게 하는 것만이 문제인 죽음 없는 전쟁이라는 개념에서, 내가 파괴되는 일이 없도록 적을 파괴시키는 것이 문제인 전면전 개념으로 급변할 가능성이 절대적으로 확실하다. ‘위험 없는 전쟁에서 규칙 없는 전쟁으로 넘어가게 되는 것이다.’”[5]

우리의 정신이 얼마나 빨리 전쟁에 익숙해지는지를, 적어도 그것이 불가피하다는 생각에 얼마나 쉽게 익숙해지는지를 머리에 떠올리며 이 경고를 읽어야 할 것이다. 요컨대 얼마나 쉽게 무관심해지는가를

5 피에르 아스네, 〈미국, 힘의 제국인가 제국의 힘인가? *États-Unis : l'empire de la force ou la force de l'empire?*〉, 《카이에 드 샤이요 *Cahiers de Chaillot*》 제 54호, 2002년 9월.

말이다. 심지어 죄수들 사이에서도 미국 시민이냐 아니냐를 기준으로 선별이 이루어지는—미국 시민이 아닌 죄수들은 변호사와의 접촉 없이 무한정 구금되어 신문받을 수 있다—그런 묘한 분류에 대해 우리는 진정으로 경각심을 가져보았는가? 그리고 우리 고유의 기준들을 망각하도록 이끄는 이 도덕적 상대주의로부터 과연 우리는 충분히 보호되고 있는가? 이번에는 서양이 그것들을 잃고 있는 것은 아닌가? 전세계적 표적이 된 적, 테러리즘이 단순히 시민들에게 고통을 주고 살인을 하는 행위로 정의되는 것이라면, 어째서 이 기준이 전략적 폭격들이라든가 도시들에 대한 보복 공격, 특정 국민들에 대한 엠바고 등에는 적용이 안될 수 있겠는가? 이렇듯 모든 전쟁은 은근하게 그런 일들을 통속화시키는 데서 시작되어, 인간의 생명에 대한 무관심을 퍼뜨리는 이미지들과 언어와 정계의 돌연한 난폭함으로 이어진다.[6] "전쟁의 권리에서 핵심 근본인 일반 시민과 군인의 구분이 실종되고 있는 중"임을 확인하면서, 테레즈 델페쉬는 알-카에다의 테러가 집단 학살의 세기, "인류사에서 가장 많은 인명이 살해된 세기가 끝난 직후"에 일어난 일임을 주지시킨다.[7]

"감정의 마비는 알아차리기 힘든 전쟁들이 시작되었음을 말해주는 징후다"라고 조르주 에넹은 쓴 바 있다. 동양의 서양인이요 서양의 동양인으로, 양쪽 세계에서 살고자 노력했던 그는 두 세계 모두에게 출구 없는 흥분상태를 버리고 회의懷疑하는 힘을 다시 가질 것을 촉구했다. 1945년 8월의 어느 날, 카이로에서 이집트의 초현실주의를 주도하며 살고 있던 그는 나치의 동양 동맹군을 무릎 꿇리기 위한 원자폭탄 하나가 히로시마에 떨어졌다는 소식을 듣는다. 그는 펜을 들었고, 분

6 조르주 L. 모스, 『대전大戰에서 전체주의로 : 유럽사회들의 난폭화 De la Grande Guerre au totalitarisme. La brutalisation des sociétés européennes』(아세트 문학, 1999)

7 테레즈 델페쉬, 『카오스의 정치학 : 세계화의 이면 Politique du chaos. L'autre face de la mondialisation』(쇠이유, '이념의 공화국' 총서, 2002, 14~17쪽)

8 조르주 에넹, 『전쟁의 위엄 *Prestige de la terreur*』(라 세앙 스 콩티뉘, 1998)

노에 찬 글을 썼다. "한 전쟁은 이겼다. 그러나 참으로 우리는 히틀러가 자신의 전쟁에 졌다고 확신하는가?"라고 그는 자문했고, 이제는 "몽상들의 권위를 다시 회복시킬 때"라고 주장했다. 그리고 지금까지도 여전히 시사하는 바가 많은 다음과 같은 말들을 적었다. "정당한 전쟁들은 있다. 그러나 그런 전쟁들의 속성은 오랫동안 정당한 전쟁으로 머무르지 않는다는 것이다."[8]

망각과 추억을 가로지르는 시간여행

이 책의 저자 에드위 플레넬은 1980년에 《르몽드》에 입사하여 1996년부터 10여 년간 세계적 권위를 누려온 이 일간지의 편집국장으로 일했다. 그에 관해 좀더 부연하자면, 1952년에 낭트에서 태어나 파리의 정치학 그랑제콜인 IEP에서 수학했고, 1970년에 '급진공산주의자 동맹LCR'에 가입하여 이 '동맹'의 기관지 《적*Rouge*》의 기자로 활동하는 등 10여 년간 열혈 트로츠키주의자로서 극좌파 운동에 투신한 전력이 있으며, 2001년에는 그러한 젊은 날의 초상을 그린 자전적 에세이 『청춘의 비밀』로 에세이 부문 〈메디치상〉을 수상하기도 했다. 그리고 2003년에는 《르몽드》의 권력화를 고발한 책 『르몽드의 숨은 얼굴』에서 콜롱바니 사장과 더불어 《르몽드》를 망친 3인방의 한 사람으로 지목되어 큰 곤욕을 치렀으며, 2004년 11월에는 "저널리즘과 글쓰기의 단순한 즐거움"으로 돌아가기 위해 편집국장직에서 사임한다는 소식이 국내외의 여러 언론들을 통해 보도되기도 했다. 물론 역자로서는

"플레넬은 편집국에 공포 분위기를 조성한 CIA 요원이었다"와 같은 그에 대한 비방이 과연 얼마나 합당한 것인지, 그 실상에 대해 전혀 아는 바 없다. 플레넬은 스쿠프와 탐사 저널리즘을 통해 《르몽드》 지면에 활기를 불어넣고 《르몽드》가 프랑스 사회 의제설정의 선도역할을 하는데 기여한 공신으로 인정받는 한편, 대중의 관심을 끌기 위해 폭로 기사 위주로 편집함으로써 정론지로 이름난 《르몽드》의 보도 정신을 훼손시켰다는 비판도 동시에 받고 있다. 1985년 환경운동단체 그린피스가 프랑스의 남태평양 핵실험을 감시하기 위해 뉴질랜드에 파견한 선박 '레인보 워리어' 호를 폭파한 사건이 프랑스 첩보원의 소행이라는 것을 밝혀낸 이가 그요, 미테랑의 숨겨진 딸의 존재를 폭로한 이도 그다. 그에게 가해진 이런저런 중상과 비난이 얼마나 적절한 것인지, 저널리스트로서의 그의 공과에 대해 역자는 자세히 알지도 못하거니와 그것에 대한 판단을 내릴 수 있는 위치에 있지도 않다. 다만 이 책의 저자가 최근 10여 년간 《르몽드》의 데스크를 맡았던 사람이라는 사실, 그것만으로도 이 책의 무게는 결코 가벼울 수 없다는 점을 의식하고 있을 뿐이다.

플레넬의 대표적 저술이라 할 이 『정복자의 시선』은 우선 그 탄생 배경이 흥미롭다. 이 책의 제2부 「콜럼버스와의 여행」에 대해 저자는 1991년 초 아버지 부시의 '사막의 폭풍' 작전이 사담 후세인의 군대를 굴복시켰을 때 두 달간 콜럼버스의 여행을 더듬으며 "이 열정과 상투화와 이단배척의 시대에 평화의 길과 경청의 침묵을, 유혹과 대화와 쾌락의 목소리를 되찾을 것을 제의"할 생각으로 서술된 글들이라고 말하고 있다. 그 글들은 당시 《르몽드》에 연재되었다가 1991년에 같은 제목의 책으로 출간되었었다. 그리고 그 10년 후, 2001년 온 세계가 9.11테러의 충격에 휩싸였을 때, 10년 전의 여행을 떠올리며 당시에 얼핏 열린 듯이 여겨지던 사유의 자취들을 다시 좇고자 한 것이 바로 이 책의 제1부「혼합인」이다. 그렇다면『정복자의 시선』은 아버지 부시의 '사막의 폭풍' 작전과 아들 부시의 9.11 테러 보복 전쟁 '충격과 공포'에서 탄생한 두 권의 책이 하나로 묶여 공명하고 있는 책이라 할 수 있을 것이다.

'사막의 폭풍' 과 '충격과 공포'. 이 두 차례의 전쟁을 통해 극명하게 표면화된 문화 충격과 문명 충돌의 시대에, 동양—서양이라는 이항대립의 함정에서 빠져나와 동양의 서양인이 되고 서양의 동양인이 되는 길을 탐색하는 저자는 먼저 오늘의 우리가 '세계'를 망각하고 있다는 경고에서 출발한다. 이어 마르크스의 시대로 거슬러올라가 세계주의의 꿈을 실현하고자 한 '인터내셔널'이 왜 실패했는가를 살핀 제2장, '양식'의 이름으로 자행되는 자국민 우선주의가 세계에 대한 사유 자체를 가로막고 있음을 지적하는 제3장, 다시 세계를 사유할 수 있기 위해 기존의 사유 틀을 깨뜨리고 세계와 다른 방식으로 관계를 맺을 것을 제의하는 제4장, '타자'에 대한 경제적·문화적 울타리들이 어떻게 정치를 실종시키게 되는지를 경고하면서 '세계의 맛'을 즐기려 스스로 망명객이 된 이들을 환기시키는 제5장, 문화 및 인종적 우월감이 내포하고 있는 대재앙의 싹이 여전히 엄존하고 있음을 경고하는 제6장, 그러한 싹이 프랑스 내에서는 어떻게 자라나고 있는지를 탐색한 제7장을 거쳐, 마침내 신분과 본거지와 국경과 출신과 울타리들의 사상에서 벗어나 세계의 모든 것을 포용하며 전지구적 규모로 이동하는 떠돌이 사상의 길, 혼혈인의 길을 제시하는 것으로 제1부는 마감된다.

이어지는 제2부 「콜럼버스와의 여행」은 저자의 표현을 빌리면 "과거의 빛에 현재가 모습을 드러내는 거울"과도 같은 여행이다. 콜럼버스가 태어난 땅 제노바에서 출발하여 '범汎아메리카' 연대를 꿈꾸었던 '해방자' 볼리바르의 땅 멕시코에서 끝나는 18개국 순방의 이 도정은 망각과 추억을 가로지르는 시간여행이기도 하다. 지구의 대혼란 속에서 단일시장으로서의 유럽이 탄생한 시점(1992년)에 근대의 여명이자 지구시대가 열린 해(1492년)로 되돌아가 콜럼버스의 자취를 좇는다는 것, 그것은 '지구촌 대개발 사이클'의 완성 단계에 이르러 비틀거리며 표류하고 있는 오늘의 세계를 그 근원에서부터 다시 성찰해보려는 의지의 표현일 것이다. 여행 도정의 매단계마다 과거의 인물에 대한 회고와 오늘의 인물과의 인터뷰를 교차시키면서 과거의 세계와 오늘의 세계의 다양한 울림과 메아리들을 풍부한 고증과 자료들을 바탕으로 펼쳐내는 제2부야말로 기자 출신 저자의 역량이 한껏 발휘되는 곳이 아닌가 싶다.

지배적 담론에서 벗어나 '군도群島의 사상'을 좇고자 한 저자의 의지가 문체에 그대로 투영되고 있음도 지적해두자. 체계적인 분석과 단언보다는 암시와 역설을 위주로 한 그의 파편적 글쓰기는 어쩌면 체계적인 서술들에만 익숙한 독자들에게 편안한 독서를 제공해주지 않을지도 모른다. 사실 역자는 이 책의 앞부분을 번역해나가는 동안 "나아가야 할 길을 제시하는 것이 아니라 방향을 암시하는 불확실한 발자취들만 가득한 가파른 오솔길"을 좇는 이 '샛길타기'가 독자들을 혼란에 빠트리지 않을까 하는 염려를 떨칠 수 없었다. 샛길에서 샛길로 이끌며 숱한 암시와 역설들로 역자를 고생시키는 저자를 책망하는 마음도 없지 않았다. 하지만 저자의 그러한 문체야말로 이 책의 가장 큰 미덕일 수도 있다는 사실을 곧 깨달을 수 있었다. 괜한 암시와 역설들이 아니라 생각의 폭을 키우고 사유의 장을 넓히도록 청하는 암시와 역설들이요, 무거운 주제임에도 불구하고 마음 가는 대로 산책하듯 읽는 즐거움을 주고 있기 때문이다. 프랑스의 서평 전문지 《파주Page》가 이 책에 대해, "많은 자료들과 깊은 연구를 바탕으로 한 저작이면서도 일반 대중이 충분히 이해할 수 있는 에세이다. 크리스토퍼 콜럼버스와 에드위 플레넬이 걸었던 도정 하나하나가 해당 나라의 현 상황에 비추어 분석되었으며, 결코 젠체하지 않는 나무랄 데 없는 언어로 표현되어 있다. 저자는 자신의 진실을 주장하는 것이 아니라, 선입견 없이 다만 성찰 가능한 여러 길들을 암시하고 있다. 사물을 보는 새로운 한 방식이다"라고 말하는 이유도 여기에 있을 것이다.

이 책이 지닌 여러 미덕들 중에서도 특히 여론과 양식과 체계를 경계하라는 저자의 충고는 역자에게도 오랫동안 소중한 교훈으로 남을 것 같다.

2005년 봄
김병욱

1451	당시 공화국이었던 **이탈리아**의 제노바에서 태어남.
1465~1475	열네 살 때 처음 배에 승선. 동지중해로의 여행. 해적선에 취업. 가족 역시 리구리아 연안에 위치한 사보네로 이사함.
1476	**포르투갈** 남쪽에 있는 생-뱅상 갑岬에서 조난.
1477~1485	포르투갈 체류 시기. 북으로는 아일랜드까지, 남으로는 아프리카 연안을 따라 '캅-베르'(세네갈에 있는 현재의 다카르)에서 기니 만灣까지 여행함. 수년 후 사망하는 어느 포르투갈 귀족 출신 여인과 결혼한 후 대서양의 포르투갈 섬들(마데르 군도와 아소르 군도)에서 체류함. 첫 아들 디에고 출생. 동생 바르톨로메오가 해양 엽서들을 파는, 일종의 전문서점을 운영하는 리스본에 정착. 대서양을 가로질러 서쪽으로 항해해 아시아로 간다는 계획을 세워 포르투갈의 주앙2세에게 제의했으나 거절당함.
1485	포르투갈을 떠나 니에블라 국경지역을 거쳐 **스페인** 남부에 위치한 카스티야에 도착. 팔로스 항구의 선원들과 라비다 승원의 수도사들을 처음으로 접촉함.
1486~1491	안달루시아 체류 시기. 더이상 항해는 하지 않고 자신의 꿈을 실현시킬 방책들을 강구함. 세비야에 살며 코르두에 데 베아트리스를 사랑하여 훗날 그의 전기를 쓰게 될 둘째 아들 페르난도를 얻음. 당시 스페인 최후의 무어 왕국을 없애기 위해 한창 그라나다 정복 전쟁을 벌이고 있던 가톨릭 왕들인 카스티야의 이사벨라와 아라곤의 페르난도 왕의 궁정을 드나들며 그들을 설득함. 궁정에서 망설이는 가운데 학자들의 회의론이 점점 거세짐. 다시 한번 포르투갈의 주앙2세 국왕에게 봉사를 제의하지만 수포로 돌아감. 바르톨로

메오 콜럼버스가 동일한 목적으로 프랑스와 영국에 가서 체류해보지만 두 나라의 왕들 모두 대서양 횡단 계획을 거절함.

1492   세 종교의 스페인이 막을 내리고 아메리카 모험이 시작되는 해. 1월에 그라나다가 항복하고, 3월에 유대인 추방 칙령이 공포되고, 4월경에 왕들이 콜럼버스의 계획에 우호적인 입장으로 돌아섬. 8월 3일 팔로스 데 라 프론테라를 떠남. 9월 6일까지 **카나리아 군도**에 정박. 10월 12일 **바하마** 군도에 도착. **쿠바**와 **아이티**의 북쪽 연안들을 탐험. 12월 24일과 25일 사이의 밤에 '산타마리아' 조난. 오늘날의 캅-아이티의 동쪽에 신대륙 최초의 식민지 '나비다드'를 세움.

1493   첫 항해에서 돌아와 두번째 항해를 떠나는 해. 1월, 콜럼버스와 그의 선원들은 '히스파니올라'로 명명한 아이티 북부를 출발하여, 3월 열렬한 환영 속에 세비야로 귀향함. '대양의 위대한 제독', '인도의 부왕', '이미 발견했거나 앞으로 발견하게 될 육지와 도서들의 총독' 등의 자격들을 확인받음. 9월에 두번째 항해를 떠나, **도미니크, 과들루프, 푸에르토리코** 등의 섬들을 발견함. 카리브 해 식인 인디언들을 처음으로 접촉함. 11월 말에 히스파니올라에 도착하여 '나비다드'가 폐허로 변한 것을 확인함.

1494   4월에서 9월까지, 남쪽 연안을 따라 쿠바를 다시 탐험함. 스페인 왕국과 포르투갈 왕국이 세계를 나누어 갖는 토르데실라스 조약이 체결된 시점인 6월에, 선원들에게 쿠바가 대륙의 일부라고 선언하도록 하는 맹세를 강요함. 9월에 이사벨라 여왕에게 돌아감. 오늘날의 **도미니카 공화국** 북부에 새로운 히스파니올라 식민지를 세움.

1495~1496   식민지화의 시작. 히스파니올라에서 총독의 직무를 수행하고, 아

라와크 인디언들을 징벌하기 위한 원정에 나서며, 카리브 해의 인디언들을 노예화하는 계획을 세움. 대량학살과 질병들이 발생함. 1495년 10월, 득보다는 실이 많은 식민지의 상태를 살펴보기 위해 왕궁으로부터 조신 한 명이 파견됨. 1496년 3월 스페인을 향해 출발함.

1496~1497 쇠퇴의 시작. 1496년 6월 스페인에 도착하니, 궁내에 비판의 목소리가 가득함. '모기들의 제독'이라는 조롱을 받음. 새로운 식민지 행정을 불신받는 가운데, 수도사처럼 차려입고서, '신성한 집'(예루살렘) 재정복에 나설 것을 제의하는 메시아적 변론들을 행함.

1498 세번째 항해와 대륙의 발견. 5월에 출발하여 8월에 **트리니다드**에 도착함. 파리아 만에서 **베네수엘라** 동쪽 연안을 신속하게 탐사한 후, 그것이 미지의 무한한 대륙임을 확인함. 여기에 지상낙원이 있다고 논증함. 8월 31일 히스파니올라로 돌아가, 이곳의 남쪽, 동생 바르톨로메오가 세운 새 수도 산토도밍고에 다다름.

1499~1500 부왕 자격을 잃음. 히스파니올라가 점점 더 분열됨. 노동을 거부하는 자존심 센 히달고들과 총독 사이에 갈등이 빚어지고, '이방인'에 대항하여 스페인 콜론들이 폭동을 일으키자 콜럼버스는 주저없이 그들을 가혹하게 제거함. 1500년 8월, 그의 직능을 대신할 보바디야가 도착하자, 콜럼버스는 부왕의 직위를 박탈당한 채 두 동생들인 바르톨로메오, 디에고와 함께 감옥에 갇힘. 쇠사슬을 찬 채 항해하여 11월에 스페인에 도착함. 12월, 가톨릭 왕들의 발 앞에 눈물을 흘리며 부복함.

1501 만년의 환상가 콜럼버스는 지상의 위대한 세 일신교를 통합하여 하나의 범세계적 그리스도교를 만든다는 이단적 계획을 담은 책 『예언의 서』를 집필하기 시작함. 자신의 재정적 권리들을 일부 회

복하지만 이즈음부터 주변으로 밀려나고, 아메리카 모험은 히스파니올라의 세번째 총독으로 임명된 니콜라스 데 오반도 같은 권력가들에게 넘어감. 비록 병들고 기력이 쇠한 몸이지만, 네번째 항해를 조직하기 위해 국왕의 허락을 얻고자 투쟁함.

1502~1504   가장 길고도 비극적이었던 네번째이자 마지막 항해. 가는 길에 **마르티니크 섬**을 발견함. 오반도에 의해 히스파니올라 상륙 금지령이 내려지자, 선수를 중앙아메리카로 돌려 파나마 지협을 따라감. 그에게는 남아메리카에 다름아니었던 그 '미지의 대륙'과 그가 북아메리카에 있으리라고 생각한 아시아 사이의 어떤 통로를 찾아보지만 수포로 돌아감. **온두라스, 니카라과, 코스타리카, 파나마** 등의 연안들을 연이어 스쳐지나가다가 결국 **자메이카**에서 1년 동안 조난당함. 1504년 11월에 마침내 스페인으로 돌아오지만, 몇 주 후, 그의 동맹군이었던 카스티야의 이사벨라 여왕이 사망함.

1506   5월 20일 발라돌리드에서, 쉰다섯 살의 나이로 사망함.

1507   아메리카 명명식. 보주의 생-디에에서 아메리고 베스푸치의 저서 번역본이 출간됨. 피렌체 출신으로 콜럼버스의 친구였던 베스푸치는 이 책에서 가짜 항해 하나를 꾸며내 선구자 역을 자임함. 보주 김나지움의 한 지리학자가 번역본 서문에서 '아메리고에 의해 발견된 이 세계의 네번째 대륙'을 '아메리카'로 명명할 것을 제의함.

1513   발보아가 파나마 지협을 걸어서 가로질러 태평양을 발견함.

1519   코르테스가 **멕시코** 정복을 시작하고 마젤란이 최초의 세계일주를 시도함.

1 혼합인

ADDA Jacques, La Mondialisation de l'économie, 2 tomes, La Découverte, 'Repères', Paris, 1997.

AMSELLE Jean-Loup, Branchements. Anthropologie de l'universalité des cultures, Flammarion, Paris, 2001

AMSELLE Jean-Loup, Logiques métisses. Anthropologie de l'identité en Afrique et ailleurs, Payot, Paris, 1999.

APPADURAI Arjun, Après le colonialisme. Les conséquences culturelles de la globalisation, Payot, Paris, 2001.

ARENDT Hannah, Les Origines du totalitarisme. édition établie sous la direction de Pierre Bouretz, Gallimard, 'Quarto', Paris, 2002

ARENDT Hannah, Penser l'événement, Belin, Paris, 1989.

ARENDT Hannah, Vies politiques, Gallimard, 'Tel', Paris, 1997.

BAIROCH Paul, Victoires et déboires. Histoire économique et sociale du monde du XVIe siècle à nos jours, 2 tomes, Gallimard, 'Folio-Histoire', Paris, 1997.

BALIBAR Étienne, CHEMILIER-GENDREAU Monique, COSTA-LAS-COUX Jacqueline, TERRAY Emmanuel, Sans-papiers: l'ar-chaïsme fatal, La Découverte, Paris, 1999.

BANCEL Nicolas et al. (sous la direction de), Zoos humains. De la Vénus hottentote aux reality shows, LA Découverte, Paris, 2002.

BARTHES Roland, Œuvres complétes, 3 tomes, Le Seuil, Paris, 1993, 1994 et 1995.

BEAUD Michel, Le Basculement du monde. De la Terre, des hommes et du capitalisme, La Découverte/Poche, Paris, 2000.

BEAUNE Colette, Naissance de la nation France, Gallimard, Paris, 1985.

BERNAND Carmen, GRUZINSKI Serge, Histoire du nouveau monde, 2 tomes, Fayard, Paris, 1991, 1993.

BRAUDEL Fernand, L'Identité de la France, Flammarion, Paris, 1986.

CAMUS Renaud, Discours de Flaran, POL, Paris, 1997.

CAMUS Renaud, Du sens, POL, Paris, 2002.

CAMUS Renaud, Etc., POL, Paris, 1998.

CAMUS Renaud, La Campagne de France. Journal 1994, Fayard, Paris, 2000.

CAMUS Renaud, P. A., POL, Paris, 1997.

CHEMILLIER-GENDREAU Monique, L'Injustifiable. Les politiques françaises de l'immigration, Bayard, Paris, 1998.

CHEVRIER Jacques(textes réunis par), Poétiques d'Édouard Glissant, Presses de l'Université de Paris-Sorbonne, Paris, 1999.

COLOMB Christophe, La Découverte de l'Amérique, 3 tomes, La Découverte, Paris, 1979 et 1991.

COLOMB Christophe, Œuvres complètes, édition établie et présentée par Consuelo Varela et Juan Gil, La Différence, Paris, 1992.

COMTE-SPONVILLE André, FERRY Luc, La Sagesse des Modernes. Dix questions pour notre temps, Robert Laffont, Paris, 1998.

CONRAD Joseph, Au cœur des ténèbres, traduction de Jean-Jacques Mayoux, GF-Flammarion, Paris, 1989.

CUMINAL Isabelle, SOUCHARD Maryse, WAHNICH Stéphane, WATHIER Virginie, Le Pen, les mots. Analyse d'un discours d'extrême droite, La Découverte, Paris, 1998.

DELPECH Thérèse, Politiques du chaos. L'autre face de la mondialisation, Le Seuil, 'La République des idées', Paris, 2002.

DETIENNE Marcel, Comparer l'incomparable, Le Seuil, 'La librairie du XXᵉ siècle', Paris, 2000.

ETEMAD Bouda, La Possession du monde. Poids et mesures de la colonisation, Éditions Complexe, Bruxelles, 2000.

FAYE Jean Pierre, Langages totalitaires, Hermann, Paris, 1972.

FERRO Marc, Histoire des colonisations. Des conquêtes aux indépendances

XIIe-XXe siècle, Le Seuil, Paris, 1994.

FERRY Luc, RENAUT Alain, LA Pensée 68, Gallimard, Paris, 1985.

FONTENAY Élisabeth de, Diderot ou le matérialisme enchanté, 'Biblio-Essais', Paris, 1984.

FOUCAULT Michel, Dits et écrits, 1976~1979, édition établie sous la direction de Daniel Defert et François Ewald, tome 3, Gallimard, Paris, 1994.

FOUCAULT Michel, Les Mots et les Choses, Gallimard, Paris, 1966.

GALLAGHER Mary, La Créolité de Saint-John Perse, Gallimard, Paris, 1998.

GASTAUT Yvan, L'Immigration et l'Opinion en France sous la Ve République, Le Seuil, Paris, 2000.

GAUGUIN Paul, Oviri. Écrits d'un sauvage, Gallimard, 'Folio Essais', Paris, 1989.

GLISSANT Édouard, Tout-monde, Gallimard, 'Folio', Paris, 1995.

GLISSANT Édouard, Traité du Tout-Monde, Gallimarrd, Paris, 1997.

GODECHOT Jacques, La Granede Nation, Aubier, Paris, 1983.

GRUZINSKI Serge, La Pensée métisse, Fayard, Paris, 1999.

HENEIN Georges, L'Esprit frappeur. Carnets 1940~1973, Encre, Paris, 1980.

HOUELLEBECQ Michel, Interventions, Flammarion, Paris, 1998.

JULLIEN François, MARCHAISE Thierry, Penser d'un dehors(La Chine). Entretiens d'Extrême-Occident, Le Seuil, Paris, 1998.

KAGAN Robert, 'Puissance et faiblesse', Commentaire, n$_o$ 99, automne 2002.

KANT Emmanuel, Géographie, Aubier, Paris, 1999.

KLEMPERER Victor, Journal 1933~1945, 2 tomes, Le Seuil, Paris, 2000.

KLEMPERER Victor, LTI. La langue du IIIe Reich, Albin Michel, Paris, 1996.

LA BOÉTIE Étienne de, De la servitude volontaire ou contr'un, Gallimard, Paris, 1993.

LAPLANTINE François, NOUSS Alexis, Métissages, de Arcimboldo à Zombi, Pauvert, Paris, 2001.

LAS CASAS Bartolomé de, L'Évangile et la Force, Le Cerf, Paris, 1991.

LAS CASAS Bartolomé de, Très brève relation de la destruction des Indes(1552), La Découverte, Paris, 1991.

LEQUENNE Michel, 'Christophe Colomb Homo religiosus', introduction à Christophe Colomb, Livre des prophéties, Jérôme Million, Grenoble, 1992.

LÉVI-STRAUSS Claude, La Pensée sauvage, Plon, Paris, 1962.

LINDQVIST Sven, Exterminez toutes ces brutes. L'odyssée d'un homme au cœur de la nuit et les origines du génocide européen, Le Serpent à Plumes, Paris, 1998.

LÖWY Michael, Walter Benjamin : Avertissement d'incendie. Une lecture des thèses "Sur le concept d'histoire", PUF, 'Pratiques théoriques', Paris, 2001.

MADARIAGE Salvador de, 'Alexis Leger', in Honneur à Saint-John Perse, Gallimard, Paris, 1965.

MARTINIÉRE Guy, VARELA Consuelo(sous la direction de), L'État du monde en 1492, La Découverte, Paros, 1992.

MARX Karl, 'Les résultats éventuels de la domination britannique en Inde' et 'La domination britannique en Inde' (1853), in MARX/ENGELS, Textes sur le colonialisme, Éditions de Moscou, 1970.

MARX Karl, Œuvres. Économie, tome 1, Gallimard, 'Bibliothèque de la Pléiade', Paris, 1965.

MASSIN Benoît, 'Anthropologie raciale et national-socialisme : heurs et malheurs du paradigme de la "race", in La Science sous le Troisième Reich, sous la direction de Josiane OlffNathan, Seuil, Paris, 1993.

MATTELARD Armand, Histoire de l'utopie planétaire. De la cité pro-phétique à la société globale, La Découverte/Poche, Paris, 2000.

MEDDEB Abdelwahab, La Maladie de l'islam, Le Seuil, 'La couleur des idées', Paris, 2002.

MONTAIGNE Michel de, Essais, in Œuvres complètes, Gallimard, 'Bibliothèque de la Pléiade', Paris, 1962.

MONTESQUIEU, Pensées, Robert Laffont, 'Bouquins', Paris, 1991.

MOORE Robert L., La Persécution. Sa formation en Europe(Xe-XIIIe siècle), Les Belles Lettres, Paris, 1991.

MOSSE George L., De la grande guerre au totalitarisme. La brutalisation des sociétés européennes, Hachette Littératures, Paris, 1999.

MOURALIS Bernard, Montaigne et le mythe du bon sauvage de l'Antiquité à Rousseau Rordas, 'Littérature vivante', Paris, 1989.

OLENDER Maurice, Les Langues du Paradis. Aryens et Sémites : un couple providentiel, Le Seuil, Paris, 1989.

PASCAL, Pensées, in Œuvres complètes, Gallimard, 'Bibliothèque de la Pléiade', Paris, 1962.

PERSE Saint-John, Lettres à l'étrangère, Gallimard, Paris, 1987.

PERSE Saint-John, Œuvres complètes, Gallimard, 'Bibliothèque de la Pléiade', Paris, 1972.

PLENEL Edwy, ROLLAT Alain, L'Effet Le Pen, La Découverte-Le Monde, Paris, 1984.

POLANYI Karl, La Grande Transformation. Aux origines politiques et économiques de notre temps, Gallimard, Paris, 1983.

PROCHASSON Christophe, RASMUSSEN Anne, Au nom de la patrie. Les intellectuels et la Première Guerre mondiale(1910~1919), La Découverte, 'Textes à l'appui', Paris, 1996.

PROUDHON Pierre Joseph, La Pornocratie ou les Femmes dans les temps modernes, 1858.

RABINEAU Isabelle, Lettre ouverte à SuperFrançais, Noesis, Paris, 2002.

RONSIN Albert(textes présentés par), La Fortune d'un nom America. Le baptême du Nouveau Monde à Saint-Dié-des-Vosges. Cosmographiœ Introductio suivi des lettres d'Amerigo Vespucci, Jérôme Million, Grenoble, 1991.

ROUSSET David, L'Univers concentrationnaire(1946), Éditions de Minuit, Paris, 1965.

ROY Olivier, L'Islam mondialisé, Le Seuil, Paris, 2002.

ROY Olivier, Les Illusions du 11 septembre, Le Seuil, 'La République des idées', Paris, 2002.

ROY Olivier, Vers un islam européen, Éditions Esprit, Paris, 1999.

SAID Edward W., Culture et impérialisme, Fayard-Le Monde diplomatique, Paris, 2000.

SAID Edward W., L'Orientalisme L'Orient créé par l'Occident, Le Seuil, Paris, 1997.

SALA-MOLINS Louis, Le Code noir ou le calvaire de Canaan, PUF, Paris, 1987.

SCHÉRER René, Zeus hospitalier. Éloge de l'hospitalité, Armand Colin, Paris, 1993.

SEGALEN Victor, Essai sur l'exotisme. Une esthétique du divers, Fata Morgana, Paris, 1978.

SHAYEGAN Daryush, La lumière vient de l'Occiedent. Le réenchantement du monde et la pensée nomade, Éditions de l'Aube, La Tour d'Aigues, 2001.

SIMÉANT Johanna, La Cause des sans-papiers, Presses de Sciences-Po, Paris, 1998.

SPIRE Antoine, L'Obsession des origines, Verticales, Paris, 2000.

STIGLITZ Joseph E., La Grande Désillusion, Fayard, Paris, 2002.

TERZANI Tiziano, Lettres contre la guerre, Liana Levi, Paris, 2002.

TODOROV Tzvetan, La Conquête de l'Amérique. La question de l'autre, Le Seuil, Paris, 1982.

TRAVERSO Enzo, La Violence nazie, une généalogie européenne, La Fabrique, Paris, 2002.

TRIBALAT Michèle, Faire France. Une enquête sur les immigrés et leurs enfants, La Découverte, Paris, 1995.

TRISTAN Anne, Au Front, Gallimard, 'Au vif du sujet', Paris, 1987.

TRISTAN Anne, Clandestine, Stock, 'Au vif', Paris, 1993.

VALIER Jacques, Sur l'impérialisme, François Maspero, Paris, 1975.

WAHNICH Sophie, L'Impossible Citoyen. L'étranger dans le discours de la Révloution française, Albin Michel, Paris, 1997.

WARSCHAWSKI Michel, Sur la frontière, Stock, 'Un ordre d'idées', Paris, 2002.

WEIL Patrick, Qu'est-ce qu'un français? Histoire de la nationalité française depuis la Révolution, Grasset, Paris, 2002.

YOYO Émile, Saint-John Perse et le conteur, Bordas, Paris, 1971.

ZAYAS Rodrigo de, Les Morisques et le racisme d'État, La Diffrence, Paris, 1992.

2 콜럼버스와의 여행

BERNAND Carmen et Serge GRUZINSKI, Histoire du Nouveau Monde, t. I, De la découverte à la conquête, 1492~1550, Fayard, Paris, 1991.

BOORSTIN Daniel, Les Découvreurs, Seghers, Paris, 1986.

BRAUDEL Fernand, Le Temps du monde, troisième tome de Civilisation matérielle, économie et capitalisme, XVe-XVIIIe siècle, Armand Colin, Paris, 1979.

CHAUNU Pierre, Conquête et exploitation des nouveaux mondes, PUF, 'Nouvelle Clio', no 26 bis, Paris, 1987.

CHAUNU Pierre, L'Expansion européenne du XIIIe au XVe siècle, PUF, 'Nouvelle Clio', no 26, Paris, 1983.

COLOMB Christophe, La Découverte de l'Amérique(I. Journal de bord, 1492~1493 ; II. Relations de voyage, 1493~1504 ; III. Écrits et documents, 1492~1506) ; traduction de Soledad Estorach et Michel Lequenne, introductions de Michel Lequenne La Découverte, Paris, 1979 et 1991.

COLOMB Fernando, Christophe Colomb raconté par son fils, préface de

Jacques Heers, Perrin, Paris, 1986.

FAVIER Jean, Les Grandes Découvertes, Fayard, Paris, 1991.

LEQUENNE Michel, Christophe Colomb, Amiral de la mer oceane, Gallimard, 'Découvertes', Paris, 1991.

MADARIAGA Salvador de, Christophe Colomb, Calmann-Lévy, Paris, 1952.

MAHN-LOT Marianne, La Découvertes de l'Amérique, Flammarion, 'Questions d' histoire', Paris, 1970.

MAHN-LOT Marianne, Portrait historique de Christophe Colomb, Le Seuil, 'Points-histoire', Paris, 1988.

이탈리아

SAINT-JOHN PERSE, Œuvres complètes, Gallimard, 'Bibliothèque de la Pléiade', Paris, 1972.

Paolo Emilio TAVIANI, Cristoforo colombo, Genius of the sea, Comitato Nazionale per le Celebrazioni del Ve Centenario della scoperta dell' America, Rome, 1990.

Paolo Emilio TAVIANI, Cristoforo colombo, La genesi della grande scoperta, Istituto Geografico de Agostini, Novara, 1974.

Paolo Emilio TAVIANI, I viaggi di Colombo, Istituto Geografico de Agostini, Novara, 1984.

Jacques HEERS, Gênes au XVe siècle, Flammarion, Paris, 1971.

포르투갈

Vitorino MAGALHÀES GODINHO, Les Découvertes, Autrement, série 'Mémoires', supplément au n° 1, Paris, 1990.

Lisbonne hors les murs, Autrement, série 'Mémoires', n° 1, Paris, 1990.

Luis DE ALBUQUERQUE, Duvidas e certezas na historia dos descrobi-mentos portugueses, Vega, Lisbonne, 1990.

'L'Épopée lusitanienne', Critique, n°s 495~496, août-septembre 1988.

Miguel TORGA, Portugal, Arléa, Paris, 1988.

Antonio LOB ANTUNES, Le Retour des caravelles, Christian Bourgois, Paris, 1990.

José SARAMAGO, Le Radeau de pierre, Le Seuil, Paris, 1990.

스페인

Consuelo VARELA, Colón y los Florentinos, Alianza America, 1988.

Cristobal COLÓN, Texios y documentos, Prologo y notas de Consuelo Varela, Alianza Universidad, 1989.

Carias de particulares a colon y Relaciones coeianeas, Edicion de Juan Gil y Consuelo Varela, Alianza Universidad, 1984.

Juan GIL, Milos y ulopias del Descubrimienio, I. Colony su tiempo, Alianza Universidad, 1989.

Jacques ATTALI, 1492, Fayard, Paris, 1991.

Joseph PÉREZ, Isabelle et Ferdinand, Fayard, Paris, 1988.

Villancicos, traduits par Jean-Marie Petit et Jean Tena, François Maspero, 'Voix', Paris, 1976.

Sarah LEIBOVICI, Christophe Colomb juif, défense et illustrations, Maisonneuve et Larose, Paris, 1986.

Edgar MORIN, 'Témoignage', in judaïme, judaïcités, Traces, n°s 9~10, 1984.

Les Prophéties du Chilam Balam, version et présentation de J.M.G. Le Clézio, Gallimard, 'Le Chemin', Paris, 1976.

Antonio CASCALES RAMOS, La Sevilla Americana, Ediciones Alfar, Séville, 1990.

Louis ARAGON, Le Fou d'Elsa, Gallimard, Paris, 1963.

Élisée RECLUS, L'Homme et la Terre, François Maspero, 'La Découverte',

Paris, 1982.

쿠바

Ernesto 'Che' GUEVARA, Œuvres révolutionnaires, 1959~1967, François
    Maspero, Paris, 1968.

Antonio NUÑEz JIMÉNEZ, Reportaje del descubrimiento, Francesca Pirella
    Editor, Gênes, 1988.

Antonio NUÑEz JIMÉNEZ, El Almirante en la tierra mas hermosa, Los viajes
    de Colón a Cuba, Diputacion Provincial de Cadiz, 1989.

Cuba, trente ans de révolution, Autrement, n° 35, janvier 1989.

Jean-François FOGEL 'Papa, Lezama et le petit Chinois', in La Havane, Quai
    Voltaire, Paris, 1989.

Alejo CARPENTIER, La Harpe et l'Ombre, Gallimard, Paris, 1979.

Thomas MORE, L'Utopie, Messidor/Éditions sociales, Paris, 1982.

Régis DEVRAY, Christophe Colomb, le visiteur de l'aube, La Différence, Paris,
    1991.

Janette HABEL, Ruptures à Cuba, préface de François Maspero, La Brèche.
    Paris, 1989.

José LEZAMA LIMA, Paradiso, Le Seuil, Paris, 1971.

아이티

Aimé CÉSAIRE, La Tragédie du roi Christophe, Présence africaine, Paris,
    1963.

Eduardo GALEANO, Les Veines ouvertes de l'Amérique latine, Plon, 'Terre
    humaine', Paris, 1981.

Gérard BARTHÉLÉMY, Le Pays en dehors. Essai sur l'univers rural haïtien, L'
    Harmattan, Paris, 1989.

Emmanuel LE ROY LADURIE, 'Un concept : l'unification microbienne du monde', in Le Territoire de l'historien, t. II, Galli-mard, 'Bibliothèque des histoires', Paris, 1978.

Marianne MAHN-LOT, Bartolomé de Las Casas, L'Évangile et la force, Cerf, 'Foi vivante', Paris, 1991.

Marianne MAHN-LOT, Bartolomé de Las Casas et le droit des Indiens, Payot, Paris, 1982.

Francis ORHANT, Bartolomé de Las Casas, Les Éditions ouvrières, 'Mémoire d'hommes-Mémoire de foi', Paris, 1991.

도미니카 공화국

MACHIAVEL, Le Prince et autres textes, Gallimard, 'Folio', Paris, 1980.

Paul CLAUDEL, Le Livre de Christophe Colomb, Gallimard, Paris, 1981.

Joaquin BALAGUER, Guia Emocional de la Ciudad Romanlica, Santo Domingo, 1944.

Christian DUVERGER, La Conversion des Indiens de Nouvelle Espagne, Le Seuil, Paris, 1987.

푸에르토리코

Kirkpatrick SALE, The Conquest of Paradise, Alfred A. Knopf, New York, 1990.

Carlos FUENTES, Christophe et son œuf, Gallimard, Paris, 1991.

과들루프

Daniel MAXIMIN, Soufrières, Le Seuil, Paris, 1989.

Édouard GLISSANT, Les Indes, Le Seuil, 'Points', Paris, 1985.

도미니카 연방

Tzvetan TODOROV, La Conquête de l'Amérique, Le Seuil, Paris, 1982.

Serge GRUZINSKI, La Grerre des images, de Christophe Colomb à 'Blade Runner', Fayard, Paris, 1990.

Un flibustier Français dans la mer des Antilles—1618~1620, présenté par Jean-Pierre Moreau, Seghers, Paris, 1990.

Ians STADEN, Nus, féroces et anthropophages, Métailié Paris, 1979.

Michel DE MONTAIGNE, De America, Unesco-Utz, 1992.

마르티니크

Raphaël CONFIANT, Le Nègre et l'Amiral, Grasset, Paris, 1988.

André BRETON, Martinique charmeuse de serpents, 10~18, Paris, 1973.

Aimé CÉSAIRE, Cahier d'un retour au pays natal, Présence africaine, Paris, 1988.

Aimé CÉSAIRE, Les Armes miraculeuses, Gallimard, Poésie, Paris, 1970.

Aimé CÉSAIRE, Discours sur le colonialisme, Présence africaine, Paris, 1955.

트리니다드

Éric WILLIAMS, L'Histoire des Caraïbes, Présence africaine, Paris, 1975.

V.S. NAIPAUL, Guérilleros, Albin Michel, Paris, 1981.

V.S. NAIPAUL, À la courbe du fleuve, Albin Michel, Paris, 1982.

베네수엘라

Ernst BLOCH, Le Principe Espérance, II. Les Épures d'un monde meilleur, Gallimard, 'Bibliothèque de philosophie', Paris, 1982.

Claude LÉVI-STRAUSS, Tristes tropiques, Plon, 'Terre humaine', Paris, 1955.

Gilles LAPOUGE, Les Pirates, Payot, Paris, 1991.

참고문헌

파나마

R. M. KOSTER et Guillermo SANCHEZ, In the Time of the Tyrants, W.W. Norton and Company, New York-Londres, 1990.

Graham GREENE, Les Chemins de l'évasion, Robert Laffont, Paris, 1983.

니카라과

Ernesto CARDENAL, Hommage aux Indiens d'Amérique, Orphée-La Différence, Paris, 1989.

Salman RUSHDIE, Le Sourire du jaguar, Stock, Paris, 1987.

Oscar René VARGAS, Adonde va Nicaragua, Ediciones Nicarao, 1991.

Julio VALLE-CASTILLO, Materia Jubilosa, Editorial Nueva Nicaragua, 1986.

온두라스

Paul THEROUX, Mosquito Coast, Calmann-Lévy, Paris, 1983.

자메이카

Ivan VAN SERTIMA, They came Before Columbus, Random House, New York, 1976.

Stefan ZWEIG, Érasme, Grasset, 'Les Cahiers rouges', Paris, 1988.

J.M.G. LE CLÉZIO, Le Rêve mexicain ou la Pensée interrompue, Gallimard, 'NRF-Essais', Paris, 1988.

멕시코

José Luis MARTINEZ, Hernan Cortés, Universidad Nacional Autonoma de Mexico, 1990.

Bernal Diaz DEL CASTILLO, Histoire véridique de la conquête de la Nouvelle Espagne, La Découverte, Paris, 1987.

Jean-Marie POURSIN, L'Homme stable. Essai démographique, Gallimard, Paris, 1989.

Pierre VILAR, Une histoire en construction, Hautes Études, Gallimard-Le Seuil, Paris, 1982.

Alvaro MUTIS, Le Dernier Visage, Grasset, Paris, 1991.

Gabriel GARCIA MARQUEZ, Cent ans de solitude, Le Seuil, Paris, 1968.

Gabriel GARCIA MARQUEZ, Le Général dans son labyrinthe, Grasset, Paris, 1990.

Leopoldo ZEA, Discurso desde la marginacion y la barbarie, Fondo de Cultura Economica, Mexico, 1990.

Francis PISANI, Huracan Cœur-du-ciel, J.-C. Lattès, Paris, 1991.

Victor SEGALEN, Essai sur l'exotisme. Une esthétiqqe. Une esthétique du divers, Éditions Fata Morgana, Paris, 1978.

세계들의 전쟁

CHATEAUBRIAND, Mémoires d'outre-tombe, tome 1, Gallimard, 'Bibliothèque de la pléiade', Paris, 1951.

Pierre HASSNER, 'États-Unis : l'empire de la force ou la force de l'empire?', Cahiers de Chaillot, n° 54, septembre 2002.

Georges HENEIN, Prestige de la terreur(17 août 1945), Éditions La séance continue, Paris, 1998.

Edgar MORIN, Terre-Patrie, Seuil, Paris, 1993.

George L. MOSSE, De la Grande Guerre au totalitarisme. La brutalisation des sociétés européennes, Hachette Littératures, Paris, 1999.